DE LA VICISSITVDE

OV VARIETE DES CHOSES
EN L'VNIVERS, ET CONCVRRENCE DES
ARMES ET DES LETTRES PAR LES PREMIERES ET
plus illustres nations du monde, depuis le temps où à commencé la ciuilité, & memoire humaine iusques à present.

*PLVS S'IL EST VRAY NE SE DIRE RIEN QVI
n'ayt esté dict parauant: & qu'il conuient par propres inuentions augmenter la doctrine des anciens, sans s'arrester seulement aux versiõs, expositions, corrections, & abregez de leurs escrits.*

PAR LOYS LE ROY DICT REGIVS.

*AV TRES-CHRESTIEN ROY DE FRANCE ET DE
Poloigne Henry III. du nom.*

A PARIS,
Chez Pierre l'Huilier, rue S. Iacques à l'Oliuier.
1575.
Auec priuilege du Roy.

COMBIEN QVE TOVTE DILIGENCE AYT ESTE EMPLOYEE A RENDRE CORRECTE LA PREMIERE IMPRESSION DE CEST' OEVVRE: TOVTEFOIS IL N'A ESTE POSSIBLE D'Y PRENDRE GARDE DE SI PRES, QVE NE SOIENT ESCHAPPEES PLVSIEVRS FAVLTES ESQVELLES TOMBANT LE LECTEVR, POVR SE RELEVER DE DOVBTE ET DIFFICVLTE A INTELLIGENCE DES PASSAGES, AVRA RECOVRS A LA FIN DV LIVRE, OV ELLES SONT REMARQVEES ET AMENDEES.

AV TRESCHRESTIEN ROY
DE FRANCE ET DE POLOIGNE HENRY TROISIEME DV NOM.

SIRE s'esiouissans infiniement tous voz bons subiects, en public & en priué à vostre heureux & desiré retour de Poloigne, & offrans à vous faire seruice agreable en diuerses manieres : ie n'ay voulu faillir de ma part en ceste mienne condition & laborieux exercice des lettres, à donner quelque signe de ioye, & rendre tesmoignage de l'obeissance & reuerence treshumble que ie doibs à vostre maiesté. En quoy la fortune s'est monstree aucunement fauorable, & l'occasiō presente propice en l'acheuemēt du discours sur la vicissitude ou varieté des choses en l'vniuers, & la concurrence des armes & des lettres par les premieres & plus illustres nations du monde, que ie vous auois parauant destiné, l'estimant vraiment vous conuenir, que ie sçauois aymer singulierement les lettres, & cognoissois auoir vertueusement obtenu par les armes victoires celebrees par tout le monde. Le plaisir que vous printes il y a enuiron trois ans, à en veoir le premier proiet & dessein qui vous fut presenté par le Sieur de Cheuerny, alors vostre chācelier & maintenant l'vn de voz plus fideles & affectionez seruiteurs & Cōseillers, m'a encouragé à poursuiure le reste. Tellement que n'ayāt veu encore de l'œuure que les premieres lignes comme d'vn pourtraict de painčture, ie le vous presente auiourd'huy accōpli de ses principales couleurs, & dedie cōme au premier Roy de ce siecle. De la vertu & heur duquel tous esperēt beaucoup, induicts par l'admiratiō de voz actions precedētes, & attente des futures, qu'auez excitee merueilleuse en toutes terres & nations. Et que non seulemēt restituerez à la France la paix tresnecessaire apres tels orages de seditions tāt de fois recōmencees, & au Royaume le plus noble & le plus ancien que l'on sache, sa dignité precedēte: mais aussi releuerez & redresserez la Chrestiēté affligee: Aiant Dieu preparé en vous commencemens tresbeaux pour faire d'aussi grands actes, que feit oncques Roy de France, & attaindre à la gloire des plus celebres monarques qui ayent esté parauant. Ie prie donc le mesme Dieu eternel qui vous a puissamment deffendu au mylieu des perilz de la guerre, & gardé entre tant de nations estrangeres par si longues distances de chemins, vous rēdant sain & saulue en vostre pays & Royaume naturel : qu'il perseuere aussi vous assister en la continuation d'entreprises tousiours plus haultes, lesquelles soient à son honneur, & à vostre auancement, au bien de la France & vtilité commune de la Chrestiēté.

á ij

SOMMAIRE DE L'OEVVRE.

PAR ce que le discours enfuyuāt est long, & assez difficile à comprendre, par la diuersité des propos qui y sont contenus: l'ay premieremēt dressé le sommaire de toute l'œuure, puis de chacun liure par ordre, afin d'en donner aux lecteurs intelligence plus aisee. Donques en toute l'œuure sont representez les changemens alternatifs de l'vniuers, tāt en sa partie superieure qu'inferieure, & comment les armes & les lettres concurrentes par les plus celebres peuples du monde, tous ars liberaux & mecaniques ont fleuri ensemble, puis decheu, & se sont releuez à diuerses fois en long espace de temps: auec la conference des nations excellentes en pouuoir & sçauoir, des grands Empires, & renommez monarques, soubs lesquels se sont rencontrees les insignes mutatiōs du genre humain: & comparaison de ce siecle aux precedés plus illustres, pour sçauoir en quoy il leur est inferieur, ou superieur, ou egal.

LIVRE PREMIER.

LA vicissitude & variete obseruee és mouuemens du ciel & des spheres celestes dont dependent les changemens aduenans en ce monde inferieur, sont declarees au premier liure. La vicissitude qu'ont les quatre elemens entr'eulx, & chacun à par soy. Commēt toutes choses en l'vniuers sont temperees & conseruees par contraires & dissemblables. Vicissitude des ombres, iours, & saisons de l'an, & diuersité des habitations de la terre, & autres choses selon la difference des lieux. Varieté & vicissitude des hommes, peuples, villes, Republiques, Royaumes & Empires.

LIVRE SECOND.

LA variete des langues vsitees par le monde tant doctes que vulgaires. Commencement d'icelles, duree, perfection, corruption, changemēt, perte des anciennes, introduction des nouuelles, traduction de l'vne en l'autre, imposition des noms aux choses, inuention & vtilité des lettres, diuersité de caracteres & escritures, instrumens & matieres pour escrire. L'imprimerie, orthographie, & prononciation.

LIVRE III.

LA vicissitude & inuention des ars, & comment les hommes de leur simplicité & rudesse premiere sont paruenus à la cōmodité, magnificence, & excellente presente.

LIVRE IIII.

VICISSITVDE des armes & des lettres concurrentes en la coniunctiō de puissance & Sapience par les plus celebres peuples du mōde : & qui ont esté les premiers & plus anciens de tous, lesquels ayent excellé és deux. La puissance, sçauoir, & autre excellence des Ægyptiens, Assyriens, Perses. Comparaison des grandes monarchies, Ægyptienne, Assyrienne, Medoise,

DE L'OEVVRE.

Perſienne, Parthoiſe, en leurs aſſietes, commencemens, eſtendues, reuenus, richeſſes, puiſſaces: & des illuſtres monarques qui les fonderēt, & ſoubs leſquels elles perirent. Des preſtres ou prophetes Egyptiens, Caldees, Mages, Brachmanes, Druydes, & autres gens de religion & de ſçauoir entre les anciens: nobleſſe entre les Ægyptiens, Perſes, Aſſyriens, Indiens, Scythes, Thraces, & autres peuples anciens & modernes, Artiſans & ouurages exquis des anciens.

LIVRE V.

Dv ſçauoir, poëſie, eloquence, puiſſance, & autre excellence des Grecs. Comparaiſon d'eulx auec les Ægyptiens, Aſſyriens, Perſes, Indiens. Empire de Grece. Comparaiſon d'Alexandre le Grand auec Cyrus, Ageſilaus, Themiſtocle, Pericles, Achilles, Vlyſſes, Diomedes, Bacchus, Hercules, & autres. Comparaiſon des philoſophes Gregois auec les Caldees de Babylone, & les preſtres d'Egypte. Nobleſſe de l'ancienne Grece, artiſans & ouurages des Grecs.

LIVRE VI.

De la puiſſance, militie, ſçauoir, eloquence, poëſie, & autre excellence des Romains. Decadence de leur puiſſance, ſçauoir, eloquence.

LIVRE VII.

Comparaiſon des Romains auec les Egyptiens, Aſſyriens, Perſes, Grecs, Parthes: en puiſſance, militie, ſçauoir, langage, eloquence, poëſie, & és ouurages des autres ars. De l'Empire Romain auec l'Aſſyrien, Medien, Perſien, Macedonien, Parthique. Naiſſance de Rome & duree d'icelle conferee aux quatre aages de la vie humaine. Comparaiſon de Rome auec Babylone & Conſtantinople. De la republique Romaine auec la Lacedemonienne & Carthaginoiſe. De la puiſſance d'Alexandre le Grand auec celle que les Romains eurent de ſon temps: & ſi l'Aſie conquiſe il euſt tourné ſes forces en Europe, qu'il en euſt peu aduenir à l'aduis de Titeliue. De Pompee le grand auec Alexandre, Hercules, & Bacchus ſelon Pline. De Iule Ceſar auec Alexandre ſelon Appian Alexandrin. De Iule Ceſar & Auguſte auec Romulus & Numa. De Romulus auec Cyrus, Theſeus, Arſaces, & Semiramis qui fonderent villes & royaumes, ou Monarchies. Comparaiſon de la militie Romaine auec la Parthoiſe, Carthaginienne, & Aſſyrienne. De la literature & autre excellence Romaine auec la Grecque, Egyptienne, Caldaïque. Des autheurs Latins auec les Grecs: meſmement de Ciceron auec Demoſthene. Iuriſprudence Romaine. Comparaiſon de la langue Latine auec la Grecque.

LIVRE VIII.

De la religion, puiſſance, ſçauoir & autre excellence des Arabes ou Sarraſins, & autres Mahometiſtes. Comparaiſon de Mahumed auec Lycurgue, Minos, Numa Zoroaſtre, Charondas, Zalence, Trimegiſte, & autres legiſlateurs payens, ou fondateurs de Citez & Empires. Puiſſance des Arabes ou Sarraſins comparee à la Romaine, Macedonienne, Perſienne, Parthoiſe, Aſſyrienne, Egyptienne. Comparaiſon du ſçauoir Arabique auec le Grec, Egyptien, Caldaïque, Perſien, Romain ou Latin. De la langue Arabique auec la Grecque, Latine, Hebraïque.

SOMMAIRE
LIVRE IX.

Ontient la suyte de la religion, & puissance des Mahumetistes: comme des premiers Turcs, Corasmiens, Tartares, du Soldan, de l'Othoman, du Sophi: où est faitte métion des Estats du grand Cham de Cathai, du Roy de Narsingue, du Moscouite, & du Preteian pour estre commencez ou accreux lors, iaçoit qu'ils ayent autres religions.

LIVRE X.

Omment en cest aage ont esté restituees les langues & disciplines, apres qu'elles auoient esté delaissees enuiron douze cens ans, ayans receu de nouueau grande lumiere & addition, où sont consideres les merueilles du siecle present par l'Europe, Asie, Affrique, terres neuues, en Orient, Occident, Septentrion, Midy, commencees au grand & inuincible Tamberlan, duquel la puissance, vaillance, & felicité est succinctement representee. Durant le regne duquel comméça la restitution des lettres & des ars: par quels personnages & comment elle a esté continuee en diuerses nations. Les princes qui plus l'ont fauorisee. D'auantage comment plusieurs belles choses incogneues à l'antiquité, ont esté nouuellement trouuees: singulierement l'Imprimerie, addresse de nauiger par l'eguille d'acier frottee sur la pierre d'aymant, monstrant tousiours le poinct respondant au lieu où l'on imagine le pol arctique: moyennant laquelle tout l'Ocean a esté nauigué, & le monde vniuersel cogneu. Puis la canonerie qui a faict cesser tous autres instruments militaires anciens, qu'elle surpasse en impetuosité, violence, vistesse. Item comment parmy les merueilles de ce siecle s'est manifestee la grosse verole, maladie nouuelle & estrange, incogneuë parauant: & se sont esleuees sectes en tous païs qui ont beaucoup alteré le repos publique, & refroidy la charité mutuelle des personnes.

LIVRE VNZIEME.

E siecle est comparé aux precedens plus illustres en faicts d'armes, conduitte d'estats, excellence des lettres, perfection d'ouurages, nouueauté d'inuentions, nauigations non attentees iamais au parauant, & decouuremens de terres neuues incogneuës à l'antiquité: pour sçauoir en quoy sommes inferieurs ou egaux aux anciens, & en quoy deuons estre preferez. Premierement est conferee la militie moderne auec l'ancienne, Grecque & Romaine. Comparé Tamberlan auec Ninus, Sesostris, Cyrus, Darius, Alexandre, Arsaces, Hannibal, Iule Cesar, Constátin, Attila, Charles Magne. Puis suyt la comparaison des Royaumes, Empires, Monarchies & Republiques modernes auec les anciennes. Des nations militaires, armees, batailles par mer & par terre, sieges & assaus de forteresses. Des nauigations & decouuremens de païs, peregrinations, & voyages par terre. De la richesse du temps present auec celle du passé. Des meurs de ce siecle auec les precedens. Finalement de la literature moderne auec l'ancienne en philosophie, eloquence, iurisprudence, politique, medecine

medecine, poësie, Astrologie, cosmographie, & autres mathematiques. Puis vient la conclusion de l'œuure par laquelle est resolue la vicissitude en tous affaires, & comment il est à craindre qu'estans paruenues à si grande excellence la puissance, sapience disciplines, liures, industrie, ouurages, cognoissance du monde, ne dechoient autrefois comme ont faict par le passé.

LIVRE DOVZIEME

CONSIDERE donc que les choses humaines variables montees au plus hault sont disposees à trebucher, & que la vertu & malice sõt venues à leur cyme & cõble: doubtãt que parmy tãt de partialitez & heresies dõt le mõde est plein, & les guerres qui nous menassẽt de toutes pars, que les lettres ne viennent autrefois à mespris, & soient autãt laschemẽt negligees, qu'elles ont esté diligemment cultiuees: afin d'obuier à tel malheureux, & aduertir les studieux d'y remedier entant qu'il leur sera possible, i'ay adiouté vne inquisition sur le propos commun des hommes: par lequel ils ont tousiours maintenu & maintiennẽt NE SE DIRE RIEN QVI N'AIT ESTE DICT PARAVANT: où ie m'efforce monstrer en rester beaucoup à dire, & la verité n'estre entierement decouuerte, n'y tout le sçauoir occupé par nos deuanciers: admonnestant les doctes essayer par propres inuentions adiouter ce qui default aux disciplines, faisans pour la posterité ce que l'antiquité a faict par nous: afin que le sçauoir ne se perde, ains prenne de iour en iour accroissement.

Extraict du Priuilege du Roy.

PAr lettres patétes du Roy dōnees à Paris le dixiefme de May 1575. & signees par le Roy à voftre relation, Gaffot. Il eft permis à Pierre l'Huillier, Marchāt Libraire Iuré enL'vniuerfité de Paris, d'Imprimer ou faire Imprimer par qui bon luy femblera, vn liure intitulé *De la Viciſſitude ou varieté des choſes en l'vniuers, Par Loys le Roy dict Regius*. Auec deffēſes à to⁹ autres d'imprimer ou faire Imprimer ny expofer en vēte ledict liure iufques à fept ans prochainement venans fans le congé dudict l'Huilier. A peine de confifcation, & autres peines indictes & portees par lefdictes lettres.

Signé de par le Roy à voftre relation,
Gaffot.

DE LA VICISSITVDE DES
CHOSES PAR LOYS REGIVS.

LIVRE PREMIER.

PROPOSANT representer à mon pouuoir la vicissitude de toutes choses en l'vniuers, auec les causes des varietez principales aperceues tant en sa partie superieure qu'inferieure, depuis le téps où à commencé la memoire humaine iusques à present, ie recognois treshumblement la prouidence diuine estre par dessus, croyant certainement que Dieu tout puissant facteur & gouuerneur de ce grand ouurage excellét en beauté, admirable en varieté, singulier en duree, auquel ie supplie m'ayder'en entreprise tant haulte, longue, difficile, & non encores attétee de personne, est soigneux de tous affaires y aduenans iusques aux moindres, contenāt en soy le principe, la fin, & les moyens d'iceux, & suyuant l'ordre qu'il a donné du commencement au monde, en le creant, veult qu'il soit temperé par changemens alternatifs, & maintenu par contraires, demourant son essence eternelle tousiours mesme & immuable.

PREMIEREMENT donc le ciel i'açoit qu'il ait receu de Dieu son facteur, plusieurs excellences entre toutes creatures estant rond, & ayant par tout les extremitez distantes du milieu, qui est la plus parfaitte figure, & la plus semblable a elle mesme, à laquelle il a baillé mouuement circulaire conuenable, exempt du fouruoyement & inconstance des autres, le tournant par mesme, & en mesme, & à soy en quoy il perseuere : Toutefois puis que il a corps, il ne peut entierement se garantir de changement & de vicissitude. Les anciens mettoient en luy huict Spheres du firmament & des sept planetes, depuis l'on y a obserué la neufieme, & dixiemme : Disans les nouueaux Astrologues, la dixieme tourner à l'enuiron du monde en 24. heures, tirant à dextre, d'Orient en Occident, & par ce mouuement tant leger & impetueux, emporter & rauir auec soy toutes les autres inferieures, & leur faire faire le mesme tour, au mesme espace de temps, encore que leurs propres mouuemens soient à ce contraires tirans à senestre d'Occident en Orient, mesmement la neufieme plus lente en 49. mil ans : Le huitieme en auoir deux, l'vn de 36. mil ans, l'autre de sept mil : celle de Saturne, en 30. ans, de Iupiter en 12. de Mars en deux : du Soleil Venus & Mercure, en vn an. De la Lune en 28. iours.

Si fut fait le Temps auec le Ciel & les astres, tellement qu'ayans eu mesme

a

commencement, ils auront aussi mesme fin quand l'vniuers sera dissolu retournát en son ancien Chaos,& premieres tenebres. Car les iours,mois,ans,siecles, qui n'estoiét point auant que le ciel &les astres fussent creez, incontinent commencerent auec eux, & en furét distinguez & obseruez les nombres par leurs cours:à sçauoir l'entresuytte des iours & nuicts par le mouuement quottidian du firmament,le moys apres que la lune a tournoyé son cercle & a attainct le soleil, l'an ordinaire quand le soleil a accomply son cours. Le grand an quand les sept planetes & autres estoilles fixes retournent à leurs premiers sieges representés la mesme nature qui estoit au cómencement:estans les vies de toutes choses & temps prefix de leur duree terminez par nombres moindres ou plus grands selon la disposition de la matiere dont elles sont faittes:naissantes, croissantes, fleurissantes, diminuantes, perissantes en temps certains, & par espaces inegaux reduittes à fin semblable, sentant chacune sa corruption cause d'autre generation, Tellement qu'il semble à Platon que l'vniuers se nourrisse par sa consomption & vieillesse, surrogeant tousiours nouuelles creatures aux vieilles, & mettant au lieu des peries autres semblables: sans que les especes en defaillent qui demourent par ce moyen comme immortelles.

OR comme l'vniuers soit rond & n'y ayt en icelluy hault ne bas: attendu que le lieu estát au milieu ne doit estre appellé hault ne bas,ny celuy d'enuiron mylieu, & n'aye partie en soy differente de l'autre, eu esgard au mylieu & toute autre chose opposite: n'eantmoins pour nostre respect le disons auoir hault & bas, dextre & senestre. Estant le pole que nous voyons le bas selon Aristote, & l'autre qui nous est caché hault,& le costé Oriental dont le premier mouuemét procede est dextre, l'Occidental senestre d'où vient le mouuemét contraire au premier. Doncques les Astrologiens & Physiciens afferment de la partie superieure de l'vniuers descendre certaine vertu accompagnee de lumiere & chaleur qu'aucuns d'eux appellent l'esprit de l'vniuers, les autres nature, se meslant parmy la masse de son grand corps penetrant, viuifiant, nourrissant, moderant toutes choses sublunaires variables. Laquelle estant de telle efficace commence au feu & à l'air, lesquels agitez par mouuemens cœlestes, esmeuuent apres l'eau & la terre, consequemment les natures composees de ces quatre elemens tant hommes, bestes, poissons, oyseaux, que germes, plantes, arbres, pierres & metaux. Là estre le premier mouuement dont deppendent les autres inferieurs,& toute essence. De là proceder diuerses temperatures des corps, inclinations d'entédemens, mœurs des personnes, proprietez des nations, vices & vertus, santé & maladies, force & foiblesse, brieueté & lógueur de vie, mortalité: richesse & pauureté, prosperitez & aduersitez. De là prendre commencement les estats & sectes, leurs progrez durees & ruines. Brief tout ce monde inferieur obeïr au superieur & par luy estre gouuerné. Specialement tous cas humains en deppendre, & pouuoir estre preuenuz par les actes. Non pas que tels effects aduiennent necessairement & inuiolablement par vne loy fatale: ains qu'ils peuuent estre euitez par sagesse, ou destournez par prieres diuines, ou augmentez & diminuez par prudence, ou moderez par nourriture, coustume, institution. Premierement le soleil eclairant tout de ses rayons en donner preuue euidente, lequel leuant & couchant faict le jour & la nuict, venant vers nous ou s'en esloignant, cause les ans continuellement renaissans, & par l'obliquité du zodiaque auec l'ayde des douze signes y estans distingué par ses Solstices & Equinoces, les quatre saisons de l'esté & l'yuer, du primtemps & Automne: esquelles consiste la vicissitude de mort & de vie, & le changement de toutes choses: interuenans les premieres qualitez de chault & froid, sec & humide, temperees ensemble pour engendrer, & distemperez pour corrompre.

Secondement, la lune par chacun mois croissant, & decroissant, ou pleine disposer diuersement les humiditez sur lesquelles elle domine, monstrant entre autres merueilles sa puissance manifeste sur les flux & reflux des marees en l'oecean. Puis les autres astres errans & plus arrestez, exciter en l'air changemens de chaleur & froideur, de vets, de tonnoirres, de pluyes, gresles, neiges: & par leurs aspects, eclipses, oppositions, conionctions, distances, apparences, cachemens, grádeurs, vistesses, tarditez, coulens, produire grands & diuers euenemens generaux & particuliers de guerres, chertez, famines, pestes: d'inondations, de secheresses & ardeurs: selon la correspondance des parties du ciel & de la terre, disposition de la matiere que rencontrent, & diuersité du temps qu'ils operent. Ainsi les causes des mutations cottidiannes, menstruelles, annuelles, & plus rares aduenantes cy bas sont attribuees aux mouuemens celestes, & aux qualitez des matieres subiectes. Attédu qu'en l'vniuers les Elemés & leurs mixtions sont comme matiere, les corps celestes & intelligences superieures comme causes efficientes, qui donnent par leur chaleur & lumiere en procedant, mouuement à toutes choses inferieures. Premierement le mouuemét que fait le firmament iournellement est cause du naistre & mourir, & le cours annuel du Soleil assisté de la Lune, & autres astres, de la continuation & vicissitude. Mais les mutations plus rares & admirables és Seigneuries, sectes, ars, doyuent estre referees à la neufiesme & huictieme Sphere: procedát celle diuersité qui s'y trouue de son mouuement variable, ores de l'Orient, ores de l'Occident, ores du Midy, ores du Septentrion, qu'on appelle de trepidation. Si ont les Arabes diuisé ce long espace de temps par les grandes conionctions des Planetes, signamment des trois Superieures, Saturne, Iupiter, & Mars: que ils maintiennét auoir meilleur pouuoir sur les alteratios principales de ce móde inferieur, selon les qualitez des triplicitez esquelles aduiennent ignees, aeriennes, aquatiques, terrestres: qu'il en y a desia eu sept depuis cinq mil cinq cés 30. ans que les Hebreux supputent de la creation du móde: Et l'huitieme sera l'an de l'incarnation de Christ mil six cens quatre. Les Chaldees, Persans, Egyptions, & anciés Grecs, iugeoiét les euenemens illustres du monde par les Eclipses du Soleil & de la Lune, & par les estoilles qui regardent les lieux des Eclipses, ou qui montent ensemble, ou qui sont au mylieu du ciel. Belus Babylonié, comme recite Seneque, assignoit temps au deluge & brullement, affermát que les choses terrestres brulleroient alors que tous les astres ayans maintenant cours diuers cóuiendroient au signe de Cancer tellement posez soubz mesme lieu qu'vne ligne droitte peust passer par tous leurs cercles: & seroient noyees quád les mes-

a ij

mes astres conuiendroient au Capricorne Signes de grand' efficace qui peuuēt beaucoup au changement de l'an. Les anciens poëtes soubs les fables de Phaeton, & de Deucalion, & Pirrhe ont representé ces deux ruines du monde, l'vne par le feu, l'autre par l'eau. Aussi le prestre Egyptien au timee de Platon, discourāt auec Solon, dit que plusieurs ruines sont aduenuës au mōde, & aduiēdront cy apres, les plus grandes par le feu & l'eau, les moindres par tremblemens de terre, guerres, famines, pestes. Et que le conte qu'on dit de Phaeton fils du Soleil, ne soit du tout esloigné de verité : à sçauoir qu'ayant mōté sur le chariot de son pere, & ne le pouuant conduire par sa voye, il brusla les choses terrestres & fouldroya luy mesme. D'autant qu'en long temps aduiennēt beaucoup de telles ruines par le feu, à raison du dereiglement suruenant à l'enuiron de la terre, & és mouuemens celestes. Alors les habitans és Mōtaignes & és lieux secs, perir plustost, que les voisins de la mer & des riuieres. Mais au contraire quand Dieu veult nettoyer la terre par inondations, les demourans és pleines estre rauis en mer par l'impetuosité des riuieres, demourās en seureté les mōtaignars. Que les restans apres tels tempestes soient ignorans du passé, & despourueus de toutes lettres, qu'ils recouurent peu a peu autrefois. Les autres disent qu'en longues annees se facent certaines periodes de l'vniuers : durant lesquelles toutes choses viennent en vigueur, & elles finies decheent : Mais que toutes viennent à finir leurs cours dedans la reuolution du grand an. Et que quand l'vne vient à finir, l'autre est preste à commencer, il se face plusieurs signes estranges en la terre & au ciel. Parquoy il semble a plusieurs quelque mutation grande approcher, considerans les signes apparus puis quelque temps au ciel, és astres, és elemens, & en toute nature. Oncques le Soleil & la Lune, n'eclipserent plus apparemment. Oncques ne furent veuës tant de Cometes & autres impressiōs en l'air. Oncques la mer & les riuieres ne desborderent si violemment. Oncques ne furent ouys tels tremblemens de terre. Oncques ne nasquirent tant de monstres & si hideux. Aussi n'a l'on veu de memoire humaine tant de mutations & si frequentes aduenuës és païs, gens, meurs, loix, polices, religions. Le cours du Soleil n'est plus tel qu'il estoit anciennement, ny les poincts mesmes des Solstices & Equinocces, ains depuis quatorze cens ans que vesquit Ptolemee tresdiligent obseruateur des affaires de l'vniuers, il est plus prochain qu'il n'estoit lors de la terre enuiron douze degrez. D'auantage l'on dict que toutes les parties du Zodiaque & les signes entiers ont chāgé leurs lieux, & que la terre est remuee de sa premiere situation, n'estant entieremēt comme elle estoit parauant, le centre de l'vniuers. Aucuns aussy (comme Hipparque Astrologiē fort estimé entre les Grecs) ont mis en auant que les mouuemēs celestes n'ont quelquefois à l'opposite, & que les cours des astres changeront, deuenant l'Orient Occident, & le Midy Septentrion. Ce pendant la continuation de la vicissitude que voions cy bas consiste en la cause mouuante, & en la matiere premiere. La cause mouuante est double, l'vne du premier moteur immobile, l'autre du moteur mobile, par la vertu & influēce duquel (la diuine prouidēce) dominant, les choses caduques au mōde sensible sont incessamment restaurees & renouuellees, moyennant la generation : s'assubiettissant la matiere premiere à tous mouuemens & mutations en la mesme perpetuité que le premier moteur agite & forme les choses caduques, & à les produire ne default iamais.

DE LA VICISSITVDE QV'ONT LES QVATRE
Elemens entr'eux, & chacun à part soy.

ELLE vicissitude de la partie inferieure du monde gist principallement és quatre Elemens dont il est composé lesquels reçoiuent continuelle mutation tant entr'eux que chacun à part soy. Premierement, quand l'eau est espessie elle semble deuenir pierre & terre, quãd euapore esprit & air. Aussi l'air bruslé est conuerty en feu: le feu esteint, & engrossi tourne en l'air, Derechef l'air espoix en broües, & nuees dont procede l'eau. Item nous voyons de l'eau estre engendree terre & pierres: De maniere qu'ils baillent les vns aux autres par tour & circuition vne continuelle generation. Puis donc que ne demourent iamais en mesme estat, il est difficile discerner l'vn de l'autre: ains ce qu'on voit tousiours estre formé maintenant d'vne sorte, maintenãt d'autre & semblable au feu: il ne le conuient nommer feu, ains tel que feu, ne l'eau, ains telle chose que l'eau, & ainsi les autres, comme n'ayans aucune stabilité. Nous ne les deuõs ainsi designer par noms dõt nous vsons, voulãs demonstrer quelque chose, comme quand disons cecy ou cela. Car ils fuyent & n'attendent iamais ceste demonstration conuenante aux choses qui sont stables: ains chacun d'eux doit estre appellé tel ou tel selon sa similitude, comme le feu & tout autre qui a generation. Mais ce en quoy ils semblent estre faits, & derechef consommez, doit estre seulement designé par cecy ou cela, demourant tousiours mesme sans diminuer de pouuoir ou faculté, & receuant continuellement tout, sans en retenir iamais aucune forme semblable. C'est la matiere premiere exposee à toute nature pour receuoir toute forme, & estant par les choses suruenantes agitee & formee, semble estre maintenãt d'vne sorte maintenant de l'autre. Mais le subiet de telle formation ne seroit bien preparé, s'il ne estoit informe & naturellemẽt denué de toutes les formes qu'il doit receuoir. Car si il estoit semblable à aucune de ces choses, quand suruiendroit sa contraire ou autre nature quelconque, il ne la pourroit bien representer, ayant desia l'autre. Parquoy il fault ce estre exempt de toutes figures ou formes qui doit receuoir en soy tous gẽres. Nous ne dirõs donc que la mere & receptacle de ce mode inferieur soit la terre, l'air, le feu, ou l'eau, n'y chose qui soit faite d'eux, ou dont ils soient faicts, ains que c'est vne espece inuisible informe susceptible de tout, comprenable seulement par intelligence auec raison, hors la cognoissance du sens: Que le feu semble en estre vne partie eschauffee, & l'eau vne partie humectee, semblablement l'air & la terre selon qu'elle reçoit leurs formes, souffrant les autres passions qui en dependent, & pour ce semble estre omniforme. Mais parce qu'elle n'a forces ou facultez semblables, ny de mesme poix elle ne retient aucune equalité: ains est remuee inegallement & agitee par ces genres qu'elle agite aussi derechef, par laquelle agitation, ils sont portez çà & là, & discernez les vns des autres par especes & qualitez, gardãs l'ordre qui leur

a esté donné, afin que par la coherence de corps differens, ne demouraſt la cõ-
fuſion qui eſtoit deuant la conſtitution du monde.

Ces quatre elemens tant differens en natures & qualitez, & contraires entre
eulx, ſont aſſemblez par telle proportion, que les legers par poix, ſont retenus
que ne montent, & au contraire, les peſans que ne tombent, ſuſpendus par les
legers tendans en hault, demourãs par effort pareil en leurs diuerſitez aſtraints
en leurs lieux par le circuit perpetuel du monde, lequel tournant touſiours en
ſoy meſme tient la terre balacée au milieu, côme la plus baſſe de tous qui balã-
ce auſsi en côtr'eſchange les autres elemens meſmes la tenãs ſuſpendue à l'entour de laquelle l'eau eſt diffuſe; puis l'air porte ſur les deux, ne faiſans qu'vn
globe. Le feu colloqué au plus haut, lequel poſé entre le ciel & l'air, par où il
touche le corps celeſte, il eſt pur; & impur par où il approche de l'air, receuãt
pluſieurs mutations en diuerſes formes. Et bien que de la part du ciel, il n'aye
rien contraire qui le puiſſe corrompre, demourant en ſon lieu naturel, apte à le
côſeruer. Neantmoins ſes parties ne perſeuerent touſiours en leur purité, par la
difformité du mouuement qui le tourne, & icelles eſbranle & pouſſe en bas
vers l'air iuſques en la terre, où elles ſe corrumpent & periſſent.

Semblablement l'air eſt diuerſifié par les autres auſquels il approche. Car eſtant
diuiſé en trois parties, la haute, baſſe, moyéne, il eſt treſſubtil par la haute prochaine du feu, & des mouuemens du ciel, & des aſtres: eſpois, & groſſier par la
baſſe voiſine des terres: temperé par la moyéne, plus froid, neantmoins qu'en
l'vne, ou en l'autre. Car la haute ſe reſent de la chaleur des eſtoilles, l'inferieure
eſt tiedée par la vapeur des terres, puis par la repercuſſion des rayõs du Soleil,
conſequemmét par les feuz artificiels vſitez entre les hommes, & les naturels,
cachez par les terres. Mais la moyenne, eſloignée des deux extremitez, perſe-
uere en ſa froideur. Eſtant donc l'air ainſi diuiſé, il eſt pour la pluſpart variable,
inconſtant, muable, ſignamment pres la terre, où il agit & patit beaucoup, ſelon l'aſſiete diuerſe des lieux, & ſelon les aſpects & cours differens des aſtres,
qui par leur leuer & coucher cõtraires, eſmeuuent les exhalations & vapeurs,
dõt procedent les vens, nuees, orages, tourbillõs, eſclairs, foudres, tonnoirres,
greſles, gelees, neiges, & autres calamitez des terres, auec grãd cõbat des choſes naturelles entre elles: tendans les vnes en hault, qui ſont deprimees par la
force des aſtres reſiſtans, les autres qui ſont violemment emportees: les pluyes
deſcendent, les nuees montent, les eaües ſechent, les greſles & neges cheent,
les rayons repercutez eſchauffent, les vents tournoyans ſoufflent inegalemét
les vns contre les autres, eſtãs l'vne fois doux, l'autre impetueux. Et ſont exci-
tez les Septentrionaux par Iuppiter, les Orientaux par le Soleil, les Meridionaux par Mars, les Occidentaux par la Lune, ou bien par les quatre triplicitez
des douze ſignes du Zodiaque, eſmouuans les trois de qualité chaude & ſeche vent de la partie d'Orient ſoubs la ligne equinoctiale, appellé Eſt: les
trois autres de froide & ſeche, vent du Midy ſortant deſſous le pole antarctique dict Sud. Autres trois, chauds & humides: vent d'Occident, auſsi ſoubs la
ligne equinoctiale, nommé oeſt, les autres de froide & humide, vent du North
naiſſant ſoubs le pole arctique. Leſquels vents ont les proprietez differentes,

selon les endroits d'où ils viennent, & les lieux que soufflent mouuans autour de l'eau,& de la terre; comme les estoilles qui les excitent. Les quatre principaux en ont quatre autres collateraux, qu'on appelle tous huit ensemble, vens entiers: Entre lesquels on en met autres huit demys, & encores seize autres quarts de vens, estant toute nauigation conduitte par iceux.

Or l'eau sur laquelle on nauigue, qui est contigue de l'air, ne reçoit gueres moins de varietez que luy, & ne fait qu'vn globe auec la terre. Car comme la terre estant seiche de son naturel, ne peust subsister sans humeur, n'y l'eau eust sur quoy se tenir, sans l'appuy de la terre, elles ont esté par nature ainsi iointes ensemble: l'vne ouurât les veines de la terre, & conduits, l'autre coulât par elle tant dedans que dehors, pour luy seruir comme de lyaison. Toute eau de son mouuement propre, descéd de hault en bas, mais en la mer oceane, enuironnât la terre, se trouuent trois mouuemens, l'vn d'Orient en Occident, l'autre du Septentrion vers le Midy, Le troisieme de son flux & reflux cottidian, qui de six heures en six heures, s'auance & eslargit, puis abbaisse & retire. Lesquels mouuemés apparoissent aussi en la mer mediterranee, vers les riuages. La cause du premier mouuement, d'Orient en Occident est le mouuement iournel du firmament, par l'impetuosité duquel toutes les spheres sont esmeues auec bonne partie du feu, & de l'air. L'autre de Septentrion, vers le Midy est fait, par ce que la mer est plus haulte en Septentrion, que vers le midy: Attendu que le froid de Septentrion, engendre plus d'eau, que la mer ne pourroit contenir en l'espace distance, & haulteur de ses riues, & l'eau qui est au Midy, se consumme & diminuë par la chaleur du soleil. Par ainsi vne partie de l'eau de Septentrion, repousse l'autre vers le costé qui est plus bas, & pourtant ce meut accidentellement du lieu de sa generation. Le troisieme suyt les reuolutions de la Lune, laquelle tousiours croissant, & decroissant, apparoist maintenât cornuë, maintenant demy ronde, quelquefois aussi tirant sur le rond, & toute tachee, puis incontinent claire, grande quand elle est pleine, tantost on ne la voit point. Quelquefois elle luyt toute sa nuit, quelquefois se leue tard. Par fois elle eclaire de iour suppliant la clarté du soleil, & venant à eclipser, ne laisse pour cela de apparoir, & au bout du mois se cache, lors qu'on ne l'estime trauailler. Quelquefois aussi elle est basse, quelquefois haute, ce qui n'aduiét iamais d'vne sorte. Car par fois lon diroit qu'elle est attachee au firmament, autrefois lon iugeroit qu'elle touche le sommet des montaignes, tant est abbaissee, aucunefois on la void du costé de Midy, autrefois il la fault cercher vers le North.

Puis donc qu'elle est si variable, ce n'est merueille si les flux & reflux des marees en la mer qui se font principalement par elle, sont si variables. Premierement au mouuement iournel que faut la lune auec le ciel en 24. heures, il y a deux marees croissantes, & deux decroissantes, croissant la mer six heures & diminuât six autres, qui sont douze. Et en faict autât en autres douze heures, qui sont 24. lesquelles croissances ne sont tousiours egalles en tout temps & lieu. Car l'espace de sept iours les eaües croissent, qu'on appelle viues, & autres sept iours decroissent, qu'ô appelle mortes. De sorte que depuis le premier iour de la Lune, iusques a l'huitieme qui est le premier quart de la Lune, les eaües

a iiij

amoindrissent, & depuis ledict quart iusques au quinzieme, qui est pleine lune, elles vont croissant: & depuis le troisieme quart, elles vont diminuant, & de là iusques à la conionction elles vont croissant. Ainsi le premier iour de la lune est chef des eaux, & le second iour l'eau est encore fort grande, & le troisieme semblablement. Mais le quatrieme elle commence à diminuer: & ainsi de iour en iour elle va diminuant, tant qu'elle vienne à l'huitieme iour. Car alors elle est aux basses eaux, & au neufieme le semblable, & au dixieme quasi y est, puis l'vnzieme il est pointe d'eau qu'elle commence vn peu à croistre, & de là en auant elle va croissant par chacun iour, iusques au quinzieme qu'il est pleine lune, & lors recommence à estre chef d'eau, & au sezieme elle croist semblablement, & quasi iusques à la fin du dixseptieme. Mais au dixhuitieme elle diminue & va ainsi amoindrissant par chacun iour iusques au trentieme, qu'elle est en conionction: & ainsi elle recommence au premier iour estre chef d'eau, & va ainsi croissant & decroissant comme il a esté dit. Toutefois en ces croissans, les eaux ne sont aussi hautes vnefois que l'autre, ains en l'vne plus grandes, & moindres en l'autre. Ainsi l'aller & venir des marees ne sont egaux en tous lieux. N'eantmoins quand la lune est au Nortest, il est pleine mer, & quand elle est au Sudest il est basse mer.

Aussy n'y a il perpetuel en la terre. Quelquefois la mer ou autre eau enclose dedans, sortant impetueusement, en couure vne partie, autrefois se retire. Les riuieres & fontaines tarissent, & en sourdent ailleurs de nouuelles. Aucunes contrees sont muees en estangs & marais, les autres en deserts sablonneux, les autres en bois, puis defrichees & labourees deuenans fertiles de steriles, & au contraire de fertiles steriles. Les montaignes applanissent, les plaines s'esleuent: aucuns lieux sont engloutis par tremblemens ou bruslez par ardeurs. Quand elle est longuement cultiuee, elle se lasse, puis par repos & engressement, reprend vigueur. Elle vieillit en long espace de temps sinó au total, au moins en ses parties, puis se renouuelle & reiuinit. Nous voyōs par chacun an, cóment à la prime vere & l'esté, elle arrousee de menues pluyes esmeues par doux vens, & modereement eschauffee desserre les semences de toutes choses qu'elle auoit encloses, & pousse les vnes en herbes, chaumes, & espics: les autres en tygues & gousses: les autres en boutós, les autres en ceps tédres. Les arbres priuees iettent bourgeons, fleurs, fueilles, & fruicts, les forests & boccages reuerdissent, nichant és branches & rameaux les oiseaux espoints du desir d'engendrer, qui degoisent à l'escart leurs chants melodieux, les poissons frayent, & les autres bestes par les herbages, bondissent à grands sauts, enflammez d'amour, Bref, tout naist, tout croist, tout embellist, tout fleurist & fructifie, tout est renouuellé. Au contraire, l'Automne & l'yuer retournant, tout est plein d'horreur & de tristesse, de froidures, pluyes, fanges, mares, boüillons, neges, gelees, glaces, frimas, broüillars, nuicts longues, & obscurité presque perpetuelle. Nous la trauaillons iour & nuict, plus pour satisfaire à noz plaisirs, qu'à noz alimēs. Et neantmoins sembleroit tolerable ce qu'elle endure superficiellement, si ne la foullions si auant, cherchant en ses entrailles, or, argent, erain, cuyure, plomb, estain, fer, pierres à bastir, & precieuses. Et n'est seulement

tra-

trauaillee par les hommes: mais semble que les trois autres elemés ayent conspiré la ruine d'elle seule, sans parler du ciel mesme qui par son intemperie en a beaucoup retranché. Ne deuoit il suffire a la mer, de la circuir & en auoir couuert vne partie, sans s'estendre dedans en tant golphes peu distans les vns des autres, rompant montaignes, & faisant çà & là ouuertures violentes, comme si elle vouloit s'espandre par tout? Puis tant de fleuues, tant de lacs, tant de marais, tant d'estangs qui sont parmy elle, tant de sources, & ruisseaux, tant de torrens soudains & impetueux. L'air l'esmeut, luy faisant perdre ce qu'elle apropre d'estre immobile, n'abismant seulement champs, maisons, bourgs, villes, ains les nations & regiós entieres, n'en laissant souuent apparence aucune, par où l'on puisse veoir que elles ayent esté. Puis le feu estant si fertile, que il se engendre de luy mesme, & croist de petites estincelles, deuenant à l'instant grand & impetueux, la brusle en plusieurs endroits au dehors & au dedans, espandu par les foiers, sortant des cailloux & bois froissez, apparoissant par les nuees, venant des fouldres, allumé par les miroirs ardans opposez au soleil, lequel aussi auec les autres estoilles la deseche & rostit excessiuement en aucunes saisons & contrees. C'est merueille que tant vexee de toutes pars elle ne soit pieça consommee. Mais tant s'en faut que ces calamitez si grandes & violentes la ruinent, que plustost elles aydent à sa conseruation. Car les tremblemés par les ouuertures qu'ils font, tirent les vens corrompus reseruez en ses enrailles, causans leans ses tintamarres estouffez: les inondations en nettoient les ordures, les ardeurs digerent ce qu'elles y trouuent trop gros, comme les gelees moderent ce qui y est enflambé.

COMMENT TOVTES CHOSES EN L'VNIVERS
sont temperees & conseruees par contraires & dissemblables.

EN telle maniere est la terre, & toute autre chose en l'vniuers, temperee & conseruee par contraires & dissemblables. Ce n'est donc sans cause que nature appete tant les contraires, faisant d'eulx toute defense & beauté, non de semblables. Tel temperament est cause que les choses parauant diuerses & differentes, conuiennent & accordent ensemble, à establir, entretenir, & embellir vne autre, deuenant la contrarieté, vnité, & la discorde, concorde, ou l'inimytié, amytié, & contention conuenante. Parquoy Heraclite disoit, la guerre & concorde estre pere & mere des choses. Et Homere, que qui mesdit de contention il blasme nature. Empedocle maintenoit non de discorde par foy, mais qu'auec cócorde elle estoit principe de tout: Entendant par discorde, la varieté des choses qui s'assemblent, & par concorde l'vnion d'icelles: Mais l'vnion en celle assemblee doit surmonter la contrarieté. Autrement se resouldroit la chose, les principes se separans. Ainsi nous voions au ciel, mouuemens contraires conseruer l'vniuers: Venus colloquee au mylieu prez de Mars, afin de dompter son impetuosité qui est de sa nature corruptif: & Iuppiter prez de Saturne, pour corriger sa malice. Le monde inferieur, composé d'Elemens contraires, se maintenir par la proportion qu'ils ont enſemble, les natures faittes d'eux ſe conſerner par la temperature de qualitez differentes. Se trouuent au corps de l'vniuers, terre, eau, air, feu, ſoleil, lune, & autres aſtres: Il y a matiere, forme, priuation, ſimplicité, mixtion, ſubſtance, quantité, qualité, actio, paſſion. En l'humain ſang, flegme, cholere, melancholie, chair, os, nerfs, veines, arteres, teſte, yeux, nez, oreilles, mains, pieds, cerueau, cœur, foye, rate. En l'œconomique Mari femme enfans, ſeigneur ſerf, maiſtre & ſeruiteur. Au politique iuſtice, fortitude, prudence, temperance, religion, militie, iudicature, finance, conſeil, magiſtrats & priuez: nobles & villains, riches & pauures, ieunes & vieils, foibles & puiſſans, bons & mauuais, laboureurs, artiſans, marchás, regratiers, portefaix: Qui ſont toutes parties diſſemblables, & la pluſpart cótraires, conioinctes enſemble par deue conuenance. L'art imitant nature en la peinture, du noir, blanc, iaune, rouge, & autres couleurs meſlees repreſente les pourtraits cóuenables aux choſes, ſur leſquelles ils ſont dreſſez: Et en la muſique du greſle, gros, long, & bref téperez ſe faict accord. La Grammaire eſt conſtituee de lettres voeles & muetes. Les ſciences ne peuuent eſtre bonnement enſeignees, que par conference de contraires, conſiderans l'vn d'eux principalement, & pour l'amour de l'vn l'autre accidentellement, & afin de s'en garder: comme la Medecine traitte par accident de maladie afin de pouuoir myeux entretenir ſanté & euiter l'autre: l'ethique & politique ne donnent ſeulement à entendre l'honneſte, iuſte, vtile: Mais auſſi le deshonneſte, iniuſte, dommageable. Tellement qu'en tous cas nous pouuons dire les contraires poſez l'vn pres l'autre, apparoiſtre d'auantage: comme l'indigence fait trouuer richeſſe meilleure l'obſcurité des tenebres recommáde la clairté de lumiere, la douceur du printemps eſt plus eſtimee par l'aſpreté de l'yuer, l'heur de la paix par les calamitez de la guerre, le beau temps apres longues pluyes. Ainſi ſemble le bien ne pouuoir eſtre cogneu ſans le mal: & encore qu'ils ſoient contraires, neantmoins ils ont telle conionction, qu'en oſtant l'vn on oſte les deulx. Car le bien ne peult eſtre entendu ny eſtimé ſinon en le conferant auec le mal pour l'euiter, ny le mal euité & domté ſans l'aide du bien cogneu. Platon dit le ſéblable de volupté & douleur, que combien que ſoient deux choſes entre elles contraires & repugnantes ne pouuans eſtre enſemble en meſme perſonage, ce neantmoins ſi quelcun pourſuyt & en reçoit l'vn, il eſt preſque touſiours contraint prendre l'autre, comme ſi tous les deux eſtoient en vn meſme poinct & extremité conioints & liez enſemble. Outreplus il eſt certain nature n'auoir rien creé a qui elle n'ait donné ſon contraire pour le retenir, dont ſe voyent les antipathres diffuſes par l'vniuers en toutes choſes, tant animees que non animees. Es beſtes, comme entre Coqs & renars, Es poiſſons, entre le Mugeol & le loup, Es oyſeaux, entre le Corbeau & Milan, Es herbes, entre le roſeau & feugere, Es arbres, le cheſne & oliuier, Es pierres l'aymant & Diamant. Que donc dirons nous des hommes tant paſſionez & inconſtans? Veritablement que tous en tous aages, & maniere de viure publiques, priuees, ſolitaires, contemplatiues, actiues, ſont enclins à contentions & partialitez, voire iuſques a diſcorder chacun à ſoy meſme, ayant au corps & en l'ame, perpetuel combat de la raison auec la concupiscence. En ceste maniere se trouuer noises entre les enfans qui n'ont encore cognoissance, & entre les sauluages n'ayans rien propre: y auoit sectes és escholes de droict, Medecine, Theologie, Philosophie, & és Monasteres entre les reclus & recluses. Partant n'estre merueille s'il y a seditions par les villes & prouinces qui y facent charier droict gens de diuers estats: comme estoient iadis à Rome ceux du peuple & de la noblesse: S'il y a guerre de Seigneurie à Seigneurie, & de Royaume à Royaume, qui les retiennent respectiuement en crainte. Ainsi estoient anciennemét en Grece les Lacedemoniens aux Atheniens: ainsi aux Romains les Carthaginois, puis les Parthes. Ainsi sont auiourd'huy opposez les Escossois aux Anglois, les Anglois aux François les François aux Italiens: les Alemans aux Suysses, les Africains aux Espagnols, les Turcs aux Chrestiés, les Perses aux Turcs, le Zagathains aux Perses: estás diuisez entr'eux par couleur rouge & verde, qui pour ce sont appellez Caselbas & Cuselbas, les Moscouites aux Polonois, les Tartares aux deux. Es Indes Cochim à Calecul, en la haute Afrique les Mores aux Abissins: par le païs les Alarbes des montaignes aux habitans des plaines, les Noirs entre eulx. Et au Bresil les Sauluages, iusques à s'entremanger quand sont prins en guerre.

Et pourroit sembler que ces diuisions fussent aucunement necessaires par le monde, & telles contrarietez que Dieu a donnees en chacun estat & quasi à chacune personne, vtiles pour les tenir en crainte & humilité. Car les hommes facilement se corrompent & enorguillissent en grande prosperité & richesse, & quand ils mescognoissent d'où procede telle grace, Dieu a acoustumé leur enuoyer des aduersitez pour les chastier. Parquoy l'on void ordinairement que tout puissant estat n'ayant ennemy dehors, en trouue tantost dedans: & lors qu'il est deuenu en sa grádeur, ne pouuant estre abaissé ou retenu par force estrangere, est affligé de partialitez, & souuent destruict ou transmué en autre nation, auec renouuellement de police & de iustice. D'auantage quand les regions sont trop pleines d'habitans, & que la malice & astuce humaine y est montee au souuerain degré, elles sont vuidees & purgees par famines & pestes: afin que les peuples y estans reduits à moindre nombre & chastiez, puissent mieux viure: Que s'ils ne s'amendent pour cela, ains aillent en empirant: ils sont exterminez par le feu & l'eau, ou abismez par tremblemens de terre. Vsant Dieu de telles rigueurs contre les perseuerans en leurs meschancetez, comme il est tousiours prest à receuoir en grace les vrais penitens qui se retirent vers luy, & le prient de bon cœur.

DE LA VARIETE ET VICISSITVDE DES OMbres, iours, & saisons de l'an, & diuersité des habitations de la terre.

IVsques icy a esté monstré comment l'vniuers n'est seulement conserué par la vicissitude des cieux & des elemens, mais aussi temperé par contraires: Maintenant afin de mieux considerer la difference qui se trouue selon la diuersité des lieux & aspects du ciel tant és plantes, arbres, fruits, metaux, oudeurs, couleurs, saueurs: qu'és bestes, poissons, oiseaux, mesmement és hommes & en tous leurs affaires : nous toucherons sommairement autant qu'il conuiendra à la deduction presente, les cinq zones de la terre habitable, sept climats, quatre limites d'Orient, Occident, Septentrion, & Midy: ses deux costez ou Hemispheres, lógueur, largeur, trois parties de l'Europe, Asie, Affrique, ausquelles est adioutee l Amerique, la varieté des ombres iours, saisons, diuerses manieres d'y habiter : pourtant que toutes ces considerations seruent à la cognoissance du monde, & des chágemens qui y sont aduenus par le passé & chacun iour aduiennent. Les anciens diuiserent le ciel & consequemment la terre en cinq zones, estimans les deux extremes, qui tirent vers les deux poles, Septentrional, & Meridional, rendre inhabitables les deux parties de la terre, qui leur sont subiettes par leur extreme & perdurable froideur. Celle partie du ciel qui regarde le milieu de la terre sous lequinoctial, la rendre pareillement inhabitable par ce que le soleil y faisant son chemin continuel, brusle des ses raits y battans de pres & perpendiculairement toute la côtree subiette a celle zone. Les deux autres qui sont entre la zone enflambee, & les poles estre temperees, & les parties de la terre qui leur respondent, mais que l'on ne pouuoit aisément passer de l'vne à l'autre, à raison de la zone torride estant au mylieu. Mais par les voyages & nauigations recétes lon a trouué toute la terre habitee, voire soubs les poles mesmes, estant au milieu & és extremitez frequentee d'hommes, auec commoditez non pareilles, n'empeschât l'ardeur de la moyenne estimee torride, moindre sous l'equinoctial, que soubs les tropiques, que lon ne passe facilemét de l'vne temperee à l'autre. Car encore que soubs l'equinoctial les rais du soleil soient perpendiculaires deux fois l'an, toutesfois ils nuysent peu, parce que n'y restent gueres, estant en cest endroit le zodiaque droit non oblique, puis les nuicts continuellement esgalles aux iours téperent par leur froideur la chaleur des iours: mais sous & pres les Tropiques estant oblique y tarde plus & ne descend si vistement de l'orizon, rendant les iours plus longs & l'esté plus chault, tolerable, toutefois cóme l'on voit par innumerables gens habitás soubs l'equinoctial, & entre les tropiques.

En l'extremité du North, habitent les Lyuoniens, Noruegiens, Lithuaniés, Suesciens, Moscouites, Lapiens, Brarmiens derniers de tous, ayás au fonds de L'yuer, l'air espois plein de brouillas & de grosses nuees, auec neges, & gelees longues, en sorte que sur glace par eau & par terre, ils font leurs traffiques & guerres. Mais l'esté retournant, le païs est descouuert, & rendu plus temperé par la lumiere qui y fait le soleil, plus longue en vn endroit qu'en l'autre, selon que il est prochain ou esloigné du pole: ne plus ne moins que au quartier chauld, aucuns lieux par la presence du soleil, sont deshabitez, où incommodement habitez, & par son esloignement recouurent temperature habitable.

La Superficie de la terre a esté aussi distinguee autrement. Car aultant qu'vn païs decline de part & d'autre de lequinoctial, tant plus en esté le iour y est long & en yuer la nuit longue. Tellement que selon la croissance diuerse des iours lon a distingué les espaces de la terre, attribuant a chacun climat demye heure de cruc, Et les lieux subiets à ces climats, ont esté designez par illustres, ou villes, ou riuieres, ou montagnes: cóme par Meroé, Siene, Alexandrie, Rhodes, Rome, Borystene, le mont Riphee fabuleusement controuué: ou le plus lóg iour est de seize heures & vn quart, & le pole esleué de cinquante degrez. Les anciens s'arrestoient à ce septieme ne cognoissans les regions, mers, isles, qui sont plus outre. Auiourd'huy par la mesme raison, lon y en peut adiouter d'autres. Les quatre limites du móde, sont l'Oriét, Occidét, Midy, Septétrion, differentes en ce que les deux, à sçauoir Midy & Septentrion sont stables & immuables, l'Orient & Occident ne demourent iamais en mesme estat par la montee, & descente continuelle que fait le soleil és signes du zodiaque. Parquoy Eratosthene suyuant nature, diuisoit le monde, principalemét en deux parties du Midy & du Septentrion, estimát d'icelles proceder toute la diuersité des choses inferieures, seló la proximité ou distáce du soleil. Bien est vray qu'elle y est grande, mais toute ne consiste en cela, comme il sera declaré cy apres. Or a nature doué chacune de ces extremitez de quelque singuliere excelléce: Car vers Orient l'Indie porte rubis, emeraudes, perles, & plusieurs autres pierres pretieuses, fossiles & marines, les Elephás grads & puissans, les Palmes hautes, pleines de vin, & chargees de noix. La Serique de ce costé, nous a donné premierement la soye tiree de vers nourris és meuriers. L'Arabie au midy, l'encens, l'hebene, cotton. La Iudee prochaine, le basme & le Cedre. L'Ethiopie, la Casse & la Ciuete. Les Moluques en l'extreme Occident, le poiure, girofle, canele, gingenure, noix muscade, & autres drogues. Le Septentrion, les Alces, oures, Bisontés, Ringiferes & autres animaux qui ne se voyent ailleurs: miel & cyre venans sans industrie humaine par les forests spacieuses, peaux exquises de martres subellines, loups ceruis, & autres tresdesirees au reste du móde, pour en faire fourreures par les grands Seigneurs. Corneille Tacite dit l'ambre croistre seulemét en Borussie, & y estre pesché: comme au Midy vient l'encens & le basme. La mesme terre estant Spherique, est partie en deux costez egaux, appellez Hemispheres & par sa rondeur d'Orient en Occident aduient qu'il y est plustost iour & nuyct, & du Septétrion au Midy que lon voit tousiours aucunes estoilles autour du pole arctique, non autour de l'antarctique, lequel demoure caché de ce costé: comme le nostre est caché de l'autre. La lógitude de la terre est prise d'Occident en Orient, la latitude, du midy vers le Septentrion. Les anciens comme Isocrates, ne mettoient que deux parties de la terre habitable, à sçauoir l'Europe & l'Asie, puis y adiouterét Affrique pour la troisieme, prenant celle diuision son commencement au destroit de Gilbretar où la mer Atlantique s'engorge dedans les terres, faisant la mer mediterranee par laquelle sont diuisees ces trois, demourant l'Affrique à dextre, l'Europe à gauche, & l'Asie entre deux: d'autre costé le Nil & le Tanaïs fleuues, acheuerent iadis ces partages. Mais quand au Tanaïs, telle borne ne peut auiourd'huy demourer, estans innumerables païs & peuples cogneuz de ce costé, qui auoient esté ignorez par les anciens. Aussi est il necessaire adiouter à ces trois parties vne quatrieme prise de l'Amerique & autres terres nouuellement descouuertes vers l'Occident & Midy, que l'on ne sçait encore si elles sont iointes ou non à l'Asie, c'est à sçauoir, si elles doiuent estre reputees terre

b iij

ferme ou iſles. Ces choſes premiſes comme neceſſaires à l'intelligence du diſcours enſuiuant, nous traitterons doreſenauant de la varieté des ombres, inequalité des iours & des nuicts, viciſſitude des ſaiſons de l'an, par les habitatiõs & propoſerons la diuerſité des choſes ſelon la difference des lieux. Donques venans aux ombres nous trouuons qu'elles changent auec le Soleil & de païs en païs. Car tant plus que le Soleil eſt hault l'ombre eſt petite, & d'autant qu'il eſt bas elle eſt grande: tellement qu'elle eſt pluſgrande au matin & au ſoir qu'au midy. Soubs les deux tropiques n'y a point d'ombre à Midy és iours des ſolſtices, ne ſoubs l'equinoctial és iours des equinocces. Les habitans, deçà, & delà ont les ombres oppoſites, les vns à dextre, les autres à ſeneſtre. Ceux de deſſoubs les poles, à l'entour d'eux en forme de meules. Le ſoleil donc allant touſiours à la partie du North, ou ſur l'equinoctial, ou en la partie du Sud, il fait cinq ſortes d'ombres par tout le monde, à ſçauoir ombre à l'eſt, ombre à l'oeſt, ombre au North, ombre au Sud, & ombre droicte. Ombre à l'eſt quand il ſe couche, ombre à l'oeſt quand ſe leue, ombre au North venant au midy, & quãd celuy de qui l'ombre ſe faict, eſt plus proche du Nort que n'eſt le Soleil: & l'ombre au Sud, quand celuy qui fait l'ombre, eſt plus proche du Sud que n'eſt le Soleil. Il y a auſſi ombre droicte quand le ſoleil eſt ſur noſtre Zenith. Toutes ces cinq ſortes d'ombres aduiennent à ceux qui habitent entre les tropiques, & ceux qui habitẽt ſouz l'equinoctial n'ẽ ont que quatre a l'eſt & oeſt. Ceux du tropique de Cancer ont l'ombre au North, & ceux du tropique de Capricorne au Sud: & vne fois l'an droicte, quand le ſoleil entre en icelluy tropique. Ceux qui habitent hors des tropiques, n'ont que trois ombres à l'eſt & à l'oeſt, & de la partie du North ombre au North, & ceux de la partie du Sud ombre au Sud, & iamais n'ont ombre droicte. Quand aux iours & aux nuicts ils ſont touſiours ſemblables ſouz l'equinoctial : mais lors vont continuellement croiſſans & diminuans, ou par l'opoſition de la terre qui cauſe la nuict, ou par la rondeur d'icelle qui amene le iour. Ceux donc qui habitent depuis l'equinoctial à la partie du North, ont les iours croiſſans, quãd le Soleil retourne depuis le tropique de Capricorne iuſques au tropique de Cancer, & ceux qui habitẽt la partie du Sud tout le cõtraire. Auſſi quand il vient en Aries l'vnzieme de Mars, il trace la ligne Equinoctiale, & faict les iours egaux aux nuicts de tous coſtez, Mais ayant paſſé le premier point d'Aries, les iours deuiennẽt plus grands que la nuict à ceux du North, & pour ceux du Sud plus petis. Et l'onzieme de Iuing que le Soleil entre en Cancer, c'eſt le plus grand iour & la plus courte nuict: & à l'autre coſté tout le contraire. Car le Soleil eſt lors plus approché des vns, & plus eſloigné des autres. Auſſi commence il d'illec à deſcendre, & retournant petit à petit, faict les iours plus cours & les nuicts plus longues. Item quand il eſt en Libra le trezieme de Septembre, il trace derechef la ligne equinoctiale, & lors ſont les nuicts & les iours tous egaux. Mais depuis là il deſcent vers le Capricorne, & les nuicts ſe font plus longues que les iours, pour ceux qui habitent au North, & plus longs iours & courtes nuicts pour ceux du Sud. Finalement eſtant arriué au tropique de Capricorne, il nous fait icy le plus court iour & la plus longue nuict : & au Sud le plus long iour &

la plus courte nuict. Car c'est auſsi le lieu où le ſoleil eſt plus approché des vns & plus eloigné des autres. Et d'autant que le pole eſt plus eleué ſur l'orizon de chacune habitation, ſont plus longs les iours & nuicts: de ſorte que ceux qui ont leur Zenith ſoubs le cercle arctique, & auſquels le pole ſe leue ſur leur orizon 66. degrez & demy, quand le ſoleil vient au premier point de Cancer l'onzieme de Iuin, ils ont vn iour de 24. heures, & la nuict ne leur dure quaſi que vn inſtant: parce que le ſoleil ne touche leur orizon qu'vn moment pour ce iour là: & au trezieme de decembre quand le ſoleil eſt au premier degré du Capricorne, ils ont lors vne nuict de 24. heures & quaſi vn moment de iour, par ce que le ſoleil touche leur orizon en vn inſtant, & incontineut il ſe couche, & & tiennent ce petit touchement pour vn iour. Ceux qui ſont ſous le cercle antarctique ont tout le contraire: & ceux qui ont leur Zenith entre le cercle & le pole du mõde, ce pendant que le ſoleil ira à la partie du North, leur ſera vn iour ce que leur orizõ decouure de l'equinoctial: & ſi c'eſt de la quãtité d'vn ſigne ſera vn iour d'vn mois, & ſi de deux ſignes, ce ſera de deux moys: & ainſi des autres: & celuy qui ſera ſoubs l'vn des poles, toute l'annee n'aura qu'vn iour & vne nuict. Tellement que s'il eſtoit ſoubs le pole arctique, les ſix mois que le ſoleil ira à la partie du North, luy ſerõt vn iour ſans nuict, & les autres ſix mois que le ſoleil ira à la partie du Sud, luy ſeroit vne nuict ſans iour. Et au contraire à ceux qui ſont ſoubs le pole antarctique. En ſorte que la demye annee leur ſera vn iour, & l'autre moictié vne nuyct, à cauſe de la rondeur du monde qui va amoindriſſant vers les poles. Par ainſi l'orizon de ceux qui ſont plus voiſins aux poles, decouure la plus grande partie du iour que le ſoleil face, quand il va à leur coſté ne leur empeſchant la terre & l'eau la veuë du ſoleil, tout le temps qu'il monte & deſcend, tant qu'il paruienne au lieu où ſon orizon ne deſcouure aucune choſe du cercle ou cours qu'il fait entour le monde, & auſsi d'autãt que laditte partie ſera plus grãde, auſsi ſera le iour plus grãd. Pluſieurs errẽt penſans le croiſtre & decroiſtre des iours ſe faire egallement toute l'annee, par ce que à la verité ils croiſſent tant au ſeul mois de Mars, qu'ils ont fait és mois de Ianuier & Feurier enſemble, & d'autre part ils acourciſſent tant au ſeul mois de Septembre, qu'ils ont fait en Iuillet & Aouſt. La cauſe eſt que le ſoleil au douxieme de Mars ſortant hors l'Equinoctial, & retournant vers le Nort iuſques au douxieme d'Auril, il fait douze degrez: & du douxieme d'Auril iuſques au douxieme de May huict, & du douxieme de May iuſques à l'vnzieme de Iuin, qu'il vient au tropique trois & demy: qui ſont enſemble vingt trois degrez & demy qui eſt la plus grande declinaiſon du ſoleil. De ſorte que il ſe ſepare le premier mois de la moictié de toute ſa declinaiſon, & le ſecond mois de vne tierce, & le troiſieme d'vne ſixieme. Et ainſi le croiſtre du iour eſt egal auec la nuyct à l'vnzieme de Mars, & de là iuſques à l'vnzieme d'Auril, le iour croiſt de la moitié de tout le temps: & depuis le douzieme de Auril iuſques au douzieme de May il croiſt vn tiers, & du douzieme de May iuſques a l'vnzieme de Iuin il croiſt vne ſixieme. En l'etremité Septentrionale de Moſcouie le iour & la nuict ſont de trois mois és ſolſtices. Au celuy d'eſté en May Iuin & Iuillet y a iour perpetuel. Au celuy d'yuer en Nouembre Decembre Ianuier nuyct perpetuelle. En Feurier Mars & Auril premierement le iour est court la nuyct longue, & à l'opposite en Aoust la nuyct courte, en Octobre lōgue. De la diuersité des ombres procedent trois sortes d'habitations, que sommes contraints exprimer en mots grecs n'en ayás point d'autres: à sçauoir des Amphisciens, Eterosciens, & Perisciens. Amphisciens sont ceux qui ont les ombres de part & d'autre vers le Nort & le Sud: tels que sont les demourans entre les deux tropiques, & soubs l'equinoctial: comme les Ethiopiens, Arabes, & Indiens. Eterosciens qui ont les ombres tournees d'vne part, habitans és zones temperees entre les cercles tropiques & polaires: cóme sont vers le Nort les Espagnols Gaullois Italiens Grecs. Perisciens qui ont les ombres tournees en forme de meules, tels que sont les habitans soubs les poles, ayans l'an d'vn iour & d'vne nuyct, & six mesmes signes perpetuellement sur la terre, & six dessoubs. De rechef les habitans de la terre comparez les vns aux autres sont appellez Perieciens Anteciens & Antipodes Perieciens se peuuent dire collateraux qui demourent soubs mesme climat & parallele, & meridien tiré par les poles. Ils ont commun auec nous premierement qu'ils habitent la mesme zone temperee, secondement qu'en mesme temps ils ont l'yuer & esté, & les autres saisons, & les croissances & diminutions des iours & des nuicts: mais different en ce qu'ils n'ont mesme Orient & Occident & que quand nous auons midy ils ont minuyt. Tels sont les habitás des Canaries auec les peuples de la Chine. Anteciens qui habitent l'autre zone temperee vers le Sud, nous tournans les espaules: distans egalement de l'equinoctial de leur costé, comme faisons du nostre. Ayans donc latitude contraire ils ont les saisons de l'annee contraires: L'autonne en Aries quand nous auons la primeuere, L'yuer en Cancer quand nous auons l'esté, la primeuere en Libra quād nous auons l'autonne, l'esté en Capricorne qui nous est l'yuer. Mais par ce qu'ils sont en mesme longitude, ils ont en mesme instāt myiour & minuyct. Tels sont les Egyptiens auec les extremes Aphricains. Les Antipodes ainsi appellez par ce que ils cheminent les pieds cōtraires aux nostres, ayans mesme orizon & les Hemispheres opposites: ausquels toutes choses sont contraires yuer, esté, iour & nuict, Orient & Occident.

DE LA VARIETE DES CHOSES SELON LA
difference des lieux

DORESENAVANT suyuant l'ordre proposee nous parlerons de la diuersité des choses, selon la difference des lieux. Où donc le chauld n'est trop ardāt, ny le froid aspre & long, où ny a pluyes desmesurees, ny vens beaucoup violens: ains perseuerent les parties de l'annee en dispositiō moderee, là se trouue agreable temperie de l'air, salubrité d'eaux, fertilité des terres: moyennant lesquelles choses le païs est rēdu plaisant, sain, propre à produire tous bleds & legumes, nourrir toutes plantes priuees & sauluages, portans fruicts abondamment en leurs saisons. Les bestes, oyseaux, & poissons y sont mieux formez, plus fertiles & de meilleur goust que ailleurs. Mais où le chauld

chauld & froid sec & humide excedent, ils offensent toutes choses, & les rendent pires. Les Ethiopiens prochains du soleil qui les brusle de ses rais, sont noirs ayans les cheueux auec la barbe frisez, & recroquillez. Au contraire les habitans és regions froides & glaciales, ont la peau blanche & deliee, les cheueux blonds & vnis : estans naturellement cruels les vns & les autres par l'excessiue froidure & chaleur. Ils sont en l'vne & en l'autre region de haulte corpulence procedant de l'abondante chaleur pour le regard des Ethiopiens, & de l'abondance d'humeur pour le regard de ceux qui habitēt és froides regiōs. Mais les regions de moyenne temperature sont fort bonnes & fertiles, les gens qui y habitent de moyenne & allegre taille, & de couleur bien temperee. Sont delicats en leur maniere de viure ayans l'entédement bō, subtil, & fort propre à comprendre toutes choses. Et comunement sont entre leurs mains les grāds Empires & illustres Monarchies: qui ne se trouuēt point és esloignees de toute temperature, lesquelles ne se peuuent assubiectir à cause de leur ferité brutale. Semblablement les bestes eleuees és regions froides sont lourdes & pesantes. Et au cōtraire legeres qui naissēt és chauldes: tresdiuerses les vnes des autres en formes, figures, couleurs, proprietez: les poissons de mer en mer, & les oiseaux de païs en païs sont fort differens, comme lon peult cognoistre par la veuē & entendre par les liures qui en sont escrits. Il n'y a moindre difference des herbes & arbres, selon les lieux où elles croissent. Car celles qui viennent és pendans froids, secs, & exposez au vent, sont plus vertueuses que les autres. Au cōtraire celles qui croissent en la plaine, & és lieux ombrageux, aquatiques, & qui sont à requoy du vēt, ne sont si efficaces. Aussi le terroir & la saison les fait quelquefois auancer ou reculer. Lon void les arbres plus beaux plus fueillus & plus chargez de fruicts en vn terroir qu'en l'autre: parce qu'ils s'y ayment mieux. Les arbres qui s'ayment és montaignes, ils sont fort grands & beaux: cōme cedres, sapins, pins, bouys, faux, charmes. Es forests des plaines, costaux, collines les chesnes, hestres, lieges, alisiers, ormes, herables, fresnes, & couldres s'ayment fort. Les plaines, aulnes, peupliers, trembles, faux, & roseaux au long des riuieres, & és lieux aquatiques. Aucunes ne viennent qu'és païs Meridionaux: comme l'orengier, citronnier, palme, sicomore. Les autres és païs froids comme pommiers & poiriers. Mesme difference se trouue és herbes & arbrisseaux: ne croissans les vnes qu'és païs chauds, les autres és froids, les autres és moyennemens temperez. Aucunes croissent és marais, les autres s'ayment és eaux dormantes, les autres és riues de la mer, & és bords des riuieres. Il en y a qu'on trouue ordinairement és lieux humides, & quelquefois és secs, les autres ayment les champs, les autres les vignes, les autres les prez. Aucunes se portent mieux és vallons qu'és caustaux, les autres ayment les lieux haults & exposez au vent. Il en y a qui se nourrissent le long des murailles des villes & bourgades, & parmy les masures & ruines des maisons. Les bleds viennent plus heureusement en vn lieu, les vignes en l'autre, le bestail en l'autre. L'air est si temperé à Calcut, qu'il n'y à iamais peste, & se void verdure perpetuelle és herbes & arbres, & fruicts nouueaux en chacun mois differens entierement des nostres, bons neantmoins

c

& plaisans à merueilles. Le païs de Surie signamment à l'entour de Damas, abonde en toute sorte de bleds, de chairs, & de fruicts: mesmement en raisins frais par tout le cours de l'an. Ensemble grenades, coings, amandes, oliues & roses de diuerses couleurs tresbelles & odorantes. Mais les pommes, poires, & pesches y sont de mauuais goust. Es Indes Occidentales tant par les isles qu'en terre ferme se trouuent vignes sauluages portans de bons raisins sans cultiuer. Mais les noyaux des presses, pesches, prunes, cerises, semez en plusieurs endroicts par de la, ne prennent racine. Les oliuiers plantez n'apportent que des fueilles sans fruict. La Babylone est tresfertile en froment, mais la vigne & le figuier n'y viennt point bié. En Moscouie se trouue grãde abondãce de miel & de cyre, de peaux riches, & exquises fourreures: mais n'y a aucun fruit qui vaille. Les Tartares & Alarbes n'ont que du bestail. Les Moluques portent les drogues aromatiques, & au reste sont steriles. Ailleurs croissent les Emeraudes, rubis, Turquoises, perles: ailleurs le coral, ambre, cristal. Ailleurs l'or, ailleurs le plõb, estain & argẽt. Pline estimant le forment d'Italie entre tous autres en blãcheur & au poix: dit nature s'estre monstree tant amye des Italiens, qu'elle ne les a rendus seulement excellens en loix, polices, manieres de viure, & façons de faire: mais aussi leur a donné & le bled, & plusieurs autres choses excellentes plus qu'aux autres païs & regions. Par telle maniere chacune contree à ses graces & singularitez particulieres, ainsi distribuees par la prouidence diuine regardant au bien commun de l'vniuers qui ne peut perseuerer en sa perfection sans telle varieté, & afin que les vns ayans besoin des autres communiquent ensemble, & s'entre secourent.

DE LA VARIETE ET VICISSITVDE
humaine.

R est la varieté & vicissitude plusgrande en l'homme qu'en nulle autre chose. Car incontinent naissant il commence mourir, & depend de son origine la fin. Durant le temps qu'il vit depuis son enfance iusques en vieillesse, Il n'a iamais en soy mesmes choses, & n'est mesme: ains se renouuelle tousiours, receuãt mutation tant par le corps au poil, en la chair, és os, au sang: que par l'ame, changeant de meurs, coustumes, opinions, appetis, plaisirs, douleurs, craintes, esperances. Nous apprenons, oublions, recordons les disciplines: receuons les alimens & en iettons les excremens par les conduicts à ce deputez, reparans tousiours les incommoditez de l'egestion par nourrissement nouueau, & par la respiration de l'air nous emouuant. Les enfans sont follastres, & les vieils radotent, les autres sont tousiours fols, ou par interualles. Les autres deuiennent enragez ou en fieures continues, ou par autre accident, les autres en trop beuuant perdent la raison. Aucuns sont naturellement plus hebetez & lourds, les autres plus habiles & ingenieux, les autres plus prudens, & mieux cõditionnez. Or comme ils participẽt tous d'ame raisonnable, & ayẽt le corps cõposé de mesme matiere: c'est merueille d'où leur vienne telle varieté que voyons particulierement en chacun dés sa naissance, & generalement par les nations. En quoy semble que nature prenne plaisir: à fin de subuenir à l'indigence humaine, produisant non seulement chacun plus propre à vne chose que à l'autre: comme aux lettres, aux armes, & aux autres ars liberaux & mecaniques: mais aussi rendant les peuples naissans en diuerses parties de la terre habitable differens en inclinations & complexions.

Plusieurs sçauans personages ont essayé rendre raison de celle diuersité tant admirable. Premierement les Phisiciens estiment qu'elle procede de la meslāge des quatre humeurs dont les corps humains sont composez, lesquelles ainsi qu'accordent ou desaccordent ensemble, muët les complexions en disposant selon leurs qualitez dominantes, les natures diuersement. Mais principalemēt selon la proportion du cœur source des esprits vitaux, & du sang gouuerneur des affections, comme il est diuersifié. Ensemble par lhabitude de la melancolie mere des ars, & belles inuentions: à laquelle ils attribuent toute la dexterité perseuerance & perfection en icelles. De là venir (selon cest' opinion) que il se trouue des hommes ioieux, tristes, diligens, paresseux, faciles, opiniastres, gracieux, misericordieux, enuieux, craintifs, audacieux, sots, legers, prudens, veritables, menteurs, quereleux, trompeurs: auec autres semblables affections ordinaires des personnes: plus grandes ou moindres selon qu'vne humeur au à ce l'autre. A ce ayder beaucoup les republiques corrompues, & les propos que on tient en public & en priué, & que de ieunesse peu de gēs pensent à y remedier par bonne nourriture, disciplines, & estudes. A quoy les medecins adioutent le boire & manger, auec l'exercice: monstrans qu'ils seruent assez à la disposition des meurs. Plus les eaües, les vens, l'air enuironnant, & y auoir grande difference és lieux qu'on habite. Ainsi estre communemēt les Espagnols hautains, Egyptiens legers, Africains desloiaux, Anglois & Escossois fiers, Grecz cauteleux & Subtils, Italiens aduisez, Frāçois hardis: n'y auoir eu entre les Scythes qu'vn Philosophe, & en Athenes plusieurs.

Les Astrologiens afferment toute la nature inferieure estre regie & temperee par la superieure, & que par le mouuement du ciel toutes choses cy bas soient engendrees & corrompues, ou transmuees les vnes aux autres. Outreplus que par les reuolutions & influences des planetes assistees des autres estoilles, viennē telle diuersité de corps & d'entendemens aux humains: estans poussez les vns à vne action, les autres à l'autre, comme les nauires en la mer par les vens. Lesquelles ainsi que ne peuuent d'elles mesmes cingler ou surgir nullepart: Pareillement les humeurs és corps estre esmeues par les rayons des astres, dont elles reçoiuent diuerses dispositiōs, que lame represente par apres en ses actions. Tellement qu'à leur aduis aucun ne puisse apprendre art ou discipline quelconque, ne s'y rendre excellent, s'il n'a du ciel & des costellations l'origine, & cause de son excellence. Disent dauantage que combien que la paoureté, situation, nature & coustume des païs, loix & statuts des estats, religions & meurs des peuples contrarient souuent à la fatalité: Neātmoins pour cela le destin soit au bien ou au mal, retourner ordinairement où il est plus habile, & s'accommoder à son premier naturel, tant qu'il est possible. Ne nyans toutefois que par bonne institution & loüables exercices ne soit grande-

c ij

ment aydé: ny plus ny moins qu'il aduient és terres, lesquelles par soin & diligence sont rendues plus fertiles, mais laissees en friche, retournent tantost à leur premier naturel.

Aucuns Philosophes anciens considerans qu'és esprits des hommes apparoissoient les semences de toutes disciplines auec quelque cognoissance de Dieu, de la vertu & du vice, sans doctrine & institution precedente : ont pensé que les ames raisonnables estoient prises & extraites de la diuinité. Qu'auant que descendre du ciel en terre lieu contraire à leur diuinité & immortalité, elles estoient pleines d'vniuerselles intelligences, & de sciences qu'elles oublyoient par la contagion du corps, en y venāt habiter. Mais apres que par soin, estude, & exercice elles en recouuroient la souuenance : estimans ces premieres estinceles & facultez de l'endement, estre derechef suscitees par vsage, & par sçauoir: qu'ils appelloient pour cela reminiscéce. Que discourir, enseigner, apprendre, pouruoir, nombrer, inuenter, iuger, & autres actions de l'ame intelligente ne procedoient de matiere elementaire, en quelque sorte qu'elle peust estre disposee par les corps celestes: ains d'vne plus noble & sempiternelle, venant exterieurement, & separable du corps : comme l'eternel du corruptible.

Les Chrestiens mieux apprins en la verité, n'ont estimé la cause de ceste varieté deuoir estre cherchee és complexions ny és constellations, ny remise à l'inconstance de fortune: reiettans toute telle destinee, fatale necessité, & temerité fortuite : ains recognoissans le monde veritablement gouuerné par la prouidence diuine, & reduisans tout à icelle: croyent fermement que Dieu: selon son bon plaisir & vn seul esprit faisant toutes choses en tous, distribue à diuerses personnes, distinctes & differentes graces, regardant au bien commun & entretenement de la societé humaine. Qui ne peut durer sans plusieurs estats, charges, administrations, offices, mestiers, & œuures, se conseruant ainsi par vn secours mutuel & aide reciproque. Mais que la vraye vertu doyue estre de luy principalement requise & esperee, sans reietter l'inclination naturelle, & bonne nourriture. Partant conuenir que l'instinct de nature duquel nous auons parlé, soit excité & promeu par vertueuse institution, qui corrige le mal s'il en y a, & augmente le bien és personnes heureusement nees, cōduisant par sages enseignemens l'aptitude & adresse naturelle à sa vraye perfection. Veu que rien en sa premiere naissance n'est parfaict : ains precede tousiours quelque disposition, puis suyt l'acomplissement. Comme sur l'aube du iour la splēdeur apparoit auant la lumiere : Es arbres fruictiers le bourgeon & la fleur deuancent le fruict: Es bleds semez l'herbe l'espi & le grain. La seule bonté de nature sans discipline est mal asseuree, & la discipline inutile sans nature. Ainsi qu'au labourage pour en receuoir profit, ne suffit auoir bon terroir : ains conuient que le laboureur entende bien son faict, & aye bonnes semences. Puis pour confirmer les deux, & prendre bon ply qui demoure tousiours, est besoin de perseuerance & exercice continuel és deuis, & œuures concernans la vacation à laquelle lon est appellé. Comme le tincturier voulant donner quelque belle couleur à vn drap, qui ne perde son lustre à l'aduenir, le laue & prepare soigneusement, puis le teinct & reteinct. Ainsi pour acquerir loüége perdurable en vn estat, il fault vser de preparatifs necessaires, & empraindre de ieunesse la vertu au cœur, & és meurs par soigneuse nourriture: afin qu'elle demoure longuement. Ces moyens se trouuent rarement ensemble, Mais où ils se rencontrent conuenablement, ils rendent les personnages acomplis & admirables, tels qu'ont esté par le passé ceux que tant nous estimós & hault loüós auiourd'huy. Telles sont les opinions sur le faict de la varieté humaine ayans toutes apparence grande de verité: mais icy nous suyurons la celeste & naturelle comme la plus commune, & ce que sur icelle en escrit Ptolomee en tels termes. Les proprietez des gens (dict il) ont accoustumé d'estre distinguees ou par tous paralleles & tous angles, ou par leur situation enuers l'Ecliptique & le soleil. Car les habitans de nostre terre située en vn quadrāt Aquilonaire, qui sont subiects aux paralleles austraux cest à dire qui sont descrits par l'Equinoccial iusques au Tropique d'Esté: comme le soleil passe sur eux ils ont les corps quasi bruslez & noirs, le poil crespu & espois, la face estrecie, & stature gresle, sont chaux de nature & de meurs, cruels pour la grande chaleur qui regne en leur païs. Nous les nommons Ethiopiens estans ainsi disposez qu'auons dict, & ayans telle constitution de l'air. En quoy se trouuent couenir tous animaux & choses croissantes de terre. Mais ceux qui sont soubs les paralleles aquilonaires, cest à dire qui habitent les lieux posez soubs le Septentrion, pourtant que leur poinct vertical est fort esloigné du Zodiaque & de la chaleur du soleil, ils abondent en froideur & humidité, en laquelle y a beaucoup de nourrissement qui n'est poinct tiré par la chaleur mesme. Parquoy les hommes y sont de couleur blanche, cheueux longs, stature grande & bien disposee: mais de froide nature & de meurs cruels par la vehemence du froid estant en ces lieux. L'aspreté de l'yuer à ce conuient, & grādeur des choses naissantes de terre, & ferité des animaux. Nous les appellons generalement Scythes. Quand à ceux qui habitent les lieux posez entre le tropique d'esté & le Septentrion, à cause que le soleil ne va point sur leur Zenith, ny s'en esloigne trop vers le Midy, ils viuent en air moult temperé, ioincts en habitatiós & de doulces meurs. Et les plus prochains du Midy sont plus ingenieux & aduisez, & ont acoustumé d'estre plus entendus és choses diuines, d'autāt que leur poinct vertical est plus prochain du Zodiaque & des estoilles errantes qui sont soubs luy. Par la familiarité desquelles ils ont les ames promptes & faciles à comprendre & rechercher les affaires: & les ars mesmement les mathematiques. Item les Orientaux entr'eulx sont plus vigoreux & fermes d'entendement ne celans rien. Car par droict nous disons l'Orient estre de nature solaire, & pourtant celle partie du iour doit estre estimee plus virile & dextre. Aussi voyons nous és animaux les parties dextres estre plus fortes & robustes. Au contraire les occidentaux sont plus effeminez mols & secrets. Car celle partie est deue à la Lune qui se monstre tousiours vers Occident entre les espaces interlunaires, & à ceste cause comme nocturne & sinistre est reputee opposite à l'Orient. Aristote afferme estre Barbares les trauaillez de froideure ou chaleur excessiue, dautant que la bonne temperature de l'air rend les meurs & entendemens meilleurs. Car les extremement Septentrionaux ou Meridionaux ne sont ciuils de nature ou moderez par discipline, ne sont ioincts en habitatiõs, ne semẽt ny plátent, s'aident peu ou nullement de mestiers, eschangent en leurs commerces choses pour choses ignorans l'vsage de la monnoye, viuent sans maisons bourgs villes: ains errent continuellement par grosses troupes representans grãdes citez ambulatoires, conduicts par diuers chefs & seigneurs, & traynans leurs petites loges ou burons couuers de cuyrs, de nattes, de cannes, ou de meschãte laine pour se deffendre contre les chaleurs & froidures, & contre les pluyes. Et sans arrester longuement nulle part, suyuent la commodité des herbes & des eaux pour nourrir leur bestail innumerable qu'ils menent de plusieurs sortes comme de cheuaux, chameaux, brebis, vaches, dont ils s'entretiennent auec de la venaison, destituez de bleds, legumes, & fruicts. Tels estoient anciennemẽt du costé de Septentrion les Scythes & Sarmates ou Sauromates demourans en campagnes infiniement larges & spacieuses, decouuertes, sans bois arbres ne buissons, sans chemins & bornes: sur chariots où ils mettoient leurs femmes & enfans, pour ce appellez Nomades & Hamaxobites. Ignorans toute agriculture se nourrissoient de chair & de laict : leur estant la terre plaine & vnie propre à telle maniere de viure, & aydans à ce plusieurs grands fleuues lesquels coulans au trauers, la rendoient grasse & bien abbruuee d'eau. Ausquels Scythes ont succedé les Tartares viuans auiourd'huy (comme dit est) de mesme maniere. De ce quartier & de telle sorte de gens, ne sortirẽt oncques que deux Philosophes Anacharsis & Zamolsis nourris ailleurs, combien que par la Grece en y eut d'innumerables.

D'AVTRE part vers le Midy estoient les Numides viuans à l'air sans edifices, tousiours en labeur & en trauail, ne buuans point de vin, & mangeans fort simplement & pauurement pour subuenir à leur necessité naturelle tãt seulement, nõ seruir au plaisir. Lesquels à ceste cause estoient tresdisposts, puissans, sains, & de lõgue vie. Les Arabes ou Alarbes viuẽt maintenãt en telle maniere depuis l'aduenemẽt de Mahumed, menãs quãt & eux leurs maisons villages & villes qu'ils traynẽt sur chariots ou sur le dos des chameaux, en suyuant la cõmodité du pasturage par les montagnes & desers, depuis l'Arabie & le fleuue d'Euphrate iusques à la mer Atlãtique, fort dõmageables aux plaines prochaines de la Surie, Egypte, & toute l'Afrique citerreure: mesmement sur le temps de la cueillete des bleds & des fruicts. Car ils descendent alors par troupes serrez & drus comme les hestourneaux par les vignes. Puis ayans raui ce qu'ils peuuent, se retirent auec telle vistesse qu'ils semblẽt pluftost voler que courir, & n'est possible de les attaindre, ou poursuyure par lieux destituez d'eaux. C'est vne gent vagabõde & innumerable diuisée toutefois par peuples & seigneurs appellez Schez mal accordans, & n'ayans aucune habitation stable demourent ordinairement soubs tentes & pauillons faicts de meschante & pauure laine. Se nourrissent de chair & de laict, principalement de chameaux en y adioustant quelque peu de ris, miel, dactes, raisins, figues seiches, oliues & de la venaison quand ils en peuuent prendre, allans souuant auec chiens & oiseaux à la chasse des Cerfs, Dains, Autruches, & aprez toute autre sorte de sauuagine. Sont communément difformes, maigres, & defaicts, de petite stature, couleur tannee & obscure, yeux noirs auec voix casse & femenine: ne vestans autres habillemens que chemises hormis les principaux. Cheuauchēt la pluspart sans selle, sans esperons & fers à leurs cheuaux. Leurs armes sont de grandes cannes d'Indie, longues de dix à douze brasses auec vn petit fer au bout & peu de tafetas en maniere de banniere. Neantmoins en telle pauureté & misere qu'ils viuent, se glorifient estre les premiers du monde, pour ne s'estre iamais meslez auec autres natiōs & auoir gardé entiere la noblesse de leur sang. Iean Leon Historien Africain escrit qu'ils ont plusieurs belles obseruations d'Astrologie qu'ils baillent de main en main à leur successeurs, & augmentēt tous les iours.

Mais les gens estans en la moyenne habitation du monde sont bien entendus & disposez aux armes & aux lettres, ayans par nature courage & intelligence ensemble. Viuent en bonne police habitans par maisons, hamiaux, parroisses, bourgades, villes, citez, republiques, Royaumes & Empires: ont vniuersitez & escholes publiques esquelles sont enseignees toutes sciences, ont varieté de mestiers seruans non seulement à la necessité, mais aussi au plaisir, ornement & magnificence des edifices, viures, habits, armes, ont iudicature, finance, militie, religion, bien ordonnees & entretenues.

Entre ces moyens les plus approchans du Midy, d'autant que sont naturellement melancholiques s'adonnent volontiers à solitude & contemplatiō, estans tressubtils & ingenieux: comme les Egyptiens, Lybiens, Hebreux, Arabes, Pheniciens, Assiriens, Perses, Indiens. Parquoy ils ont inueté plusieurs belles sciences, decouuert les secrets de nature, dressé les mathematiques, obserué les mouuemens celestes, & premierement cogneu la religion. Parmy eux se sont trouuez de sçauās Philosophes, diuins Prophetes, & legislateurs illustres. Les tirans vers le Septentrion, comme les Allemans par l'abondance de l'humeur & du sang qui empeschent la speculation, s'appliquent plus aux choses sensibles & aux ars mecaniques, à sçauoir à la recherche des metaulx & conduitte de mines, à fondre & forger ouurages en fer, acier, cuyure, erain, esquels sont admirables ayans inuenté la Canonnerie & Imprimerie. Les demourans au vray mitan ne sont tant nez aux sciences speculatiues, comme les plus Meridionaux, ne si propres aux ouurages mecaniques comme les plus Septētrionaux, mais sont tresaptes au maniement des affaires publiques, & d'eux sont venues plusieurs bonnes institutions, loix, meurs, l'art imperatoire, discipline militaire & politique, la Pilotique, Rhitorique, Dialectique. Et cōme les plus Meridionaux n'ayent gueres exercé les armes, les Septentrionaux les lettres, abondans les vns d'entendement, les autres de force, les moyens ingenieux & courageux embrassans les lettres & les armes ensemble, & meslans la force auec la prudence, ont establi de florissans Empires durables, Ce que n'ont peu faire les autres. Car iaçoit que les Goths, Hunnes, Vandales, plus vaillans que prudens ayēt enuahy par armes l'Europe, Asie, & Affrique, neātmoins à faute de conseil n'establirent puissance de duree. Au contraire les Romains vaillans & prudens, ont surmonté par la gloire de leurs faicts toutes nations, constituās le plus grand Empire & de plus longue duree qui ayt encores esté. Et si n'ont esté priuez de l'excellence des disciplines & des ouurages mecaniques. Entre lesquels ont fleuri d'illustres capitaines, bons legislateurs, prudens iurisconsultes, iustes iuges, fideles financiers, censeurs seueres, senateurs graues, poëtes ingenieux & plaisans, orateurs eloquens, historiens veritables & elegans, marchans aduisez, artisans exquis.

Qvant à l'Orient & Occident tous l'accordent, & l'experience le monstre, la situation Orientale soubs mesme aspect du ciel & en mesme assiete de lieu, estre meilleure que l'Occidentale, & toutes choses croistre plus belles en l'vne qu'en l'autre. Toutefois nous voions les peuples Occidentaux exceller en force de corps, les Orientaux en vigueur d'entendement. Tellement que l'Occident semble auoir quelque affinité auec le Septentrion, & l'Orient auec le Midy. Les Gaulois ont ietté souuent grosses armees en Italie, Grece, & Asie: Les Italiens ne domterent la Gaule, qu'ils n'eussent môté leur Empire à sa souueraine puissance & soubs Iule Cesar, qui les trouua diuisez en factions. Les Italiens vainquirent les Grecs sans grande difficulté. Les Grecs qui par leurs armes auoient penetré l'interieure Asie, ne passerent gueres en Italie sinô soubs le Roy Pirrhe, qui en fut honteusement chassé. Xerses estoit descendu en Grece auec innumerable armee, neantmoins fut vaincu par peu de Grecs, & repoussé auec perte ignominieuse.

Av regard des parties de la terre habitable plusieurs excellens hommes en guerre ont esté nommez par l'Europe, peu en Afrique, moins en Asie. Ce qui est aduenu à cause que ces deux dernieres parties du monde ont eu vne principauté ou deux, & peu de Republiques. Mais l'Europe a eu seulement quelques Royaumes, & infinies Republiques. Les hommes deuiennent excellens & monstrent leur vertu selon qu'ils sont employez & auancez par leur Prince, ou Republique. Il est donc conuenable, qu'où se trouuent assez de Potentats, se rencontrent assez de vaillans hommes, & peu où il y à peu de potentats. En Asie se trouuent Ninus, Cyrus, Darius, Artaxerses, Mithridates, & peu d'autres qui leur facent compagnie. En Afrique se nomment (laissant a part l'antiquité d'Egypte) Masmissa, Iugurta, & les capitaines nourris par la Republique de Cartage: lesquels encores au regard de ceux de l'Europe sont bien peu, d'autât qu'il en y a d'excellens sans nombre en Europe, & plus seroient, si lon nommoit les autres qui par la malignité du temps sont oubliez. Car le monde a esté plus vertueux, où il y a eu plus d'estats fauorisans la vertu par necessité, ou quelqu'autre humaine passion. Il y a donc eu peu d'hommes en Asie, parce que celle prouince estoit toute soubs vn Royaume, lequel par sa grandeur demourant la plusparts du temps oisif, ny pouuoient naistre hommes excellens au maniement des affaires. Le mesme est aduenu en Afrique, où pareillement en y a peu, sinon en la Republique de Cartage, Attendu que se trouuent plus de personnages excellens és Republiques qu'és Royaumes: esquelles est honoree la vertu & és Royaumes retenue: Dont aduient qu'en Republique se nourrissent les vertueux & au Royaume se defont.

Parqvoy qui considerera l'Europe il la trouuera auoir esté pleine de repu-

republiques & de principautez. Lesquelles par la crainte que les vnes auoient des autres estoient contraintes tenir en vigueur les ordres militaires, & honorer les mieux entendus en cela. Car en Grece outre le Royaume de Macedonie y auoit assez de Republiques, & en chacune d'icelles nasquirent hommes tres excellens. En Italie estoient les Romains, Samnites, Toscans, Gaulois cisalpins. La Gaule & Germanie estoient pleines de Republiques & de Princes, semblablement l'Espagne. Et iaçoit qu'en comparaison des Romains s'en nôment peu d'autres, cela aduient par la malignité des escriuains suyuans la fortune, & communément honorans les vaincueurs. Mais il n'est raisonnable qu'entre les Samnites & Toscans qui combatirent cent cinquante ans contre le peuple Romain auant qu'estre vaincus, n'y eust plusieurs hommes excellés: & pareillement en Gaule & Espaigne: mais celle vertu que les escriuains ne celebrent és hommes particuliers, ils la celebrent generalement és peuples, exaltans iusques au ciel l'obstination qu'ils eurent à deffendre leur liberté. Estant donc vray, qu'où se trouuent plus d'estats, plus s'esleuent d'hommes vaillans: il ensuyt necessairement qu'où il en y a moins, la vertu de main en main diminuë, y restant moins d'occasion qui face les hommes vertueux.

Parquoy estant depuis creu l'Empire, & ayant esteint toutes les Republiques & principautez de l'Europe & Afrique, & la plusgrande partie de celles d'Asie, il ne laissa aucune voye à la vertu sinon à Rome. Pour ce commença à y auoir peu d'hommes excellens en Europe, comme en Asie. Laquelle vertu vint depuis à derniere decadence: D'autant que toute la vertu estant reduitte à Rome, quand elle fut corrompue, presque tout le monde vint à se corrompre. Et peurent les peuples Septentrionaux venir piller cest Empire qui auoit esteinct la vertu des autres, & ne pouuoit maintenir la sienne. Combien donc que par l'Inondation de ces Barbares il fust diuisé en plusieurs parties, toutefois la vertu precedente n'a peu renaistre par la difficulté qu'il y a pour vn temps à reprendre les ordres gastez, & que la maniere de viure du iourd'huy, quant à la religion Chrestienne, n'impose mesme necessité de se deffendre qui estoit anciennement. Car alors les hommes vaincus en guerre, ou estoient tuez, ou demouroient perpetuellement esclaues menans vie miserable. Les terres gaignees estoient desolees, où lon en chassoit les habitans denuez de leurs biens, & fugitifs par le monde. Tellement que les surmontez en guerre enduroient toute extreme misere. Esmeus de telle crainte les hommes, ils tenoient les exercices militaires en vigueur, & honoroyent les excellens en cela. Mais auiourd'huy ceste paour pour la plus grande partie est ostee. Car il y a peu de vaincus tuez, & ne demourent longuement prisonniers, estant facile de les deliurer. Et iaçoit que les Citez se soient mille fois reuoltees, ne sont destruittes, ains demourent aux hommes leurs biens. Et le plus grand mal qu'ils craignent est vne taille. Parquoy ne se veulent submettre aux ordres militaires, & entierement porter les charges de la guerre, pour obuier à ces dangers qu'ils craignent peu: depuis que les Prouinces d'Europe sont reduittes à peu de chefs, eu esgard au temps

d

passé: obeïssant toute la France à vn Roy, l'Espagne à vn autre, l'Italie diuisee en parties. De maniere que les citez foibles se sauuent en se rengeant auec les vainqueurs, & les autres estats par les raisons susdittes ne craignent la derniere ruine. Quant aux Allemans & Suysses, par ce qu'il y auoit entr'eux assez de republiques & principautez, estans geloux de leurs estats & contrainčts les manier par l'exercice des armes, ils ont produičt tout ce qu'il y a auiourd'huy de bon en la militie par deça. Outreplus les hómes quand à leur nourriture, ne sont moins differens de region en region qu'és autres choses, ayant chacun païs ses alimens peculiers, & propres façons de les acoustrer, diuerses en saueurs, saulses & cuissons: Et en chacune saison de l'annee sont administrees de nature, viandes nouuelles par mer & par terre. Comme donc se trouuent plusieurs sortes d'alimens, se trouuent aussi plusieurs manieres de viure, tant des bestes que des hommes. Car n'estant possible viure sans nourriture, les differences du nourrissement rendent les vies des animaux differentes. Donques entre les bestes aucunes viuent en troupeaux, les autres separees çà & là, selon qu'il leur est expedient au pourchas de leur mangeaille. Et mangent aucunes, animaux, les autres fruičts, les autres de tout: telement que nature a discerné leurs vies selon la cómodité & eslite de ces choses. Mais d'autát que naturellement chacune n'a mesme plaisir, ains plaist aux vnes vne chose, aux autres l'autre: à ceste cause differét les vies de celles qui mangent animaux, & qui mágent fruits. Sêblablement y à grande differéce entre les vies des hómes. Les plus oisifs entédent au pasturage, en prenant leur nourriture des animaux priuez sans peine & trauail. Mais pourtát qu'il leur est necessaire remuer le bestail de lieu en lieu à cause de la pasture, ils sôt cótraints de suyure exerceás cóme vne agriculture viue. Aucuns viuent de la chasse en diuerses manieres: comme les vns de proye, les autres de pescherie habitans pres les lacs, estangs, fleuues, & les voisins de la mer, les autres d'oiseaux & de bestes sauuages demourans pres les bois, les autres par les spacieuses forests & hautes montaignes de racines, du glan, & de la fayne. Toutefois la pluspart des hommes viuent de terre & des fruičts domestiques. Par ainsi les manieres de viure vsitees entr'eux sont le pasturage, labourage, proye, pescherie, venerie, faulconnerie. Aucuns en les meslant viuent plus aiseement subuenans à la vie qui a besoin de plusieurs choses en ce qu'il y defaut, afin de paruenir à suffisance. Comme aucuns le pasturage & la proye, les autres le labourage & la chasse, & ainsi des autres manieres de viure, selon que la necessité les y contrainčt, ou le plaisir & friandise les inuite. Les Cambales mangent iusques à present chair humaine rostie.

Semblablement les autres sauluages mangent leurs ennemys prins en guerre. Les Alarbes, chameaux, & Austruches, pain de millet, & de graine de nauete pilee. Les Tartares chair crue indifferemment de chiens, cheuaux, chats, couleuures, & semblables bestes. Laquelle ils pressent seulement entre deux pierres pour en tirer le sang, ou la font mortifier sur le dos d'vn cheual, quand l'homme est dessus. Boyuent le laičt des Iumens le preparans de telle sorte qu'il ressemble à vin blanc, & n'est beaucoup fade, ny mal sauoureux. Les Cathayns aussi mangent chair crue la hachans premierement bien menu, puis la font confire dans des huilles odorantes auec bonnes espices, puis la mangent ainsi acoustree. Boyuent bruuage faict de ris auec diuerses espices: qui à le goust plus excellent & delicieux que vin: & ceux qui en boyuent outre mesure, s'en enyurent pluſtoſt qu'ils ne feroient de vin. Les Medites n'ayans point de bled ne de vin, font en esté grandes chasses & prinses tant de bestes sauluages que d'oiseaux: dont ils font leurs prouisions pour viure en yuer. Et en aucunes contrees font biscuit de poissons desechez & taillez en menuës pieces, qu'ils pilent & broient en farine, puis la destrempent & pestrissent, & aprez la reduisent en pains qu'ils font desecher au soleil: dont ils viuent toute l'annee. Les gens du Calecut viuent de ris, poissons, espices, & fruicts entierement differens des nostres. Boyuent vin de Palmes, & de dattes meslé auec ris & sucre. Par toutes les Isles Occidentales font pain d'vn bled appellé Mahiz, & d'vne racine ditte Iuca: qui sont viures communs tant és Isles qu'en la terre ferme. Font bruuages de certaines pommes de pin qu'ils appellent yayama, qui est sain, mais pour estre trop doux, n'est si plaisant à boire que celuy de ce païs. Ce seroit chose par trop longue & ennuyeuse de proposer icy & reciter par le menu toutes les differences de viure receues des hommes ou par necessité, ou par abondance & delices.

Parquoy celles cy côme les plus estranges des nostres, suffiront pour le present. Mais outre les commoditez & incommoditez de viure, qu'ont les hommes de païs en païs, aucuns s'abstiennent de certaines viandes, ou par opinion comme les Pythagoriens de la vache & de la feue: où par religion, & ce ou par aucû temps, comme de chair en Caresme & és iours de iesne entre les Chreſtiés: ou tousiours côme les chartreux. Au côtraire les anciés prestres d'Egypte estimoient à grand peché de taster du poisson, comme escrit Herodote. Les Egyptiens s'abstenoient de porceau comme font les Iuifs, & les Mahumetites qui d'auantage ne boyuent point de vin. Les Malharbes & Guzerats ne mangent rien qui ait sang, ny tuent chose qui ait vie. Pour ce n'vsent d'herbe verde, ny de fruict recent, pensans y auoir vie, & estre grand peché de les faire mourir, Adorent les bœufs & n'en mangent non plus que les Iuifs de porceau. Les autres moins scrupuleux, vsent indifferemment de toutes viandes, qu'ils peuuent recouurer.

VICISSITVDE DES
peuples.

IL semble y auoir és hommes quelque desir naturel de changer leurs habitations & demeures, ayans l'esprit muable, impatient de repos, & curieux de nouuelletez. A raison de quoy ne cessent d'aller les vns chez les autres, changeans les meurs, langues, lettres, seigneuries, religions. Peu de terres se trouuent habitees par les vrais originaires. Presque tous peuples sont meslez. Anciennement les Egyptiens s'habituerent en Babylone, Colcide, Surie, Grece. Les Grecs en la partie d'Italie prochaine de la mer inferieure.

DE LA VICISSITVDE DES CHOSES

Les Tyriens en Afrique, les Africains en Espaigne, les Phoriens en Gaule, les Gaulois en Grece & en Asie, les Macedoniens en Surie, & Egypte. Ainsi ont passé les Arabes en Perse, Surie, Afrique, Italie, & Espagne. Ainsi les Tartares en Scythie. Ainsi les Espagnols en l'Amerique, au Perou, & en l'Indie Oriëtale, & Occidëtale. Les excessiues chaleurs & froidures, les profondes mers & larges riuieres, les hautes môtagnes, les innueuses bois & desers ne les peuuët empescher de trâsmuer leurs domiciles. Toutesfois ils se iettët plus cômunément des regions froides és temperees : comme ont fait les Parthes & Turcs du costé de Asie, & en Europe les Cymbres, Sicâbres, Saxons, Goths, Lombars, Bourguignons, François, Vandales, Normans, Alanois, Hunnes, Hongres, Slauons, lesquels en diuers temps sortans du North ont occupé les principales regions de l'Europe. Aucuns ayans longuemët erré ne choisissent leur habitation, ains arrestent au premier lieu où ils se trouuent lassez, ne pouuans plus marcher, les autres l'aquierent à force d'armes. Aucuns vagabons perissent par les chemins, les autres demourent où l'indigence les laisse. Et tous n'ont mesme necessité d'abandonner leur païs naturel, & en chercher de nouueau. Les vns par armes estrangeres spoliez du leur, enuahissent l'autruy, les autres trauaillez de seditiôs ciuiles, les autres creuz en trop grande multitude, les autres par pestes, ou par la sterilité de leurs terres, les autres esperans en recouurer de meilleures. Si ont accoustumé tous vsurpateurs d'abolir tant qu'ils peuuent la dignité & memoire des precedens, tant par enuie, hayne, & mespris, que par ambition, afin d'y faire fleurir de là en auant la leur seule : comme feirent les Medes vsurpans la seigneurie sur les Assyriens, les Perses sur les, Medes, & Egyptiens. Les Romains sur les Gaulois, Espagnols, Africains. Les Goths & Vandales sur les Romains. Les Arabes sur les Perses, Egyptiens, Africains. Ce que font encores auiourd'huy les Espagnols és terres neuues, & les Turcs és places qu'ils conquerent sur les Chrestiens, destruisans les edifices, tiltres, lettres, liures, histoires, sciences.

VICISSITVDE DES VILLES.

Les vnes villes & citez commëcent, les autres finissent, les autres croissent, les autres diminuent : deuenans de petites grandes, & de grandes petites. Aucunes sont ruinees par guerres, les autres par seditions, les autres par longue paix tournee en lascheté, ou par luxe pernicieux aux grandes richesses, ou par cas fortuits du feu, d'inondation, ou de tremblement de terre, ou par vieillesse consommant toutes choses. Niniue tant grande, belle, & somptueuse fut destruite par Arbaces & les Medes, Carthage par Scipion & les Romains. Par succession de temps la plusgrande partie de Babylone fut conuertie en labourage, & auiourd'huy n'est plus rien, ou à changé de nom. Athenes est reduitte en vn petit village. Troye en champagne. Hierusalem tant celebree par l'escriture saincte, a esté souuent destruitte, & refaitte. Thebes fut quelquefois la plus belle ville non seulement de l'Egypte, mais aussi de l'vniuersel monde : la magnificence de laquelle fut diminuee par l'acroissement de Memphis. Et celle de Memphis par l'edification & augmentation d'Alexádrie tenuë pour la premiere ou Seconde ville du monde. Rome commença lors que finit Babylone. Et Constantinople est creuë par la despouille de Rome : y estant l'Empire transporté auec ses principales forces & richesses. Lyon situé en la montagne ars, puis r'edifié au bas. Elice & Burie noyees. Anciennement y auoit en Candie cent villes qui sont pour le present reduittes à trois. Au contraire en Allemaigne ny auoit point de villes : ce sont auiourd'huy les plus belles, plus fortes, & mieux policees que lon sache. Les Alarbes & Tartares marchent par grosses troupes, representans grandes citez ambulatoires. Ailleurs se voient de tresbelles villes qui n'estoient point parauant : Comme le Caite, Alep, Tauris, Moske, Prage, Cracouie, Nugradie, Anuers, Londres, Vlisbone. Paris, Rouen, Mexice en Temistiten, Venise, Cambalu, Quinsay, Meace en Guapan, Malache, Ormus.

VICISSITVDE DES REPVBLIQVES, ROYAVMES, & Empires.

La premiere des polices est la Monarchie dressee naturellement : laquelle engendre la royauté par bon establissement. Mais quand la royauté se transmuë en ses prochains vices, comme en tyrannie : de leur abolition prent naissance l'Aristocrate qui se change communément en oligarchie. Et quand la commune venge l'iniustice des gouuerneurs, ensuyt la democratie : par les outrances & iniquitez de laquelle est dressee derechef l'ochloiracie. Telle est la reuolution naturelle des polices, selon laquelle l'estat de la Republique se muë & transmuë, & derechef fait mesme retour. Si la vertu des commandans estoit tousiours semblable, les affaires humains iroient mieux & plus asseurément, sans qu'on les veist transporter çà & là, & estre incessamment muez. Car l'authorité est aisément maintenuë par les mesmes moyens qu'elle est acquise. Mais ou pour diligence oisiueté, pour continence & equité, cóuoitise & orgueil prennent lieu : la fortune cháge auec la maniere de viure. Parquoy les Royaumes & Empires sont transferez continuellement des moins idoines aux plus habiles, changeans de famille en famille, & de nation en nation. Comme au cours variable de la Lune est regie la grand mer, esmouuant ou appaisant ses ondes, auançant & reculant les flux & reflux des marees : ainsi sont par l'instabilité de fortune, & imprudéce humaine, les estats publiques acreux, diminuez, haussez, abaissez, changez, destruits, conuertis & remis des vns és autres : ayans les mieux policez leur puissance plus asseuree & plus durable, sans toutefois qu'il en soit de perpetuels : d'autant qu'ils se corrompent au long cours des ans, quelque bon ordre qu'il y ait du commencement, si lon ny prend soigneusement garde en les conformant souuent, & les reduisant tant qu'il est possible à leur premiere integrité. Lon void qu'vne seigneurie bien fondee prospere quelque temps par la bonté de son gouuernemét, & va de bien en mieux, tirant de droict fil vers le mylieu, où le faist de son vray cours politique : puis decline de hault en bas, ou du mylieu en l'extremité. Vray eſt qu'où finit l'vne, l'autre commence, & eſt auancee par la ruine de la precedente : où pluſieurs ſont reduittes en vne grande, & la grande eſt demēbree en pluſieurs moindres.

VICISSITVDE ET VARIETE DES LANGVES.

Emblablement les langues, parolles, eſcritures, caracteres, muent cōtinuellement, n'eſtans de meilleure condition que les autres choſes humaines qui ſont changees ordinairement auec leurs mots: à ſçauoir manieres de viure publiques & priuees, meurs, alimés, loix, habits, edifices, armes, machines, inſtrumens. Elles ont commencement, duree, perfection, corruption, alteration. Aucunes ſont entierement perduës, les autres naiſſent des precedentes corrompues & meſlees. Les autres aprez auoir eſté longuement ancanties ſont reſtituees. Se maintiénent auec leur proprieté, elegāce, & douceur: auec les ſciences qui y ſont eſcrittes, par la puiſſance & grandeur d'Empire, par les religions: Auec leſquels moyens ſont eſtendues en pluſieurs païs, & durent longuement: comme auſſi elles ſe perdent par les contraires.

VICISSITVDE DES DISCIPLINES.

PAR meſme ordre & viciſſitude pareille les diſciplines eſtans petites au commencement augmentent peu à peu & montēt à leur perfection: où apres que ſont paruenues deſchoient tantoſt, & finablement periſſent par la pareſſe des hommes, ou par la calamité des guerres longuement continuees, ou par la tyrannie des Barbares. Puis quand elles ont eſté quelque temps delaiſſees, ſe remettent ſus autrefois, & ſucceſſiuement recouurent leur valeur precedente. Ce qui a donné occaſion à aucuns excellens Philoſophes & Aſtrologiens d'eſtimer que meſmes ſciences ayent eſté inuentees en longueur de temps ineſtimable par pluſieurs fois, & derechef perduës: comme auſſi elles pourront eſtre à l'aduenir, ne s'entredelaiſſans gueres la puiſſance & ſapience: mais ordinairement faiſans bonne compagnie l'vne à l'autre. Comme i'ay obſerué depuis trois mil ans eſtre aduenu cinq ou ſix fois en certaines ſaiſons, trouuant l'excellence des armes & des lettres auoir eſté premieremēt en Egypte, Aſſirie, Perſe, & Aſie la mineur: Conſequemment en Grece, Italie, & Sarraſmeſnie. Finablement en ceſt aage auquel voions preſque tous ars liberaux & mecaniques anciens reſtituez auec les langues: apres auoir eſté perdus enuiron douze cens ans, & autres nouueaux inuentez.

EN quoy ſera employé tout le diſcours enſuyuant dependant du precedēt: que commencerons par les langues, auec leſquelles ſe conſeruent, & perdent les ars, & tous affaires humains.

DE LA VICISSITVDE ET
VARIETE DES LANGVES

LIVRE SECOND.

DE V creant l'homme il luy a donné par grand excellence raison & parolle, & par ces deulx prerogatiues l'a separé des autres animaulx. Mais raifon l'ayderoit peu, & n'apparoiftroit tant en luy, s'il ne pouuoit en parlant exprimer ce qu'il a parauant conceu en fon entendement. Car les beftes femblent luy ceder plus au parler qu'a l'entendre, faifans fubtilement plufieurs ouurages, qu'il ne fçauroit imiter: lefquelles pour ne pouuoir parler, font appellees muetes & irraifonnables. Et iaçoit que les hommes foient plus fociables, toutefois peu leur proufiteroit à telle focieté la fimilitude de nature qui eft en tous eulx, s'ils ne s'entr'entendoient, aymans mieulx conuerfer auec les animaulx muets de diuerfe efpece, qu'auec autres hommes efträgers non entendus. Eftant donc le langage fi neceffaire à l'homme ciuil, qui par raifon feule ne fe peult acompagner de l'autre: & à luy naturellement ottroyé pour declarer les conceptions & affections de fon ame: il aduient neátmoins que les parolles ne font par tout mefmes, comme les chofes aufquelles font impofees: ains changent de païs en païs, & de temps en temps felon l'vfage des parlans, receues & entendues entr'eulx par leur conuention & confentement. D'où procede celle varieté des lägues entre les hommes difperfez par la terre habitable tant fpacieufe en longueur & largeur, n'entendans aucunement les vns les autres, que par fignes ou truchemens. Or fi comme il y a en tous hommes vn premier principe de raifon, & vne intelligence interieure commune, il eftoit poffible qu'il n'y euft auffi qu'vne langue commune feruant aux commerces & aux difciplines, ils s'entr'aymeroient dauantage, ceffant la difcorde qui leur aduient par la diuerfité & ignorance des langues, & employeroient le temps à la cognoiffance des chofes, qu'ils font contraincts confommer à apprendre les parolles. Diodore Sicilien fuyuant les anciens Philofophes efcrit que les hommes au commencement auoient le fon de leur voix confus & non entendible. Mais que peu à peu en faifans diftinction, ils nommerent chafque chofe par fon nom. Et d'autant qu'ils eftoient alors demourans en plufieurs parties du monde, ils n'vferent tous de mefme parolle & langage: dont eft aduenu qu'ils eurent auffi differens caracteres de lettres.

d iiij

DE LA VICISSITVDE DES LANGVES

Moïse raconte au genese comment le langage de toute la terre fut confondu en l'edification de la tour de Babel: dont est venue la diuision des nations, & procedé le commécement de la diuersité des langues par l'orgueil & presomption des hommes. Comme à la verité c'est peine de peché d'en auoir tát, qui changent sans cesse à l'appetit du vulgaire forgeát tousiours mots nouueaulx: par la naissance desquels il est necessaire que les precedens perissent. Ny plus ny moins que les saisons de l'annee despouillent la terre de fleurs & de fruicts, puis de nouueau la reuestent d'autres. Semblablement le temps faict decheoir les parolles, & l'vsage en faict de nouueau recroistre d'autres, & leur donne grace, iusques à ce qu'estans consommees peu à peu par vieillesse, elles viennent aussi à mourir: par ce qu'à la fin & nous & toutes nos choses sont mortelles. Telle mutation & varieté procede ordinairement de la meslange de diuerses nations, & des grandes foires & armees: où se trouuent gens de diuerses lágues, lesquels s'assemblans & communicans ensemble forgent perpetuellement mots nouueaulx, durans ou faillans selon qu'ils sont par la coustume receuz ou reprouuez. Or combien que la parolle soit naturelle aux hommes, si ne parlét ils point qu'artificiellemét, ne l'apprennent qu'en oyant parler les autres, premierement les meres & nourrices, puis le commun vulgaire. Parquoy il fallut que les premieres qui imposerent noms aux choses, n'ayans autres desquels les peussent apprendre, ils les apprinsent miraculeusement en langue où la nature & verité des choses accordast à leurs origines & etymologies: lesquelles on s'efforce chercher iusques à present en toutes langues és significations des vocables. Les Hebrieux donnent cest' honneur à leur langue, qu'ils estiment la premiere & plus ancienne du monde. Herodote racóte que Psammetique Roy d'Egypte voulant sçauoir qui estoit la premiere langue, bailla deulx enfans nouueaulx, yssus de personnes basses, à vn berger pour les nourrir, deffendant ne dire aucune parolle en leur presence. Mais qu'on les tint à part, & qu'à certaines heures on leur presentast cheures pour les allaicter. Ce qu'il faisoit pour le desir qu'il auoit d'ouyr quelle parolle ces enfans prononceroient la premiere aprez leurs vagissemens. Et aduint que deulx ans reuolus, comme le berger ouuroit l'huys pour entrer vers les enfans, ils tomberent tous deulx à ses pieds, & tendans les mains prononcerent bec qui vaut autant à dire que pain en langue Phrygienne. Et ainsi fut trouué que les Phrygiens estoient plus anciens que les Egyptiens, & leur langue premiere.

Victruue l'architecte parlant grossieremét de cest affaire, cuyde que ce pendant que les hommes habitoiét encores és forests, en quelques endroicts plus espois les arbres poussez par l'impetuosité des vens & s'entrcheurtans violemment auoir faict feu, duquel estonnez ceulx qui estoient auprés fuyrent. Puis le bruyt apaisé approchans ils cogneurent grande commodité aduenir aux corps de la chaleur du feu, & y mettans bois & l'entretenans appelloiét les autres, & leur monstroient par signes l'vtilité qui y estoit. En ceste premiere assemblee sortans les voix diuersement de la poictrine, furent constituez les vocables ainsi que s'offroient, par lesquels signifians souuent mesmes choses ils commencerent parler fortuitement, & ainsi formerent les langages entr'eulx.

Pyta-

Pytagoras attribuoit souueraine sapiéce à celuy qui premier imposa les noms à toutes choses. Et Platon afferme au Cratile ce auoir esté faict par quelque puissance plus qu'humaine. Car à la verité l'homme n'eust peu de luy mesme sans l'ayde de Dieu, discerner choses innumerables contenues en l'vniuers, par leurs propres vocables, lesquelles autrement fussent demourees incogneues: ie dy le ciel ses parties & mouuemens, les estoilles fixes & errantes, les elemés auec leurs qualitez, vens, pluyes, gresles, neges, tonnoirres, & autres meteores: oiseaux, poissons, bestes, herbes, arbres, bleds, legumes, mineraulx, pierreries, perles, leurs natures & proprietez: mers, golfes, plages, haures, poets, isles, riuieres, lacs, estangs, terres, gés, peuples, villages, bourgs, villes, citez: parties interieures & exterieures du corps, sens & leurs obiects, odeurs, saueurs, maladies & remedes, actions humaines infinies, viures, vestemens, loix, magistrats, iugemens, polices, ceremonies, militie, finances, monnoies: tant d'ars & mestiers auec leurs oustils, tant de personnes par noms & surnoms, les affinitez & alliances entr'elles. Or n'a esté autrefois la controuerse petite entre les doctes: à sçauoir si les mots estoient imposez au plaisir & volonté des parlans: ou par art & raison naturelle. La varieté & mutation continuelle qui se void és lágues, faisoit péser aux vns, que celle imposition fust casuelle, & arbitráire fondee sur la conuention & coustume des hommes. Les autres disoient puis que les noms sont comme instrumens instituez pour representer les choses qui ne changent par nos opinions, ains selon leur nature demourent tousiours en mesme ordre: aussi que les vrais noms ne chágeoient à nostre plaisir, mais conuenoient aux choses signifiees dont ils imitoiét les essences & similitudes, estás premierement conceus en l'ame, puis exprimez par sons & voix, & escrits par lettres & syllabes. A laquelle opinion aucuns ont tant adiouté de foy, que de vouloir enquerir la proprieté des choses par la proprieté des parolles, ou s'ingerer par la vertu latéte qu'ils estimoiét y auoir, faire miracles en les proferát, & guarir les maladies de l'ame & du corps. Qui plus est ont affermé en y auoir d'inuentez par inspiration diuine, entédans entre autres, le nom de Dieu estre pronócé par quatre lettres seulemét en toutes langues. En quoy ne pourroient cóuenir tant de gens sans mystere merueilleux de la diuinité. Si l'imposition des nós, proprieté & vertu est admirable, l'inuétion & vsage des lettres ne l'est moins, & d'auoir trouué moyé de comprendre en peu de notes telle multitude & varieté de sons, & voix humaines. Par elles sont escrittes les choses plus vtiles au monde: comme les loix, sentences de iuges, testamés, contracts, traittez publiques, & autres telles choses necessaires à l'entretenemét de la vie humaine. Ceulx qui sont long temps y a mors reuiuent en la memoire des viuás, & les esloignez les vns des autres communiquét auec leurs amys absens, cóme s'ils estoiét presens. Sót tenus en estre les saincts liures de la parolle de Dieu, les sentences des sages hómes, la philosophie, & generalemét toutes sciences trásmises tousiours de main en main aux suruiuans. Aucuns ont calomnié cest'inuétion comme Thame Roy d'Egypte (au Phedre de Platon) lequel respódit à Theut s'en glorifiát, qu'il n'auoit trouué remede de memoire, ains de reminiscence. Pource les Pytagoriens & les Druides Gaulois n'escriuoient rien, Mais bailloiẽt les vns aux autres leurs mysteres sans escriture: afin que par la cõfiance des lettres, ils n'exerçassẽt moins la memoire. Toutefois l'experience maistresse des choses a euidẽmẽt mõstré leur erreur: d'autãt que n'escriuans rien, la memoire de leur doctrine au lõg cours des ans, par l'ĩbecillité humaine s'est totalemẽt perdue, n'en restãt auiourd'huy vne seule apparẽce ou anciéne merque.

Sẽblablement les Hebrieux disent de leur Cabale qu'elle fut premieremẽt donnee par Dieu aux Patriarches & à Moïse, puis aux Prophetes: non escritte mais reuelee successiuement, & baillee de main en main aux vns par les autres. Mais apres qu'ils furẽt deliurez de la captiuité Babylonique par Cyrus, & que souz Zorobabel ils eurent reedifié le tẽple: alors Esdras qui auoit desia restitué les liures de Moïse, preuoyant que sa nation entre tant de calamitez, fuites, bãnissemens, mortalitez ausquelles estoit exposee, ne pourroit à la longue conseruer les secrets de celle doctrine celeste à eux diuinement reuelez, & preferez à la loy escritte, s'ils n'estoient escrits, il en recueillit ce qu'il peut des sages suruiuans, & le redigea en septante volumes.

Estans dõc les lettres tresnecessaires, apres qu'elles furent inuentees, ceux qui y aduiserent de plus pres, les diuiserent en voeles & consonãtes, puis en demyvoeles muettes & liquides, appellãs grammaire l'art qui seruiroit à les cognoistre, discerner, & assembler pour en faire syllabes, noms, verbes, & oraison. Et bien que Pline appuyé sur l'authorité d'Epigene, estime l'vsage des lettres eternel, neantmoins il est contredit en cela par les autres autheurs. Philon Iuif refere l'inuention des Hebraïques à Abraham, Eusebe à Moïse, les autres à Esdras. Iosephe dit que les enfans de Seth fils d'Adã dresserẽt deux coulõnes: l'vne de pierre, l'autre de brique, esquelles ils escriuirent les ars par eux inuẽtez, & que celle de pierre estoit encore de son tẽps en Surie. Ciceron attribue à Mercure les Egyptiénes, & à Hercules les Phrygiénes. Titeliue à Euãdre Arcadien les latines, qu'il appelle venerable par le miracle des lettres. Corneille Tacite les Etruriennes à Demarate Corinthien. Les Slauons les leurs à Sainct Hierosme, qu'ils disent auoir traduict en sa langue le vieil & nouueau Testament.

L'Euesque Gordan donna lettres aux Goths. Les anciens François qui premierement occuperent les Gaules, eurent trois sortes de lettres differentes. Les premieres inuẽtees par Vvastalde. Les autres par Dorac. Les tierces par Hiche. Les Normans aussi eurent les leurs descrites par Bede. Sẽblablement plusieurs nations ont trouué nouueaux caracteres, ou mué, & corrompu les anciens: cõme les Slauons ceux des Grecs, les Armeniens des Chaldees, les Chaldees des Hebrieux, les Goths, Lombars, Espagnols, Germains, François, des Romains. Les autres lettres Etruriennes qui se voyent encores auiourd'huy és anciennes sepultures sont totalement incogneües. Aucuns recherchãs cela de plus hault, afferment qu'elles ont esté inuẽtees par les Ethiopiés qui les baillerẽt aux Egyptiés, les Egyptiens aux Assiriens, les Assiriens aux Pheniciẽs, les Pheniciẽs aux Pelagiens, les Pelagiens aux Latins: les Latins aux Italiens, François, Espagnols, Allemãs, Anglois, Escossois, Noruegiẽs, Suecciẽs, Polaques, Hongres.

Les caracteres des lettres sont autant differens que les langues, & ne peuuent seruir qu'à la langue à laquelle sont destinez, ny en representer l'entiere &

nayue prononciation: non pas de la leur mesme qui change non seulement de ville en ville, mais presque de village en village. Car le Grec ne se pourroit escrire en lettres Latines, ny le Latin en lettres Grecques: & tousiours ne prononcent les Grecs & Latins comme ils escriuent, ains pour rendre le son de leurs parolles plus doulx, changent la prononciation d'aucunes lettres, prenans les vnes pour les autres. Dont y a plainéte formee en Lucian au iugement de voelles. Suetone escrit d'Auguste qu'il n'obseruoit l'orthographie instituee par les grammariens, & sembloit plustost adherer à l'opinion de ceux qui estiment qu'il faille escrire comme lon parle, En quoy il ne fut suiuy, ne pouuant auec son autorité imperiale, & puissance inestimable surmonter l'vsage. Et pourtant ie m'esmerueille de certains François lesquels ne considerans qu'en grammaire y a plus d'obseruation que de raison, & qu'il conuient en telles choses comme sont le parler, escrire, & prononcer, mesler auec nature coustume qui en est certaine maistresse selon Quintilian, se sont n'agueres ingerez reduire totalement à nostre prononciation tant variable, l'escriture qu'ils ont toute réuersee: sans penser qu'vsons de lettres estrageres lesquelles si ne peurét oncques entierement satisfaire à leur lăgue, & à cause de leur defectuosité ont esté changees souuent & augmentees: cóment satisferont elles à la Françoise? Tellement qu'il semble à aucuns estre impossible qu'vn peuple ayant langue propre vse de lettres estrangeres, si n'est auec grãde difficulté: comme voyons en l'Allemand & Anglois vsans de lettres latines, & au Turc & Persien d'Arabiques. Comme aussi ils sont d'aduis que l'histoire d'vne nation ne peult estre conuenablement escritte en autre langue que celle du païs, induiéts à ce croire par l'histoire Romaine, laquelle escritte en Grec ne semble plus Romaine: signamment ou il est question des meurs, loix, magistrats, monnoyes & finances, ceremonies: en quoy la langue Grecque autrement riche & heureuse apparoist inepte & quasi Barbare, où la latine est elegante & diserte. Il en est autant aduenu à la Grecque escrite en Latin, & pareillement à la Françoise faicte par Gaguin, Paule Emyle, & autres representans peu & mal à propos noz affaires en langue estrangere, vsitee maintenant és escholes seulement: ou les memoires de Froissard, Monstrellet, Philippe de Commines, Guillaume & Martin du Bellay se trouuent amples & conuenables. Mais afin de n'extrauaguer du propos commencé, ie retourneray aux lettres. Les Hebreux & Latins en ont xxij, Les Slauons & Iacobites xxxij, Les Armeniens xxxviij, Les Abyssins ou Ethiopiés xlvij. Les Arabes xxxj. Les Chaldees xxviij. Les Latins, Grecs, & autres Europiens, & les Indiens du Malabar ayans lettres propres, escriuent du costé gauche au dextre. Les Hebreux, Caldees, Arabes, & generalement tous les Asiatiques & Africains du dextre au gauche, imitans le mouuemét iournel du ciel qui se fait de dextre à senestre, & est tresparfaict selon Aristote, approchant de l'vnité lequel est appellé par Platon mouuement de similitude ou de vniformité. Les Cathains ou Chinois & Iapanois de hault en bas, disans en cela suiure l'ordre de nature, quia donné aux hómes la teste haulte & les pieds bas. Diodore Sicilien escrit qu'en certaine isle trouuee pres le Midy par Iãbole les habitans n'escriuoient de trauers comme nous mais tiroient leur ligne droit-

c ij

tement de hault en bas ayans 28. lettres en nombre selon la signification qu'ils leur donnent. Autres façons ne peuuent estre inuétees sinon qu'on voulust escrire de trauers. Les Orientaux & Meridionaulx vsent de poincts, les Grecs de abreuiations, les latins de tiltres: Les Egyptiens és choses sacrees vsoient de figures des bestes pour lettres, qu'ils appelloient Hieroglyphiques. Les plus anciés ont escrit en escorces d'arbres, & en tabletes de bois. Les autres en fueilles de Palmes selon la commodité des païs. Aucuns en plomb. Les missiues estoiēt escrittes en tablettes de cyre. Les loix & autres choses durables grauees en erain, ou cuyure. L'on escriuoit aussi en fin linge. L'Empereur Commode vsoit d'escorces delyees du til dittes phylires. Autres de celles de papyre arbrisseau croissant és marez d'Egypte qui estoient plus espoisses: dont est venu le nom de papier vsité pour le present : Qu'on faict de vieux drapeaulx trempez longuemēt, & briez au moulin, puis reduicts en matiere pasteuse: laquelle estendue sur grille d'erain afin de l'egouter, & mise entre bourres de laine & pressee, aprez qu'elle est vn peu desechee, deuient papier blanc subtil delyé & leger. Nous vsons en oultre de parchemin plus ferme & plus durable que papier: lequel est tiré de peaulx de cheures moutōs & veaulx courayees & acoustrees par megissiers & parcheminiers. Herodote en la terpsichore atteste que l'on se seruoit en son temps de ces peaulx à escrire. Et Iosephe dict que les sacrez liures y furent premierement escrits. Marc varron cuyde qu'elles ayent esté trouuees à Pergame ville d'Asie, dont leur est demouré le nom : au temps que les Roys Ptolemee & Eumenes à l'enuie l'vn de l'autre dressoient bibliotheques. Diodore Sicilien escrit que les lettres des Ethiopiens estoient faictes à la semblance de plusieurs animaux & des extremitez des membres humains, & de plusieurs instrumens & oustils d'artisans, & n'estoient point exprimees leurs intentions & parolles par composition de syllabes ne de lettres: mais par formes & figures d'Images, la significatiō desquelles estoit demouree par vsaige en la memoire des hommes. Car ils escriuoient vn Milan, vn Crocodyle, vn serpēt, l'œil d'vn homme, vne main, vn visage, & autres choses semblables. Le Milan signifioit vne chose bien tost faitte: pour ce que c'est l'vn des vistes oiseaux qui soient, & est ce caractere approprié aux choses domestiques qui se font promptement. Le Crocodile denotoit chose mauuaise, l'œil vn obseruateur de iustice, & garde de tout le corps, la main dextre les doigts estendus liberté, & la gauche close chicheté & auarice. En ceste maniere les figures des autres parties du corps, & de certains instrumēs denotoiēt quelque autre chose entre iceux Ethiopiens, lesquels retenans celà par vne longue vsance en leur memoire, entendoient incontinent ce que lesdictes figures vouloient exprimer & signifier.

Ceux du Malabar & autres Indiens habitās entre les fleuues d'Inde & Gāges escriuent encore pour le iourd'huy en fueilles de Palmes plus grādes ou moindres, selon les choses que veulent escrire: en entieres celles qui sont pour durer longuement: cōme les affaires de leur religion, ou histoires, les autres de moindre poix en quart ou demy quart, tant d'vn costé que d'autre. Et quand en ont escrit grād nōbre, les voulans ioindre en liures, ils les serrent entre deux aiz, au lieu des couuertures dõt nous vsons: puis cõme nous cousõs nos fueilles auec eguille & fil, ainsi les attachẽt ils auec cordeaux ausdittes tablettes. Quand aux missiues il suffit que la feueille soit escritte & roullee en soy, & pour cacher la lient d'vn petit filet de la Palme mesme. Ils vsent à escrire d'vn instrument poinctu de fer ou de bois passant legerement par dessus la fueille sans la perser, & imprimant les caracteres de leurs lettres, en sorte qu'ils puissent escrire des deulx costez. Les autres escritures plus permanentes comme fondations de temples, sont grauees en pierre ou en cuyure. Pierre Martir Millannois historien du decouurement des terres neufues faict par les Castillans, racõte que les habitans de Collacuane apporterent enEspaigne entre autres dons, aucuns liures escrits en escorces delices interieure, qui se trouuent entre le bois & la grosse escorce exterieure. Et sont quelquefois prises de saux ou d'aulnes, qu'ils couurent de grosse toille, & serrent auec ciment, puis les frottent de plastre brié menu, Et quand il est sec, y escriuent ce que bon leur semble. Leurs liures ne sont faicts par feueilles, ains les estendent en long par plusieurs couldees, & les reduisent en parties quarrees tellement ioinctes auec ciment gluant aisé à tourner, que semblent estre faictes de tablettes de bois. Et de toutes pars que sont ouuers s'offrent deulx faces escrittes, & apparoissent d'eulx pages.

Aultãt en y a dessoubs, si on ne les estẽd en long, par ce que soubs vne feueille sont plusieurs feueilles escrittes. Les lettres & carracteres ressemblẽt à haims, lacqs, limes, estoilles, & autres telles formes dõt ils dressent lignes à nostre mode, representãs aucunement la maniere anciẽne d'Egypte, & Ethiopie, & paignent entre les lignes figures d'animaulx, mesmement des hommes qui ont esté deuant: comme des Roys & seigneurs recitans leurs actes. Ils escriuẽt aussi leurs loix, sacrifices, ceremonies, obseruations des astres, & du labourage. Le dessus & dessous est d'artifice plaisant, & tel que quand sont plyez, ne semblẽt en rien differés des nostres. Ils font encore liurets de tablettes de figuier, pour escrire les choses communes qu'ils effacent aisémẽt, Le mesme Martir dict que on a trouué en laDarienne liures faicts de feueilles d'arbres cousues ensemble. Et qu'au Mesrique ils vsent de figures par lesquelles ils declarent leurs affaires, ne plus ne moins que par escriture. Plus qu'en l'Espagnole se trouue vne arbre nommee coppeia dõt la feueille est apte à escrire comme papier, auec esguille ou espingle ou bois poinctu: & qu'il est à croire que ce soit l'arbre, és feueilles de laquelle les Chaldees premiers inuenteurs des letttres escriuoient leurs cõceptions, auant que l'vsage des lettres fust inuenté. La feueille reçoit escriture des deulx costez comme nostre papier. Elle est large enuirõ de douze doigts, & presque ronde: plus espoisse que parchemin double, & fort tenante. Estant mouillee elle monstre les lettres blanches en son verd. Quand elle est seche, blanchist & endurcist comme vne tablette de bois, mais les lettres iaulnissent. Iamais ne se corrompt ny efface pour mouiller, si elle n'est bruslees. Paule Venitien recite qu'en la prouince d'Arcadan subiette au grand cham, n'y à aucunes lettres ne caracteres: Mais que les hommes y font leurs contracts & obligations par petites tablettes, qu'ils diuisent par moitié, lesquelles ils viennent aprez à conferer ensemble, r'apportans leurs signes & merques l'vne contre l'autre, & par ainſi recognoiſſent la cauſe de tel contract. Les ſimples gens du monde nouueau ignorans l'vſage des lettres s'eſmerueilloient fort, voians cõment les Chreſtiens par le moyen d'icelles s'entr'entendoient, & cuydoient que les fueilles eſcrittes parlaſſent par leur commandement, & r'apportaſſent les ſecrets: en ſorte que les touchoient & portoient auec crainte, comme s'il y euſt quelque eſprit dedans, & que parlaſſent par diuinité non par induſtrie humaine.

La plus commune eſcriture dont nous vſons par deçà auiourd'huy, ſe faict auec encre noir: lequel cy deuãt eſtoit compoſé de la ſuye des baings & fournaiſes, & maintenant de noix de galle, gomme arabique, & eſcorce de grenade: le tout trempé en eau de victriol où de couperoſe puluerifée. Lon vſe auſſi d'encre rouge faitte ou de vermillon, ou de limeure de braſil trempee en l'exiue forte encore chaulde, en y adioutant vn peu d'alun: & de perſe faitte de pierre ou terre bleue, iaune de pouldre d'or, Auſſi peult lon eſcrire auec ſuc de meures, ceriſes, & autres tels fruicts. Et ce par plumes de roſeaux ou cãnes dont vſoit Eraſme, d'erain or ou argent: Pennes tranchees d'oyes, cygnes, paons, autriches. Sans parler des ſubtilitez d'eſcrire auec chiffres dont vſent les princes, & notes qu'inuenta Ciceron: auec alun qui n'apparoiſſent & ne peuuent eſtre leues ſi elles ne ſont plongees en l'eau, auec: ſel ammoniac, ius d'orenge, de citron, ou d'oignon, deſcouuertes quand ſont approchees du feu: auec ſuif, cendre, & charbons. Mais la maniere d'eſcrire par Imprimerie a ſurpaſſé toutes les autres en habilité & diligence, auançant plus de beſoigne en vn iour, que n'en ſçauroient faire en vn an pluſieurs haſtifs eſcriuains. Puis que il vient à propos nous entremettrons icy & dirons ſommairement entant que verrons conuenir au preſent diſcours ce qu'auons peu entendre de ceſt art tãt admirable & vtile, par les plus expers libraires & imprimeurs : afin que ſi par guerres ou aultres inconueniens humains l'vſage en eſtoit quelquefois delaiſſé, ne ſe perde entierement, mais ſoit gardé fidelement par les liures, ainſi qu'il en a conſerué pluſieurs.

Donques à former caracteres d'Impreſſion il eſt requis premieremẽt auoir poinçons d'acier amollis par le feu, ſur leſquels engrauent par cõtrepoinçons deſtrempez ou burins acerez, le blanc eſtant au dedans des lettres, acheuans auec limes le corps d'icelles eminétes au bout des poinçons non à leur endroict, ains tournees. Aprez trempent ces poinçons pour les endurcir, & poliſſent, puis en frappent de petits billons de fin cuyure paſſez par le feu: leſquels ainſi engrauez monſtrent les lettres à leur vray naturel. Ce qu'on appelle frappe de matrice. Alors iuſtifient ces matrices ſur moulle de fer, & au blanc d'icelluy font les fontes auec plomb, eſtain de glacce, antimoine & autres matieres miſtionnees: afin de les endurcir & que durent plus longuement. Les lettres ainſi fondues ſont miſes en vne grande caſſe de bois pleine de petits caſſis, eſquels ſont diſtribuees ſelon leurs differences. D'où les compoſiteurs ayans deuant eulx eleuee l'eſcriture à Imprimer, les tirent vne à vne & diſpoſent par pages & formes, que mettent encore dedans autre caſſis de fer à vne ou deulx croiſees, fermé à vis de cuyure ou auec garnitures de bois. Adonc le gouuerneur de preſſe prét ce dernier chaſſis & le met ſur le marbre de ſa preſſe, puis le touche auec balles de bois pleines de laine & couuertes de cuyr blanc, frottees à l'encre broiee, colloquant la feueille à mouiller ſur le tympan garny d'autre petit tympan & d'vn blanchet qui garde la lettre d'eſtre foulee par la platine de fer, & abatant la friſquete colee de parchemin qui couure le blanc de la fueille, il faict rouller le train de la preſſe appuyee ſur tenchons, iuſques au deſſoubs de la vis à laquelle eſt attachee la platine, & prenant le barreau tire tant qu'il peult en ſorte que la feueille s'imprime d'vn coſté. En quoy ils employent la demy-iournee, & l'autre moitié du iour à l'autre coſté, rendans pour la iournee entiere douze cens cinquante fueilles, ou treze cens imprimees. Mais auant que ce faire ils tirent deulx ou trois eſpreuues, qu'ils reueoient & ſur celle correction continuent le reſte. Deulx compagnons ſont neceſſaires à la conduitte de la preſſe l'vn qui tire recueille & range les fueilles, l'autre qui batte ſur la forme eſtant en la preſſe, & broye l'encre ſur la pierre. Leſquels n'y pourroient fournir par le grand trauail qui y eſt, s'ils ne tyroient l'vn apres l'autre & par tour. Item deulx preſſes l'vne à la beſoigne ordinaire l'autre à faire les eſpreuues, & retirations. Plus ou moins de compoſiteurs, c'eſt à dire aſſembleurs de lettres ſelon qu'elles ſont groſſes, menues, ou moyennes, quelquefois vn fondeur qui renouuelle les lettres. L'encre eſt faitte de fumee ou de ſuye d'huile, & deſtrépee en huile qu'il fault broier à cauſe de ſon eſpoiſſeur, & ne prendroit au papier s'il n'eſtoit mouillé. Aucuns ont mis en auant de faire les lettres de cuyure, diſans qu'elles eſtoient de moindre couſtage, & de plus longue duree. Mais lon a trouué qu'elles n'eſtoient ſi commodes, & perçoient le papier. Voila ce que nous auōs peu entendre de ceſt art incogneu aux anciens Grecs & Romains. Duquel les Allemans s'attribuent l'inuention. Toutefois les Portugalois qui ont nauigué par tout le monde, traffiquans ſur les extremitez d'Oriēt & du North en la Chyne & au Cathay, en ont r'apporté liures imprimez en la langue & eſcriture du païs, diſans y auoir long temps que lon en vſe par dela. Ce qui a meu aulcuns de croire que l'inuention ayt eſté apportee de ce païs là par la Tartarie & Moſcouie en Allemagne, puis cōmuniquee au reſte de la Chreſtienté, ne l'ayans receue les Mahometiſtes, qui ſuperſtitieuſement eſtiment eſtre grand peché d'eſcrire leur Alcoran par autre moyen que de la main humaine.

Preſque toutes les nations ont demouré longuement ſans lettres. Qui a eſté cauſe d'é rédre les origines & antiquitez incertaines. Quāt aux liures que nous auons, il n'en y a point d'eſcrits auant trois mil ans, exceptez les Hebrieux & ne ſe trouue entre les Gētils autheur plus anciē qu'Homere. Pour ce le preſtre Egyptien au Timee de Platon reproche à Solō que les Grecs eſtoiēt tous ieunes d'entendement, n'ayans aucune vieille opinion priſe de l'antiquité, ne ſcience chenue. Et Herodote en la terpſichore eſcrit q̃ les Pheniciēs arriuās auec Cadmus en Berce, y introduirent les lettres que les Grecs n'auoient au parauant: Dont ils ont par ſucceſſion de temps changé le ſon. Et ſelon Titeliue, elles vindrent tard en Italie. L'Allemand ne s'eſcriuoit anciennement, & le Hongarois à n'agueres commencé à eſtre eſcrit. Les Nomades de la grand Tartarie, & les plus Sauluages des terres neufues n'vsent poinct des lettres. Mais ont entr'eulx quelque propos de leurs antiquitez nō escrits ny representez par notes, qu'ils baillent de bouche successiuement les vns aux aultres. Ainsi que les Iuifs garderent longuement la memoire des antiquitez, que Moïse redigea depuis par escrit, continuee par les successeurs d'Adam & de Noé iusques à son temps. Et les vers d'Homere auant que fussent recueillis en la forme que voions par Aristarque, estoient aprins par cueur & chantez seulement. Ainsi en vserent premierement les Egyptiens, Chaldees, Babyloniés, Grecs, Latins, & autres gens.

C'est assez parlé de l'imposition des noms, inuention, diuersité, & antiquité des lettres, manieres d'escrire, matieres esquelles on escrit, & auec quels instrumens, de l'imprimerie: maintenant reprenant le propos des langues: ie di qu'elles acquierent reputation par leur proprieté, elegance, & doulceur, par les sciences qui y sont escrittes, par puissance & grādeur d'Empire, par les religiōs: auec lesquels moyens sont estendues en plusieurs païs, & durent longuemēt: comme aussi se perdent & aneantissent par leurs contraires.

La langue Grecque vint en estime par son elegance, doulceur & richesse, par la philosophie qui y a esté traittee, auec toutes disciplines. S'est estēdue par les nauigations & colonies des Atheniens, & par les armes des Macedoniens lesquels dominans bien auant en Asie, signamment en Surie & Egypte, feirent entendre leur langage en maintes contrees. Tellement qu'au dire de Ciceron il estoit de son temps leu presqu'en toutes nations. Item le nouueau testamēt premierement escrit en Grec, l'a faict cognoistre en plus de lieux.

Les Romains non moins ambitieux d'amplier leur langue que l'Empire, cōtraignoient les peuples par eulx vaincus parler Latin: Et ne negotioient auec les estrangers en autre langage qu'au leur: afin de l'espandre par tout auec plus de veneration comme dit Valere au deuxieme liure des institutions anciennes. Ils ne faisoient changer aux prouinciaulx le langage seulement, mais aussi les meurs & coustumes pour les rendre plus traittables. Puys la religion Chrestienne passant en Occident, & se seruant du Latin és Eglises & és escholes, & consequemment és instrumens publiques, & sentences des iuges souuerains: L'a conserué par Italie, France, Espagne, Angleterre, Escosse, Allemagne, Poloigne, Prusse, Suecce, Hongrie, Boheſme, & vne partie de Slauonie. Les Chrestiens en leuant & midy comme les Nestoriens, Iacobites, & Maronites vsent du Surien, ainsi que faisons du Latin: les Abyssins ou Ethiopiens du Caldaïque, auquel ils ont toute l'escriture saincte, n'adioutans foy à autre langage quelconque. Les Iuifs par tout le monde où ils se trouuēt, n'ont iamais voulu que le viel testament dont ils vsent fut traduict, ains le lisent & chantent en Hebrieu, prattiquans au commerce les langues des païs où ils demourent. Semblablement les Mahumetistes n'ont permis que l'Alcoran fūt leu ou entendu en autre langue que l'Arabique, où il a esté escrit. Laquelle ressemblant à l'Hebraïque, Caldaïque, & Syriaque, a auiourd'huy tresample estendue. Car iaçoit que les Tartares, Corasmiens, Perses, & Turcs, ayent langue diuerse de l'Arabique, les Suriens, Arabes, & Mores quelque peu semblable: si est ce que l'Arabique grammatique en la religion & és disciplines

nes entre les doctes iuges & prestres est commune à tous les habitans quasi de l'Asie, Afrique, & tierce partie de l'Europe. Entre toutes les langues d'Europe n'en y a de plus ample que la Slauoniéne entédue & parlee par les Seruiés, Mysiens, Rasces, Bosniens, Dalmates, Croates, Slaues, Carniens, Bohemiens, Moraues, Slesites, Polaques, Mazouites, Pomerans, Cassubites, Sarbes, Rutheniens, Moscouites. Dauantage les Lyhuaniens commencent à Slauoniser & les Nugardiens, Plesconiens, Smolniens, & Ohaliciens. Elle estoit familiere aux Mammelucs, comme elle est de present en la court du Turc. En Asie la Tartaresque est entenduë par tout le Septentrion, & vne partie de l'Orient. La Morisque par l'Affrique, la Brasilienne és terres neufues.

Si ne sont les lágues de meilleure códition que les autres choses humaines: ains comme les edifices, habits, meurs, coustumes, loix, magistrats, manieres de viure publiques & priuees, armes, machines, & instrumens changét: ainsi sont les mots, & les langues qui perissent à la longue n'en demourant ny de leur escriture par succession de temps apparence quelconque. Nous n'auons aulcune cognoissance de la langue Osque, & de l'Etrurienne. La Prouençale iadis celebree par nobles escriuains n'est plus entenduë des Prouençaulx du iourd'huy. L'ancienne Gauloise, Espagnole, Persienne, & Punique perduës.

L'Hebrieu a beaucoup perdu de son integrité par les exils calamiteux, & frequentes mutations aduenues aux Iuifs soubs diuers seigneurs. Car les Assiriens, Egyptiens, Grecs, & Romains regnans sur les Iuifs, se sont efforcez par la hayne qu'ils portoient à leur religion, perdre la lágue Hebraïque & les liures de la loy qu'ils feirent tous brusler, aultant qu'en peurent recouurer, notamment les Assiriens. Mais furent miraculeusement restituez par Esdras ou Iesus son fils grand Pontife, qui les sçauoit par cueur, & changea les lettres Hebraïques pour empescher que les Iuifs ne se meslassent auec les Samaritains venus des gentils en Iudee, comme dit Eusebe. Ces lettres desquelles ont vsé depuis les Iuifs differoient seulement par figures & poincts des Samaritaines, qui estoient les anciennes donnees par Moïse.

Or estans tant de fois espars çà & là en diuers païs, & meslez auec estrangers desquels ils estoient captifs ou tributaires: comme ils sont encore de present en quelque part qu'ils habitent, ils ont retenu peu de mots purs, entre lesquels s'en trouuent d'ambigus signifians choses contraires, non entendibles que par la continuation de l'oraison, ou par l'addition, detraction, ou inuersion des poincts tenans lieu de voelles. Leurs phrases sont obscures & pleines de metaphores, paraboles, & enygmes tirez en diuers sens. Neantmoins il est vtile aux Chrestiens mesmement aux Theologiens de sçauoir ceste langue, tant pour auoir l'intelligence meilleure des escritures, que pour refuter plus certainement les Iuifs, s'ils se rencontrent à disputer contre eulx. Comme aussi l'Arabique est necessaire à la conuersion des Mahumetistes. A raison de quoy fut ordonné au Concile de Vienne, que ces deulx langues seroient publiquemét enseignees és principales vniuersitez de la Chrestienté. Les Sarrasins estendans par armes auec leur religion & Seigneurie la langue Arabique, premierement ils perdirent la Persienne auec ses lettres, & par le

f

commandement de leurs Caliphes feirent brufler les liures qui y eftoient efcrits : eftimans que ce pendant que les Perfes qui parauant contendoient auec les Grecs en armes & en lettres, auroient ces liures contenans fciences naturelles, loix du païs, & anciennes ceremonies, ils ne pourroient eftre bons Mahumetiftes. Comme parauant les prelats Chreftiens effaierent abolir les liures des Gentils, & effacer totalement la memoire de leur Theologie. Puis paffans ces Sarrafins en Egypte, ils exterminerent d'Alexandrie la Grecque auec fes difciples, & d'Afrique la Latine, côme les Romains parauant auoyent exterminé la langue Africaine auec fes lettres. Ainfi paffans les peuples de païs en païs changent les meurs, langues, religions, Seigneuries : en rauiffant par les vaincueurs tout ce qu'ils trouuent de beau és terres des vaincus, & effaçant leurs tiltres, ou deftruifant par enuie ce que ne peuuent emporter : afin d'en abolir l'honneur & vertu, & que la leur foit feulement celebree. Ainfi en vfent auiourd'huy les Turcs dominans fur les Chreftiens, ainfi en vferent anciennement les Goths, Alanois, Hunnois, Vandales, Sueuiens, Turules, Lombars : lefquels conquerans à diuerfes fois païs, dont ils defdaignoient les langues ne les entendans ny fçachans lire, les corrompirent, en faifant de nouuelles par la mixtion des leurs & de celles qu'ils trouuoient : d'autant que les paoures gens reftans apres telles tranfmigrations, apprenoient le langage des vfurpateurs cruels & inhumains : pour en vfer enuers eux, & fe rendre fubiects plus agreables. Dauantage referans ces barbares tout à la guerre, & mefprifans les autres difciplines, ils bruflerent les bibliotheques & liures qui y eftoient gardez : aufquels les fçauans auoient recommandé leur memoire. Tellement qu'auec la perte des langues, enfuyuit celle des fciéces efcrittes en icelles. Dont eft aduenue grande ignorance au monde, qui a duré longuement. En cefte maniere eft venu du Grec grammatique le vulgaire. Du Latin l'Italié, François, & Efpagnol où fe trouuent plufieurs vocables Arabiques, à caufe que les Sarrafins ont tenu longuemét l'Efpagne. De l'Arabic grammatique le vulgaire & Morifque vfité depuis la Surie iufques au deftroit de Maroc, en approchant auffi pres que fait l'Italien du Latin. De l'Allemand & François, l'Anglois, de l'Arabic le Morifque, Du Tartare le Turc s'entr'entendans comme l'Italien & Efpagnol. Et ainfi de celles qui font prefentemét en vfage, s'en font d'autres, & feront à l'aduenir.

MAIS combien que muent inceffamment & qu'en mefme païs & langage apparoiffe par peu defpace difference au parler & prononcer : fi eft-ce qu'il en y a par tout de plus elegans : comme furent les Atheniens en Grece, les Romains en Italie, & font auiourd'huy les Tofcãs. Les Caftillans en Efpagne. Les Saxõs en Allemagne. Les Perfes en Afie. Les nobles & courtifans en Frãce. Par où la queftiõ eft vuidee, qui a efté debatue entre quelques hõmes doctes : à fçauoir fi les anciés Grecs & Romains auoiét deux langues : & fi Platon, Ariftote, & Demofthene Grecs, Cicerõ, Salluste, & Cefar Latins, ont efcrit en leurs lãgues maternelles. Il eft certain qu'é Athenes n'y auoit qu'vne lãgue, & à Rome vne autre. Mais celle du vulgaire eftoit moins elegante que celle des gens d'eftat & plus ciuils : comme lon peut veoir au Latin de Victruue qui fut maiſtre Maſſon, & de Ciceron Conſulaire. Laquelle elegance & purité de parler ſe garde plus longuement entre les dames, qui conuerſent moins entre les eſtrãgers que les hommes, & communément ſont plus curieuſes de bien parler. Ciceron au troiſieme de l'orateur eſcrit qu'en ſon temps la doctrine des Atheniens eſtoit perdue en Athenes, reſtant ſeulement en celle ville le domicile des eſtudes: Dont les citoyens ne ſe ſoulcioient, & les eſtrangers iouyſſoient: attirez aucunement par le nom & autorité de la ville. Toutefois qu'vn Athenien indocte ſurmontoit les plus doctes d'Aſie non de parolles, mais du ſon de la voix, & nõ tant par bien parler que doulcemẽt. Sẽblablement (dit il) y à certaine voix propre du gẽre Romain, & dẽ la ville: en laquelle rien n'offenſe & deſplaiſt ſentant aucunement ſa perigrinité, en ſorte que les Romains eſtudians moins que les Latins, ſurpaſſoiẽt les plus ſçauãs d'entr'eux par douceur de voix.

Les Grecs demourãs en la vraye Grece, en Italie, Aſie, en Sicile, & autres iſles, auoient quatre langues, l'Attique, Dorique, Eolique, Ionienne: & en eliſant par les Poëtes de chacune parolles & figures ainſi que mieux à propos leur venoit, ils en feirent naiſtre vne appellee commune: & apres ſoubs vn nom ſeul les appellerent toutes cinq la langue Grecque. Et iaçoit que l'Athenienne fuſt elegante & feconde plus que les autres: les ſçauans qui n'eſtoient point Atheniens de nation, eſcriuirent ſeulement à leur mode naturelle, craignans parauanture de pouuoir paruenir à la purité Attique, à laquelle paruenoient rarement & à tard ceux qui eſtoient naiz ailleurs. Car Theophraſte qui auoit longuement reſidé en Athenes reputé treſdiſert fut recognu en ſon parler pour eſtranger par vne vieille Athenienè. Polliõ obiectoit la Padoüennerie à Titeliue. Et à Virgile qui eſtoit Mantuan fut reproché qu'il ne parloit pas Romain. Auſſi toute langue tant plus que s'eſloigne de ſa ſource naturelle moins eſt pure. Comme anciennement les Suriens & Egyptiens parlans Grec ne le parloiẽt ſi purement que les Atheniens. Ne les Gaulois, Eſpagnols, ou Africains Latin, comme les Romains. Mais iaçoit que leurs parolles fuſſent Grecques ou Latines, ils retenoient la phraſe de leurs païs. Tellement que parlans Grec ou Latin ils eſtoient touſiours recogneuz pour eſtrangers: ainſi qu'il aduient aux Anglois & Eſcoſſois, aux Flamans, Allemans, Italiens, & Eſpagnols parlans François, s'ils ne l'ont aprins fort ieunes.

Or ont les langues comme toutes choſes humaines commencement, progrez, perfection, corruption, fin: & ſont premierement rudes, puis ſe poliſſent auec la ciuilité des meurs, & le ſçauoir. Et apres auoir duré quelque temps en purité & elegance, ſont corrompues, & finablement periſſent: n'en demourãt ny de leur eſcriture par ſucceſſion de temps apparence quelconque. Les Grecs furent au commencement fort groſſiers comme diſent Thucydide, Platon, & Ariſtote. Et les premiers d'entr'eulx qui ſe ciuiliſerent pluſtoſt, furent les Atheniens, & polirent leur langue, qu'ils meirent en perfection où elle ne demoura gueres: ains ſe corrompit & perdit auec la liberté du païs ſupplantee par les Macedoniens, Romains, & autres eſtrangers qui y ont dominé. Tellement qu'oncques puis ne ſe peult reſtituer la nayfue proprieté & vraye elegance du grec que parloient Platon, Ariſtote, Iſocrate, Demoſthene, Eſchine:

f ij

DE LA VICISSITVDE DES LANGVES

ains au lieu de celle langue qu'on peult dire auoir esté la plus belle du monde, en est venue à la longue vne aultre vsitee presentement en Grece, & és isles voisines, meslee de plusieurs autres langues. Laquelle pareillement se va perdant soubs l'Empire du Turc: où le païs a ia demouré miserablement oppressé plus de cent ans.

Si les premieres escritures Romaines duroiët iusques à present, nous verriõs qu'autrement parloient Euandre & Turne, & les autres Latins du temps d'alors, que feirent en aprez les derniers Roys Romains, & les premiers consuls. Les vers que chantoient les prestres Saliens à peine estoient entendus. Mais pour auoir esté ainsi ordonnez par les premiers fondateurs, on ne les chãgeoit poinct pour reuerence de la religion. Polybe escrit que ce langage fut si chãgé depuis la premiere guerre punique iusques à la seconde, que lon entendoit à grande difficulté les traittez faicts au parauant entre les Romains & les Cartaginois. Et demoura enuiron cinq cens ans rude, n'ayant aulcun escriuain digne de memoire. De là en auant les gens s'appliquerent aux lettres, & deuindrent aucuns sçauans, durs neantmoins en leur parler, louez seulement pour auoir esté inuenteurs & premiers maistres de la Latinité. Qui fut rendue treselegante & perfaitte par Ciceron, Cesar, & autres eloquens hommes qui fleurirent lors en grand nombre, esquels veritablemët la purité en est recogneue. Car apres muee la repulique en Monarchie, & corrompues les meurs, le langage pareillement se changea & corrompit, perdant sa nayueté precedente soubs les Empereurs. Puis estant l'Empire translaté de Rome à Constantinople, arriuans en Italie plusieurs nations estrangeres, altererent la langue, tant qu'on laissa à la parler, & est demouree és liures seulement qui n'ont esté leus ny entendus plus d'huict cens ans: les vns perdus, les autres mangez de vers, & gastez de vieillesse: iusques a ce qu'aucuns Italiës & Grecs ont par estude faict reuiure ces deulx anciennes langues presque mortes, descriuans, publians, & corrigeans, les liures restans és bibliotheques garanties de la rage Barbare. Ce qui leur à tant heureusement succedé que lesdittes langues ont recouuré grande lumiere auec les ars escrits en icelles, que voyons restituez auec elles, & plusieurs inuentions adioutees à l'antiquité, comme il sera declaré cy apres.

Doncques l'Empire Romain declinant en Occident, comme les Ostrogoths & Lombars eussent occupé l'Italie, les Visigoths & Sarrasins la Prouence, le Languedoc, l'Aquitaine, & Espagne. Les Bourgoignons & François la Gaule, Belgique, & Celtique: Les Vandales la Bethique & Afrique: par leur conuersation le Latin fut corrompu. De laquelle corruption sont nez l'Italien, François & Espagnol. L'Italien a demouré longuement impoli, par ce qu'il ne se trouuoit personne qui y meist soin, & cherchast de luy donner polissement: iusques à Dante, Pettrarque, & Boccace: qui l'ont beaucoup embelli par leurs conceptions ingenieusement exprimees, & elegamment couchees en prose & en vers. En quoy ils ont esté suyuis par aultres non moins sçauãs & eloquens, qui ont pareillement enrichy ce langage de plusieurs belles œuures & traductions. Autant en est il aduenu à l'Espagnol, & au François, qui a esté rendu depuis cinquante ans plus elegant qu'il n'estoit au parauant, par la diligence d'aucuns excellens personnages qui y ont translaté grand nombre de liures Grecs & Latins, voire bien Italiens, Espagnols, & autres, monstrans que toutes sciences s'y peuuent conuenablement traitter.

Certainement c'est vn grand soulagement trouué en celle varieté de langues: qui ne peuuét estre entédues ny apprises de tous, q̃ le traduire de l'vne en l'autre. Par ce moyen le viel testamét a esté trãslaté d'Hebreu en Grec & en Latin, le nouueau de Grec en Latin : consequemment les deulx testamens au Syriaque, Caldaïque, Egyptien, Persien, Indien, Armenien, Scytique, Slauon, Allemand, Anglois, François, Italien, & en tous langages vsitez par les hommes. Sans lequel bien la plus part d'eulx fussent demourez en perpetuelle ignorance de Dieu. Et qu'il y ait en cela quelque diuinité, il apparut lors que Ptolemee Philadelphe Roy d'Alexandrie desirant mettre en son excellente librairie les saincts liures du Pentateuque, & des Prophetes translatez en Grec : & ayant recouuré de Iudee lxxij. interpretes sçauans és deulx langues : pour esprouuer leur fidelité, il les feit besoigner separeement, & neantmoins trouua en eulx tel consentement, qu'il n'en y eut pas vn discordant de l'autre au sens de l'escriture, ayans receu de Dieu ce don tant merueilleux : afin que l'escriture fust recogneue pour diuine qu'elle est, & que la traduction fust plus authorisee, cõme faitte non par diligence des hommes seruant aux parolles, ains par l'esprit de Dieu remplissant & gouuernant les entendemens des translateurs. Dauantage par tel moyen la Philosophie, Mathematique, Medecine, ont esté traduittes de Grec en Arabic, & de Grec & Arabic en Latin: plusieurs ars, infinies histoires communiquees d'vne nation à autre. M. Varron & Columele disent que les Romains entendans l'vtilité qui estoit és liures de l'agriculture faicts par Mago Cartaginien en langue Punique, ils ordonnerent par decret du Senat qu'ils seroient traduicts en Latin. D'où se peult euidemment cognoistre l'vtilité de traduire, fauorisee par Dieu en l'exposition de sa parolle & escriture, confirmee par le consentement de toutes nations en la communication des ars, approuuee par l'authorité du sage Senat de la triomphante seigneurie Romaine. Toutefois ie ne sçaurois nyer qu'il ne soit plus labourieux que louable: où la diligence assistee du iugement est plus requise que l'eminét sçauoir, apparoissant plus à inuenter de soy qu'à traduire : c'est à dire transcrire de vn liure en aultre, gardee la proprieté des deulx langues, sans y adiouter rié du sien, ou en oster de l'autheur. Qu'il n'est possible tourner si fidelement & elegamment, qu'il n'y ait tousiours plus de grace en l'original qu'en la traductiõ. Où la diction est necessairement cõtraincte en la phrase, sentát plus ou moins celle de la langue dont lon tourne, en plusieurs mots estrágers affectez à la religion, police, loix, magistrats, ou aux sciences qu'il n'est licite changer, & difficile ou rude en faire de nouueaulx: és metaphores, allegories, comparaisons, similitudes, & autres figures & ornemens de parler, ayant chasque langue ie ne sçay quoy de naif & propre non exprimable en l'autre. De sorte qu'il ny à moyen de conduire vne langue à perfection par traduction, & n'y eut iamais translateur pour suffisant qu'il fust, qui meritast mesme louanges que son autheur: quoy qu'en vueille dire Theodore Gaze le plus excellent en ce mestier

f iij

que lon sache. Ciceron pere de l'eloquence Romaine tranflata en Latin l'Economique de Xenophon, les oraifons contraires d'Efchine & Demofthene, le Timee de Platõ, & le poëme aftronomique d'Araté. Mais S. Hierofme trouuoit beaucoup à dire entre fes efcrits & traductions, efquelles il defiroit fon elegance & facilité acouftumee. Parquoy il vauldroit mieulx mettre en auant fes propres inuentions qui a moyen de le faire. Toutefois fi on le faict pour ayder les ignorans des langues, ou pour fon eftude particulier: afin de former le ftyle, & dreffer le iugement fur les meilleurs autheurs, comme faifoit le mefme Ciceron & ie l'ay effayé faire à fon exemple & exhortation, en accommodant les vertus des anciés efcriuains plus eftimez, aux meurs & affaires prefens, i'eftime le traduire trefrecommandable. Et quand en cefte mediocrité d'efprit & de fçauoir i'aurois feulement propofé le premier à la nation Françoife les lumieres des lettres à fçauoir Ifocrate, Xenophon, Demofthene, Ariftote, Platon, & les precepteurs appellez par Seneque du gére humain qui ont demouré long temps cachez és efcholes, ou enfeuelis és librairies, fans eftre mis en vfage: ie ne ferois du tout à reietter, trauaillant mefmement en vne langue non encore dreffee ny acouftumee aux difciplines. Laquelle amendera beaucoup en y trauaillãt, ainfi que la Grecque & Latine font paruenues peu à peu à leur perfection, en y traittant chofes belles: comme la Philofophie, politique, faicts d'armes, & autres ars vtiles & honneftes: non efcriuant Romans fabuleux, fornetes amoureufes, & tels fatras, dont les langues vulgaires font toutes farcies. Mais il eft befoin de gens fçauãs & eloquens qui difficilement & rarement fe trouuent en plufieurs centaines & millaines d'ans, dignes d'admiration: defquels la France a toufiours eu pareille faulte que les autres païs: ou s'il en y a eu quelcuns, ils fe font plus arreftez aux langues eftrãgeres, qu'à la leur naturelle. Il eft bien raifonnable que les doctes fachent exactement leur langue, & qu'ils y efcriuent quelquefois pour la rendre meilleure & feruir à leurs citoiens, côme aux eftrangers: Pourueu que la Grecque, Latine, Hebraïque, Caldaïque, & Arabique communes à plufieurs nations ne foient delaiffees, ou oublyees. Dont viendroit grande obfcurité aux difciplines qui y font efcrittes, confufiõ au monde, & ignorance aux hommes priuez de la communication qu'ils ont par le moyen d'icelles, ne s'entrentendans dorefenauant, ny conferans enfemble. Toutefois ie ne confeillerois iamais employer tant d'annes à ces langues doctes, comme lon a acouftumé de faire, & confommer le temps à apprendre les mots, qui deuroit eftre donné à la cognoiffance des chofes, aufquelles par apres lon n'a plus ny le moyen ny le loifir de vaquer: portant tel erreur grand retardement, & dommage aux Sciences.

 Or fuffife auoir iufques icy traicté des langues & venons fuyuãt l'ordre par nous pris à l'inuention & viciffitude des ars.

DE LA VICISSITVDE ET
INVENTION DES ARS, ET COMMENT LES
HOMMES DE LEVR SIMPLICITE ET RVDESSE PREMIERE SONT PARVENVS A LA COMMODITE MAGNIFICENCE ET EXCELLENCE PRESENTE.

LIVRE TROISIEME.

PLATON Philosophe tresfrenommé entre tous ceux qui furent oncques celebrez par la cognoissance des lettres, voulát representer sous couuerture de fable la premiere códition du genre humain, fainct qu'au commencement les dieux estoient seuls auát qu'il y eust aucuns animaux mortels. Mais aduenát le destin fatal de generation, ils les produirét és entrailles de terre, & formerent de feu & de terre auec les autres choses meslees à ces deulx. Et les voulás mettre en lumiere, ils máderent à Promethee & Epimethee distribuer à chacun ses forces & proprietez. Alors Epimethee pria Promethee de luy laisser faire celle distribution en sa presence. Et ainsi s'auança seul d'y proceder donnant à aucuns force sans legereté, à autres legereté sans force. Il en arma aucuns, & pour ceux qui estoient sans armes il inuéta autre secours. Ceux qu'il auoit enclos en petits corps, il les eleua en l'air auec plumes, ou les commanda trayner par terre. Munit les accreus en grande masse de leur masse mesme. Et semblablement proceda és autres distribuant à chacun ses vertus. Apres qu'il les eut ainsi fournis, à fin que ne s'entredestruissent, il leur donna moyens de se deffendre les vns des autres, & de demourer à decouuert: reuestant les vns de poils espois, coquilles, tests, escailles, de pennes ou peaux dures côtre l'intemperie de l'yuer ou de l'esté, & des mesmes choses leur prepara lictieres & couches naturelles: adioutát aux pieds argots, ongles, callositez: aux testes cornes, dens trompes. Puis distribua les alimens, faisant paistre aux vns les herbes de la terre, máger aux autres les fruicts & racines des arbres, & les autres plus gourmans s'entre deuorer. Pourueu que ceux qui viuroient de proie fussent aucunement steriles, & les autres subiects à leur gourmandise plus fertiles: afin que l'espece en durast. Car la prouidéce diuine a esté en cela fort sage ayát fait que tous animaux paoureux & de bon máger soiét grandemét fecóds afin que par estre souuent mágez ne defaillent. Ainsi que bestes nuysibles & mal faisantes

f iiij

font peu lignageres. Pourtant le lieure est fort fecód & seul de toute venaison sur charge sa portee, à cause que l'homme, bestes, & oiseaux, le poursuyuent à mort. Pareillement la haze du connil se trouue si pleine de lapins, que les vns sont encore sans poil, les autres sont vn peu plus formez, & les autres sortent du ventre. Mais la lyonne qui est la plus forte & plus hardie de toutes les bestes, en sa vie ne porte qu'vne fois & ne porte qu'vn. Or n'estant Epimethee gueres sage il donna tout aux bestes brutes ne reseruant rien pour l'hóme, qu'il laissa seul sans force, sans vertu, sans proprieté, tout nud, sans armes, sans vestemens, sans chaussure, sans aliment cóuenable, indigét de toutes choses. Tellement qu'il ne pouuoit resister aux autres animaux estás lors plus excellés que luy. Car les cerfs couroiét plus legerement, les ours & lions estoiét plus fors, le paon plus beau, le regnart plus subtil, le formi plus diligent, la limace mieux logee. Chasque beste trouuoit medecine propre à sa maladie & blesseure: dont l'hóme estoit ignorant. De ce suruint telle confusion, que peu à peu les hommes perissoiét par diuerses manieres de cruauté. En sorte que leur espece eust esté tost reduitte à neát: sans l'aduis du prudent Promethee, lequel voiant si grande faute: pour y remedier, desroba à Vulcan & Minerue l'artificielle sagesse, auec le feu. N'estant possible qu'on la peust recouurer ou en vser sans feu, & ainsi la distribua au genre humain. Moyennant laquelle les hommes commencerent pour leur vtilité commune, s'assembler par crainte des bestes: afin de leur resister, donnans secours les vns aux autres, & cherchans deçà & delà lieux seurs pour leur habitatió. Apprindrent faire maisons & vestemens pour euiter l'aspreté du froid & force du chault, reseruer les fruicts à la necessité, preparer armes à leur deffence, & trouuer des autres commoditez pour la vie. Lesquelles finablement la necessité mesme inuentrice de toutes choses faict cognoistre par le menu aux entendemens des mortels: ausquels furent donnez pour aydes les mains, la parolle, & raison. La raison pour inuenter, parolle pour communiquer, les mains pour accomplir, ce qu'ils inuenteroient d'eulx mesmes par raison, ou apprendroient les autres par parolle. Car autre animal ne parle vrayement, pourtant que le parler procede de raison, & n'a mains: trop bien quelque cas semblable aux mains. Parquoy l'homme a trouué premierement par raison les choses plus necessaires, comme les alimens, habits, armes. Puis celles qui seruent au plaisir, ornemét, & magnificence. Il a imposé noms à toutes choses, inuenté les lettres de plusieurs sortes & diuerses manieres d'escrire, dressé tous ars mecaniques & liberaux: procedant si auát iusques à mesurer la terre & la mer, reduire par instrumens la tresample masse du ciel à peine comprise en son entendement, & la proposer deuant les yeux. Dauantage le mesme Platon afferme qu'auant que les hommes vesquissent en congregation, & parlassent ensemble, ou qu'ils eussent commencé à inuenter & exercer les ars: d'autant qu'eulx seuls entre tous animaux participoient de la diuinité, doüez d'ame immortelle: pour ceste diuine cognation auoir pensé premierement qu'il y eust des Dieux, & les auoit honorez & priez. De là à prins commencement la religion, police, iudicature, ont esté introduicts commerces par mer & par terre, establies

blies, loix, creez magistrats, inuentez mestiers innumerables, basties maisons, construicts villages & bourgs: consequemment villes, citez, & forteresses, puis dressez Royaumes & Empires. Dont a succedé la grandeur & excellence du genre humain, telle que la voyons auiourd'huy. De là dy-ie est commencee la religion plus naturelle aux hommes que tous leurs autres ars & inuentions: Ne s'estant iamais trouuee nation au monde tant rude, cruelle, & barbare: qui n'eust quelque apparence de religion. Car iaçoit que la pluspart ignore quel Dieu & comment il le conuient adorer, tous neantmoins accordent qu'on doyue honorer, prier, craindre vn Dieu autheur de toutes choses. Ce qui est confirmé non seulement és premieres & plus anciennes nations, comme és Ethiopiens, Indiens, Armeniens, Chaldees, Hebrieux, Assyriens, Egyptiens, Grecs, Romains, Gaulois, mais aussi és Goths, Vandales, Sarrasins, Tartares, Turcs, Perses, Cathains, ou Chinois: Et non seulement en nostre Hemisphere, mais aussi és Antipodes, & és sauluages des terres nouuellement descouuertes: dont iamais lon n'auoit eu aucune cognoissance. Ceux qui ont n'auigué par delà, ont trouué plusieurs gens viuans encore, comme les premiers hommes, sans lettres, sans loix, sans Roys, sans republiques, sans ars: non toutefois sans religion: qui croyent les ames des trespassez aller en autres lieux dignes des œuures par eulx faittes en ceste vie. Pour l'entretenir ont esté instituees ceremonies, ordonnees prieres, edifiez temples, oratoires, chapelles, hospitaux, maladeries, cloueftres, conuents: Instituez Sacrificateurs ou prestres beaucoup respectez en tous païs. Et s'il plaisoit à Dieu qu'il voulust estre adoré par tout le mõde en vne mesme maniere, les hommes feroient deliurez de grandes haynes & cruelles discordes aduenantes entre eux par la diuersité des regions.

Av commencement les hommes estoient fort simples & rudes en toutes choses peu differens des bestes. Ils mangeoient par les campagnes & montagnes la chair crue des bestes, ou les herbes auec leurs racines, troncs & fueilles que la terre produisoit de son bon gré par les bois, les fruicts des arbres sauuages, ou la venaison. Sur les riuages des mers, riuieres, lacs, estangs, marais, poissons, & oiseaux. Se vestoient de peaux en lieu de robes. Pour estre deffendus du chault & froid, des vens, pluyes & neiges, ils se retiroient és creuz des gros arbres, ou soubs leurs branches fueillues: és basses fosses, cauernes hideuses, ou soubs burons, cabanes, loges construittes de lourdes perches, & couuertes legerement de rameaux, chaulmes, cannes, rouseaux. Alors comme plus robustes ils se nourrissoient d'alimens plus forts, aussi viuoient ils plus longuement. Demouroient presque tousiours à l'air en continuel trauail, & gisans sur la dure où le sommeil les prenoit. Mais deuenãs plus foibles & ne pouuans digerer telles viandes, ny demourer à descouuert nuds & deschaus, ils furent contraincts chercher peu à peu les moyens d'adoulcir telle maniere sauluage & agreste que ne pouuoient plus supporter: apprenans à semer les bleds, lesquels au parauant incogneuz croissoient entre les autres herbes, & acoustrer les vignes que pareillement la terre produisoit entre les autres plantes, à trans-

g

planter & enter les arbres fruictiers afin d'en rendre les fruicts meilleurs, & à acoustrer & assaisonner la chair & poisson, puis à bastir s'assemblans par compagnies pour viure en plus grande seureté & commodité. Par telle maniere furent ils reduicts de la vie brutale qu'ils menoient en celle douceur & ciuilité, commençans de là en auant à se nourrir, vestir, & loger plus honnestement.

OR comme la nourriture ayt esté plustost prise des animaux priuez que des grains & fruicts, n'y à doubte que le pasturage & Bergerie n'ayt esté auant l'Agriculture: comme il appert par les plus anciennes nations lesquelles ayans ainsi vescu du commencement, en ont prins leurs noms, comme les Hebrieux & les Italiens, c'est à dire pasteurs, & qu'en vsent encores auiourd'huy plusieurs gens exerceans par maniere de dire vne agriculture viue. Le labourage des terres nues & plantees a esté inuenté apres le pasturage, & aux deulx ont esté adioustees la venerie, faulconnerie, pescherie. Ils ont d'vne part trouué l'vsage du froment qui s'est trouué par deça le nourrissement plus commode, puis de l'orge, mil, pains, seigle, & autres grains cogneuz. D'autre du Riz, Maluz & Iuce: La maniere de les semer, cueillir, battre, vanner, mouldre, cribler farine, destramper & leuer la paste, en faire pains & les mettre cuyre au four. A quoy seruent les muniers & boulengiers. Puis y ont meslé pois, feues, & autres legumes tant nouueaux que vieils. Herbes de diuerses sortes & racines comme percil, laictues, espinars, tin, coq, Mariolaine, buglosse, maulue, bete, cicoree, pourpier, saulge, choux, melons, concombres, citrouilles, artichaux, esparges, croisson, hoblon, oignons, ails, porreaux, carrodes, eruis, panez, nauets, raues, truffes, y entremeslans sel, huyles, beurres & gresses pour leur donner meilleur goust & les rendre plus sauoureuses, plus les fruicts des arbres, cerises, prunes, poires, pommes, peches, abricots, meures, mesles, coins, raisins, figues, oliues, citrons, orenges, dactes, chastaines, & marrons. Et non contens des grains, fruicts, herbes, racines, ils se sont mis à manger la chair premierement d'eulx mesmes, qu'ils ont en la plus grande partie delaissee par horreur: puis des autres animaux domestiques & sauluages, terrestres, aquatiques, vollans: n'en laissans partie interieure ou exterieure que n'ayent trouué moyen d'assaisonner, boullie, rostie, fricassee, en paste, par saulces & espiceries apportees des extremitez de la terre: faisans boudins, saulcisses, ceruolats, andouilles, hachis, qu'ils seruent à l'entree du repas auec potages & sallades, & à l'yssue, formages, cremes, tartres, poupelins, torteaux apprestez par cuisiniers & pasticiers. SI n'a esté le luxe moindre és poissons d'eau douce & salee. Tellement que Plutarque au Symposé proposant la question, si la mer produisant viandes plus delicieuses que la terre se trouue bien empeschee à la decider. Dauantage le laict ne leur plaisant, ou l'eau pure à boire, ils se sont aduisez de brasser bieres & ceruoises, tirer par pressoir sydre de pommes & poires: vin de raisins & de palmes, faire bochets & miellees que on appelle Medons en Moscouie & Poloigne, & autres infinis bruuages artificiels qu'ils ont beuz en coupes d'or, d'argent, cristal, verre, les aromatisans en diuerses sortes. Encore pour boire plus fraischement, ont gardé neges & glaces toute l'annee. Premierement assis à terre ils prenoient leur repas sur l'herbe, soubs fueilles: puis ont faict scabelles, bancs, tables, & traitteaux: nappes, seruietes, assietes, salieres, buffets, vaisselle, & vtensiles de diuerses matieres & façons: ordonnans ministres à ce propres comme maistres d'hostel, pannetiers, eschansons, escuiers trenchans, sommeliers, cuysiniers, potageurs, enhasteurs. Salluste blasme les Romains qui cherchoient en son temps par mer & par terre toutes sortes de friandises, n'attendans la faim, ne la soif, ny le froid, ny la lasseté: ains preuenoient toutes ces choses par desordonné appetit. Titeliue racomte qu'apres la victoire d'Asie, les superfluitez & delices vindrent à Rome, & qu'alors les Romains commencerent apprester bancquets auec plus de curiosité & de somptuosité. Et le cuysinier qui estoit parauant tenu entr'eux pour vn serf vile, fut en reputation. Seneque se plainct, que les cuysines estoient plus celebrees, que les escoles des Philosophes & des Rhetoriciens. Qui ne s'esbahiroit, oyant parler des excessifs festins d'Antoine & Cleopatre, de l'Empereur Caligule qui consomma en vn souper le reüenu de trois prouinces, de Æliogabale, de Luculle: la prodigalité d'Esope & Apice qui abregea sa vie craignant que le bien ne lui faillist à l'entretenement de sa somptuosité. En vn festin fait à Vitel par son frere furent seruis deux mille poissons exquis & sept mille oiseaux. Mon Dieu combien a donné de peine aux hommes leur insatiable gourmadise, quantes sortes d'ouuriers, & leurs ministres à elle occupez? MAIS la curiosité au vestir n'a esté moindre. Pour à laquelle fournir ont esté accommodez beaucoup de mestiers, du filandier, deuuydeur, tysserrant, drapier, foulon, tódeur, taincturier, tailleur & cousturier, chaussetier, pourpoinctier, lingerie, bónetier, chappelier, plumacier, passementier, brodeur, pelletier, fourreur, megissier, tanneur, conraieur, cordonnier. Ils ont fillé & tyssu le lin, chambre, laine, cotton, soye tiree des vers, & d'icelle apresté velours, satin, damas, tafetas, du poil de cheures camelot: à quoy ont adiousté fustaines, bombasins, sarges, toille d'or & d'argent, pourpre, escarlate auec infinies couleurs: faisans de ces matieres chemises, roquets, gymples, pourpoincts, chemises, bonnets, chappeaux, chapperons, sayes, robes, manteaux, hocquetons, palletons enrichis de paremens, broderies, & passemens en diuerses façons. Qui changent de païs en païs & de iour en iour par la legereté des personnes: ont faict de cuyrs tannez & conrayez, collets, botines, souliers & pantoufles, iusques à les couurir de velours. Ils ont appliqué carcans & chaynes au col, brasselets aux mains, anneaux aux doigts, lunetes aux yeux, fard aux ioües, bagues aux oreilles, atours & doreures sur la teste, iartieres aux iambes. Distinguans par les habits les princes des subiects, les magistrats des priuez, les nobles des villains, les doctes des ignorans, les sacrez des prophanes. Que diray-ie des peaulx de loups seruis, martres zebellines, & autres fourreures recherchees és extremitez Septentrionales, qu'ils achaptent par prix excessifs. Pline raconte pour chose merueilleuse & pleine de grãde superfluité, qu'il auoit veu Lol-

g ij

lie Pauline dame Romaine en vn banquet moyen de nopces, vefue de l'Empereur Caligule ayant le chef, la gorge, & le fein couuer & les mains pareillemẽt de perles & efmeraudes ioinctes enfemble & entrelacees. Lefquels ioiaux furent eftimez valoir vn million d'efcus. La Royne Cleopatre venant trouuer Antoine en Cilicie fe meit fur le fleuue de Cydne, dedans vn bafteau: dont la poupe eftoit d'or, les voilles de pourpre, les rames d'argent que lon manioit à fon de mufique. Quant à fa perfonne elle eftoit couchee fous vn pauillon d'or tyffu, veftue comme la deeffe Venus. Et aupres d'elle fortoient odeurs merueilleufemẽt doulces & foueues de perfums. Heliogabale dormoit fur couetes pleines de poils de lieures, & de plumes de perdrix. Le lict du Roy Daire dernier de Perfe eftoit tendu fomptueufemẽt & couuert d'vne vigne d'or en façon de treille, enrichie de raifins pendans en icelle affemblez de pierres trefprecieufes. Et y auoit au cheuet en trefor cinq mil talens d'or, à l'endroict des pieds trois mille talens d'argent. Tant & fi cherement il eftimoit font plaifir de la nuyct, qu'il vouloit fa tefte recliner en fi grande cheuance.

    M a i s l'excez a efté plus enorme au baftir. Car fortans des creus, ramees, burons, loges couuertes de paille ou de rofiers: & venans és maifons conftruittes de briques, pierres, marbres taillez & lyez auec mortier & cyment, enduittes de plaiftre, chaux & efmail, tapiffees, painctes, couuertes d'ardoifes & tuilles, lambriffees par les planchez, pauees à la Mofaïque, diuifees par falles hautes & baffes, Cuyfines, chambres, antichambres, garderobes, cabinets, degrez, allees, galleries, galletas: Ils y ont accommodé pour les baftir & meubler, l'architecture, maffonnerie, plaftrerie, tuyllerie, charpenterie, menuiferie, marefchallerie, couureurie, verrerie, tapifferie, peincture, perfpectiue, graueure, fculpture, ftatuaire, imagerie, plaftique, poterie, orfauerie, doreure, ferrurerie: edifians Palais, Chafteaux, Villes, Citez, Ponts, aqueducts, Pyramides, Sepulchres, Theatres, Amphitheatres, Thermes, Portiques: comblans mers, applaniffans montagnes auec prodigalité excedante toutes bornes de raifon, foubs efperãce de perpetuer leurs noms par telles ftructures. E t comme leur fuft befoin pour entretenir celle varieté & magnificẽce, marchãder par mer & par terre, entretenans voicturiers par les deulx: afin de recouurer d'ailleurs les denrees, qui leur defailloient, ou enuoyer dehors celles qui leur abondoient: pour nauiguer ils creuferent premierement les troncs des arbres à la mode des canoes Indiennes, puis feirent bateaux efchifs, barques, galeres à trois quatre cinq fix fept huict & dix rames pour banc, voire iufques à trente, fuftes, brigantins, barques, caraueles, gallions, galeaces, auec leur equippage & appareil, fournies d'ancres, cables, mafts, antennes, hunnes, voilles, artillerie, victuailles, boline & fortunal ou boëte. A les faire racouftrer, receuoir & garder Arfenals, ports, haures. A les cõduire furent deputez pilotes, mariniers, matelots, galiots, gens de rame & forfaires: comme ont efté deftinez à la traffique de terre les chartiers & muletiers. Et aux deux voictures courtiers, regratiers, portefaix, balenciers, emballeurs, maiftres des ports, reuifiteurs & rechercheurs. Pour à quoy fubuenir plus aifeement, fut befoin forger monnoye d'or, d'argẽt, erain, cuyure, definie par quantité & par poix, merquee de diuerfes figures felon la diuersité des païs: qui seruit aux commerces: N'estant possible vser en toutes choses de permutation, & partant furent introduicts monnoyeurs & changeurs. Plus fallut auoir notaires ou tabellions à passer les contracts des marchez, Sergens, huissiers, Solliciteurs, Procureurs, enquesteurs, audienciers, Iuges, Conseillers, Presidens, Greffiers, executeurs de sentences. A l'expedition des lettres royaux en dependantes Secretaires, Maistres des requestes, Chancelliers ou garde des seaulx. Les medecins, chirurgiens, & apoticaires seruent à la santé, vsans de drogues presque toutes estrangeres: comme Reubarbe, Casse, Aloé, Agaric, & autres semblables. Gymnastes, pedotribes, Athletes, escrimeurs, lutteurs, coureurs, nageurs, voltigeurs à l'exercice de corps. Au plaisir & recreation chantres, menestriers, organistes, danceurs, baladins, farseurs, batteleurs, ioueurs de passe passe, barbiers, parfumeurs, ouuriers de mettre fleurs en œuure, & de composer senteurs tant liquides que seiches. Aussi ne s'arrestans aux pierres & bastons que la simplicité de nature fournissoit à leur cholere, ont inuenté armes infinies defensiues & offensiues, arcs & arbalestes auec flesches & trousses, fondes, dards, iauelots, lances, picques, pertusanes, hallebardes, espees, dagues, bochliers, escus, targues, pauois, cuyrasses, brigandines, armets, morrions, & salades: engins ou machines à tirer en campagne ou battre murailles, catapultes, moutons anciennement: & nouuellement canons, arquebuses, pistolets & pistoles. Seruäs au faict de la guerre armeuriers, forbisseurs, esperonniers, selliers, escuiers, pallefreniers, harassiers, mareschaux, fondeurs & remonteurs d'artillerie, Salpetriers, pouldriers, canonniers: colonnels, capitaines, soldars, auec leurs enseignes, trompetes, tabourins, & autres offices. Passans outre ils ont encore trouué d'autres estats & exercices les vns duisans à la conduitte des reuenus publiques: comme receueurs, tresoriers, maistres des comptes, auditeurs, controlleurs. Les autres au conseil des princes & des seigneuries. Les autres à l'establissement & conseruation des loix, intendance de la police, discipline & correction des meurs.

Donques entre tant de commoditez, croissant l'oysiueté auec l'opulence & ayse, ils s'appliquerent à l'estude des lettres. Par ce que tous naturellement desirent sçauoir choses nouuelles, estranges, admirables, belles, variables, & en entendre les causes: cherissans entre les sens principalement la veue & l'ouye, qui leur aydent à en auoir cognoissance. Mais la veue plus: dont à procedé le commencement de science par admiration. Car voyans le ciel, le soleil, la lune, & autres estoilles, & apres auoir cogneu par les yeux les iours & nuyćts, les reuolutions des mois & des ans, ils s'appliqueréta contempler la disposition du monde, & rechercher les secrets de nature. Premierement l'indigence (comme dict acste) leur enseigna les ars necessaires à la vie, puis succederent ceux qui seruent au plaisir, ornement, & magnificence. Et apres auoir acquis commodité & loisir, ils commencerent à considerer toutes choses contenues en l'vniuers innumerables en multitude admirables en beauté, enquerans leurs prodrietez, conuenances, & differences: D'où elles estoient faittes, qu'elles deuenoient, quand & comment perissoient. Qui estoit en elles mortel & corruptible, qui diuin & perpetuel. Ils furent si conuoiteux d'apprendre qu'habitans

g iij

& viuans cy bas tant peu, ils oferent entreprendre de cognoiſtre non ſeulement ce qui eſt deſſus & deſſoubs & dedans la terre, comme les natures de toutes ſortes d'animaux, les qualitez des metaux: mais auſſi la nature de l'oceã & de toutes eaux, & poiſſons y viuans. Puis paſſans en l'air s'enquirent des vés, des pluyes, greſles, neges, foudres, tonnoirres, eſclairs, & autres accidens apparoiſſans en la moyenne region: monterent par eſprit & par art iuſques au ciel qu'ils ont taſché de compaſſer: imaginans deux poles & vn eſſeul pour le ſouſtenir, diſtinguans les planetes des eſtoilles fixes, inuentans le zodiaque, obſeruans les ſolſtices & equinocces, les cauſes de l'equalité, brieueté, & longueur des iours & des nuyċts, raiſons des ombres, la maniere de deſcrire & meſurer le monde, nauiguer d'vn païs en autre, en reiglãs le chemin par les vens & par les aſtres. Deſquels ils ont diligemment obſerué les mouuemés, conionctiõs, & oppoſitions: les grandeurs, viſteſſes & tarditez, couleurs, ſplendeurs, ſerenitez, chaleurs, froideures, & le pouuoir qu'ils ont ſur ces choſes inferieures, le bon heur ou malheur que ſignifient. Et entierement toute la conuenance du ciel à la terre: dont comme d'vne ſource perpetuelle decoule l'abondance vniuerſelle par laquelle ce monde eſt inceſſamment reſtauré & renouuellé. Leur induſtrie a penetré par tout. Ne l'eſpeſſeur de la terre, ny la profondeur de la mer, ny la varieté de l'air, ny l'ardeur ou ſplendeur du feu, ny la ſpacieuſe eſtendue du ciel ont peu deſtourner leur entendement. Dauantage les plus ſpeculatifs conſiderans la foibleſſe des ſens, multitude des choſes ſenſibles ſi petites que ne peuuent eſtre ſenties, ou mobiles qu'il n'y a certitude: noſtre vie brieue, tout eſtre plein d'opinions & de couſtumes, tout enuironné de tenebres, & caché, ont eſtimé que par diſcours humain lon n'y pouuoit rien cognoiſtre certain, rien entendre & ſçauoir. Mais qu'en ſe ſeparant de la veue & de l'ouye, & de tout le corps, il falloit prédre la péſee de l'eſprit pure, & par l'intellect qui eſt en l'ame ce qu'eſt la veue au corps, eſſayer cognoiſtre la raiſon de chacune choſe, & ce qui y eſt pur & net, touſiours ſimple & vniforme, ſans iamais eſtre mué par generation & corruption. Leſquels ont paſſé la voute du ciel tant eſloignee de terre, & ſont paruenus iuſques au lieu de deſſus: ſe retirans par contemplation du monde vers Dieu, de tenebres à lumiere, de corruption à l'eternité, d'ignorance à ſapience, ſatisfaicts comme ils diſoient de tout leur deſir, & iouyſſans de la cognoiſſance de verité: qui eſt des choſes touſiours ſemblables ne receuans aucune mutation. Parquoy ils ont appellé ceſte partie inferieure du monde, où n'y a quaſi rien certain, & peu de choſes ſont certainement cogneues, la region de falſité & opinion: & l'autre ſuperieure cogneue par raiſon & intelligence, où ſont les formes & exemplaires des choſes, le ſiege de verité. En ce progrez de ſçauoir ils ont cogneu les vnes choſes par inſtinct naturel ſans doctrine. Les autres auec obſeruation, vſage, & experience. Les autres auec diſcours raiſonnable, & demonſtrations, Les autres par inſpiration diuine. O r y a il tel plaiſir en ceſte contemplation, que ceulx qui s'y adonnent de bonne volonté, ſe paſſent aiſeement de toutes delices, & ſont ſi perſeuerans qu'ils ne ſe laiſſent ſuppediter par icelles, ne craignans dómage ou perte de biens, ny le blaſme du peuple & ignominie: ains ſont preſts à endurer toutes sortes d'ennuis & calamitez, iusques à souffrir paoureté volōtaire. Ce qui dōna iadis occasiō aux gens de dire qu'Atlas soustenoit le ciel, & qu'Endymion auoit dormi longuement auec la Lune, & que Promethee estoit attaché à la haute montagne du Caucase, luy mangeant le foye vn Vautour. Voulans par tels comptes nous signifier le grand & merueilleux estude que ces personnages excellens mettoient en la contemplation des choses celestes & naturelles. Democrite ayant cōmencé retirer son ame des sens, il s'aueugla. Anaxagoras abandōna son patrimoine. Quel plaisir auoit Aristote enseignāt non seulement Athenes & toute la Grece: mais aussi le monde vniuersel, decouurāt les secrets de nature incogneus par auant, & cachez en obscurité profonde: S'estimant & glorifiant à bonne raison estre paruenu ou nul autre Grec & Egyptien auoit iamais attainct. Quel contentement receuoit Platō qui encores à lxxx. ans & le iour qu'il deceda, escriuoit. Qui fut pour son eminent sçauoir honoré en la Grece, Sicile, & Italie, par dessus la commune estimation des hommes, estimé par les Roys, admiré des peuples, & a tousiours esté reueré par ceux qui desiroiēt entendre les choses diuines & humaines. AINSY les hommes meus par nature du desir de sçauoir & plaisir qui s'y trouue, ont inuenté la Grammaire, Rhetorique, Dialectique, pour dresser le langage, l'oraison, & dispute. Poësie pour la composition des vers mesurez & rythmez. l'Arithmetique pour nōbrer, Geometrie mesurer & poiser. Et passans outre sont venus à la musique consistant en l'accord des voix & des sons & en l'obseruation des proportions à ce requises. L'Astrologie qui seruist à la consideration des choses celestes, Physique des naturelles, Metaphysique des supernaturelles. Theologie des diuines. L'Ethique à l'institution des meurs priuez. Economique au mesnage, Politique aux gouuernemens & estats. Iurisprudence à l'exposition du droict ciuil & interpretation des loix. Telle a esté l'habilité à l'inuention des ars liberaux & mecaniques.

OR combien que se trouuent par tout gens capables de sçauoir, pourueu qu'ils soient deument instituez: neantmoins il en y a de plus ingenieux & inuentifs les vns que les autres, & plus aptes à certaines disciplines, ou par inclination naturelle & influence du ciel, ou par l'assiete du païs auquel ils naissent, ou par l'exercice qu'ils acoustument faire de ieunesse, ou par l'honneur nourrice des ars que lon faict, & les loyers qui sont proposez aux sçauans & expers. LES Babyloniens demourans en plaines spacieuses, & n'ayans rien qui leur empeschast l'entiere veue du ciel, ils meirent toute leur estude en l'obseruation des estoilles. Le pareil a esté faict par les Egyptiens qui ont tousiours l'air serein sans nuees. Et à cause du desbordement annuel du Nil qui couure & arrouse leur païs par plusieurs iours vers le solstice d'esté, confondant les bornes des terres: ils furent contraincts vaquer à la Geometrie. Les Pheniciens adōnez à la marchandise inuenterent l'Arithmetique, & habitans pres de la mer commencerent la nauigation: que les Castillans & Portugallois pareillement maritimes ont reduitte à sa perfection. Il estoit deshonneste entre les Arcades de ne sçauoir point la musique qu'ils apprenoiēt non par plaisir & delices, mais par necessité: afin de rēdre doulx & gracieux par coustume, ce qui estoit en eulx rude par nature, à cause de la froidure de l'air auquel nous naissõs semblables, & par la continuation du trauail en l'agriculture, & brutalité de leur vie. L'eloquence fleurit en Athenes, & à Rome, parce qu'au moyen d'icelle, lon y estoit auancé en biens & honneurs. Au temps d'Auguste qui prenoit plaisir à la poësie tous y faisoient vers, & soubs Neron chantoient. Les nations qui desiroient accroistre par armes, ont dressé leurs loix & exercices à dominer, honorans & recompensans les hommes vaillans, & deshonorans & punissans les couars: comme furent les Scythes, Egyptiens, Perses, Thraciens, Lacedemoniens, Cretois, Gaulois, Iberiens, Macedoniens, Indiens: reputás nobles ceux qui faisoient profession des armes, & vilains les artisans. Auiourd'huy en Turquie où tout est reduict à la forse, chacun vaque aux armes, estant asseuré qu'en bien faisant, il sera auácé en solde, reuenu, & charges publiques: comme aussi la peine y est certaine à la lascheté. La plusart des bons esprits en France s'appliquent au droict ciuil, & à la pratique pour le profit qu'ils y trouuent, & par l'honneur des offices innumerables de iudicature, ordonnees en la iurisdiction souueraine, moyenne, & inferieure, vtiles & honorables. Les Etruriens qui auoient l'air gros & espois subiect à tonnoirres, inuenterent la diuination par les fouldres. Les Arabes, Ciliciens, & Phrygiens grands bergers, celle qui se faisoit par les entrailles des bestes, ou par la voix des oiseaux. La philosophie a esté cultiuee en Grece pleine d'entendemens subtils & agus.

L'Architecture commença en Asie par l'opulence & loisir des grands Roys qui y estoient, ayans besoin d'amples edifices à l'entretenement & magnificence de leurs Courts. Puis fleurit en Grece, où elle fut amendee par l'habilité des gens. De là passa en Italie, y recouurant sa maturité: mesmement soubs les Empereurs. Lesquels ainsi qu'ils auoient assubietti le reste du monde par armes, ils le vouloient aussi surmonter par bastimens admirables auec despenses incroyables.

Les Ethiopes par l'abondance de toutes bonnes herbes & simples vigoreux qui y croissent, inuenterent la Magie naturelle, obseruans par icelle les merueilles cachees és proprietez occultes des choses, leurs conuenances & contrarietez. Platon au Carmide & en l'Alcibiade premier maintient que Zoroastre Bactrien & Zamolsis Scythe en feirent profession. Puis fut transportee en Perse où elle demoura longuement, comme nous declairerons cy apres parlans des Perses & leurs Mages.

Or comme suyuant la generale disposition à vertu, il y ayt eu tousiours çà & là quelcuns faisans profession de sapience: comme les Druides en Gaule, & en la grand Bretaigne, les Chaldees en Assyrie, les Brachmanes & Gymnosophistes és Indes. Les Mages en Perse, les Prestres en Egypte, les Philosophes en Grece, les Pharisiens en Iudee, les Theologiés en la Chrestenté: Neátmoins l'antiquité a donné la premiere louenge des lettres aux Ethiopiés, leur en attribuant l'inuention qu'ils communiquerent aux Egyptiens voisins: où elles ont esté augmentees. De là sont venues aux Lybiens, Babyloniens, & Chaldees. Consequemmét aux Grecs, puis aux Romains, aux Arabes, aux Italiens,

liens, François, Allemans, Anglois, Espagnols, Polonois. AV QVEL cours des lettres si pensons attentiuement, entant qu'il est possible considerer l'espace de tout le temps passé, & r'amenteuoir la memoire de tant d'ans escoulez, repetant de là où commence és histoires, l'aage des peuples & des citez : à sçauoir depuis trois ou quatre mille ans que lon a commencé à escrire liures: Nous trouuerons n'y auoir autheur entre les gentils plus ancien que HOMERE: Et que les lettres n'ont depuis esté esgallement cultiuees, ny en tous temps & païs semblablement prisees : ains en certaines aages illustres que pouuons appeller Heroïques. Esquelles (la puissance & sapience humaine s'entresuyuans) lon a veu communément l'art militaire, l'eloquence, Philosophie, Mathematiques, Medecine, Musique, Poesie, Architecture, Peincture, Sculpture, Plastique Fleurir ensemble, & ensemble dechoir. Comme il est principalement aduenu és regnes de Sesostris, Ninus, Cyrus, d'Alexandre, d'Auguste & Traian, des Arabes ou Sarrasins, & en ce siecle, auquel apres auoir esté longuement endormies, elles se sont autrefois reueillees, & ont recouuré leur valeur precedente. Ce n'est pas à dire que ne soient aduenus plusieurs autres cas admirables en autres saisons. Mais ceux cy sont les plus celebres: esquels se sont rencôtrees beaucoup de merueilles extraordinaires ensemble au faict des armes & des lettres, & qui plus ont entre elles de similitude comme il apparoistra en les recitant.

Pourquoy est il ainsi aduenu plustost en ces temps qu'autres? & quelle raison en pourrons nous donner? afin de mieux entendre la presente consideration estant de si grand poix & longue deduction. Il semble a aucuns que lon ne se doiue esmerueiller, qu'en espace de temps infiny, ainsi que la fortune tourne & varie diuersement, il aduienne par casuelle rencontre des accidens semblables les vns aux autres. Car soit qu'il n'y ayt point de nombre arresté ou certain des euenemens qui peuuent eschoir: La fortune a matiere assez platureuse pour produire effects s'entreressemblans. Ou que les cas humains soiét comprins en nombre determiné, il est force arriuer quelquefois des cas semblables, attendu qu'ils sont faicts par mesmes causes & par mesmes moyens. Les autres disent qu'en longues annees se font certaines periodes de l'vniuers: croissans en vne tous ars en reputation & venans en l'autre à dechoir & estre mesprisez. Les autres attribuent cela à l'honneur, & aux biensfaicts qui sont plus proposez en vn temps qu'en l'autre: Dautant que par bon traittemét tous sont induicts à vertu. Et essayans rendre raison pourquoy beaucoup d'illustres personnages se rencontrent en mesmes saisons, ou peu distans les vns des autres, & trauaillans en diuers exercices obtiennent pareille excellence & reputation : estiment les entendemens estre nourris par emulation, & qu'ores l'enuie, ores l'admiration les excite & face monter peu à peu au plus hault, où est difficile la demoure: naturellement reculant ou descendant ce qui ne peut passer outre, voire beaucoup plustost qu'il n'estoit môté. Et comme sont prouoquez à suyure les premiers, ainsi apres que desesperent les pouuoir passer ou attaindre, ils perdent le cueur de trauailler auec l'esperance, laissans la matiere ia occupee: qui dechoit aprez par negligence, & vient à mespris. Aristote qui eſtimoit le monde eternel, & Platon qui le diſoit auoir eu commencement, mais qu'il n'eſtoit periſſable afferment que meſmes choſes en eſpece auoient eſté infiniement, & qu'elles ſeroient infiniement, rien n'eſtre qui n'ayt eſté ſemblable, qu'il ne ſeroit rien qui n'euſt eſté, n'auoir rien eſté qui ne ſoit à l'aduenir. Qu'en ceſte maniere les ars & ſciences & autres inuentions humaines ne peuuent eſtre perpetuelles, eſtans les nations deſtruittes où elles fleuriſſoiét, par ardeurs extremes & deluges qu'il eſt neceſſaire aduenir en certains téps par les mouuemens & progrez des aſtres : deſcendant le feu & l'eau d'enhault en exceſſiue quantité, ou le feu ſortant de terre, ou par la mer impetueuſement debordee, ou par riuieres croiſſantes qui ne peuuét couler en mer, ou que tremblant la terre, elle s'ouure, & iette violemment l'eau encloſe parauant en ſes entrailles.

Mais combien que les aſtres ayent quelque pouuoir à la diſpoſition des choſes inferieures, l'aſſiette des lieux & temperature des ſaiſons de l'annee aydent aux entendemens & aux meurs, le loyer & l'honneur propoſez à l'induſtrie humaine, les ſiecles doctes & Princes liberaux donnent grand auácement aux ars, & l'emulation ſerue d'eguillon : Toutefois quant à moy ie croy que Dieu ſoigneux de toutes les parties de l'vniuers octroye l'excellence des armes & des lettres ores en Aſie, ores en Europe, ores en Afrique, eſtabliſſant le ſouuerain Empire du monde, l'vne fois en Orient, l'autre en Occident, l'autre en Midy, l'autre en Septentrion, & permettant la vertu & le vice, vaillance & laſcheté, ſobrieté & delices, ſçauoir & ignorance aller de païs en païs, honorans & diffammans les nations en diuerſes ſaiſons : afin que chacune ayt en ſon tour part à l'heur & malheur, & que nulle enorgueilliſſe par trop longue proſperité : ainſi qu'il paroiſtra eſtre aduenu iuſques à preſent par le recit particulier des natiós eſtimees les premieres du monde, eſquelles prendra commencement celle narration.

DE LA VICISSITVDE DES
ARMES ET DES LETTRES CONCVR-
RENTES EN LA CONIONCTION DE PVISSANCE
& Sapience par les plus celebres peuples du monde, & qui ont
esté les premiers & plus anciens de tous, lesquels ayent
excellé és deux.

Liure Quatrieme.

VOVLANT donc entrer en propos par les plus anciens peuples, ie me trouue empesché par le different qui a esté entr'aucuns d'eux, touchant l'honneur d'antiquité, & de precedence. Les Indiens habitans en païs de merueilleuse grandeur se glorifioient estre vrays originaires, n'ayans iamais receu estrãgers parmy eulx, ny enuoyé leurs gens habiter ailleurs. Mais que les premiers d'entr'eux vsoient des viures que la terre produisoit d'elle mesme, & de peaux de bestes pour toute vesture : puis trouuerent peu à peu les ars, sciences, & autres choses necessaires à bien viure. Leur terre estre si fertile, que iamais n'eurent faute de victuailles. Car attendu qu'elle porte deux fois l'an toute maniere de bleds, ils recueillent en yuer l'vne cueillete au temps que on plante les racines, & l'autre en esté, quand on seme le ris, le sesame, & le mil: Dont toute abondance aduient par dela : pourtant que les grains & fruicts y naissent sans main mettre, & que les racines croissantes és marais de singuliere douceur, tiennent lieu aux hommes d'autres viures à grande suffisance. Et à celle fertilité ayder beaucoup la coustume par eux obseruee en temps de guerre, de ne nuyre aux laboureus en aucune chose: ains les laisser en paix, comme ministres de l'vtilité commune, & ne brusler point les villages de leurs aduersaires mesmes, ny couper leurs arbres & semailles. La puissance des Indiens apparut alors que furent assaillis par Semiramis Royne d'Assyrie. Car estãt dame couuoiteuse d'honneur & de gloire, apres qu'elle eut conquis l'Egypte & l'Ethiopie, elle pensa de mouuoir encores vne guerre dont il fust memoire à iamais. Entendant donc que le peuple des Indes estoit le plus grand du monde, & leur region sur toutes autres excellente en beauté & fertilité : où les terres (comme dit est) portoient deux fois l'an & fruicts & semences, & y a grande quantité d'or, d'argent, erain, pierres precieuses, & toutes autres choses cõcernans l'opulence & delices: elle voulut employer toutes ses forces cõtre les In-

h ij

diens sur lesquels regnoit Staurobates, & assembla armee en laquelle y auoit trois millions de pietons, cinq cens mille hômes à cheual, cent mille chariots, & autant de combatans sur les chameaux auec espees de six pieds de lõg, deux mille barques diuisees, & Elephans faincts en grand nombre: dont les effigies estoient portees sur chameaux. Lequel appareil militaire entendu par le Roy des Indiens il essaya exceder les forces d'elle, & ayant ordonné toutes choses necessaires pour luy resister, il enuoya ses Ambassadeurs au deuant, la reprenant de sa grande ambition, & de ce que sans estre prouoquee par aucun tort ou iniure, elle luy mouuoit guerre: l'accusant encores en plusieurs & diuerses sortes, & appellant les Dieux à tesmoin, il la menassoit que si elle estoit vaincue en bataille, il la feroit crucifier. A quoy Semiramis respondit en soubriant qu'il falloit combatre de prouesse, non de parolles. Approchans donc les batailles l'vne contre l'autre: Semiramis eut du meilleur en la premiere rencôtre, & en la deuxieme fut defaicte auec ses Elephans faincts, en sorte que presque tous les Assyriens tournez en fuyte, Staurobates rencontrant de fortune Semiramis la blessa premierement d'vne flesche au bras, puis d'vn dard à l'espaule, & ainsi qu'elle montoit à cheual fut quasi prise, la poursuyuant l'Elephant du Roy. Rompus en ceste maniere les Assyriens prindrent le chemin de leurs nauires. Et poursuyuans les Indiens leur victoire en tuerent beaucoup par les chemins estroicts, esquelz les gens de pied & de cheual entremeslez donnoiét empeschement les vns aux autres. Tellement qu'il n'y auoit moyen de fuyr ne de se sauuer: mais s'entretuoient eux mesmes par leur foule & desordre. Et quand la plus grande partie des eschapez de telle defaitte eurent passé le pont, qui estoit faict de nauires sur le fleuue d'Inde, Semiramis le feit rompre, & le Roy admonnesté par prodiges de n'outrepasser le pont, cessa la chasse. Telle fut la preuue de la puissance Indienne. Au regard de leur sapience, les Brachmanes en faisoient profession entre eulx, d'vne austere & nue, hommes sacrez, & viuans à leurs loix: vaccans du tout à la contemplation de Dieu, sans faire prouisiõ de viures: par ce que la terre leur en fournissoit tousiours de tous frais & nouueaux, les riuieres leur donnoient à boire, & les fueilles tombans des arbres & l'herbe à coucher. Et n'y en auoit pas vn reputé homme sainct ne bien heureux, si estant encore viuant, en son bon sens & sain d'entendement il ne separoit son ame de son corps auec le feu, & qu'il ne sortist tout pur & net de la chair, en ayant cõsommé tout ce qu'il y auoyt de mortel. Et comme le peuple fust diuisé en sept sortes de gens ils estoient les premiers en dignité: exépts de toutes charges, n'estans subiects à aucũ, ne mestrisans personne. Mais comme personnages agreables aux dieux, & reputez cognoistre ce qu'on faict és enfers: ils receuoient des particuliers les oblations faictes és sacrifices, & auoient le soin des trespassez: receuans à ceste occasion de grands dons. S'assemblans au commencement de l'an ils predisoient les seicheresses, pluyes, vens, maladies, & autres choses: dont la cognoissance portoit grand profit au peuple. Leurs artisans estoient tresbons comme nourris soubs air pur & net, & qui ne boyuent qu'eaux bonnes & saines. La police des Indes diuisee en plusieurs parties il n'estoit permis à aucun changer sa façon de viure, ne leur semblant raisonnable qu'vn homme de guerre labourast la terre, ne qu'vn philosophe deuint artisan.

D'AVTRE part les Ethiopiens se vantoient estre les premiers creez de tous les hommes du monde, & auoir esté produits de la terre. Car attendu que la chaleur du soleil en desechant la terre encores humide auoit donné vie à toutes choses, il estoit aussi necessaire qu'és lieux plus prochains du soleil, eussent esté procreez dés le commencement toutes especes d'animaux. Disoient la religion & adoration des dieux auoir esté premieremét trouuee entre eulx, puis les sacrifices, processions, pompes, solennitez & toutes telles choses : par lesquelles honneur leur estoit deferé par les hommes. Dont ils auoiét eu telle recompence, que iamais ils ne furent surmontez ne vaincus par aucun Roy estranger : & que tousiours ils estoient demourez en leur liberté. Et combien que plusieurs princes se fussent efforcez auec grosses armees les mettre en leur subiection, nul toutefois auoit iouy de leur Empire. Dauantage qu'ils estoient les premiers qui ont inuenté les formes & vsage des lettres, & vacqué en l'Astrologie tant par la viuacité d'esprit qu'ils ont, par laquelle ils surmontent toutes autres nations, que par l'opportunité du païs qu'ils habitent : & pourtát qu'ils ont serenité, & tranquillité perpetuelle d'air, & n'ont les saisons de l'annee desreiglees, & variables : ains viuent tousiours en mesme temperie. Plus que les Egyptiens estoient descendus d'eulx : gardans les prestres de l'vne & l'autre nation mesme ordre & maniere de faire en leurs sacrifices, & vsans de semblables paremens.

PAR celle prerogatiue d'antiquité y eut iadis grande conuention entre les Egyptiens & les Scythes. Car les Egyptiens disoient, que du commencement que le monde fut creé, là où les autres terres ardoient d'vn costé par la trop grand ardeur du soleil : & les autres de l'autre costé estoient gelees par la grande rigueur du froid : Tellement qu'elles ne pouuoient n'y engendrer hommes nouueaux, ne receuoir estrangers, s'ils fussent là venus, & mesmement auant qu'on eust trouué les vestemens pour se garder du froid & du chauld, & les remedes artificiels pour corriger la malice des lieux : l'Egypte a tousiours esté si attrempee, que les habitans d'icelle ne sont point molestez par grande froideur de l'yuer, ne par grande chaleur de l'esté. Aussi la terre y est si fertile de toutes choses necessaires pour le viure des hommes, qu'on ne trouue ailleurs nulle part autre terre si abondante. Parquoy la raison vouloit bien, que les hommes fussent premierement nez au païs où ils pouuoient plus aisémét estre nourris. Av contraire les Scythes disoient que l'attrempance ne sert de rien à prouuer l'antiquité. Car dés que la nature despartit & diuisa l'extreme chault d'auec l'extreme froid en diuerses regions, il est à croire que la terre qui demoura la premiere decouuerte, & desemparee de ces deux extremes qualitez engendra incontinent hommes, & bestes qui pouuoient la estre nourris : Et au regard des arbres & autres fruicts, ils furent variez selon la condition des regions. Et d'autant que le ciel est plus aspre aux Scythes qu'aux Egyptiens, aussi sont leurs corps & leurs entendemens plus durs. Neantmoins si la machine du monde qui est maintenant diuisee en deulx parties, a esté autrefois toute

h iij

vne : ſoit que toute la terre fuſt enuironnee & encloſe d'eau, ou que le feu qui a engendré toutes choſes tint & occupaſt toute la machine : en tous les deux cas les Scythes ont eſté les premiers. Car ſi le feu occupoit tout, il fault dire que peu à peu il s'eſteignit pour faire place à la terre habitable. Auquel cas il eſt à croire qu'il fut eſteinct premierement du coſté de Septétrion, pourtant que c'eſt la region plus froide, & en icelle ſont aſſis les Scythes : dont il aduient qu'encor de preſent c'eſt le païs le plus ſubiect au froid que lon ſache. Et au regard de l'Egypte & de tout l'Orient, il fault dire que le chauld y fut bien bien tard remis. Car encore maintenant ils ont merueilleuſement grande chaleur au fort du ſoleil. Auſſi ſi toute la terre fut du commencement encloſe dedans l'eau, il eſt à croire, que les lieux qui ſont plus haults, furent les premiers decouuers, & qu'où la terre eſt plus baſſe, l'eau ſeiourna plus longuement, & par conſequent, que là où la terre fut premierement decouuerte & deſechee : cómencerent premieremét toutes choſes animees eſtre engendrees. Or eſt le païs des Scythes plus hault que toutes les terres, comme il appert par ce que toutes les riuieres qui y naiſſent deſcendent au palu Meotide, & de là prennent leur decours en la mer Pontique, & en Egypte. Lequel païs d'Egypte eſt ſi bas & ſi ſubiect aux eaux, que combien que par tant de Roys & d'aages lon ait à grande diligence & deſpenſe faict tant de rempars, de leuees, & de foſſez, pour garder la terre d'eſtre inódee par l'impetuoſité des riuieres, pourtant que quand on les retenoit d'vn coſté, elles couloient en l'autre, toutefois encore de preſent n'y a lon peu tant faire qu'on y puiſſe labourer la terre, qui ne retiendroit la riuiere du Nil par chauſſees & leuees. Et n'eſt poſſible de dire que celle contree ayt plus anciennement produit les hommes : laquelle par force de leuees & de chauſſees, ou du limon que tire & mene le Nil, appert encore toute freſche. Par ces raiſons l'vne & l'autre gét maintenoit ſon antiquité.

Mais entant que concerne l'Egypte, il eſt certain qu'vne portion d'icelle fut quelquefois couuerte d'eau. Tout ce qui eſt au deſſus de Memphis tirant vers les montaignes d'Ethiopie a eſté mer à l'aduis d'Herodote. Et Strabon eſtime tout le terroir qui eſt depuis Siene iuſques à la mer arrouſé du Nil, auoir eſté du commécement appellé Egypte, lequel eſtoit beaucoup acreu comme lon void par les vers d'Homere diſant l'iſle de Pharos auoir eſté eſloignee de terre ferme vne iournee : qui eſt maintenant adiacente d'Alexádrie. Si ces propos ſont vrays, ils monſtrent aſſez celle terre n'eſtre ancienne, ny les Scythes peuuent prouuer leur antiquité, ſi Herodote eſt veritable, affermant qu'ils n'auoient eſté que mil ans auant le regne du Roy D'aire de Perſe. Mais comme l'vne & l'autre region par les raiſons debatues n'ayt eſté gueres apte à l'habitation humaine, il vault mieux croire celle terre auoir eſté premierement habitee qui a l'air plus temperé : par lequel moyen les Egyptiens ſe diſoient eſtre plus anciens. Mais comme eulx à cauſe des eaux ne peuuent alleguer aucune habitation ancienne, auſſi ne peuuent les Scythes demourans au quartier affligé de perpetuelles froidures. Parquoy il eſt plus conforme à la verité de dire la moyéne region entre les deux, où eſt le territoire de Damas, auoir porté les premiers hommes : cóme l'atteſte l'eſcriture ſaincte : lequel eſt exempt des incommoditez d'Egypte, & de Scythie, & à cause de son assiete est naturellement plus temperé que l'vne & l'autre. Autrement il est difficile par sçauoir humain cognoistre en quel lieu, quelle gent, ou quelle nation ayt esté la premiere, par quel espace ou par quantes annees ayt esté premiere des autres. Si fut iadis l'opinion telle touchant l'origine des peuples: qu'au commencemét de toutes choses, le ciel & la terre auoient vne seule essence & forme: mais depuis les elemens separez l'vn de l'autre, le monde print l'ordre en quoy nous le voions maintenant. Entre lesquels elemens escheut à l'air le continuel mouuement qu'il a: & au feu pour sa legereté le lieu qui est au dessus de l'air: & à ceste mesme raison au soleil & aux astres le cours qu'ils ont naturellement. Ce qui fut meslé auec l'humidité pour sa pesanteur demoura en mesme masse: dont furent procreez du plus humide la mer, & du plus dur la terre en soy molle & boeuse. Laquelle comme elle eust esté premiere sechee & faicte plus espoisse par l'ardeur du soleil, puis par la force du chauld enleuee & engrossie par dessus, se concreerent en elle par plusieurs & diuers endroicts certaines humeurs engendrans pourritures, couuertes & cachees de petites peaux tendres. Comme donc la generation se face és choses humides, en y adioustant la chaleur: & que par nuyct l'air espandu y donne l'humeur, qui se fortifie sur le iour par la vertu du soleil: Finalement telles pourritures conduittes iusques à leur extremité procreerent, comme si le temps de leur enfantement estoit venu, les figures de toutes sortes de creatures, & animaux, apres auoir rompu icelles petites peaux. Desquels animaux ceux qui auoient receu plus de chaleur furent faicts vollans & oiseaux, & monterent en la region plus haulte: ceux qui auoient plus de terre demourerent serpens, & autres bestes semblables: Ceulx qui retindrent la nature de l'eau furent mis en l'element de leur complexion, & appellez poissons. Donques la terre faitte de là en auant plus seche tant par l'ardeur du soleil que par les vés, desista de plus procreer tels animaux. Mais ceux qui estoient ia faicts, en engendrerent d'autres par continuelle commixtion. Les hommes ainsi formez cherchoient leur manger par les champs, menans vie sauluage sans reigle: ausquels les herbes & arbres apportoient d'eulx mesmes ce qui leur estoit necessaire pour viure. Mais les bestes sauluages leur deuin'ent contraires & ennemyes: tellement que pour y resister, & pour leur commune vtilité ils commencerent par crainte d'elles, à s'assembler, donnans secours les vns aux autres, & cherchans deçà & delà lieux seurs pour leur habitation. Et furent celles premieres assemblees le vray commencement de chacun peuple, & nation.

Les Caldees tressauans en Astrologie tenoient que le monde a tousiours esté, qu'il n'a point eu de commencement, & n'aura point de fin. Aristote a esté de mesme opinion, & que tous genres d'animaux estoient sempiternels. Platon au troisieme & douzieme des loix doubte du monde, & du genre humain s'ils ont esté eternellement ou non, disant la generation des hommes ou n'auoir iamais commencé, ou qu'elle estoit commencee en longueur de téps inestimable auant nous. Le mesme autheur au Timee, Critias, Menexeme, Politique est d'aduis, que par longue succession de temps la vigueur des entenh iiij demens, & fertilité des corps diminuent peu à peu. De maniere que les entendemens se trouuent comme priuez de diuinité, & les corps vuidez de leur accoustumee fertilité. Alors Dieu voulant restituer le genre humain en sa precedente dignité, mouille ou brusle la terre, en temperant tellement les motions celestes par luy qui est leur moteur, que la destinee celeste cede, & concurre tousiours auec la diuine prouidence. Ainsi produire la terre arrousee abondamment d'humeur nouuelle, & rendue feconde par la chaleur ensuyuant: ou venans plus largement les pluyes apres excessiues secheresses & longues ardeurs: dont sont engendrez ou regenerez non seulement petits animaux tels que maintenant, mais grands aussi, naissans de la terre comme mere. Aussi l'auoir estimé plusieurs Egyptiens, Grecs, Arabes, mesmement Algasel & Auicenne auec lesquels Aristote accorde és problemes, quand il dit comme és petites mutations des temps naissent petis animaux, ainsi és plus grandes plus grands, & és tres grandes tres grands.

 Les Iuifs, Chrestiens, & Sarrasins suyuans le diuin Prophete & legislateur Moïse croyent que Dieu ayt faict le monde de rien, & creé à sa semblance Adam le premier homme, de la pouldre de la terre, & inspiré en la face d'iceluy spiration de vie & qu'il fut fait en ame viuante: puis luy voulant donner ayde & compagnie feit tomber vn somme profond sur luy, & estât endormy print vne de ses costes, & d'icelle forma Eue la premiere femme. Qu'ils furent colloquez en Paradis terrestre, où affluoient tous biens sans peine, & de là chassez par leur desobeissance: & que d'eulx deux ioincts par mariage sont procedez tous hommes espars sur toute la terre habitable. Or consideramt S. Augustin que des cinq zones mises par les anciens Astrologiens & Cosmographes, n'y en auoit que deux estimees temperees & habitees, & que de l'vne pensoient que lon ne pouuoit passer à l'autre par l'ardeur de la torride moyenne: que si ainsi estoit, necessairement ensuyuoit que les Antipodes ne fussent procedez d'Adam: il ayma mieux nyer qu'il y eust des Antipodes, que de tomber en quelque impieté absurde, ou de contredire en ce faict à la docte antiquité. Mais il est certain par les nauigations anciennes & modernes y auoir des Antipodes, comme sont ceux de la Taprobane aux Espagnols: ce qui se cognoit par l'aspect du ciel, apparence des estoilles, cachement de nostre pole, & eleuation du leur: ayans comme dit a esté toutes choses à nous contraires yuer & esté, iour & nuict, Orient & Occident.

 Ailleurs les Grecs en leurs fables disoient que Vulcan estant amoureux de Minerue espandit vn iour sa semence sur la terre d'Attique, dont nasquirent les Atheniens: qui pour celà se vantoient estre yssus de leur terre, sans auoir pris origine d'ailleurs: entendans par la terre toute matiere, & par Vulcan le feu qui esmeut la terre & la viuifie: que Cerés apres le rapt de Proserpine sa fille ayant erré longuement par le monde vint en leur region: où elle monstra premierement l'vsage du froment, d'où il a esté depuis manifesté à tous hommes: que leur cité n'a communiqué seulement tel moyen de viure aux autres indigens, mais aussi a esté la premiere qui a statué loix, & establi police, & qui en partie à inuenté les ars seruans à la neces-

necessité & au plaisir, & en partie les a approuuez ou rendus meilleurs & plus exquis: obtenant l'honneur de la Philosophie par laquelle toutes ces choses ont esté ou trouuees ou amendees, & de l'eloquence qui a pris commencement en Athenes, & y a esté conduitte à sa perfection: ayant acquis celle ville par sapience & eloquence telle excellence & reputation, que les disciples d'elle estoient precepteurs des autres, & que le nom des Grecs n'estoit plus nom de gent & nation, ains de raison & intelligence: & que les participans de leur erudition estoient plus estimez Grecs que ceux qui participoient de mesme nature auec eulx.

Auiourd'huy les Arabes vagabons se glorifient estre les premiers du monde, ne s'estans iamais meslez auec autres nations, & ayans gardee entiere (comme ils disent) la noblesse de leur sang.

Mais omises toutes telles disputes & vanteries des peuples, toutes fantasies & raisons humaines des Philosophes, nous nous arresterons en la certitude de l'escripture saincte touchant la creation du monde & du genre humain. Et quant au discours des armes & des lettres dont il est icy question, y entrerons par les Egyptiens: lesquels estans ingenieux & vaillans, semblent estre les premiers qui ayent le plus excellé en sapience & puissance. Dont les Grecs tirerent presque tout leur sçauoir duquel nous vsons encores auiourd'huy, ayans non seulement en estime, mais aussi en admiration l'Egypte & les Egyptiens.

DE LA PVISSANCE SCAVOIR ET AVTRE
excellence des Egyptiens.

ENTRE autres Isocrates tres-excellent orateur louant Busiris qui choisit ce païs là pour y regner, comme le plus commode de tout le monde, en escrit ainsi: Car voyant (dit il) les autres lieux n'estre conuenablemét situez selō la nature de l'vniuers: ains les vns estre trop subiets aux pluyes, les autres infestez d'ardeurs, & celle regiō estre en la plus belle assiete de la terre & plus abondante de toutes sortes de biens, & enuironnee du Nil comme de quelque muraille naturelle: qui ne la garde seulemét, ains l'engraisse, estant inexpugnable aux estrangers assaillans, & tres-vtile aux habitans au pres, par les arrousemens & autres commoditez qu'ils en retirent: desquels aussi il a rendu l'industrie presque diuine au faict de labourage. Car par son moyen ils ont les pluyes & secheresses en leur dispositiō, qui sont dispésees ailleurs par Iupiter. Leur felicité est si grande, que si lon considere l'excellence & bonté du païs & les spacieuses campagnes, on les estimera iouyr de terre ferme, si les denrees dont elle abonde que lon en tire, & celles qui luy defaillent que lon y apporte, habiter en isle. Car coulát çà & là, & l'arrousant toute, il leur fournit és deulx merueilleuses commoditez. Busiris donc commença par où les sages doyuent cómencer, choysissant lieu tresbeau qui fournist aux habitans toute nourriture à suffisance. Puis les diuisant par ordres ou estats, il deputa les vns aux sacrifices, les autres aux mestiers, les autres à la militie: estimát les necessitez

i

& commoditez ordinaires deuoir estre fournies par le labourage & par les mestiers, mais la protection en estre tresseure par l'exercice des armes, & par la deuotion enuers les Dieux. Acomplissant donc toute la perfection requise en vn bon legislateur, il ordonna que chacun d'eux exerceast tousiours mesme art, sachant ceux qui changent souuent n'entendre rien perfaictement, ne faire dextrement: ains ceux qui s'arrestent perpetuellement en mesmes choses y exceller communément. Dont il est aduenu que les Egyptiens en chacun art excellent autant par dessus les autres artisans, qu'ont acoustumé exceller les bons ouuriers par dessus les ignorans. Outreplus ils obseruent si belle ordre en l'administration du Royaume, & en toute autre police, que les Philosophes celebres disputans de tels affaires, preferent le gouuernement d'Egypte aux autres. Aussi luy conuient il referer comme à son principal autheur, l'estude & exercice de sapience. Car il a tellement auantagé les prestres, qu'en premier lieu ils peussent s'entretenir des reuenuz sacrez: En apres qu'estant requise en eux grande saincteté par leurs loix, ils vescussent temperamment, & que exempts de la militie & autres charges, ils demourassent en repos.

Iouÿssans donc de ces commoditez ils ont inuenté la Medecine pour subuenir aux corps: non celle qui vse de medicaments dangereux, ains de tels qui peuuent estre pris autant seurement que les viandes cottidiennes, & neantmoins sont si profitables, qu'on les void tresdispos de leurs personnes, & viure longuement. Et pour le remede des ames ils ont mis en auant l'exercice de Philosophie, qui peult statuer loix, & rechercher la nature des choses. Il commit aux plus anciens les meilleures charges, & persuada aux ieunes que laissees les voluptez ils vaccassent en l'Astrologie, Arithmetique, & Geometrie: lesquelles facultez sont par aucuns estimees vtiles en plusieurs choses: Les autres s'efforcent monstrer que seruent beaucoup à la vertu.

Leur pieté & deuotion enuers les Dieux est digne de grande louäge, & admiration. Car ceux qui se deguisent tellemét qu'ils soient plus estimez par apparence de sçauoir, ou de quelque autre vertu que ne meritét, ils nuisent aux deceux. Mais ceux qui s'entremettent des choses diuines en sorte, qu'ils facent paroistre les loiers & peines en l'autre vie estre plus certaines que les presentes, ils proufitent beaucoup aux mortels. Car ceux qui du commencement nous ont dóné telle crainte, ont esté en cause de faire cesser entre nous toute ferité brutale. Parquoy ils conduisent ces affaires tant sainctement & reueremment, que les sermens sont plus religieusement gardez entr'eux qu'ailleurs, pésans la peine estre incontinent proposee à chacune offense, qui ne soit presentement cachee, ou demoure à estre végee sur les enfans. En quoy ils ne fouruoyét point. Car il leur a ordonné plusieurs & differens exercices de la diuinité, statuát par loy qlques animaux estre par eux honorez & adorez, qui sont mesprisez entre nous: non qu'il en ignorast le pouuoir: ains par ce qu'en partie il pensoit le vulgaire deuoir estre accoustumé à faire tout ce que les princes luy cómandét, & en partie qu'il vouloit experimétér en choses manifestes, ce qu'ils feroiét és ocultes: Iugeát ceux qui les mespriseroiét, en mespriser parauáture de plus grádes, & qui obserueroiét ordre egalemét en toutes choses, faire preuue de leur constance en l'obseruance de la religion. Plusieurs autres propos restent à dire de la saincteté des Egyptiens que ie n'ay seul ny le premier cogneuz: ains plusieurs notables personnages les ont entenduz cy deuant, & entendent maintenant. Du nombre desquels fut Pythagoras Samien: qui alla en Egypte, & fut leur disciple, & premier apporta en Grece la Philosophie: ayant plus de soin que nul autre des sacrifices & cósecrations és temples: pensant qu'encore que par cela il n'en obtint rien dauátage des Dieux, au moins qu'il en seroit en plus grande reputation enuers les hommes, comme il luy est aduenu. Car il a esté tant estimé que tous les ieunes hommes desiroient estre ses disciples, & les plus anciens aymoient mieux leurs enfans estre en son eschole, qu'entendre à leur mesnage de quoy ne fault doubter. Car iusques à present ceuxqui se disent estre ses disciples sont plus estimez taisans que les autres parlans eloquemment. Platon au Timee racontant le voyage que feit Solon en Egypte, & comment s'informant sur les choses anciennes des prestres du lieu qui les entendoient merueilleusement bien: escrit qu'il trouua par experience, que luy & les autres Grecs n'y entendoient rien au prez d'eulx: & qu'ils estoient tous ieunes d'entendement, n'ayans aucune vieille opinion prise de l'antiquité, ne science chenuë: puis est sommairement descrite la police Egyptienne: En laquelle premierement les prestres estoient segregez du commun populaire. En apres les artisans faisoient leur mestier chacun à part soy, & non indiferémment les vns meslez parmy les autres. Le semblable faisoient les Bergers, veneurs, & laboureurs. Aussi les gensd'armes estoient separez de tous les autres, n'ayans autre charge ou commandement par la loy, que de vacquer aux armes: outre ce quel soin auoit eu la loy de prudence & temperence, de diuination, & de medecine pour conseruer la santé des habitans, & de toutes les autres disciplines conuenables. Aristote és politiques à ce adherant dit n'estre nouueau ou recentement venu à la cognoissance des Philosophans sur la police, qu'il faille diuiser la cité par les ordres des exercices, & que les guerriers soiét autres que les laboureurs. Car ceste maniere (dit il) s'obserue encores auiourd'huy en Egypte, l'ayant ainsi ordonnee Sesostris. Plutarque au discours d'Isis & Osyris escrit qu'en Egypte les Roys s'eslisoient ou de l'ordre des prestres, ou de l'ordre des gés de guerre: par ce que l'vn ordre estoit reueré & honoré pour la vaillance, & l'autre pour la sapience: & celuy qui estoit esleu de l'ordre des gens de guerre incontinent apres son election, estoit aussi receu en l'ordre de prestrise, & luy estoient communiquez & descouuers les secrets de leur Philosophie, qui couuroit plusieurs mysteres soubs le voile de fables, & soubs les propos qui obscurement monstroient & donnoient à veoir à trauers la verité, se reseruans à ne point profaner leur sapience, en publiant trop ce qui apartient à la cognoissance des Dieux. Ce que tesmoignent mesme les plus sages & plus sçauans hommes de la Grece, Solon, Thales, Platon, Eudoxe, Pythagoras, & comme quelques vns veulent dire Lycurgue mesme: qui allerent de propos deliberé en Egypte pour en communiquer auec les prestres du païs: Que Pythagoras fut fort estimé d'eux & luy aussi les estima beaucoup: tellement qu'il voulut imiter leur façon mystique de parler en parolles couuertes & cacher sa

i ij

doctrine & ses sentéces sous parolles figurees & enigmatiques, estans les lettres que lon appelle hieroglyphiques en Egypte presque toutes sêblables aux preceptes de Pythagoras. L'historiê Herodote parlant en l'Euterpe des Egyptiês, afferme ceux qui habitêt le païs plus fructueux, estre les plus limez & de meilleur entendemêt que tous hommes, ausquels il se fust oncques adressé: Et qu'à la verité ils fussent les plus sains apres les Africains, à cause que les saisôs de l'an chez eux se changêt peu: estâs par soudain changemêt engendrees les maladies aux hommes, & principalement par la mutation d'icelles saisons. Luy auoir esté donné à entendre par les prestres qu'en trois cens quarante & vne generation d'hommes, ils auoient eu autant de Roys & de Pontifes: & qu'en l'espace d'vnze mil trois cens quarante ans, le soleil auoit quatre fois changé son cours acoustumé, se leuant deux fois en la partie où est son Occident, & couchant aussi deux fois en Orient: combien que pour ce l'Egypte n'auoit en rien changé, ne quant à la production de la terre, ne quant à la nature du fleuue: Ensemble quant aux maladies, & quant aux termes de viure & mourir. En telle reputation ont esté les Egyptiens enuers les plus sçauás de Grece. Quant à eulx, ils se glorifioient auoir inuenté les lettres, l'Astrologie, Arithmetique, Geometrie, & plusieurs autres sciences, & que les meilleures loix auoient esté inuentees par eulx: Mesmement les Thebains, leur aydant à cela grandement l'assiete de leur contree plaine & sans nuees, pour cognoistre les mouuemens des estoiles qui se couchent & leuent. Et ont tant diligemment obserué les eclipses du soleil & de la lune, que par icelles ils ont premierement pronostiqué plusieurs choses futures, predisans souuent afin que mieux lon y peust obuier, la sterilité ou abondance des bleds & fruicts, les maladies prochaines tant des hommes, que du bestail, les tremblemens de terre, la naissance des cometes, & autres choses de difficile cognoissance, lesquelles leur estoient certaines par longue & continuelle experience. C'estoit le vray & propre office des prestres, lesquels estoient en grande authorité tant pour ce qu'ils auoient la charge des choses diuines, que par ce qu'ils estoient pleins de sçauoir, & que ils enseignoient les autres. Et comme tout le reuenu publique fust diuisé en trois: ils en prenoient la premiere portion, afin de l'employer en l'administration des sacrifices, & en leurs necessitez. Ils estoient appellez aupres des Roys pour donner conseil aux affaires de consequence, estans eulx & leurs enfans exempts de subsides, & tenans pres le Roy le second lieu en honneur & dignité, L'autre portion du reuenu appartenoit aux Roys qui l'employoient au faict de leurs guerres, à l'entretenement de leur estat & traim, à recompenser ceux qui le meritoient. Dont il aduenoit que le peuple n'estoit aucunement foullé par tributs, & nouueaux subsides. La troisieme se receuoit par les nobles & autres gens de guerre à laquelle ils estoient exercez, afin que par tel entretenement ils fussent plus prompts à entreprendre les hazards militaires, & que rédus plus aisez, ils fussent plus enclins à procreer lignee. Dont il aduenoit que le païs à ce moyen peuplé n'auoit point besoin de soldars estrangers. Ils n'apprenoient iamais art vile ne mecanique, ains du tout s'addonnoient aux armes: lequel exercice ils se monstroiêt de main en main & de pere en fils. Au regard des ars & meſtiers les ouurages des Egyptiens eſtoient merueilleuſemét bien faicts, & venus iuſques à leur perfection. Car les artiſans d'Egypte s'employent ſeulement aux ouurages qui leur eſtoient permis par la loy, ou qu'ils auoient appris de leurs peres. Et falloit que chacun feiſt apparoir à ſon preuoſt d'an en an, de quoy il viuoit. Autrement à faulte de ce faire, ou de ne monſtrer ſa maniere de viure iuſte & raiſonnable, conuenoit aller droict à la mort. Et comme le païs fuſt plus peuplé que nul autre du monde, & tant bien fourny de toutes ſortes d'excellens artiſans: leurs Roys ont edifié de ſi grandes villes comme de Thebes & Memphis, & conſtruict de merueilleuſes pyramides, temples, labyrinthes, ſepultures, coloſſes, obeliſques, & autres ſemblables ouurages les plus grands des humains: que la vielleſſe enuieuſe par ſi long laps de temps, entre tant de changemens de ſeigneuries, n'a peu conſommer. Au reſte le païs d'Egypte a touſiours ſemblé eſtre plus excellent que les autres: tant pource qu'il eſt merueilleuſement fort & bien borné, que pour l'agreable beauté de toute la contree. Car il a pour ſa deffenſe les grands deſers du coſté d'Occident, & vne partie de Lybie la ſauluage: laquelle eſt non ſeulement difficile à paſſer, mais auſſi tres dangereuſe par faulte d'eaux, & ſterilité de toutes auttes choſes. Deuers le Midy il eſt enuironné des ecluſes du Nil, & des montaignes prochaines. Et à deſcendre depuis la haute Ethiopie par l'eſpace de plus de trois cés lieues, le fleuue n'eſt aiſéemét nauigable, ne le chemin de terre facile à entrepredre, ſi ce n'eſtoit par vn Roy, ou auec grãdes eſtapes de victuailles. Du coſté de l'Orient il eſt fortifié du meſme fleuue, & d'vn tresprofond & creux mareſquage long de plus de douze lieues, eſtant entre la Surie & l'Egypte. Au Septentrion il eſt fermé d'vne mer, où n'y a point de ports, & où la deſcente eſt tres difficile à trouuer. Eſtant par ce moyen treſſeur & fort, il fut premierement gouuerné par les Roys natifs du païs, puis par les Ethiopiens, Perſes, Macedoniens, Romains, Grecs, Caliphes, Soudans, & auiourd'huy par les Turcs. Mais entre tous les Roys natifs du païs, ou eſtrangers qui iamais y regnerent Seſoſtris a eſté le plus puiſſant & le plus magnifique, ayant paſſé en vaillance & heur non ſeulement les Aſſyriens & Perſes, mais auſſi les Macedoniens & Romains. Le pere de luy aduerty par reuelation de ſa grandeur future, afin de le rendre plus digne de tenir la monarchie de tout le monde, il feit aſſembler les enfans nez au meſme iour que ſon fils, & les feit tous nourrir en meſme diſcipline auec luy, penſant qu'ainſi inſtituez enſemble ils s'entr'aymeroient dauantage, & en ſeroient meilleurs à la guerre. Premierement donc marchant contre les Arabes auec armee de ceulx cy endurcis à la peine, & acouſtumez à ſobrieté, il meit en ſon obeiſſance toute celle nation au parauant franche & libre, puis la plus grande partie de Lybie eſtant encore fort ieune, & eleué en cueur par le ſuccez de ceſte expedition, il appliqua toute ſa fantaſie pour ſe faire ſeigneur de tout le monde, aſſemblant armee de ſix cens mil pietons, vingtquatre mil hommes de cheual, dixhuict mil chariots propres à la guerre, quatre cens nauires ſur la mer rouge, trouuant le premier l'vſage des galeres. Sur tous leſquels il eſtablit capitaines la pluſpart de ceux qui auoient eſté nourris auec luy gens comme dit eſt exercez à la guerre, & de ieuneſſe

i iij

adonnez à choses vertueuses. Auec ceste grande force il conquit d'vne part l'Ethiopie & toutes les isles de ce païs là, & tout le riuage de la mer iusques aux Indes. D'autre part la grand Asie, ne surmontant seulemét les peuples qui depuis ont esté surmontez par Alexandre, mais aussi plusieurs autres natios desquelles Alexandre n'approcha iamais. Car il passa le fleuue Ganges, marchant çà & delà par tout le païs des Indiens iusques au grád Oceane, & trauersa tous les Scythes iusques au fleuue Tanais, qui separe l'Asie de l'Europe. Puis de là cheminant en Thrace, il fut contrainct par l'aspreté des lieux, & indigence de viures mettre fin à son entreprise. Dressant és païs conquis plusieurs coulomnes, aucunes auec l'effigie d'vn homme, les autres auec parties honteuses des femmes: signifiant par ce la vaillance ou l'ascheté des peuples vaincus. Retournant en Egypte auec tous les prisonniers, dont le nombre estoit infiny, & les despouilles des païs cóquestez: il orna les temples d'Egypte des plus precieuses choses qu'il auoit apportees: & recompensez les gens d'armes qui l'auoient suyui & bien serui, de là en auant tout le païs en demoura fort enrichy. Estant en repos il feit aussi plusieurs actes grands & excellens seruans à l'ornement & seureté d'Egypte: comme dresser leuees sur lesquelles furent mises les villes qui parauant estoient en bas lieu: afin que les hommes & bestail fussent en seureté durant la creuë du Nil: Grands fossez & canaux en la contree tendant de Memphis à la mer, pour par iceux porter plus facilement & promptement les viures: fortifier les lieux par lesquels pouuoient entrer les ennemys en Egypte, rendant la descente plus difficile par multitude de fosses: Tirer vers la Surie & Arabie vn grand mur, depuis Peluse iusques à la cité du soleil, long de quatre vingts quatorze lieues. Mais il surpassa toute autre magnificéce en ce, q̃ quád les nations qu'il auoit vaincues, & ceux à qui il auoit donné les Royaumes: aussi les capitaines qu'il auoit ordonnez à la garde des prouinces, estoient arriuez en Egypte, au téps assigné luy offrir les dons & tributs qu'ils deuoient: S'il aduenoit toutefois qu'il allast au temple, ou qu'il marchast par la ville, il en faisoit lyer & attacher quatre d'entr'eux à son chariot en lieu de cheuaux: móstrant par cela que nul des autres Roys ou illustres capitaines estoit à comparer à luy en vertu, puis qu'il les auoit tous surmontez. La gloire & renommee en fut si grande, que long temps apres qu'il fut trespassé, quand les Perses tenoient le Royaume d'Egypte, ainsi que Daire pere de Xerses vouloit mettre sa statue au dessus celle de Sesostris en la cité de Memphis: le grand prestre de Vulcan y contredit publiquement, disant qu'encore ses actes n'estoient semblables a ceux de Sesostris, qui n'auoit debellé moins de nations que luy, & entr'autres auoit subiugué les Scythes ausquels Daire n'auoit peu porter aucun dommage: Et partant n'estoit raisonnable que son offrande precedast celle d'vn Roy qu'il n'auoit surpassé en haults exploicts. Laquelle parolle prenant Daire à bonne part, & s'esiouissant d'vn tel liberal parler, dit qu'il mettroit peine de n'estre en rien moindre à Sesostris, s'il viuoit autant que luy, priant ce prestre conferer l'aage auec les faicts, & que cela luy deuoit estre tesmoignage de sa vertu. Apres Sesostris à mon aduis que Ptolemee Philadelphe merite grande loüenge, par la faueur & auancement qu'il donna à toutes disciplines, fondant la tres-celebre eschole en Alexandrie ville capitale de son Royaume: pour y communiquer à tous estudians les sciences qui parauant estoient seulement maniees par les prestres, & traittees en langue Egyptienne qu'il feit traduire en la Grecque. Où il conuoqua de tous costez personnages sçauans pour les enseigner, leur proposant liberalement honorables gages: y feit bastir le magnifique Musee qu'il doüa de bons reuenus, pour l'entretenement des escholiers, & erigeát en icelluy la tres fameuse bibliotheque fournie de sept cens mil volumes. Laquelle fondation fut depuis augmentee par les Empereurs Romains, & continuee iusques à l'vsurpation que feirent les Mahometans de ce Royaume: dont ils exterminerent & la langue Grecque, & l'ancienne Egyptienne auec ses disciplines, (comme il a esté touché parauant en parlant des langues) iaçoit qu'elles y eussent esté conseruees pres de trois mil ans signamment la consideration des mouuemens celestes, & des choses naturelles: entre les accidens variables de tant de monarchies comme de l'Ethiopienne, Egyptienne, Assyrienne, Medoïse, Persiéne, Macedonienne, Parthoïse, Romaine.

DE LA PVISSANCE DES ASSYRIENS ET
sçauoir des Caldees.

EN Assyrie regnerent anciennement plusieurs Roys natifs du païs mesme: les noms & faicts desquels ont esté abolis au long cours des ans. Mais celuy d'eulx qui premierement peult recouurer gens sçauás pour escrire ses gestes fut Ninus: lequel de sa nature enclin à la guerre, & conuoiteux de gloire assubiettit le premier nations par force, & s'empara de la monarchie, estendant sa domination au long & au large par l'Asie auec exercite incroyable de dix sept cens mille hommes de pied, deux cens mil de cheual, dix mil six cens chariots garnis de faulx trenchans: Moyennant laquelle il subiugua en dix sept ans toutes les natiós qui sont le long du riuage de la mer d'Orient, & leurs voisins comme les Egyptiens, Pheniciens, ceux de la Surie interieure, Cilicie, Pamphilie, Lycie, Carie, Mysie, Lydie, Troade, Phrygie qui est sur l'Hellespont, le païs de Propótide & de Bithynie, Cappadoce, & les autres nations qui sont sur la mer maior: n'en laissant pas vne indomtee depuis le Nil iusques au Tanais. Il adiouta dauantage à son estat les Cadusiés, Tapyres, Hyrcaniés, Dranges, Deruices, Carmaniens, Coroniens, Rombes, Vocamiés, Parthes, Perses, Susiens, Caspiens, Bactriens, & plusieurs autres qu'il seroit trop long reciter par le menu. Puis reuenát son armee en Surie, il choisit lieu commode à faire bastir vne ville: Laquelle tout ainsi qu'il auoit surmonté les autres Roys de gloire & de haults faicts, il delibera faire si grande, qu'il n'y eut iamais au parauant sa semblable en grandeur, & ne s'en peust aussi faire ne trouuer puis apres autre telle. Et assemblant de tous costez grand nombre de gens auec les pouruisiós necessaires à tel ouurage, il edifia sa cité sur le fleuue d'Euphrate la faisant non du tout carree, ne compassee egalement par chacun costé de semblable mesure, mais plus longue des deux costez que des deux au-

i iiij

tres, & contenoit chacun pan de la longue muraille dix lieuës de long, & la moindre vn peu moins de six, si qu'elle auoit en tout trente & vne lieue de partour. Et sans point de faulte Ninus ne fut en celà frustré de son intention. Car il ne s'est trouué depuis cité de si grand circuit, ne de telle somptuosité, beauté, & magnificence. Puis pour la rendre populeuse & bien habitee, il contraignit les Assyriens mesmement les plus riches, d'y faire leur demeure, & des autres nations circomuoisines receut ceulx qui y vouldroyent venir. Ordonnant que telle ville pour la memoire de luy fut nommee Nine ou Niniue. Apres la mort duquel Semiramis sa femme tint le Royaume d'Assyrie, se monstrant autant magnyfique en richesses, victoires, & triomphes qu'homme qui fut oncques. Lon dict qu'estant petite fille elle fut iettee en vn desert plein de rochers, où il y auoit grand nombre d'oiseaux qui par la volonté diuine la nourrirent, soustenans l'enfant de leurs aisles, & le paissans de laict pressé, puis de formage qu'ils rauissoient és prochaines bergeries. Laquelle chose descouuerte par les bergers qui apercerent leurs formages rongez, & la trouuans d'excellente beauté, l'offrirent à leur preuost : Lequel n'ayant point d'enfans la nourrit soigneusement, comme si elle eust esté sienne. Puis accreuë, moyennant sa bône grace & honnesteté vint en la cognoissance du Roy Ninus, luy ayant aydé par son habilité à prendre la ville de Bactres : qui en deuint amoureux & l'espousa. Si n'en fut la mort moins admirable, qu'auoit esté la nourriture. Car apres auoir faict de grandes conquestes, basty de somptueux edifices, assailly l'Indie auec armee de trois millions de gens de pied, cinq cens mil hommes à cheual & cent mil chariots comme dit a esté, & à son retour donné ordre au gouuernement du Royaume, elle s'euanouyt, & disparant soudainement fut transportee comme lon à creu auec les dieux. Aucuns faignirent qu'elle fut conuertie en pigeon, & qu'elle s'en volla auec grand nombre d'oiseaux qui estoient entrez en sa chambre. Desirant egaler, ou surpasser son feu mary de gloire & magnificence, elle entreprit aussi construire la ville de Babylone : assemblant de toutes pars les artisans, tailleurs, massons, & maistres ouuriers pour cest effect, & faisant prouision des matieres necessaires à tel & si gros bastiment. Pour laquelle faire & paracheuer, elle feit venir de toutes nations iusques au nombre de trois millions d'hommes, & edifia sa cité des deux costez de l'Eufrate passant au mylieu : Sur lequel feit dresser vn pont long d'vn quart de lieue large de trente pieds, deulx palais és deux bouts. Les murailles auoient vingt deux lieues & demye de tour, acompaignees pres à pres de plusieurs tours qui auoient soixante & vne toyse de hault, & de cent portes toutes d'erain, leurs piuots, torillons, & architranes. Elle estoit compartie en ruës la plusprt droittes, pleine de maisons à trois & quatre estages, de palais, chasteaux, temples correspondant à celle grandeur, & magnificence, auec autels, statues, tables d'incroyable richesse, & autres ornemens : que les Roys ensuyuans augmenterent iusques à l'vsurpation des Perses, qui en rauirent vne partie & demolirent l'autre. Herodote afferme qu'elle fut trouuee la plus grande, & la plus forte de toutes apres Niniue : & que c'estoit la plus belle qu'il eust iamais veuë. Par tels ouurages de Ninus & Semiramis lon peust cognoistre

gnoiftre l'architecture auec tous meftiers auoir efté lors en gráde perfection, & eftime. Belus pere de Ninus fut le premier obferuateur des aftres par delà, & inftitua les preftres Phyficiens & Aftrologiens. Zoroaftre Roy des Bactriens que Ninus defeit en bataille, autheur de la magie. Et felon la fupputation d'Eufebe, Abraham premier fondateur de la vraye religion, premier qui acomplit la loy de nature, & penfa de la diuine, premier qui perfuada aux hommes d'adorer vn feul Dieu contre les idolatres & payens, premier qui chaffa les tenebres d'erreur, & entreprit la guerre contre les mauluais efprits. A cefte caufe il receut tant d'honneur que Dieu parla à luy, & promeit multiplier fa pofterité par deffus les eftoilles du ciel, & fablons de la mer, & qu'en fa femence toutes nations feroient benites: en fortant le redempteur du monde perdu & gafté. De laquelle promeffe a prins cõmencemēt la loy Mofaïque & Chreftiēne. Mahumed mefme pour couurir fon impofture, & gaigner plus de gēs, dict qu'il ne prefche autre chofe, que la creãce d'Abrahã qu'il pretēd reftituer.

Or Ninus le ieune leur fils prenãt apres eux le Royaume, & faifant paix auec tous fes voifins: vefquit en delices & oifiueté, hors la veue des hommes, enfermé le plus du tēps en fon palais. Mais pour la feureté de fon Royaume, afin qu'il fuft crainct de fes fubiects, il leuoit chacun an certain nombre de gens de guerre, & de chacune prouince leur ordonnoit capitaine. Et quant tout fon exercite eftoit affemblé hors la cité de Nine, il cõmettoit fur chacune nation vn autre capitaine des plus fages & plus aduifez entre ceux qui eftoiēt autour de luy. L'an acheué il r'enuoyoit fes premiers genfdarmes à leur maifon, & en demandoit de rechef autres aux prouinces. Dont il aduenoit que les fubiects eftoiēt plus prompts à obeir pour la crainte qu'ils auoient des genfdarmes demourans toufiours à la cãpagne. Et fi quelcuns auoiēt failly, ou s'eftoiēt rebellez, ils en eftoiēt plus prefts de fatisfaire pour la crainte de la peine. Pēfant que tel chãgemēt pourroit auffi feruir, à ce que les Soldars & capitaines ne fe peuffent fi promptemēt allier les vns auec les autres, ne cõfpirer cõtre luy. Car eftre continuellemēt à la campagne, exercé en l'art militaire, rēd les gens de guerre pluf-fors & endurcis, & les capitaines plus aduifez. Ce qui a efté fouuēt occafion de fe defpartir de l'obeïffance de leur republique, ou du feruice de leur prince. Lequel poinct fut mal cõfideré par les Romains deflors qu'ils viuoient en republique, & depuis par leurs Empereurs. Car la prolõgation des charges generales en guerre par fucceffion de temps ruina la republique: en procedans deux incõueniens, l'vn que par ce moyē moindre nõbre de gens s'exerçoit aux charges & eftats militaires, & en cõfequence la reputation fe venoit à reftraindre à peu de perfones. L'autre que le Citoyē toufiours cõmandant à vne armee, la gaignoit & rédoit à luy affectee & partiale, à caufe qu'elle oublyoit le fenat auec le tēps, & recognoiffoit feulemēt ce chef. Ainfi trouuerēt Sylla & Marius, foldars qui les voulfiffent fuyure cõtre le bien publique. Ainfi Iule Cefar par la cõtinuatiõ qui luy fut faitte de fa charge en Gaule, eut moyē d'occuper la patrie. Semblablemēt les armees ordinaires qu'entretenoiēt les Empereurs tant aupres de Rome qu'és frõtieres de l'Empire, ruinerēt plufieurs d'eulx, & l'Empire mefme, faifans & defaifans les Cefars à leur appetit, & en ayãs quelquefois

k

DE LA VICISSITVDE DES CHOSES

en mesme temps eleu plusieurs en diuers lieux: dont sourdirét grádes guerres.
 Ce Roy dóc afin d'obuier à tels inconueniés establissoit (ainsi que dit a esté) les capitaines de só armee, les gouuerneurs des prouinces, les maistres d'hostel & officiers de sa maison, & aussi les Iuges de chacune prouince, & autres charges de son estat: pésant au reste la maniere de viure du Prince incogneuë faire que ses plaisirs soient secrets, & qu'aucun n'ose blasphemer contre luy: comme s'il estoit Dieu inuisible. Lequel fut suyui par les autres Roys, iusques à Sardanapale: au téps duquel ce Royaume fut trāslaté aux Medes. Icelluy fut le plus effeminé qui nasquit oncques, si qu'il croupissoit tousiours entre les dames, maniāt la quenoille & la laine en habit feminin, plus lassif en regrads & accoustremés & mignotises q̃ nulle des autres: ausquelles il despartoit les ouurages, se vestāt quelquefois de robe de cramoisy, autrefois de robe tyssue de fine laine. Il se fardoit le visage & tout le corps, & cōtrefaisoit sa parolle à l'imitatiō des fēmes. Il ne desiroit pas seulemét auoir par chacun iour viáde & breuuage qui l'incitast à lubricité, mais s'addōnoit du tout à volupté abusant maintenāt de l'office de l'hōme, maintenant de l'office de fēme: hors toute hōnesteté sans esgard de sexe, & sans hōte. de sorte que tout noyé de delices à grand peine se monstroit il iamais. Ces façons furent cause que deux de ses lieutenans Beloch de Babylone, & Arbace Medié le prindrét à dedain, & conspirās cōtre luy par mespris, luy menerét guerre apres l'auoir diffamé cōme mol & lassif, lequel finalement se presenta à regret en champ de bataille auec sa cōpagnie effeminee sans ordre: mais ayāt eu du pire se retira hastiuemét en son palais Royal, auquel il feit leuer en vne place reculee & fermee, charpēterie de grosses pieces de bois iusque à la hauteur de quatre cens pieds, en façon de pyramide, & dedans laissa grand espace vuide. Tellement qu'au mylieu y auoit autre lieu dressé de charpenterie lambrissee de grosses & longues tables, & estoit si spacieux qu'il auoit cent pieds en quarré: qui sont quatre cens pieds de tour. Leans dedās feit dresser quatre cens couches d'or: qui seruoient à faire banquets magnifiques à la mode ancienne, & à l'endroit d'icelles, au dessus autant da tables d'or. Or en estoit le tour tellement ceinct & assemblé de grosse menuserie, que nulle saillie n'y auoit, ne ouuerture sinō pour auoir iour par le hault. Ce acheué feit entrer sa femme & ses concubines & dames de sa court que plus il aymoit, ne sachās ne se doubtans de ce qu'il vouloit faire, puis y entra luy mesme, & se feit enclorre sans nul espoir de retour. Mais parauant il auoit faict porter mille myriades d'or, & vne myriade de myriades dargent, & grand nombre d'acoustremens royaux & pierres precieuses. Puis ses Eunuques & varlets de chambre esqnels il auoit toute fiance, & desquels il auoit pris le sermét pour ce faire, bouterent le feu en ce bucher qui dura par l'espace de quinze iours. Ainsi se brusla luy mesme Sardanapale auec toutes ses richesses, faisāt en celle chose seule acte d'hōme. Budé appreciāt tout cela à nostre mode, estime qu'il spolia la terre ou voulut spolier de bien vallant prez de cinquante milliōs d'or. Ces deux lieutenās diuiserét apres la monarchie en eux. Beloch fut roy de Babylone, Arbaces des Medes. Aristote és politiques doutāt de la fin de Sardanapale & du royaume d'Assyrie, dit q̃ quād cela ne luy seroit aduenu cōme lon dit, pouuoir neāt-

moins aduenir à tout autre Roy se gouuernāt de telle sorte. Au surplus les Caldees en Assyrie estoient deputez aux choses diuines, & ne faisoient qu'estudier toute le temps de leur vie, ayās reputation d'estre tressçauās en Astrologie. Plusieurs d'entr'eux pronostiquoient les affaires à venir, comme s'ils estoient diuins, & auec ce estoient coustumiers de sçauoir diuertir les mauuaises fortunes venans aux hommes, & de leur en apporter de bonnes par sacrifices, & prieres. D'auantage ils exposoient les songes, augures, & presages, Esquelles choses ils estoiēt tresexpers pour y estre d'enfance nourris & endoctrinez par leurs peres, & qu'ils y perseueroient longuement. Car habitans en païs plain: où l'air est communément sans nuées & pluyes, & où n'y a point de mōtagnes empeschantes la veuë du ciel: ils eurent moyen de s'appliquer entierement à contempler les astres, obseruans leurs concursions mutuelles: comment ils se approchent ou reculent les vns des autres, quelles sont leurs conionctions & oppositions, & qu'il en aduient, en quelles saisons & comment ils sont cachez, puis apparoissent, les signes de leur bon heur & malheur à venir qu'ils apportent en particulier à chacune personne, & en general aux villes, & aux peuples. Esquelles obseruations ils affermoient auoir employé CCCCLXXIII. mil ans: depuis le temps qu'ils les auoient commencees iusques à ce qu'Alexandre le grand monta en Asie: lequel espace est incroyable. Neantmoins tous accordent en cela que les Caldees furent tressçauans en la doctrine celeste, d'autant qu'ils en continuerent plus longuement l'estude. Platon en l'Epinomide recognoist l'Astrologie auoir pris commencemēt en Surie & Egypte: ou par la serenité de la saison d'esté presque toutes les estoilles sont veues clairement, & qu'en temps infiny l'obseruation des astres y a esté continuee, puis transmise aux Grecs. Toutefois Simplice commētateur Grec d'Aristote tesmoigne que Aristote escriuit à Callisthene estant en la suyte & armee d'Alexādre, que pédant que les autres s'amusoient au pillage de Babylone, il s'enquist soigneusement de l'antiquité des Caldees: Et que Callisthene respondit, qu'apres toute diligence en cela employee, il trouuoit leur histoire n'exceder le terme de mil neuf cens trois ans. Les autres n'attribuent seulement aux Caldees la loüāge de l'Astrologie, mais aussi de plusieurs autres ars, & que Promethee de celle nation, pour auoir monstré les mouuemens des planetes, & decouuert les mysteres de nature, fust estimé en couuerture de fable, auoir tiré du ciel le feu sacré de Pallas, & donné ame à l'homme par luy formé de terre: puis qu'en vengeance du cas & pour le punir de celle hardiesse, il fut relegué par Mercure à la haute montagne du Caucase, & attaché à vn gros rocher: signifians sa grande assiduité en la contemplation du ciel, & de nature. Or tenoient les Caldees que le monde a tousiours esté, qu'il n'a point eu de commencement & n'aura point de fin, estant l'ordre & forme de toutes choses faitte par la prouidēce diuine: Et que les affaires celestes ne sont point conduicts fortuitement ou naturellement, ains par le vouloir ferme & determiné des Dieux: disans la plusgrande vertu & influence du ciel consister és planettes, & que la cognoissance de tels euenemēs est cogneuë tant par leurs ascendāts, que par leurs couleurs. Aucunefois ils mōstroient à l'œil aux peuples & païs, aux Roys & personnes

k ij

priuees, les choses qui leur pouuoient ayder ou nuyre, prenans la certaineté de ce par les vens, ou par les pluyes: Aucunefois par les challeurs, & par les cometes, par les eclipses du soleil & de la lune, & par autres plusieurs signes seruans grandement à la naissance des hommes, pour auoir bonne ou mauluaise fortune, & que par leur nature ou proprieté, mesmement par leur aspect, on peult facilement cognoistre les choses futures, ayans annoncé à Alexandre quand il deuoit combatre Daire, & depuis à Antigone, Nicanor, Selence, & autres Roys, & pareillement aux personnes priuees tant euidemment ce qui leur estoit à aduenir, que cela sembloit chose miraculeuse, & excedant l'entendement humain. Or defaillant le regne des Assyriens, les Medes d'vn costé, & les Babyloniens de l'autre dominerent en Asie: lesquels suyuoient les meurs & coustumes de ceux qui auoient esté leurs seigneurs parauant, n'ayans aucune singularité propre és armes ny és lettres, & pourtant ie ne m'y arresteray dauantage: ioinct que tels affaires sont si anciens & esloignez de nous, que plusieurs estiment fabuleux tout ce qui en est escrit: parquoy ie viendray aux Perses plus cogneus, & au regne de Cyrus fondateur de leur monarchie: où commence l'histoire des Grecs, & au temps duquel se manifesta premierement la Philosophie.

DE LA PVISSANCE DES PERSES, SCAVOIR
& religion de leurs Mages.

SI furent les Perses premierement bergers, nez en regió aspre qui les rendoit fort robustes pour demourer au decouuert, veiller & aller à la guerre. Ils ne mangeoient en leur ordinaire que du pain & des herbes, auec quelque venaison, n'ayans figues ne autres fruicts bons par la rudesse & sterilité du païs. Ne beuuoient vin, ains se contentoient d'eau portás chacun son escuelle pour en puiser, quand la soif leur venoit. Ne prenoient leur refection sans auoir faict exercice parauant, qui estoit principalement de la chasse. Leurs enfans alloient à l'eschole pour apprendre iustice: comm'ils font és autres païs pour apprendre les lettres. Tout leur habit estoit de peaux tant aux iambes, qu'au demourant du corps. Herodote fait ainsi parler Artembares aux Perses. Puis que Iuppiter vous a donné la monarchie, & à toy Cyrus moyen de destruire Astyages, pousse plus outre. Car la terre que nous tenons est petite, rude, & aspre: & conuient qu'en partiós pour en gaigner autre meilleure: Nous en auons plusieurs voisines, & plusieurs sont esloignees de nous: Desquelles si possedós vne seule, nous serons admirables à beaucoup d'autres. Et certes hommes qui dominent doyuent penser à telles choses. Car quand aurons nous plus belle occasion, que quand sommes seigneurs sur plusieurs personnes, & sur toute l'Asie? Cyrus escoutant ces parolles, commanda qu'elles fussent executees. Mais en commandant aduertit les Perses, de s'appresterne non à dominer, ains à estre dominez. Car il est ainsi que de regions molles viennent hommes mols, par ce que ce n'est le propre de mesme terre porter fruicts detestables, & hommes vaillans à la guerre. Les Perses se repentirent, aymans

LIVRE QVATRIEME.

mieux dominer demourans en païs peu fertile, que seruir à autruy, en semant & labourant les belles campagnes. Le mesme Cyrus en Xenophon remonstre à ses gens que le veiller, trauailler, endurer au besoin, & vser de diligence les auoiét enrichis, Parquoy (dit il) fault aussi que par cy apres vous soyez vertueux, tenans pour certain que les grands biens & grans contentemens vous aduiendrőt par obeissance, constance, vertu, souffrance de trauails, & hardiesse és vertueuses & perilleuses entreprises. CYRVS donc est celuy qui premier meit les Perses en reputation, les rendant seigneurs des Medes dont ils estoient parauant vassaux, & tributaires.

OR comme en tous les grands efforts de nature, & insignes mutations du genre humain Dieu mette ordinairement sus des princes excellens & admirables, ornez de rares vertus, eleuez en grande authorité, pour fonder Royaumes & Empires, introduire bonnes loix & manieres de viure en la religion & police, promouoir les ars : desquels la naissance & mort sont predittes long temps au parauant par oracles, Propheties, signes au ciel & en la terre : puis reuerez apres leurs trespas auec honneurs diuins : Aussi Dieu voulant alors establir en Asie vne tres-puissante monarchie, & en mesme temps introduire au monde la Philosophie, il suscita Cyrus autát loüable prince que nul autre qui ayt esté auant & apres luy. Il est seul entre tous les grands seigneurs & capitaines : desquels font mention les histoires, qui a sceu garder modestie en toutes ses prosperitez & victoires, & refrener sa puissance & authorité absoluë par equité & clemence. Mais d'où pourrions nous auoir plus certain tesmoignage de son excellence que par le Prophete Esaïe? où il fut nommé deux cens ans auant qu'il nasquist: & est appellé de Dieu son Roy, promettant luy tenir la dextre à prendre les fortes villes, assubiettir puissantes nations, humilier les grands Roys de la terre. Et le choisit entre tous les princes gentils pour reedifier le temple de Hierusalem, & deliurer les Iuifs de la captiuité Babylonique en laquelle ils estoient demourez longuement, les remettant en pleine liberté, & vsage de la vraye religion. Les parolles d'Esaïe sont telles. Le Seigneur dict ainsi à Cyrus son oinct. I'ay prins la dextre afin que ie rende subiects les gens deuant sa face, & que ie debilite les reins des Roys: afin qu'on ouure deuãt luy les huys, & que les portes ne soient poinct fermees, i'iray deuant luy, & dresseray les voyes tortues. Ie rompray les portes d'erain, & briseray les verrours de fer. Et dóneray les thesors mussez, & les choses cachees és lieux secrets: afin que tu sçaches, que ie suis le Seigneur le Dieu d'Israël, t'appellant par ton nom. Pour l'amour de mon seruiteur Iacob, & d'Israël mon esleu: ie t'ay nommé par ton non, iaçoit que ne m'eusse point cogneu. OR combien que fortune luy fust fort contraire au commencement : Toutefois Dieu ne l'abandóna iamais: ains suyuant la prophetie, le deliura de plusieurs dangers & inconueniens. Astyage Roy des Medes eut vne fille nommee Mandane, de laquelle il songea en dormant, & luy sembla qu'il la veoit vriner en si grande abondance qu'elle emplissoit toute la ville d'Ecbatanes, & de là venoit à arrouser & inonder toute l'Asie. Il proposa ceste vision à aucuns mages exposeurs de songes, & fut effroyé de ce qu'il apprint d'eulx. Pourtant quand Mandane fut en aage de marier, ne la voulut donner à aucun seigneur Mede: ains la bailla à vn Perse qu'il trouua de bonne race & de meurs doulces & paisibles, iaçoit qu'il l'estimast moins qu'vn Mede de moyen estat. Mandane ayant espousé cestuy Cambyse: la premiere annee de leur mariage, Astyage eut autre vision, & songea qu'il veoit sortir des parties honteuses de sa fille vne vigne s'espandant par toute l'Asie. Ce qu'il proposa comme dessus aux deuins, & les oyant, enuoya querir sa fille en Perse ia enceinte. Elle venuë il la commande garder soygneusement, deliberant faire mourir son fruict, à cause que les Mages luy auoiët dict, que le fils de sa fille quelque iour regneroit en son lieu. Parquoy si tost qu'elle eut faict enfant, qui fut nommé Cyrus, il ordonna à Harpage le plus fauori & fidelle de ses seruiteurs le faire mourir. Qui le bailla à vn berger, pour l'exposer aux bestes sauluages. Ce que feit le berger & le laissa au mylieu d'vne forest enuelopé d'vn lange de drap d'or, & d'vn maillot de diuerses couleurs. Où retournant par apres trouua vne chienne pres l'enfant, qui l'allectoit & defendoit des bestes. Parquoy esmeu de la mesme misericorde qui auoit esmeuë la chienne, apporte le berceau en sa cabane. Et depuis nourrit l'enfant comme sien, iusques au dixiesme an de son aage: Qu'il fut esleu Roy entre les enfans. En laquelle charge se portant plus brauement, que la condition d'vn fils de berger ne portoit en ordonnant à tous, leurs offices & estats: Ceux qui luy deuoient bastir maisons & chasteaux, les autres seruir de gardes: l'vn estre l'œil du Roy, l'autre establi pour luy faire rapport du gouuernement des affaires: Et chastiant rudement ceux qui luy desobeissoient, il fut recogneu & ramené à Astyage. Qui le nourrit pensant son songe estre acompli en ceste Royauté puerile.

Or estant plusgrand, il deuint tres-belliqueux: & n'ayant au commencement de ses conquestes que trente mil combatans: en apres ainsi qu'il acreut en seigneuries, il augmenta ses forces, & amassa iusques à six cens mil pietons. Six vingts mil hommes de cheual, enuiron deux mil chariots armez de faulx: Rendant son Empire le plus-grand & le plus beau, que de Roy qui fut oncques en Asie, limité deuers Orient de la mer rouge, vers Septentrion de l'Euxine. Du costé d'Occident de Cypre & Egypte, du Midy de l'Ethiopie. Il conquit premierement le païs des Medes, & des Hircanes qui se rendirent à luy de leur franche volonté. Puis subiugua par force les Assyriens, les Arabes, Capadociens: les habitans de l'vne & l'autre Phrygie, les Lydiens, Cares, Pheniciens, Babyloniens. Il dompta les Bactriens, les Indiens, & Ciliciens. Outreplus les Saques, Paphlagones, Magadides, & plusieurs autres peuples. Semblablemët il se feit seigneur des Grecs demourans en Asie, & montant sur mer veinquit les Cypriens & Egyptiens. Il assiegea & print Babylone qu'il estoit incroiable qu'elle eust peu estre bastie par ouurage humain, ou qu'elle eust peu estre destruitte par puissance humaine. Et neantmoins il l'assaillit comme ennemy, pilla comme vainqueur, & en disposa comme seigneur. Il reduict à son obeïssance tant de peuples qui n'estoient de sa langue, & ne s'entr'entendoient les vns les autres. Et peut estendre sa seigneurie sur tant de regions par la crainte de son nom. Tellement qu'il estonnoit tout le monde, & nul ne luy ofoit refifter. Ce nonobftant il fe feit tant aymer, qu'ils ne defiroient auoir iamais autre feigneur, & le reueroient comme pere, gouuernant fi grand Empire & de telle eftenduë par ordre merueilleux qu'il y donna eftant en repos. Pouruoyant à fa refidence, confeil, audiences, gardes, eftat de fon hoftel, feruice exercice & fanté de fa perfonne, train & fuytte de court, departement des prouinces & gouuernemens, garnifons és fortereffes & frontieres: Reuenu, iuftice, gendarmerie: Se monftrant religieux, venerable, magnifique, liberal, & digne d'eftre imité en toutes actions par les princes enfuyuans. Comme il fera declaré plus à plain en noz monarchiques deftinees à traitter telles matieres. L'on dict qu'Alexádre ayát trouué la fepulture de Cyrus defcouuerte & fouillee, il feit mourir celuy qui l'auoit faict. Et ayant leu l'infcription qui eftoit en lettres & parolles Perfiénes: il voulut qu'on l'efcriuift auffi en lettres Grecques au deffoubs, & eftant la fubftance de l'infcription telle: ô homme quiconque tu fois, & quelque part que tu viennes, car ie fuys affeuré que tu viendras: Ie fuys Cyrus celuy qui conquit l'Empire aux Perfes, & te prie que tu ne me portes point d'enuie de ce peu de terre qui couure mon pauure corps. Ces parolles efmeurent grandement à compaffion le cueur d'Alexandre, quand il confidera l'inftabilité des chofes.

Xenophon entendant Cyrus auoir efté prince tant admirable en fes faicts, & excellent au gouuernement des hommes, il le choifit pour exprimer en fa perfonne l'image d'vn regne iufte & moderé, en redigeant par efcrit l'inftitution: qui eft l'vn des beaux liures que lon puiffe lire en Grec. Platon le recognoiffant pour preux & vaillant prince, dit qu'il faillit grandement en la nourriture de fes enfans. Car commençant de ieuneffe faire la guerre, & s'y occupant toute fa vie, il ne penfa iamais au gouuernement de fa maifon, baillant fes deux fils Cambyfes & Smerdis à nourrir aux dames de court, & aux Eunuques qui les nourrirent comme enfans incontinent heureux: en empefchant qu'on ne leur contredift aucunement, & contraignant tous à loüer ce qu'ils difoient & faifoient. Comme donc Cyrus poffedaft grande multitude d'hómes & de beftes, & de plufieurs autres chofes, il ne confideroit que ceux à qui il deuoit laiffer tant de biens, n'eftoient nourris en l'ancienne difcipline Perfienne, ains en la Medienne corrompue. Qui fut caufe de les rendre tels, que deuoient eftre ceulx qui eftoient eleuez en grande licence. Succedans donc à leur pere apres fon decez, premierement l'vn tua l'autre, ne pouuant fouffrir vn pareil, & comme infenfé par yurongnerie, & ignorance, il perdit l'eftat à caufe du mefpris que lon auoit de fa folie. Puis Daire premier du nom paruint à l'Empire, qui n'eftoit fils de Roy ne nourri en delices de court: lequel fe gouuerna par les loix, introduifant vne commune equalité, & mettant amytié entr'eulx tous: qu'il attrayoit par biensfaicts. Ainfi aymé de fes fubiects, il cóquit moins de païs, qu'en auoit laiffé Cyrus, ordonnant par tous les païs terres & feigneuries de fon obeïffance vingt gouuernemens qu'on appelloit en Perfien Satrapies, & taxant les tributs annuels que chacune deuoit payer en argent au poix du talent Babylonien, ou en or de l'Euboïque. Car du regne de Cyrus & de Cambyfes fon fils il n'auoit efté impofé aucun tribut, mais appor-

DE LA VICISSITVDE DES CHOSES

toient les païs certains presens, & faisoient dons gratuits au Roy. A cause de laquelle imposition les Perses disoient Daire auoir esté marchant, Cambyses seigneur, & Cyrus pere: pourtant que Daire estoit trop mesnager & tiroit profit de toutes choses, Cambyses rude & superbe, Cyrus doux, humain, & gracieux, ayant procuré tous biens aux Perses. La premiere satrapie comprenoit les Iouiens, les Magnetes qui sont en Asie, les Eoliens, Cariens, Lyciens, Melyens, & Pamphyliens : qui tous ne faisoient qu'vn tribut de quarante talens d'argent. La seconde estoit des Mysiens, Lydiens, Alysones, Cabaliens, & Hygenniens, qui payoient argent cinquáte talens. La troisieme des Hellespótins, Phrygiens, Paphlagoniens, Mariandins, Syriens taxez à CCCLX. talens. La quatrieme des Ciliciés lesquels estoiét tenus fournir par chacun an CCCLX. cheuaux blancs: qui estoit à prendre chacun iour vn cheual, payás outre cinq cens talens : dont les cent quaráte estoient assignez à l'entretenement desdicts cheuaux, & les autres trois cens soixante entroient és coffres du Roy. La cinquieme commençoit à la ville de Posidee située és montaignes de Cilicie & Surie, & s'estendoit iusques en Egypte, exceptee l'Arabie qui estoit exempte. Cest estendue de païs où sont comprises la phenicie, palestine, & l'isle de Cypre rendoit CCCL. talens. La sixieme côsistoit en toute l'Egypte & aux Africains voisins, auec la Cyrene & Barce qui y contribuoient: dont le reuenu annuel estoit de sept cens talens: outre la pesche de l'estang meris, & sans conter le bled qui estoit fourni à six vingt mil Perses, & aux auxiliaires tenans garnison dans les blanches murailles de Memphis. La septieme estoit des Sattagides, Gaudariens, Dadiques, & Aparites qui faisoient talens CLXX. L'huitieme contenoit la ville de Sourses, & autre portion des Cysses rendant CCC. La neufieme consistoit en la ville de Babylone & au reste de l'Assyrie, fournissant mil talens d'argét, & cinq cens garsons chastrez. De la dixieme ordónee pour Ecbatanes, & le reste de la Medie auec les Parycaniens & Orthocorymbantes estoient perceus CCCCL. talens. La douxieme s'estendoit depuis les Bactriés iusques aux Egles, & estoit chargee de CCCLX. talés. La trezieme commençoit à Pactyce aux Armeniens, & terres voisines se confinát par la mer maior, taxee à CCCC. La quatorsieme consistoit és Sagarties, Sarangres, Thamanecs, Thyries, Meces, & és peuples des isles de la mer rouge, dont le tribut montoit six cens talens. En la quinsieme estoient les Saces & Caspiens qui rendoient CCL. En la sezieme les Parthes, Chorasmiens, Sogdes, & Ariens taxez à CCC. En la dixseptieme les Paricamiens, & les Ethiopiens de l'Asie CCCC. En la dixhuictieme les Mantiniens, Sarpites, & Alarodiés CC. En la dixneufieme les Mosches, Tibarenes, Macroses, Mosinices, & Mardiés CCC. En la vingtieme estoient les Indiens, lesquels pour estre en tres-grande multitude rendoient plus de tribut que tous autres peuples : à sçauoir CCCLX. talens d'or. Toutes ces sommes qui se payoient au talent d'argét Babylonien r'apportees au talét Euboïque reuenoient à neuf mil cinq cens quarante talens : & l'or de mine multiplié par treze, à quatre mil six cens quatre vingts talens Euboïques. Parquoy l'entiere somme qui se leuoit pour le Roy Daire montoit a quatorze mil cinq cés soixante talens Euboiques, &se prenoit sur l'Asie & quelque portion

de

de l'Affrique, puis il perceut autre tribut des isles & nations de l'Europe, ayāt estendu sa dominatiō iusques à la Thessalie. La Perse estoit affranchie de toutes daces, & les Ethiopiens enuoyoient seulemét quelques presens: comme de trois ans en trois ans vn boisseau d'or de mine, c c. fascines d'ebene, cinq cens garsons noirs, & XXII. Elephans les plus-grands que lon peust trouuer. Les Colchois & Caucasiens de cinq ans en cinq ans cent ieunes garsons, & autant de filles. Les Arabes par chacun an present d'encens pesant mil talens. L'expedient dont il vsoit à garder ses tresors estoit tel. Il faisoit fondre or & argent, & les antonnoit dans barils de terre cuyte, puis quand le vaisseau estoit plein, il le faisoit charier çà & là à la suyte de sa court, & s'il se trouuoit en faulte d'argent, il en faisoit rompre & couper autant que besoin luy estoit.

Quant à son mesnage & soin à l'entretenement de telle puissance & richesse: Premierement ce Roy estoit tres-soigneux des armes, ordonnant luy mesme en chacun gouuernement, les viures & payes qu'il falloit donner à ses gensdarmes tant estrangers que subiects naturels distribuez par les garnisons, & voyant en personne leurs monstres. Où ceux qui se trouuoiét auoir accompli le nombre ordonné de leurs gens, & les auoient mieux montez & fournis d'armes, il les auançoit en honneurs, & enrichissoit de beaux presens. Au contraire chastioit les defaillans ou pillars, mettāt autres en leurs charges. Dauātage visitoit luy mesme tant qu'il pouuoit les terres de son obeïssance, essayant entendre leur portee, & celles qu'il ne pouuoit veoir, les faisoit visiter par gens fidelles enuoyez pour cest effect: où il trouuoit les païs bien peuplez, & les terres diligemment cultiuees, pleines de bleds, d'arbres, & de fruicts: il remuneroit ces Satrapes ou gouuerneurs de beaux dons, & augmentoit leurs charges. Mais ceux desquels il veoit les païs desers, & mal habitez à cause de leur rudesse, insolence, ou nonchalloir, il les punissoit ou cassoit: n'estant moins soigneux que ses païs fussent bien entretenus par les habitans, que de les garder seurement par les garnisons: Et ne se soignant moins de ses reuenus que de ses armes, & proposant autāt de loyer aux diligens laboureurs que aux vaillans guerriers,

Nous lisons qu'alors que le Roy de Perse fut en la plus grande gloire & reputation, que sa majesté estoit hautement exaucee, & magnifiquement ornee auec authorité auguste & venerable. Que son siege Royal establi à Suses ou à Ecbatanes, il se retiroit hors la veuë des hommes, en son palais fort beau, & richement paré d'or, argent, yuoire, & autres choses exquises. Auquel estoient plusieurs allees & salles s'entresuyuans, plusieurs portes compassees entre elles, & separees par espaces, & les aduenues closes de portes d'Erain. Qu'il y auoit plusieurs princes & seigneurs ordonnez en leurs lieux, & autres gardans & seruans sa personne, les autres regardans à la porte ceux qui entroient & sortoient. Aucuns estoient receueurs & tresoriers: Les autres capitaines & gensdarmes: Les autres veneurs & faulconniers: Les autres commis en autres offices, selon que l'vsage & necessité le requeroit. Oultre ce alloient & venoient les Satrapes gouuernans tout l'Empire de l'Asie commençant vers l'Occident en l'hellespont, & finissant en Indie du costé de l'Orient. Herodote monstre par iournees & logis que depuis Sardes en Lydie iusques à Suses ou Mennonie qui estoit le seiour Royal il y auoit trois moys de chemin. Aussi est il escrit au liure d'Ester qu'Assuere Roy de Perse regnoit depuis les Indes iusques en Ethiopie sur CXXVII. Prouinces, escriuant à chacune Prouince selon la forme de son escriture, & à chacun peuple selon sa langue. Ce pendant le Roy appellé par eux seigneur & Dieu, voyoit & entendoit toutes choses, par les moyens des postes establies en tous les païs de son obeissance: & espiós semez çà & là & escouteurs incogneuz. Si qu'estans tant d'officiers, ils faisoient chacun en son endroit tel deuoir, que leur seigneur sçauoit incontinent tout ce qui estoit fait de nouueau depuis les frontieres de son estat, iusques au lieu de sa residence: qui estoit au mylieu du Royaume, demourant l'yuer en Babylone à cause que l'air y est fort doux & atrempé, les trois moys du primtemps en la ville de Suses, & les deux mois des grandes chaleurs en la cité d'Ecbatanes: Tellement que par ce changement de païs, quelque saison de l'annee qu'il feist, il estoit tousiours en vn temps semblable à la primevere. Il estoit admonnesté tous les matins à son resueil de craindre Dieu, & pouruoir aux affaires que Dieu auoit commis en sa charge.

L'entretenement de la Royne correspondoit à telle grandeur & magnificence. Car plusieurs Prouinces luy estre attribuees pour y fournir qu'on appelloit diuersement selon l'vsage auquel elles estoient destinees: l'vne la ceinture de la Royne, l'autre le voile, & ainsi les autres selon les ornemens que fournissoient. Incontinent que le fils premier qui deuoit succeder à la courône estoit nay, tous les subiects celebroient ce iour, & à l'aduenir par chacun an festoyét en toute l'Asie sa natiuité. Puis l'enfant estoit donné à nourrir aux Eunuques tenans lieux treshonorables en la court, & entre autres charges la principale estoit de le rendre beau, en luy cóposant & dressant conuenablement les membres. Puis quand il auoit attainct le septieme an il apprenoit à aller à cheual, & commêçoit aller à la chasse. Au quatorzieme an les pedagogues appellez royaux l'instituoient: lesquels entre tous les Perses estoient choisis quatre principaux en aage & suffisance chacun, asçauoir le plus sage, iuste, temperát, & vaillant. Le premier luy enseignoit la magie de Zoroastre consistát au seruice des Dieux, & les meurs royales. Le secód l'admonnestoit qu'il fust toute sa vie veritable. Le troisieme qu'il ne se laissast suppediter par aucune cupidité. Le quatrieme le deuoit rendre sans paour, afin que par crainte & pusillanimité il ne fust asserui.

Mais combien que ces choses fussent sainctement instituees, elles estoient mal obseruees. Car apres Daire venant à regner Xerses son fils qui auoit esté nourry en mesmes delices Royales que Cambyses, il cheut aussi en semblables inconueniens.

Cestuicy possedant ensemble tout ce que Cyrus & Daire son pere auoiét acquis, & se voyant tresriche & puissant, il delibera cóquerir la Grece: & en icelle descédit auec armee inestimable, ayant par mer cinq cens dixsept mil six cens hômes, par terre vn millió sept cens mil pietós, & gés de cheual quatre vingts mil, Arabes & Africains vingt mil: ausquels se ioignirét d'Europe trois cés mil, reuenát toute la multitude à deux milliós CCCXVII mil cóbattás: la plusgráde qui ait iamais esté en vn cáp, apres celles de Ninus & Semiramis, au moins dont lon ayt cognoissáce par les histoires. Tellemét qu'il ne se faut point esmerueiller de ce que lon en dict, qu'il y eut des riuieres courantes desechees par le nóbre infiny qui en beut, & qu'il auoit tant de voiles, qu'elles faisoient perdre la veüe de la mer. Mais en cela la richesse de Xerses se trouua plus à admirer, que sa conduitte à louer: Pourtant qu'on le voyoit tousiours le premier à fuyr, & le dernier à combatre: craintif és dangers, fier en seureté, & auant qu'il vint au hazard de la guerre. Se fiant en ses grandes forces, comme s'il fust seigneur de nature, il remettoit des montaignes en plain, combloit des valees: en aucuns bras de mer passa sur les póts qu'il feit faire, & des autres diuertit les cours par nouueaux canaux pour nauiger plus à son aise. Mais d'autant que sa venuë en Grece fut plus terrible, le partement fut plus honteux. Car estóné des defaittes de ses géns par mer & par terre, il repassa presque seul en Asie dedás vn bateau de pescheur. Laquelle retraitte se doit bien considerer auec admiration, pour cognoistre la varieté des faits humains: de veoir caché en vn petit eschif celuy à qui peu de temps auant presque toute la mer ne pouuoit suffire, & estre destitué de seruiteurs celuy, l'exercite duquel la Grece à peine pouoit soustenir. En celle maniere Xerses qui auoit esté la terreur du monde commença estre mesprisé de ses gens mesmes, apres qu'il eut esté si malheureux en l'expedition de Grece. Tellement qu'Artaban Hircanien homme de grand credit enuers luy, & capitaine de sa garde le tua esperant se faire luy mesme Roy, puis Daire son fils aisné, & comme il se fust addressé à Artaxerses le second, & luy eust dóné vn coup d'espee: Artaxerses se sentát blecé non pas à mort, meit aussi tost la main à l'espee pour se deffédre, & tira vn coup si à point à Attabá, qu'il le ietta mort par terre. Ainsi Artaxerses s'estant presque miraculeusement sauué, & ayant quant & quant vengé la mort de son pere, luy succeda au Royaume & à l'Empire de Perse. Où depuis n'y eut gueres Roy veritablement grand, comme dit Platon, si ne fut de nom.

Car ostás trop la liberté au peuple, & introduisans vne authorité de seigneurier plus absoluë qu'il n'estoit conuenable, ils perdirent l'amytié & la communion de l'estat. Lesquelles choses perdues les princes ne regardoient plus à l'vtilité des subiects ne du peuple, ains pour la conseruation de leur authorité, tát peu de profit qu'il se presentast, ils razoient les villes, & consommoient par le feu les nations amyes, & hayans hostilement & sans misericorde, ils estoient semblablement haïs. Et quand il estoit besoin que leurs peuples combatissent pour eux, ils ne les trouuoiét point aussi d'accord pour se vouloir hazarder de cueur, & combattre: ains dominans à presqu'innumerables hommes, ils les rédirent inutiles à la guerre, & comm'ayans faute d'hommes, ils en loüoyent de autres, estimans se conseruer par soldars mercenaires & estrangers. Lesquels pareillement s'oublierent monstrans par leurs œuures preferer la richesse à la vertu. Les tyrannies dont ils vsoient enuers leurs subiects pour leur pretendue conseruation sont recitees nó approuuees par Aristote és politiques: comme d'abaisser tant qu'ils pouuoient les plus eminens, & oster les plus courageux, ne leur permettre banquets, assemblees, disciplines, ny autre chose semblable: ains prendre garde à tout ce qui a acoustumé engendrer ces deux hautesse de cueur & confiance, leur deffendre escholes & toutes autres compagnies oisiues, & pourueoir en toutes sortes que tous ne s'entrecogneussent: attendu que la cognoissance faict auoir plus de foy les vns aux autres. Que tous les archers des gardes gens estrangers se monstrassent par les rues, & pourmenassent deuant les huys des maisons. Ainsi ne demoureroit secret ce que machineroient les subiects & s'acoustumeroient à auoir moins de cueur en seruant continuellement. Plus essayer de decouurir ce qu'ils disent & font, & auoir espies, escouteurs & rapporteurs semez par les païs, & par tout où il y a assemblees. Car ils s'enhardissent moins craignans telles manieres de gens: & quand ils s'enhardiroient, ils demourent moins secrets. Aussi qu'ils s'entrecalomnient, & viennent en discorde les amys auec les amys, le menu peuple auec les nobles, & les riches auec les riches. Et appauuir les subiects, sert afin que lon n'entretienne gardes, & qu'embesoignez iournellement ils n'ayent loisir de conspirer, & que pressez de quelque guerre ils ayent besoin continuellement de leur prince comme chef & capitaine. Ne souffrir auprés de luy personnes graues & libres: pourtant que tels diminuent l'excelléce & authorité du seigneur qui veult luy seul apparoistre tel. Tous lesquels moyens & autres semblables retirez du gouuernement des Perses, sont tyranniques & tres-pernicieux, recueillis par Aristote, nó pour les enseigner aux autres, ains plustost afin de s'en garder, en cognoissant la misere des tyrás: qui sont cótraints venir à tels maux, afin d'asseurer leurs personnes, & estats.

Par lequel traittement tres-rude abastardis les Perses se laisserent vaincre en plusieurs lieux maritimes de l'Asie, & ayás passé en l'Europe furent repoussez perissans les vn malheureusement, fuyans les autres honteusement, comme ils deuoient & meritoient. Car il n'est possible (dict Isocrates au Panagyrique parlant d'eulx) trouuer en gens ainsi nourris & gouuernez, vertu quelconque ou prouesse pour triompher des ennemys. Commét y auroit il en telles meurs ou preux capitaine, ou bon soldart, n'estant la pluspart d'eulx que tourbe confuse & non acoustumee aux perils, molle à la guerre, & mieux apprise à seruir que nos propres varlets. Les plus honorables ne vesquirent iamais egalement, ou familierement, ou ciuilement: ains continuent toute leur vie outrager les vns, seruir aux autres: comme gés qui ont les natures desprauees. Par l'affluence des richesses ils parent magnifiquement leurs corps, ayans par la monarchie les ames basses & viles. Et residens en court apprenét s'humilier & auoir le cueur lasche, adorás vn homme mortel, & l'appellans Dieu, & faisans moindre estime des dieux que des hommes. Ceux donc qui descendent vers la mer appellez Satrapes ne des-honorent la discipline Persienne, ains perseuerent és mesmes meurs, se portans deloyaument enuers les amys, & laschement enuers les ennemys, & s'humilians d'vn costé enorguillissans de l'autre mesprisent leurs alliez, honorent les aduersaires. Xenophon comparant le Regne de Cyrus & de ses successeurs, & rendant raison du changement des meurs qui aduint en celle nation: dict qu'au parauant non seulement le Roy, mais tous les hommes priuez auoient couſtume de garder fidellement & conſtamment leur foy, fuſt en iurant ou en touchant la main: meſmement à ceux qui auoiét commis quelque cas digne de mort, laquelle fidelité fut tantoſt perdue. Au parauant ſi quelcun s'eſtoit mis en danger pour le Roy, auoit ſubiugué quelque nation, pris vne ville, ou faict quelque grand acte de vertu, le Roy le mettoit en honneur: Depuis les trahiſtres & ceux qui pour ſe mettre en grace ne tenoient ne foy ne promeſſe aucune, furét les plus eſtimez en court. A l'exemple deſquels tous les habitans de l'Aſie ſe laiſſerent eſcouler en toute iniuſtice & impieté. En apres ils deuindrent plus licentieux à mal faire, & plus auares & conſequemment plus meſchans. Car non ſeulement ils rançonnoient & contraignoient à payer de l'argent les coulpables de crimes ou grands mesfaicts: mais auſſi ceux qui n'auoient faict aucun acte iniuſte ou deshonneſte. Dont il aduenoit que non ſeulement les malfaicteurs: mais les plus riches eſtoient en continuelle crainte, & ne ſe vouloient rédre aux plus puiſſans, & ne s'oſoient approcher ny fier au Roy, ny entrer en ſes ordonnances, ou aller à la guerre ſoubs luy. Au moyen de quoy il eſtoit plus que loiſible à ceux qui leur faiſoiét la guerre de fourrager & butiner leur païs ſans combat, & aux peuples de ſe reuolter ſans crainte de punition, tant pour leur impieté enuers les dieux, que pour leur iniuſtice enuers les hommes. Dauantage ils deuindrent plus laſches de cueur, & de plus mauluaiſe volonté, n'entretenans aucune diſcipline de corps, ny d'eſprit: & ayans laiſſé perdre la façon de s'exercer, qui leur eſtoit cómandee & toute reigle de bien viure. Car au parauant il y auoit vne loy entre eulx de ne cracher ny ſe moucher iamais: laquelle n'eſtoit ordónee pour leur faire retenir les humeurs dedans le corps, mais afin que par exercice toutes les humeurs fuſſent conſommees, & euſſent le corps plus frais & robuſte. Or la couſtume de ne cracher ny ſe moucher duroit touſiours: mais de prendre trauail, ou exercice quelconque il n'en eſtoit point de nouuelle. Ils auoient encores autre loy de ne manger qu'vne fois par iour: afin d'auoir le demourant du temps franc pour l'employer aux affaires, auſſi ne mangeoient ils qu'vne fois, mais ils la commençoient de bon matin, & faiſoient durer le repas à boire & gourmander iuſques au ſoir que lon ſe va coucher. Ils ne buuoient point de vin parauant, & auoient en horreur l'yurongnerie. Depuis ils s'addónerent au vin, & perdirent la honte de s'enyurer. Alloient ſi ſouuent à la chaſſe, que cela ſuffiſoit pour les mettre en haleine, & leurs cheuaux auſſi: ils laiſſerét d'y aller. Dauantage l'inſtitution des enfans de frequenter la court duroit, mais la diſcipline de picquer les cheuaux, & voltiger eſtoit entierement perdue. Et comme par le paſſé les enfans apprenoient la iuſtice, voyans iuger les cauſes ſelon droict & raiſon, cela fut totalemét aboly par ce que lon ne voyoit plus gagner proccz, ſinon à ceux qui donnoient plus d'argent. Au parauant ils vſoient en leur viure de la diſcipline & continence Perſienne, ſeulement portoient l'habit magnifique des Medes. Mais ils laiſſerent eſteindre la conſtáce des Perſes, & garderent curieuſement la delicateſſe des Medes. Il ne leur ſuffiſoit de faire dreſſer treſmollement leurs licts, mais auſſi ils en poſoient les pieds ſur des tapis, afin que le paué ne leur feiſt bruyct, & que les tapis obeïſſent à leur repos.

Le ſeruice de la table & les choſes qui auoient eſté trouuees pour la magnificence, eſtoient augmentees de iour en iour auec nouuelles friandiſes & delices. En yuer ne leur ſuffiſoit d'auoir la teſte, le corps, & les pieds couuers, mais portoient des gans doubles. En eſté ne ſe contentoient ſeulement des ombres des arbres, mais auoient des hommes aupres d'eulx qui leur inuentoient autres ombres en eſtranges façons pour les refraichir. Leur ancienne couſtume eſtoit d'aller touſiours à cheual, & ne marcher iamais à pied, afin qu'ils deuinſſent bons hommes d'armes: mais ils auoient plus de tapis & plus de hardes ſur leurs cheuaux que ſur les licts, & ne ſe ſoulcioient pas tant du faict de cheualerie, comme d'eſtre aſſis à leur aiſe. Comment donc ne fuſſent ils deuenus plus laſches & effeminez au faict de la guerre, qu'ils n'eſtoient au parauant? Car alors c'eſtoit la couſtume du païs à ceux qui tenoient les terres, de fournir les hommes à cheual, & les enuoyer en expedition: pareillement de donner bonne ſolde aux garniſons quand il eſtoit queſtion de defendre leurs terres. Mais depuis les portiers, cuiſiniers, boulangers, eſchanſons, ſommeliers, varlets de baingts, ſeruiteurs de table, eſcuiers, ceulx qui apportent & r'apportent les viandes, les varlets de chambre pour coucher & pour leuer, fardeurs, froteurs, barbiers, peintres, & autres de tels meſtiers eſtoient ceux que les riches enuoyoient pour hômes d'armes à la guerre, afin qu'ils leur r'apportaſſét la paye. Ceux meſmes qui ſembloient meilleurs ſe monſtroient laſches, cognoiſſans les mauluaiſes recompenſes qu'on leur donnoit. Et ſentans en eulx meſmes leur laſcheté, ne faiſoiét plus expeditió ſans les Grecs: ſoit qu'ils vouluſſent faire guerre en leur païs, ou que les Grecs les aſſailliſſent, eſtimás ne pouuoir vaincre ſans leurs ſecours, & qui plus eſt, s'aydoient des Grecs meſmes à mouuoir guerre contre les Grecs.

    C'eſtoit à la verité vne multitude grande, mais peu vtile au combat: comme il ſe cogneut clairement par la vaillance & hardieſſe d'Alexandre Macedonié, lequel auec XL. ou L. mil cóbatans pour le plus defeit par trois fois Daire le dernier Roy de Perſe, qui en menoit quatre ou cinq cens mil, & le reduit en telle extremité, que ſe cuydát r'allier en la troiſieme defaitte il fut traiſtreuſement pris par Beſſe gouuerneur de Bactrie ayant la principale charge ſoubs luy, qui le meit en vn ſept doré, & ietta en vn chariot pour le mener en Bactres. Puis voyant qu'Alexandre approchoit, le feit tuer à coups de iauelines, & laiſſa mort au mylieu du chemin. Telle fut la fin d'vn Roy ſi puiſſant de gés, de terres, & de finances: qui ſe diſoit Seigneur de tout le monde depuis Oriét iuſques en Occident: apres auoir regné ſix ans ſeulement en toutes delices excedantes la magnificence commune des princes. Laquelle maniere de viure trop luxurieuſe fut cauſe de ſa totale deconfiture: ainſi que les choſes humaines variables ont inclination fatale, & ordonnee par la prouidence diuine, de trebucher alors qu'elles ſont montees au plus hault, & que les ſeigneurs penſent eſtre aſſeurez de toutes pars, s'endormans par ce en nonchalloir & outrecuydance. Car il s'eſtoit laiſſé couler ſi auant en delices, & ſuperfluë opulence qu'il couchoit en vne chambre eſtant entre deux grands conclaues ou ſalles acouſtrees treſ-richement: en ſorte que le lict du Roy en ſa chambre tendu somptueusement, & couuert d'vne vigne d'or en façon de treille, enrichie de raisins pendans en icelle assemblez de pierres tres-precieuses : le cheuet estoit tourné vers la paroy de l'vn des conclaues, auquel il y auoit en tresor cinq mil talens d'or, & s'appelloit ce conclaue le cheuet du Roy. A l'opposite duquel estoit la paroy de l'autre conclaue à l'endroict des pieds du lict, auquel y auoit tousiours trois mil talés d'argent, & se nommoit le marche ou scabelle du lict du Roy: lesquelles sommes sont estimees valloir à nostre mode trente milliōs d'escus. Allant à la guerre il menoit en son ost pour son deduict & passetemps CCCXXXIX. damoiselles concubines, chanteresses, sçauantes, gaillardes, & bien instruittes en toutes especes de musique, XLVI. ouuriers de mettre fleurs en œuure, & faire bouquets & chapellets de gentillesses odoriferantes. Cuysiniers CCLXXVII. potiers besoignans de terre pour faire iournellement pots & vtensiles de cuysine, XXIX. maistres patissiers de tartres, & de toutes sortes qui se cuysent au four friandes & delicates, XIII. eschansons, sommeliers, ouuriers de mystionner, faiseurs de vins aromatisez, de toutes liqueurs & boissons artificielles, & qui se passent par la chausse XVII. d'vne bande, & LXX. de l'autre, ouuriers de faire oudeurs & senteurs tant liquides comme seches XL. Si donc le Roy de Perse auoit tant de delices estant en guerre, & se nourrissoit en tous deduicts sur les champs : que deuoit il faire quand il se tenoit en repos à Persepoli, ou à Babylone ville abondante en toutes superfluitez, & en tous vices prouenans de grande opulence? Neantmoins en la fleur de sa fortune, luy estant enyuré de prosperité & affluence de biens, fut spolié de ses richesses qui auoient esté accumulees par plusieurs Roys ses predecesseurs, perdant la vie & son Royaume qui estoit monté à la cyme de puissance & felicité mondaine: où est la source d'orgueil, arrogance, oultrecuydance, & d'extreme insolence. Et là est le pas glissant où consiste l'enuie de fortune, & où souueraine felicité confine sans moyen à grande calamité.

Par la victoire tant magnifique de luy Alexandre meit en son obeissance quasi tous les païs d'Orient, & transporta d'Asie en Europe la monarchie. Ainsi les Macedoniens osterét l'Empire Oriental aux Perses. Les Parthes aux Macedoniens par la conduitte d'Arsaces capitaine d'incertaine origine, mais de vertu tresexperte: non moins memorable entr'eulx que Cyrus entre les Perses, & Alexandre entre les Macedoniens : par le nom duquel ils appellerent les Roys ensuyuans, à cause de la reuerence qu'ils luy portoient. Ils deuindrent si puissans que pour vn temps ils dominerent toute l'Asie, occupans non seulement les plaines immenses, mais aussi les precipices des mōtagnes, & mettans les bornes de leur Empire, où le chauld & froid excessif les arrestoit par neges, ou ardeurs immoderees. Possedoient dixhuict Royaumes, diuisans ainsi leurs prouinces eu esgard aux deux mers, à sçauoir la rouge vers le Midy, & la Caspienne du costé de Septentrion. Dont les vnze qui estoiét appellez superieurs commençoient aux confins d'Armenie, & aux riuages de la mer Caspie, iusques aux Scythes: Les autres sept s'appelloient inferieurs. Ils sembloient auoir diuisé le monde auec les Romains, regnans les vns en Orient les autres en Occident. Leur domination depuis Arsaces iusques à Artaban dura CCCC. ans.

Laquelle fut remiſe en Perſe par Artaxerſes, & apres CCCXVIII. ans oſtee autrefois aux Perſes par les Arabes ou Sarraſins: dont les Caliphes reſidens à Bagdet, regnerét en Orient CCCCXVIII. ans. Apres eulx les premiers Turcs de l'an de Chriſt MLI. iuſques à MCCXI: quand les Tartares ſortirét de leur païs, qui occuperent en peu de temps la pluſgrande partie du Septentrion, de l'Orient, & Midy: dont yſſit l'inuincible Tamberlan qui effroya toute la terre habitable. Puis eulx retirez, de rechef les Perſes regnent reputez les plus ciuils d'Orient eſtans treſ-ingenieux & vaillans, & ſe trouuent entr'eulx d'excellens Philoſophes, Medecins, Aſtrologiés: & de treſ-bons artiſans en pluſieurs meſtiers. Leur Roy eſt appellé Sophi qui vault autát à dire que Sage, & interprete de Dieu: par ce qu'Iſmaël le premier ainſi nommé ſoubs couleur des expoſitions & ceremonies nouuelles par luy introduittes en la religió de Mahomet, acquit n'y a pas long temps grand Empire en Orient, ayant chaſſé la race Royalle d'Vſuncaſſan Roy de Perſe auquel il touchoit de par ſa mere, & rendu pluſieurs princes & ſeigneurs de leuant ſes tributaires ou vaſſaux. Les principales prouinces de ſon obeïſſance furent l'Armenie maieur, Perſe, Medie, & Aſſyrie : auec quatre villes capitales Tauris en Armenie, Samache en Perſe, Scyras en Medie, Bagadet qui fut iadis Babylone en Aſſyrie. Il y a des gentils hommes entr'eulx à la mode d'Italie, France, Eſpagne : vſans de cheuaux bardez à la guerre, où ils vont bien armez, portans groſſes lances, & treſbonnes cymeterres, fort adroicts à l'arc. Le Sophi eſt oppoſé d'vn coſté à l'Othoman, & au Zagathain de l'autre. Ainſi ont varié les Royaumes d'Aſie & d'Orient.

MAIS auant que ſortir de ce quartier, il conuient parler des Mages leſquels eſtoient fort differens des autres gens en leur religion & ſapience. Ils n'auoient temples, images, ne autels, & par leur loy n'eſtoit permis d'en faire baſtir, eſtimans fols ceux qui en faiſoient, & que c'eſtoit impieté d'enclorre en murailles les dieux qui deuoient auoir tout ouuert & libre, & deſquels tout ce monde eſtoit temple & maiſon. A ceſte cauſe ils induirent Xerſes guerroiant en Grece d'y bruſler tous les temples que rencontreroit. Et quand vouloient ſacrifier ils montoient és hautes montagnes : Où n'eſtoit licite au ſacrifiant prier ſeulement pour ſoy, ains falloit qu'il priaſt pour la proſperité du Roy, & generalement de tous les Perſes : eſtant par ce moyen luy meſme compris en la priere. Chacun d'eulx voulant ſacrifier conduiſoit ſa victime en lieu non contaminé : puis ayant en teſte la tiare faitte le plus ſouuent de myrte, inuoquoit le Dieu auquel il ſacrifioit. Ils n'vrinoient, crachoient, ne mouchoient dedans les fleuues, ains les reueroient ſur toutes choſes. Laiſſoient tirer aux chiens & aux oiſeaux leurs treſpaſſez auant que les enſeuelir, les autres en poliſſoient de cyre les corps, puis les mettoient en terre. Eulx & les Egyptiens ne les bruſloient point : diſans les Perſes qu'il n'eſt conuenable qu'vn Dieu ſe repaiſſe d'vn homme mort, & penſans les Egyptiens que le feu eſt animal mangeant & conſommant tout ce qu'il ſaiſit, & que quand il eſt ſaoul il meurt auec ſa viande : & en leur loy n'eſtoit licite de bailler les corps mors aux animaux pour les manger & deuorer, & par ce les embaſmoient de ſel afin que ne fuſſent mangez des vers. Les Egyptiens

ptiens ne tuoient iamais chose qui eust ame. Les Mages tuoient de leurs mains tout animal excepté l'homme: que les Druïdes de Gaule tuoient, & sacrifioient: deuinans par augures comme les Mages, ausquels ressembloient en plusieurs choses, se monstrans si ceremonieux à obseruer la Magie, qu'ils sembloiét l'auoir baillee aux Perses non apprise d'eux, comme dit Pline. Ces Mages dónoient à entendre que les dieux leur apparoissoient, & les aduertissoient des choses futures, affermans l'air estre plein d'esprits qui s'insinuoyent subtilement és yeux des regardás: y auoir deux princes à sçauoir vn Dieu bon qu'ils appelloient Herosmades, l'autre mauluais Arinan. Se vestoient de robes blanches, viuoiét d'herbes, formage, & gros pain, dormoient sur la dure, portoient cannes ou rosiers en lieu de bastós. Ils s'assembloient en vn lieu sacré pour cómuniquer & parler ensemble. Leur authorité estoit si grande que Cambyses partant de Perse, laissa le gouuernemét de sa maison a l'vn d'eulx, lequel en l'absence du Roy cóspira auec vn sien frere côtre luy, & entreprit se faire Roy luy mesme. Leur magie consistoit toute en la religion, & au seruice des dieux, ausquels ils offroient leurs prieres, veulx, & sacrifices: comme si eulx seuls fussent exaulcez: croyans la resurrectió des hommes, & qu'ils seroient immortels. Aristote atteste qu'ils estoiét plus anciés que les Prophetes d'Egypte, & Clearque que les brachmanes ou gymnosophistes Indiens procedoiét d'eulx: Zoroastre sans doubte en fut inuétur, qu'aucuns pésent par l'ethymologie de son nom, auoir esté obseruateur des astres, & entédu és choses naturelles. Platō en l'Alcibiade premier dit la Magie de Zoroastre estre vne cognoissance des mysteres diuins, que lon enseignoit aux enfans des Roys de Perse: afin qu'ils apprissent sur l'exemple de la republique de l'vniuers regir la leur. Et au Charmide que la Magie de Zamolsis estoit la medecine de l'ame luy causant temperance: comme par l'autre santé est dónee au corps. Pythagoras, Empedocles, Democrite, le mesme Platon nauiguerent & allerent bien loin pour l'apprendre, & l'ayans apprise la celebreret à leur retour, & tindret secrete, & plusieurs autres studieux entre les anciés y ont vacqué soigneusemét, en r'apportás gráde authorité & reputation. Car obseruans par icelles les merueilles cachees és secrets du móde, au sein de nature, & mysteres de Dieu, ils ont decouuert la cócorde de l'vniuers, & cóuenance du ciel auec la terre, accommodans les choses superieures aux inferieures, apres en auoir cogneu les vertus selō que conuiénent à agir ou patir, que les Grecs appellét sympathies & antipathies. Ce qui a meu Plotin d'appeler tels Mages faisans profession de la Magie naturelle, ministres de nature. Elle est auiourd'huy fort vsitee en la Chine & au Cathay païs habitez par hómes tresingenieux & industrieux: où n'est loisible de paruenir aux estats & hóneurs de la republique sans estre sçauant, mesmement en ceste magie: qui signifie à simplemét parler selō l'anciéne langue Persiéne, perfaitte & souueraine sapience, & Mage expositeur & obseruateur de la diuinité. Depuis lon a abusiuement transferé ce nom aux enchanteurs, qui meschamment deçoiuent les simples gens, en leur donnant à entendre qu'ils sçauent les choses secretes & futures par parolles estranges, par signes, & caracteres: par impostures diaboliques, & autres superstitieuses obseruations de Necrom mantie, Geomantie, Ydromantie, Aeromantie, Pyromantie, & autres semblables reprouuees de tout temps par les loix diuines & humaines. D'où lon peut entendre y auoir double Magie l'vne naturelle, l'autre superstitieuse. La naturelle en contemplant les vertus des choses celestes & terrestres, & considerant leurs conuenances & contrarietez, elle decouure les pouuoirs cachez en nature, & meslant les vnes auec les autres en deuë proportion, & soubs certaine constellation, & appliquant les actiues aux passiues, les attire l'vne à l'autre par similitude de nature. Ainsi les elemens s'entre attirent les vns les autres. Ainsi l'aimāt tourne à soy le fer. L'ambre la paille, le souffre le feu. Le soleil plusieurs fleurs & fueilles. La lune les eaux. Mars les vens. Plusieurs herbes inuitent à soy beaucoup d'animaux, & ont proprietez occultes merueilleuses, par lesquelles ceste Magie produit naturellement de grands miracles. L'autre Magie superstitieuse se faict par l'inuocation des mauuais esprits: qui est vne manifeste Idolatrie, & à tousiours esté defendue par les Republiques bien ordonnees. Tels furent les Mages de Pharaon contrefaisans diaboliquement tout ce que Moyse & Aaron faisoient diuinement, iusques à ce que la verge de Moyse tournee en serpent mangea les leurs aussi tournees en serpens. Tel Simon mage, telle la pythonisse qui euoqua l'ame de Samuel le Prophete, telle Circe, telle Medee. Plutarque escrit que l'esprit d'Antoine estant lié par vers magiques & bruuages amoureux, sa liberté propre perdue, il estoit fiché au visage de Cleopatre. Platon au deuxieme des loix fait mention des neuz & chants magiques, & en l'Euthydeme compare l'oratoire & magie ou enchanterie ensemble, & dit que cōme l'oratoire est vne delectatiō & appaisement des Iuges & assemblees humaines, ainsi l'enchāterie estre adoucissemēt desviperes, araines, scorpiōs, & autres bestes venimeuses & cruelles: & des maladies. La vanité de ceste superstitieuse Magie apparut principalemēt en l'Empereur Nerō qui s'y adōna autāt q̄ feit iamais homme, n'ayant faute de bien, ne de pouuoir, ne d'entendement: & ne desirant rien plus que commander aux Dieux & aux trespassez. Toutefois apres auoir appellé Tyridate Roy d'Armenie excellent en la Magie, pour l'apprendre de luy: & y auoir employé long temps, grand labeur, & immense finance, n'omettant à faire superstition abhominable qui luy fust prescripte, il trouua finalement faux tout ce que lon en disoit, & la laissa: ce nonobstant elle a esté semee par tout le mōde tant discordant en autres choses: soubs couleur de belles, mais vaines & friuoles promesses, s'associāt de la religion, Medecine, & Mathematique: lesquelles trois ont merueilleux pouuoir sur les entēdemēs humains. Ainsi fortifiee de triple vertu, elle n'a encore peu estre exterminee entierement, ains en demourēt tousiours çà & là quelques restes, secrets neātmoins par la peine qui y est proposee, & par la honte qui en vient à ceux qui s'y abusent.

COMPARAISON DES INDIENS, ETHIOPIENS,
Egyptiens, Scythes, Assyriens, en leurs antiquitez.

LEs Indiens, Ethiopiens, Egyptiens, Scythes, Atheniens, se vantoient estre les premiers creez de tous les hommes du monde, alleguans diuerses causes de leurs antiquitez. Les Indiens la fertilité de leur païs portant deux fois l'an fruicts & grains: où n'y eut iamais faute de viures. Les Ethiopiés la proximité du Midy, cuydans estre necessaire qu'és lieux plus approchans du soleil & plus chauds, ayent esté procreez premieremét tous animaux, prenans commencement de chaleur. Les Egyptiens la temperature de leur air qui n'est excessiuement chauld ou froid, sec ou humide: & la bonté de leur terroir produisant abondamment toutes choses necessaires à l'entretenement des hommes. Les Scythes la hauteur de leur païs, qui fut le premier deliuré du feu, ou decouuert d'eau, & partant rendu plustost que nul autre apte à produire les hommes, & les bestes. Les Atheniés se disans autochthones, c'est à dire yssus de leur terre sans auoir pris origine d'ailleurs. Les Indiens, Ethiopiens, Egyptiens, Atheniens: auoir inuenté tous ars, & moyens de bien viure & heureusement. Les Scythes habitans soubs ciel plus aspre auoir tousiours exercé les armes: comme ayans les corps & entendemens plus durs, entre lesquels ne se trouuerét oncques que deux personnages renommez en sçauoir Zamolsis, & Anacharsis.

COMPARAISON DES GRANDES MONARCHIES
Egyptienne, Assyrienne, Medoïse, Persienne, Pathoise, en leurs assietes, commencemens, estendues, reuenus, richesses, puissances: & des illustres Monarques qui les fonderent & autres soubs lesquels elles finirent.

LEs Monarchies des Epyptiens, Assyriens, Medes, Perses, Parthes conuiennent en ce qu'elles ont esté establies principalement és païs de l'Asie fertiles & temperez, ou les hommes sont humains & traictables, ou naturellement seruiles, comme disent Hippocrates & Aristote. Car les habitans és esloignez de toute temperature, ne se peuuent gueres assubiectir, & sont difficiles à gouuerner, ne pouuans souffrir gouuernement quelconque durable, s'il n'est totalement tyrannique: comme est celuy du Moscouite en l'extremité du Septentrion: & de l'Abyssin en Ethiopie: commandant le grand Knes en l'vn, & le preteian en l'autre tres-rigoureusement, afin de retenir en obeïssance les subiects, qui ont tous generalemét opinion, que tout ce que font leurs Princes, le facent par la volonté immuable de Dieu.

Si furent les estendues de ces Monarchies tresgrandes. Sesostris Egyptien cóquesta toute l'Arabie & grande partie de Lybie, l'Ethiopie, toutes les isles de ce païs là, tout le riuage de la mer iusques aux Indes, passa le fleuue Ganges, discourant deça & dela iusques à la grand mer Oceane, & outrepassa toutes les nations des Scythes iusques au fleuue Tanaïs: & entrant en Europe passa par le païs de Thrace, où il meit fin à son entreprise, & retourna en Egypte. Ninus meit en son obeïssance toutes les nations qui sont le long du riuage de la mer d'Orient, & leurs voisins comme sont les Egyptiens, Pheniciés, ceux de la Surie interieure, Cilicie, Páphilie, Lycie, Carie, Phrygie, Mysie, Troade, & autre Phrygie qui est sur l'Hellespont, le païs de Propótide, Bythinie, Capadoce, & autres peuples Barbares qui sont sur la mer maiour iusques au fleuue Tanaïs. N'adiousta dauantage à son estat les Cadusiens, Tapyres, Hyrcaniens, Dráges, Dernicas, Carmaniens, Coroniens, Rombes, Vocarnes, les Parthes, Perses, Susiens, Caspiens, Bactriens: Semiramis sa femme la plusgrande partie de Lybie, & l'Ethiopie. Les limites de l'Empire de Cyrus furent du costé d'Orient la mer rouge, du Septentrion la mer Euxine, vers Occident Cypre, & Egypte: au Midy l'Ethiopie. Cãbyses son fils y adiouta l'Egypte, & l'Ethiopie. Et Daire premier du nom ne subiugua moins de païs qu'en auoient cõquis les deux: Consequemment les autres qui vindrent apres l'augmenterent, & enrichirent de regne en regne, rendans le Royaume l'vn des plusgrands, plus puissans, & illustres qui fut iamais au monde. Les Parthes possederent dixhuict Royaumes: dont les vnze qui estoient appellez superieurs, commençoient aux confins de Armenie, & aux riuages de la mer Caspie, & duroient iusques aux Scythes: les autres sept inferieurs s'estendoient iusques à la mer rouge: diuisans leurs prouinces eu esgard aux deux mers, à la rouge vers Midy, & à la Caspienne au Septentrion.

Comme l'estendue de ces monarchies fut tres-spacieuse, aussi en fut grand le reuenu, la richesse infinie, & puissance incroyable. Sesostris feit dresser deux coulomnes carrees de pierre dure, hautes chacune de trente toises: esquelles il voulut estre pourtraitte la grandeur de son Empire, & grauee la valeur de son dommaine & reuenu: y adioutant le nombre des peuples qu'il auoit vaincus. Il assembla armee de six cens mil pietons, vingtquatre mil hommes de cheual, vingt huict mil chariots propres à la guerre, quatre cens nauires sur la mer rouge. La richesse & puissance de l'Assyrienne se cognoit par les grandes & magnifiques villes que bastirent Ninus & Semiramis, & par les merueilleuses armees que dresserent: à sçauoir Ninus allant contre les Bactriens, de dixsept cens mil pietons, deux cens mil hommes de cheual, dix mil six cens chariots armez: Semiramis contre les Indiens de trois millions de pietons, cinq cens mil hommes à cheual, cent mil chariots, barques diuisees deux mil: à laquelle Staurobates lors Roy d'Indie opposa semblables forces, ou plusgrandes. Dauantage l'immése richesse d'Assyrie apparut en la fin de Sardanapale: qui voulut consommer quant & luy par feu mil myriades d'or, c'est à dire dix milliõs: & vne myriade de myriades d'argent, qui sont cent millions, s'efforçant spolier la terre de si grande quantité d'or & d'argent, reuenant à quaráte millions d'escus de nostre monnoye: sans les couches & tables d'or, pierres precieuses, acoustremens de pourpre, & autres meubles Royaux qui y estoient, & sans trois mil talens d'or, qu'il auoit enuoyez parauant en garde auec ses enfans au Roy de la ville de Niniue.

A v regard de la Persienne Cyrus qui la fonda, eut infinie opulence, ayant spolié toute l'Asie: où il gaigna cinq cens mil talens d'argent: qui est la plusgráde somme ou quantité d'argent qui se trouue auoir esté assemblee pour vne fois: montant à trois cens millions d'escus, & vn sixieme dauantage, qui sont cinquante millions. Et n'est d'esmerueiller s'il en assembla tant. Car il meit en sa puissance les tresors de Cresus, de Dauid, & Salomon: les richesses anciennes d'Assyrie qui estoient translatees en Medie, & de plusieurs autres païs. Ainsi que Daire premier du nom en ordonna les tributs ils pouuoient reuenir à dix millions d'or par chacun an: sans les dons de grande valeur que faisoient les peuples subiects, & sans parler des exempts. La Royne auoit certaines villes & prouinces assignees pour son entretenemēt luy fournissantes, l'vne accoustremēt de teste, l'autre tel ou tel ornemēt. Laquelle opulēce fut tousiours augmētee par les Roys ensuyuās iusques au dernier Daire: tant que de son regne elle estoit ia intolerable à la destinee, & trop luxurieuse : & partant fut cause de la ruine de luy, & de son estat. Car en la cōqueste qu'en feit Alexandre, il trouua de merueilleux tresors en diuerses contrees du Royaume: mesmement en Suse & Persepoli, cōme escrit Quinte Curse 170 mil talés d'argent en masse, six mil en Damas, & autre somme en Babylone, cinquāte mil talens de pourpre. Strabon dit que la plus grande opinion estoit qu'il fut trouué quarante mil talens en Perse, sans ce qui estoit autre part, & qu'aucuns estimerēt le tout neuf vingt mil talens. Qui est vne somme incroyable, & autant grande qui ayt esté iamais nombree ou assemblee, apres le tresor susdict de Cyrus. Car les cent mil talés sont estimez à soixante millions d'escus, & les quatre vingt mil restans reuiendroient par celle estimation à plus de quarante millions : qui seroient en tout enuiron quatre vingts millions. Ce Roy souloit faire banquets aux plus apparens de sa court, iusques au nombre de quinze mil : & pour chacun souper auoit d'estat ordonné en despense de table, quatre cens talens estimez à douze vingts mil escus. Le lict où il dormoit estoit tendu somptueusement, & couuert d'vne vigne d'or en façon de treille, enrichie de raisins pendans en icelle, assemblees de pierres precieuses. Il auoit au cheuet en tresor cinq mil talens d'or, & à l'endroict des pieds tousiours trois mil talens d'argent. Telle fut la domination & richesse des Perses, à laquelle correspondoit la puissance. Car Cyrus assembla armee de six cens mil combatans à pied : Six vingts mil à cheual, enuiron deulx mil chariots de guerre. Daire premier du nom allant contre les Scythes mena huict cens mil hommes. Xerses descendit en Grece ayant par mer cinq cens dix sept mil six cens hommes, par terre vn million sept cens mil pietōs, & gens de cheual quatre vingts mil Affricains & Arabes vingt mil: ausquels se ioignirent d'Europe trois cens mil, reuenant toute la multitude à deux millions CCCXVII. mil combatans. Depuis les Parthes obtenans l'Empire d'Orient, & dominans toute l'Asie entre la mer rouge & Caspie, ne paruindrent à si grande richesse & puissance que les Perses (car la plus grande force que ie les trouue auoir euë fut de CXXM hōmes à pied & à cheual:) neantmoins ils se trouuerent si puissans qu'estans en trois guerres assaillis par grands capitaines Romains en la vigueur & fleur de leur Empire, entre tous les peuples du monde ne demourerent seulement egaux, mais aussi furent quelquefois superieurs & vaincueurs.

 L'estendue de toute l'Indie depuis Orient iusques en Occident est de dix sept cens lieues, & de Septentrion au Midy de deux mil. Excelle sur toutes autres en beauté & fertilité, distinguee en plusieurs parties par les fleuues qui l'arrousent: où se trouue grande quantité d'or, d'argent, erain, pierres precieuses, & toutes autres choses concernantes les richesses, & delices. Staurobates y regnant au temps de Semiramis qui l'assaillit, il s'efforcea exceder les forces des Assyriens, luy opposant autant puissante armee qu'elle auoit, de trois millions de gens de pied & cinq cens mil de cheual : & la contraignit se retirer auec grande perte de ses gens & sans rien faire. Les Ethiopiens croyoient qu'à cause de leur deuotion enuers les dieux, ils n'auoient iamais esté vaincus entierement par aucun estranger, & que tousiours ils estoient demourez libres. Auiourdhuy le Preteian y regne amplement en long & en large, ayant quarante Roys tributaires, & commandant à infinis peuples de plusieurs couleurs, duquel sera parlé cy apres en son lieu. Les Scythes faignoient qu'en leur païs estoit nee anciennnement de la terre vne vierge, qui estoit femme du nombril en hault, & le reste couleuure. Laquelle engendra vn fils nommé Scytha du nom duquel il voulut nommer les Scythes, apres s'estre faict le plus triomphant prince de tous ceux qui auoiét esté deuant luy: Qu'entre les successeurs de ce Roy y eut deulx freres de grande vertu, lesquels feirent plusieurs choses dignes de loüenge, la lignee desquels s'estant long temps grandement acreue par actes vertueux & auentures militaires, assubiectit les païs estans par delà le fleuue Tanaïs iusques en Thrace. Et tournans en aprez leurs armes de l'autre costé, ils paruindrent iusques au Nil d'Egypte, se faisans seigneurs de tous les peuples entre deulx: & estendans leur domination depuis la grand mer Oceane, qui est deuers le soleil leuát, iusques à la mer Caspiéne, & au palu Meotide. De ceste gent ainsi fortifiee & accreüe sont descenduës maintes natiós, & entr'autres les Sares, Massagethes, Assyriens, Medes, Parthes. Puis defaillát par lógueur de temps la seigneurie des Scythes : que les femmes nommees Amazones y commencerent à regner: La force & vertu desquelles fut si gráde, qu'elles assubiettirent non seulement les nations à elles prochaines, mais aussi grande partie de l'Europe, & de l'Asie. Si furent les plusgrandes plus belles & magnifiques villes du monde Nine & Babylone en Assyrie: Thebes & Memphis, puis Alexandrie en Egypte. Mais les Medes transferans à eulx l'Empire des Assyriens, abatirent & raserent la ville de Nine, emportans en Ecbatanes cité de Medie tout l'or & argent, & autres ornemens qu'ils y trouuerent. Pareillement les Perses ostans l'Empire aux Medes emporterét toutes les richesses que ils trouuerent en Babylone, & les chasteaux, palais, & autres decorations & singularitez furent ou par eulx destruittes, ou consommees par succession de temps. Les mesmes Perses au temps que Cambyses conquit l'Egypte, ne transporterent seulement les ornemens des singularitez d'Egypte en Asie, mais aussi les mesmes artisans par l'industrie desquels ils bastirent leurs magnifiques palais, tant en Persepoli, qu'en Suse. Et les Macedoniens soubs Alexádre bruslerent entierement Persepoli, & rauirent tous les tresors, meubles precieux, & autres ornemens de Perse. Or comme ces grandes seigneuries furent commencees & maintenues par princes vertueux, accompagnez de gensdarmes à pied & à cheual endurcis à tous labeurs, acoustumez à veiller, porter la faim & la soif patiemment, boire eau, addroicts & exercez aux armes: Ainsi finirent elles soubs seigneurs lasches & voluptueux, ayans les subiects aneantis par delices procedantes d'excessiue richesse. Ninus entreprenant la cóqueste de l'Asie exercea long temps parauát les plusfors ieunes hómes de tout son Royaume aux armes, aux perils & dangers de la guerre, & à patiemment porter toutes peines & trauaux. Le pere de Sesostris aduerti par reuelation que le fils qui luy deuoit naistre, seroit Roy de tout le monde, feit assembler de toute l'Egypte les enfans qui nasquirent le mesme iour que luy, & les feit tous nourrir & enseigner en mesmes disciplines & exercices, les acoustumant à la peine par leur en faire porter continuellement, à s'abstenir de boire & manger, & les rendit par telle nourriture tresfors de corps, & hardis en courage plus que nuls autres. Desquels comme de leur ieunesse adonnez à choses vertueuses, il fut en toutes ses conquestes serui vaillamment auec fidelité & affection. CYRVS de sa nature preux & vaillant fut nourry à la Persienne ancienne, auec les ieunes gentils hommes Perses (appellez Omotimes, par ce qu'ils estoient tous egaux en honneur) en toute sobrieté & exercices laborieux, puis allát à la guerre, & les choisissant pour l'acompagner, ayderent beaucoup à sa grandeur. ARSACES acoustumé par les montagnes & forests viure de proye auec gés de mesme nourriture, establit le royaume des Parthes. Tels furét les autheurs ou promoteurs de ces monarchies semblables en nourriture & vertu: comme ceux és regnes desquels elles finirent, s'entreressemblerent en volupté, & pusillanimité, & moururent malheureusement: se bruslant luy mesme Sardanapale auec tous ses tresors, Astyages vaincu & pris en guerre, puis lié de chesnes d'or. Daire dernier apres auoir perdu trois grosses batailles, & veu prisonnieres sa mere, sa femme, & deux filles: comme il pensoit se r'allier pris prisonnier par ceux à qui il auoit plus de fiance luy estant en prosperité, puis occis miserablemét à coups de iauelines, & laissé mort au chemin. COMME dóc ces derniers princes encoururent par leurs vices fortunes piteuses peu differentes les vnes des autres: ainsi les autres par leurs vertus acquirent grandes loüenges. Ninus fut le premier qui establit la grandeur de la domination acquise par continuelle possession: où les precedens ne queroient l'Empire pour eulx, ains la gloire de leurs peuples, & contens de la victoire laissoient la Seigneurie. Cyrus est estimé seul entre tous les seigneurs soudainement aggrandis, qui a sceu garder modestie en ses prosperitez, & refrener sa puissance & authorité absolue par equité & clemence. Sesostris fut si braue & hautain, que toutesfois que il alloit au temple, ou marchoit en public, il faisoit trayner son chariot par quatre Roys ses tributaires, ou autres grands seigneurs en lieu de cheuaux: monstrant par celà que nul des autres Roys ou capitaines estoit à comparer à luy en vertu, & proüesse. Les sorties aussi que faisoit Cyrus hors de son palais, & qui furent depuis imitees par ses successeurs Roys estoient tresmagnifiques: comme seruantes beaucoup à faire honorer vn prince, & sa principauté. Semiramis incontinent que nasquit fut iettee en vn lieu desert & plein de rochers: où il y auoit grand nombre d'oiseaux, par lesquels selon la volonté diuine elle fut sustentee pres d'vn an, puis trouuee par les bergers, fut par eux nourrie. Pareillement Cyrus estant au berceau fut exposé aux bestes, & laissé au mylieu d'vne forest: où vne chienne l'allaicta, & garda iusques à ce qu'vn berger le trouuant l'eust apporté en sa cabane. Semiramis deliberant cóquerir les Indes, & cognoissant combien grande estoit celle entreprise, & que pour icelle executer luy estoit besoin mettre sus grosse force: elle assembla armee de trois mil

m iiij

lions de pietons cinq cens mil hommes à cheual, cent mil chariots : auec laquelle entrant en Indie fut mise en fuyte : & perdit beaucoup de ses gens, retournant sans rien faire. Aussi Xerses descendant d'Asie en Grece auec deux millions trois cens dixsept mil combatans: dont en y auoit quatre vingts mil à cheual, cinq cens dixsept mil sur mer, fut contrainct se retirer honteusement, voyant son armee defaitte en plusieurs lieux. Pareillement Daire son pere assaillit les Scythes accompagné de huict cens mil hommes, ne r'emportant de iceluy voyage loüenge quelconque. Et Cyrus faisant la guerre aux Massagetes fut par Thomyris leur Royne defaict auec deulx cens mil Perses, & occis le trentieme an de son regne. Semiramis & Thomyris entre les femmes de ces premiers temps, meritent estre estimees les premieres, ayant gouuerné l'vne le Royaume d'Assyrie, l'autre celuy des Massagetes : & elles deux surmonté de gloire & de haults faicts les autres Roynes qui furent oncques.

Sesostris diuisa toute l'Egypte en trente six prouinces, establissant en chacune vn gouuerneur tant pour receuoir les reuenus & tributs Royaux, que pour prendre garde soigneusement és affaires concernans le bien & conseruation de chacune. Daire premier diuisa le Royaume de Perse en vingt satrapies, & en chacune establit vn satrape ou gouuerneur : despartát par icelles ses tributs annuels où, & comment la contribution en seroit faitte. Ce Daire voulant dresser sa statue deuant celle de Sesostris en la cité de Memphis, fut empesché par le grand prestre, luy disant qu'encore ses faicts n'estoient pareils à ceux de Sesostris. Les armees de Cyrus & Sesostris furent pareilles en pietons en ayant chacun d'eulx six cens mil : Mais Cyrus surpassa Sesostris en cheualerie en assemblant iusques à six vingts mil, où Sesostris n'en auoit que vingt quatre mil, mais il eut XXVIII mil chariots armez, où Cyrus n'en auoit que deux mil.

DES PRESTRES OV PROPHETES EGYPTIENS,
Chaldees, Mages, Brachmanes, Druides, & autres gens de religion & de sçauoir entre les anciens.

Anciennement la religion estoit seule reputee sagesse, & n'y auoit autres sages que ceux qui la bailloient, & interpretoient aux hommes. Car ordinairement trois choses s'entre suyuent religion, sapience, puissance, & peu proufiteroient les loix & les armes, si elles n'estoient aydees de la religion : qui est le fondement, establissement, & conseruation de toute republique. La religion imprime & retient és cœurs des hommes la reuerence de Dieu, & amour du prochain, reiglant l'exposition des liures sacrez, & les charges des personnes deputees au seruice diuin. La police conduict les affaires de paix & de guerre, esquels ne se trouueroit iustice ny fidelité aucune, sans la crainte diuine & dilection humaine, principalement recommádees en toutes religions. Parquoy en toutes seigneuries anciennes & modernes le premier soin a tousiours esté de la religion & du seruice diuin, & ceux qui en ont eu la charge ont tousiours esté reputez les premiers en authorité, fort honnorez & bien

bien entretenus, estans eulx & leurs enfans exempts de subsides, & labeurs militaires.

Les prestres ou prophetes en Egypte iouyssoient de la troisieme partie du reuenu du Royaume, & auoient grand credit aupres des Roys, & enuers le populaire: tant par ce qu'ils auoient la cure des choses diuines, & estoient tref-doctes enseignans les autres, comme par ce qu'ils estoient appellez par les Roys afin de leur donner conseil és grands affaires, predisans les choses futures qu'ils cognoissoient par les sacrifices, & par les astres. La Royauté estoit meslee auec la sacrificature & nul pouuoit estre Roy qu'il ne fust prestre comme dit Platon au Politique. Les Chaldees en Assyrie & Medie auoyent telle authorité que les prestres Egyptiens en Egypte, reputez tressçauans & expers en Astrologie, par laquelle ils pronostiquoient les affaires à venir, & par augures & sacrifices destournoient les mauluaises fortunes, & en faisoient venir de bonnes.

Les Brachmanes entre les Indiens tenoient le premier lieu, ausquels lon portoit grand honneur, & faisoit lon de grands dons: comme gens agreables aux dieux, & qui estoient estimez cognoistre ce qui se faisoit és enfers. Ils predisoient au commencement de l'an les secheresses, pluyes, vents, maladies. Durent iusques à present par delà perseuerans és ceremonies de leur religion tresancienne, tenans le premier lieu quant aux honneurs, & s'appellent Bramins qui precedent les Naires c'est à dire les nobles. Le Roy de Calecut est leur grand pontife & chef de sa religion precedant à ceste cause tous les autres Roy d'Indie, appellé Samory c'est à dire Dieu en terre. Les mages gouuernoient la religion & l'estat des Perses auec telle authorité qu'ils entreprindrent quelquefois vsurper le Royaume durant l'absence de Cambyses au voyage d'Egypte, & faire l'vn d'eulx Roy. Il falloit que le Roy de Perse apprist d'eulx leur magie sans laquelle ne pouuoit regner. Les Druides en Gaule ministres de la religion & de la iustice traittoient des astres & de leurs mouuemés, de la nature des choses, de l'immortalité des ames, de l'authorité & prouidence diuine, grandement respectez de tous les autres & tresbien entretenus.

A Rome les Sacerdotes, Aruspires, Augures, Flamines, Sodales, Vierges vestales gardantes le feu eternel, grand pontife & pontifes inferieurs intendans de leurs ceremonies, sacrifices, & superstitions entendoient le droict ciuil, & manyoient les affaires publiques. Les premiers Roys de Rome furent sacrificateurs, & les Empereurs pour rendre leur grandeur & authorité plus venerable s'appellerent grands pontifes. Les prestres & prestresses commis en Grece & ailleurs sur l'obseruation de la religion Payenne fondee en oracles estoient en grande authorité, & receuoient immenses offertes. La Royauté en Lacedemon estoit vne intendance de guerre & preeminence és sacrifices. Les Leuites en Iudee separez des autres Iuifs pour exercer la sacrificature & le pontificat en la race d'Aaron receuoient droicts d'inestimable valeur.

Les Thalismans, Paracadis, Cadis, Prestres, & Iuges en la loy de Mahumed, Menitssmarls & Imans bien priuilegiez, & affranchis de tous subsides. Au commencement les Caliphes en celle religion furent Roys & Pontifes, l'vn en

Bagadet, l'autre au Caire. Depuis les Sultans ont prins l'authorité Royale, & ont introduit les Muhptis estimez comme Patriarches, au lieu des Caliphes intendans de la religion, & iugeans souuerainement és matieres de la Loy par laquelle ne sont ordonnees seulement les prieres & Ceremonies diuines, mais aussi les affaires politiques & militaires : ont pouuoir de retracter les ordonnances des Sultans, & sentences de leurs Diuans ou conseils, qui ne sont conformes, ou semblent repugner à l'Alcoran. Chacun Prince Mahometan en tient vn pres soy, ou en sa principale ville, à grosses pensions. Le grand Cham des Tartares Zarologues tient le sien à Smarcand, le Sophi à Tauris. Il en y a par l'Afrique à Fez, Caroan, Telmessen, & ailleurs. Le Turc porte au sien plus de reuerence qu'à homme de son Empire.

 Les Ecclesiastiques par Allemagne, France, Poloigne, Angleterre, Hongrie tiennent pieça les premiers lieux au conseil des Roys, & en l'administration de Iustice: possedans terres & fiefs auec toute Iustice, & autres grāds bien amortis. Entre les sept electeurs de l'Empire il en y a trois Ecclesiastiques. Entre les Pairs de France six. Les premiers du conseil de Poloigne sont les Archeuesques & Euesques. L'Empereur est confirmé & sacré par le Pape. Le Roy de Frāce sacré par l'Archeuesque de Rheims. Celuy d'Angleterre par l'Archeuesque de Cantorberi. De Poloigne par l'Archeuesque de Gnesne. Car attendu que les Archeuesques & Euesques sont establis entre les peuples comme messagers de Dieu, & interpretes de la loy & volonté diuine: à leur authorité grande par soy ont esté adioutez honneurs amples en la republique : afin que les deliberations & constitutions publiques fussent par leur interuention, rédues plus venerables. Le Pape commande au temporel de l'Eglise appellé patrimoine de sainct Pierre comme Roy, & est reueré au reste de la Chrestienté Latine comme chef de la religion, és lieux où il est recogneu pour tel.

 Mais auant que mettre fin à ce propoz nous proposerons les conuenances & differences qui furent entre les prestres Egyptiens, Caldees, Mages, Brachmanes, Druides. Les Egyptiens & Babyloniens demourans en plaines spatieuses, & n'ayans rien qui leur empeschast l'entiere veüe du ciel, meirent grāde estude en l'obseruation des astres: en quoy les vns & les autres furent tressçauans & tresexpers. Les Egyptiens disoient que les Chaldees estoient venus d'Egypte, & auoient appris d'eux l'Astrologie. Les Mages & Brachmanes conuenoient en sobrieté & austerité de vie, & estoient estimez les Brachmanes estre venus des Mages. Il y auoit telle similitude entre les Mages & Druides mesmement ceux de la grande Bretaigne, qu'ils sembloient auoir baillé la Magie aux Perses, & non l'auoir apprise d'eulx. Les corps des Mages deffuncts estoient laissez aux chiens & oyseaux à deuorer auant qu'estre enseuelis. Les Brachmanes finissoient volontairement leur vie par le feu. Les Chaldees & Egyptiens auoient temples beaux, grands, & magnifiques : les Mages n'auoient temples, autels, ne Images. Les Mages furent communs aux Perses & aux Parthes. Les Chaldees aux Assyriens & aux Medes. Les Egyptiens & les Perses croyoient la resurrection & que les hommes resuscitez seroient immortels ainsi que font les Chrestiens & Sarrasins.

LIVRE QVATRIEME.
NOBLESSE ENTRE LES EGYPTIENS, PERSES,
Assyriens, Indiens, Scythes, Thraces, & autres peuples anciens
& modernes.

RAYEMENT estoient reputez nobles en Egypte, Perse, Scythie, Iberie, Assyrie, Indie, Thrace, & és autres nations anciennes qui faisoient profession des armes, & estoient plus esloignez des ars mecaniques: ausquels selon la qualité des païs estoient ordonnees terres, rentes, & soldes du public pour eux entretenir honnestement: & afin que ne fussent contraincts par indigence exercer autre maniere de viure questuaire. Il n'estoit licite en Egypte, aux gens de guerre appellez Calasyres & Hermotiuies exercer autre art que le militaire: qu'ils se monstroient & enseignoiét de main en main, & de pere en fils. Lycurge defendit aux Lacedemoniens tous mestiers, & ars mecaniques: voire les marchandises, & traffiques, estimant telles vacations deuoir apartenir aux serfs, ou aux estrangers, ou à gens de vile condition: & mettant les armes seulement és mains de ses citoyens qu'il vouloit estre entieremét libres, & vrayement militaires. Herodote escrit que les Perses honoroient les hommes vaillans en guerre plus que toutes autres nations, & qu'ils ne faisoient aucun train de marchandise: plus que non seulement les Perses, mais aussi les Egyptiens, Thraces, Scythes, Lydiens, & presque tous les Barbares tenoient les artisans pour les plus vilains de tous les hommes, mesmement leurs enfans, & toute leur race: que les Grecs aussi, & sur tous les Lacedemoniens, & Corinthiens estimoient peu les artisans: & Platon au deuxieme & huictieme de la Republique, & au commencement du Timee veult que les seigneurs & gens-d'armes s'abstiennent de l'agriculture, & des ars mecaniques, & autres ars questuaires. Auiourd'huy les Arabes detestét fort les ars mecaniques. Aux nobles de France est deffendu par ancienne ordonnance du païs l'exercice de marchandise, & de tout art questuaire, sur peine de priuation de leur noblesse, & de payer taille comme roturiers.

LE semblable font les nobles d'Espagne, Lombardie, Naples, Angleterre, Allemagne, Hongrie, Poloigne: tenans non seulement pour chose indigne de noblesse, mais aussi estre fait acte derogeant au priuilege d'icelle, exercer au lieu des armes art mecanique, ou faire train de marchandise: si n'est des choses prouenuës de leur creu, dont le commerce leur est permis. Les nobles de Perse en vsent ainsi, possedans fiefs & arrierefiefs auec vassaux releuans d'eux, ensemble terres, chasteaux, villes & contrees qu'ils tiennent ou par succession de leurs parens, ou par bienfaicts du Sophi leur prince: pour lesquelles sont obligez le seruir en ses guerres, fournissans nombre de gens à l'equipolent des reuenus. Et en Indie les Naires sont tenus en telle reputation que les gentils hõmes de par deçà, estans contraincts porter ordinairement espee, rondele, arcs, laces, & autres semblables armes vsitees entr'eulx: autrement perdroiét le nom & priuilege de noblesse.

EN Turquie il n'y a aucune distinction de noblesse tiree des ancestres: ains celuy entre les Turcs est seulement reputé noble, qui en fait de guerre a don-

n ij

né plusieurs preuues de sa vaillantise. Quand l'Othoman conqueste quelque païs, il esteinct les plus grands & les nobles, & y enuoye ses Sangiaques, Subassis, & Spachis: leur donnant les fruicts des fiefs, & assignant rentes sur le reuenu de ses terres qu'on appelle timarly.

Chacun spachi est tenu auoir autant de cheuaux & d'hommes qu'il a de fois cinq ou six aspres par iour à despendre, tant en gages que du tymar. Ne peuuét transmettre les fiefs qu'ils tiennent à leurs enfans, sans permission expresse du grand seigneur. Et aucun ne iouyst de noblesse, de quelque pere qu'il soit fils, iusques a ce que par industrie il represente la personne de son pere, non de parolle. Nul y a qui possede villages, chasteaux, & villes à la façon des Perses, ou des nostres: ou habite maisons fortes, & qui en osast bastir à plus d'vn estage, ou plus hault qu'vn colombier. En Angleterre la noblesse ne tiét edifices clos de fossez ou douures, & n'a iurisdiction quelconque sur les hommes, qui est entre les mains du Roy haute, basse, & moyéne. Les dignitez mesmes comme duchez, marquisats, comtez ne sont que tiltres, qui se baillét au plaisir du Roy: Sans que ceux qui les tiennent possedent rien és lieux dont ils portent le nom, ains leur est payee quelque pension annuelle sur les fináces Royalles. Les gentils hommes en France possedent en haute, basse, & moyenne iustice villages, bourgs, villes, chasteaux, forteresses, baronnies, comtez, marquisats, duchez, principautez, pairreries patrimoniales auec vassaux tenans & retenans d'eulx, obligez par foy & hommage. Laquelle iustice depend neantmoins de celle du Roy, & respond en dernier ressort à ses cours souueraines, ou parlemens. En l'Empire Romain les fiefs estoient premierement donnez par vsufruict aux gendarmes, comme ils sont maintenant en Turquie: puis furent faicts & rendus patrimoniaux à leurs enfans. Et pourtant qu'ils leur estoient donnez à vie en recompense de seruices, ils furent appellez benefices, & beneficiers ou beneficiez les recompensez de ceste sorte. Puis à ceste exemple venant l'Eglise à enrichir par les aulmosnes & fondations des princes & autres seigneurs, lon appella les Archeueschez, Eueschez, Abbayes, prieurez, & Cures Benefices: par ce que les Ecclesiastiques les possedoiét en la mesme maniere que les anciens gensdarmes faisoient leurs fiefs, & benefices. L'Empereur Alexandre Seuere fut le premier qui permeit que les hoirs des gendarmes iouyssent de ces fiefs: pourueu qu'ils suyuissent les armes, & non autrement: Ordonnant tresexpressemét, q iamais tels heritages ne peussent tóber sinó és mains de ceux qui feroient profession des armes. Et quelque temps apres luy Constátin le grád au commencement de son Empire dóna à ses principaux capitaines, & à ceux desquels il se pensoit plus preualoir contre ses aduersaires, à perpetuité les terres qui leur estoient assignees. Par où lon peult cognoistre l'estat du Turc ressembler en plusieurs choses à l'Empire Romain, & à l'ancien Royaume de Perse: esquels tout le gouuernement estoit en la disposition d'vn seul seigneur, se seruant de petis compaignons qui peuuent sans danger estre facilement auancez aux grandes charges & honneurs, & sans tumulte & enuie abbaissez, reculez, ou tuez. Mais le Roy de France est constitué au mylieu d'vne ancienne noblesse, & compagnie de princes, comtes, barons, & autres gentils hommes ayans subiects propres à eulx, & tenans leur preeminence au Royaume, de laquelle ils peuuent estre difficilement priuez sans sedition. Si furent en France les fiefs de viagers rendus perpetuels soubs les derniers Roys de la lignee de Charlesmagne, & sur la venue de Hugues Capet. Alors les seigneurs qui tenoient les grands fiefs des Roys, ils les subdiuiserent à autres personnages desquels ils attendoient seruice : & baillerent les vns & les autres leurs terres aux païsans auec droicts de censiues, & à cōdition de receuoir iustice d'eulx. D'où sont venus les termes de fiefs & arriere fiefs, de vassaux & arriere vassaux, à la difference de ceux qui releuent directement & sans moyen du Roy. Consequemment de ban & arriere ban : & des hommes liges qui sans exceptiō promettent tout deuoir de fidelité à leurs seigneurs, & de non liges qui seulement promettent deuoir à raison du fief superieur, duquel depend le leur qui est inferieur. Et iaçoit qu'au commencement ne fust permis à aucun roturier posseder fief noble quelconque, & s'entremeslast seulemēt de sa traffique, labourage, mesnage, & de payer ses deuoirs seigneuriaux : Neantmoins par succession de temps les fiefs contre leur primitiue & ancienne institution tombèrēt sans aucune distinction és mains des gensdarmes, & des esloignez de l'exercice des armes : des nobles & non nobles, comme marchans, practiciens, & autres roturiers riches ayans moyen de les achapter. Dauantage ayans esté donnez par les Roys, princes, seigneurs, & gentils hōmes, plusieurs fiefs auec leurs droicts aux Eueschez, Abbayes, Monasteres, Conuents, Prieurez, Chanoineries, Commanderies, Hospitaux, Maladeries, & aux autres Ecclesiastiques qui sont gens de main morte, & totalemēt alienes des armes : le ban & arriereban affoiblit beaucoup, & est venu à la lōgue si bas, & tant desprisé que ceux mesmes qui y sont tenus, cuydent estre deshonorez s'ils y comparent : ains y enuoyent leurs varlets, ou autres gens mercēnaires la pluspart si tresmal en point, & paourement equippez, que c'est derision de les veoir : là où le temps passé les principaux de la France tenoient à grand hōneur, de s'y trouuer en personne. Tant egarez sont, ou mal employez les fiefs & arriere fiefs, qui auoient esté erigez & ordonnez pour la seureté du païs : à ce que ceulx qui les tiendroient fussent en occurrence d'affaires, promptement equippez d'armes, gés, & cheuaux, en tel nombre, & ordre qu'il est requis pour resister aux efforts des ennemys, ou leur courir sus si mestier en estoit. A cause de quoy les forces du Royaume sont amoindries, & petit à petit aneanties les loix militaires : en sorte que les Roys ont esté contraincts instituer les compagnies de gensdarmes soldoyez, qu'on appelle des ordonnances : & pour leur entretenement imposer sur le peuple la taille, & taillon.

Outreplus les nobles de sept à huict cens ans ença ont pris l'vsage des armoiries, & escussons auec figures d'animaux, ou autres choses blasonnees de diuerses couleurs en termes à ce propres : afin de discerner entr'eulx leurs noblesses & antiquitez d'icelles, leurs alliances, & parentages. Laquelle maniere n'estoit prattiquee auant Charlemaigne, & n'a point sorti hors de l'Europe, estant incogneue par l'Affrique & Asie : où la religion deffend pourtraire les effigies des animaux. Les armoiries esquelles y a des lyons, leopards, tygres,

n iij

serpens, aigles, millans, faulcons, & autres animaux fiers, sont estimees plus nobles que celles où n'y à que des arbres, fleurs, estoilles, barres, limes, ou qui sont seulement distinguees par couleurs, ou prises sur les noms des familles : pourtant qu'elles ne semblent auoir esté acquises par proüesse militaire, ou autre vertu. A les dresser, corriger, exposer sont commis les Herauts autrement appellez Roys d'armes, discourans curieusement des figures & couleurs que lon y appose : iusques à y mesler, & accommoder selon la portee de leur entendement & sçauoir, la Medecine, Astrologie, & Theologie.

ARTISANS ET OVVRAGES EXQVIS DES anciens.

EN Egypte, Indie, & ailleurs estant la police diuisee en plusieurs ordres ou estats, il n'estoit permis à aucun prendre femme d'autre estat que du sien, ne de changer sa vacation : ne leur semblant raisonnable que le gendarme labourast la terre, ou que le docte deuint artisan. Donques les artisans y faisoient leurs mestiers chacun a part soy, & non indifferemment les vns meslez parmy les autres. Le semblable faisoient les laboureurs, pescheurs, veneurs : & n'estoit licite à vn faire plusieurs mestiers. Comme donc ils ne se employassent qu'aux ouurages permis par la loy, ou qu'ils auoient appris de leurs peres : les continuans toute leur vie ils deuenoient excellens : Singulierement les Egyptiens dont les ouurages estoient merueilleusement bien faicts, & venus iusques à leur perfection. Les grands & magnifiques bastimens faicts en Assyrie, Egypte, & ailleurs en ce temps monstrét euidemment l'habilité de leurs architectes, massons, statuaires, imagers, graueurs, peinctres, menusiers, charpentiers, mareschaux. La mesme distinction de la multitude ciuile par géres & ordres d'exercices differens, estant tresancienne est encores auiourd'huy vsitee au Caire, Fez, Maroc, & en plusieurs autres grandes villes d'Asie, & Affrique. Les autres estiment la façon de Paris plus commode, où les artisans demourent entremeslez. Auiourd'huy les artisans du Cathay, & du Caire, & de Perse se trouuent tres-exquis faisans ouurages tant approchans du naturel, qu'ils semblent naturels.

DV SCAVOIR, POESIE, ELO-
QVENCE, PVISSANCE, ET AVTRE EXCEL-
LENCE DES GRECS.

LIVRE CINQVIEME.

AV mesme temps que les Perses meirent en valeur les armes par l'Asie, & que Cyrus fonda la monarchie Persienne, furent suscitees les lettres en Grece & és païs voisins, tant par les Isles qu'en terre ferme, & par le tressçauant & illustre Pythagoras commença la Philosophie. PREMIEREMENT les hommes considerans l'ornement admirable de l'vniuers, mouuement continuel & perdurable du ciel, varieté & distinction des astres, l'entresuyte des iours & nuycts, des mois & ans continuellement renaissans, la vertu vitale du feu diffuse en tout le monde: l'air variable soustenant auec spiratioh & respiration les animaux: la mer battàt de ses vagues reciproquantes les riuages, iettàt & receuant les autres eaues sans point exceder, ou diminuer: la terre assemblee de toutes pars en elle par son panchemét: la vicissitude & ordre des choses tant simples que composees, contenues au pourpris de l'vniuers, innumerables en multitude, merueilleuses en beauté, ils estudierét à enquerir leurs proprietez conuenances & contrarietez: sçauoir d'où elles estoient faittes & engendrees, combien duroient, qu'elles deuenoient, quand & comment perissoient: qui estoit en elles mortel & corruptible, qui diuin & perpetuel. Ils obseruoient les cours des estoilles, & le pouuoir qu'elles ont icy bas. Les Egyptiens, Babyloniens, Indiens, Mages, & Druydes s'appliquerent à telle cótemplation: comme il a esté monstré parauant, puis les Grecs obscurcissans expressemét leurs escrits de nombres & figures, afin que trop communiquez ne fussent mesprisez du vulgaire: ou les enueloppans d'escorces fabuleuses, ou vsans de vers mesurez, pour les rendre plus durables par la delectation des fables & douceur des vers.

Et comme les entendus en tels affaires, & tous ceux qui sçauoient quelque cas voulussent estre appellez arrogámenṭ Sophes, c'est a dire Sages: Pythagoras fut le premier, qui par singuliere modestie prit le nom de Philosophe, signifiant amateur de sagesse. Car estant vn iour arriué en Phliunte, & apres auoir parlé doctement & grauement auec Leon prince des Phliases, sur certains affaires: Ce seigneur admirant l'entendement & eloquence de Pythagoras, luy

DE LA VICISSITVDE DES CHOSES

demanda de quel art il se mesloit: par lequel fut respondu, qu'il ne sçauoit aucun art, ains estoit philosophe. Leon esbahy de la nouueauté du nom, enquit qui estoient les philosophes, & quelle difference y auoit d'eulx aux autres. Pythagoras dit que la vie humaine luy paroissoit ressembler à l'vne de ces assemblees qui se faisoient és ieux publiques de Grece: Où les vns par force, addresse, & exercice des corps: & à course de cheuaux cherchoient le pris de victoire, & la gloire proposee és ioutes, les autres y alloient afin de faire proufit en vendant & achaptant: Mais y en auoit quelcuns plus genereux ne cherchans applaudissement, ou gain: ains s'y trouuoient seulement pour veoir. Ainsi les hommes en ceste vie comme en quelque foire celebre, y arriuans d'vne autre vie & nature, chercher les vns honneur, les autres profit: les autres assez rares lesquels omises ou peu estimees toutes choses consideroient diligemment la nature des choses: qu'il appelloit studieux de sapience, c'est à dire philosophes. Et comme en ces assemblees il estoit liberal de veoir, sans y chercher profit, ainsi en ceste vie la contemplation & science estre preferable à toutes autres occupatiõs. Si ne fut Pythagoras inuenteur seulement du nom, mais aussi apporta le premier (comme dict a esté) celle discipline en Grece, qu'il augmenta & illustra beaucoup: instituant sectateurs de luy nommez Pythagoriens par lesquels il fut singulierement respecté, & non moins honoré des autres par tout le monde, estant demouree iusques à present sa memoire tres-celebre, & venerable en toutes nations, & iamais ne perira tant que les lettres dureront. Estant né à Samos apres qu'il eut grandement profité és lettres, il alla premierement en Egypte, apres en Babylone, pour apprendre le cours des astres, & la nature de l'vniuers. Depuis reuint par Crete & Lacedemon, où il entendit les loix de Minos, & Lycurgue, qui estoient lors en grande veneration. Finalement ayant toutes lesdittes choses cogneues, il arriua à Crotone: où il retira par son authorité le peuple de luxure & oisiueté à laquelle il estoit adonné, à bonnes meurs, & honneste vie: ayant doctrine pour les femmes separee de celle des hommes, & pour les enfans separee de celle des peres. Car il enseignoit aux femmes comment elles deuoient viure pudiquement, obeir à leurs maris & les seruir, & aux enfans comment ils deuoient estre modestes, & apprendre science: & à toutes gens cõseilloit viure sobremẽt: comme la chose dont toutes vertus auoyent naissance. Apres qu'il eut demouré vingt ans à Crotone il alla à Metapont, où il mourut: & les Metapontins apres son decez l'eurent en telle reuerence, qu'ils consacrerent sa maison en temple, & l'adorerent comme Dieu.

Si furẽt au mesme temps les sept appellez & reputez sages de Grece: Solon, Thales, Pittaque, Bias, Cleobule, Chilon, Periandre, lesquels excepté Thales furent tous ou legislateurs ou gouuerneurs d'estats, & acquirent celuy renom de sagesse, pour estre seulement bien entendus és affaires de gouuernement, & qui sont en commun vsage des hommes. Les autres sçauans de cest aage, & qui leur succederent, furent Astrologiens, Physiciens, & Medecins: comme Democrite, Heraclite, Hippocrates, Empedocle, Parmenide, Melisse. Et en ceste mesme saison sont côtez Stesichore, Simonide, Alcee, Sapho, Theogius,

Ana-

LIVRE CINQVIEME.

Anacreon, Archiloque, Alcmeon, Epicharme, poëtes. Epimenide Caudien deuin, Anacharsis Scythe, Charondas & Zaleuce legislateurs. Daniel, Hagee, Zacharie, Hieremie, Sophonie, prophetes Hebrieux.

Solon donna loix aux Atheniens, dont il acquit grande reputation, & excella en tout sçauoir: mesmement en la poësie, à laquelle s'il se fust totalement adonné il n'eust esté moins estimé, qu'Homere & Hesiode, ou quelque autre des excellens poëtes anciens: comme il est attesté par Critias au Timee de Platon. Cestui-cy desirant veoir le païs, alla en Egypte vers le Roy Amasis, & de là reuint à Sardes, vers Cresus Roy de Lydie trespuissant & riche. Qui se pensoit à ceste cause le plus heureux homme du monde. Or aprez auoir faict monstrer ses tresors pleins de felicité mondaine à Solon, il luy en demanda son aduis: lequel sans flaterie respondit, que nul pouuoit estre iugé heureux auant sa fin. D'autant que plusieurs en ceste presente vie apres grandes felicitez tombent en extremes miseres, & calamitez. Comme il aduint depuis a Cresus lequel vaincu en guerre, & constitué prisonnier par Cyrus, fut lié & mis sur vn bucher pour estre bruslé. Adonc luy souuenant du propos de Solon, le nomma par trois fois en souspirant: Et Cyrus l'entendant eut remors, & pensa que luy qui estoit homme, faisoit mettre dans le feu vn autre tout vif: lequel estoit n'agueres non moins heureux que luy. Ainsi craignant la punition diuine, & considerant n'y auoir rien stable és affaires humains, il commanda que le feu fust soudainement esteinct, & Cresus delié. Voyla comment Solon vint en la cognoissance de Cyrus, & saulua la vie à Cresus par son sage aduertissement.

Epimenide fut familier de Solon, & luy ayda à faire ses loix. Il excella en l'inuention de plusieurs choses nouuelles, & estant deuin excellent, il dedaignoit la prediction des choses futures, & deuinoit les passees. Il predit la descente des Perses en Grece assez long temps deuant, & qu'ils retourneroient sans rien faire.

Thales illustre Physicien & Astrologien fut le premier entre les Grecs qui partit l'an en CCCLXV iours, trouua les poincts de Solstices & Equinocces, la petite ourse & les estoilles prochaines. Il predit l'eclipse du soleil au regne d'Astyage ayeul maternel de Cyrus, & empescha les Milesiens ses citoyens entrer en alliance auec Cresus contre Cyrus. Lequel conseil fut cause de leur salut apres la victoire. Aristote és politiques escrit de luy, qu'il preueut par Astrologie l'abondance future des oliues: où il pouuoit beaucoup gaigner. Monstrant estre facile aux philosophes s'enrichir s'ils vouloiét, mais ce n'estre leur estude. Et Platô au Theetete, que comme il côtemploit les estoilles, & regardoit en hault, il tomba en vne fosse: Dont il fut repris par sa chambriere femme d'esprit & plaisante, parce qu'il vouloit sçauoir ce qui est au ciel, & ignoroit ce qui estoit deuant luy & pres de ses pieds.

DEMOCRITE est appellé par Seneque au septieme des questions naturelles le plus subtil des anciens: & au liure vnique de la brieueté de la vie, le nombre entre les premiers & plus excellés maistres des sciences. Ciceron au premier des fins, le dict homme sçauant, & perfaict en Geometrie: & recommande son oraison ou style en l'orateur à Brutus disant que combien qu'elle soit aliene du vers, neantmoins pour estre esleuee, & enrichie de tresclaires lumieres de parolles, sembler plustost estre poesme, que les vers des poetes comiques. Pline raconte que luy & Pythagoras voiagerent en Perse, Arabie, Egypte, Ethiopie : afin d'apprendre la magie, & qu'eux deux les premiers la celebrerent par deçà. Et en vn autre passage. Il est manifeste (dit il) que Democrite autrement homme bien aduisé, & tresutile à la vie, a failly par trop grād desir qu'il auoit d'ayder aux mortels. Et liure septieme il promettoit de faire reuiure les autres, qui n'a point reuescu luy mesme. Il estoit si tresfort adonné à la contemplation, que les Abderites ses cytoiens l'estimoient fol, & appellerent Hippocrates pour le guarir : lequel arriuant en Abdere le trouua seul sage entre tous eulx : Seneque de la prouidence diuine escrit qu'il abandonna les richesses, les estimant estre chargé d'vn bon entendement. Aucuns ont dict que volontairement auec vn miroir ardant il se priua de la veue, pour veoir plus clairement de l'esprit. Ciceron en la cinquieme Tusculane. Democrite (dit il) ayant perdu les yeux, ne pouuoit discerner le blanc & noir, mais bien le bon & mauuais, iuste iniuste, honneste laid, vtile inutile. Et pouuoit viure heureusement sans la varieté des couleurs : non sans la cognoissance des choses. Ce personnage cuydoit la veuë de l'esprit estre empeschee par le regard des yeux. Et comme les autres ne veissent souuent ce qui estoit deuant leurs pieds : il peregrinoit par toute l'infinité, sans consister en aucune extremité. Plutarque de la curiosité afferme cela estre faux. Seneque liure deuxieme de l'ire dit qu'Eraclite sortant de sa maison, & voyant autour de luy tant de mal viuans, ou plustost mal mourans : il auoit pitié de tous, & plouroit : Au contraire Democrite ne fut iamais veu sans rire.

Hippocrates a eu cest honneur d'auoir esté le premier qui escriuit clairemēt de la medecine, & des reigles d'icelle. Plutarque atteste de luy, qu'ayant escrit touchant les coustures de la teste de l'homme en l'anatomie, puis cognoissant qu'il y auoit ignoré quelque cas, il voulut publiquement prescher sa faulte, de paour que les autres ne tombassent en tel erreur. S. Augustin a esté seul apres luy, qui s'est publiquement corrigé, mettant en lumiere les retractations. Les autres sont communémēt si outrez de gloire, & opiniastreté, qu'ils mourroient plustost qu'ils se dedissent.

EMPEDOCLE Agrigentin illustre Physicien escriuit en vers six liures de la nature : dont Aristote fait souuent mention, mesmement en la poetique : où il dit Homere & Empedocle n'auoir rien commun que les vers : & l'vn estre vray Poete, l'autre deuoir estre appellé plustost Physicien, que Poete. Et en la metaphysique parlant de luy & de Anaxagoras, atteste Anaxagoras superieur d'aage qu'Empedocle : mais inferieur d'œuures. Et és problesmes qu'il fut de complexion melancolique. Pline dit qu'il voyagea loing pour apprendre la magie, comme feirent Pythagoras & Democrite. Et Horace en l'art poetique, que voulant laisser opinion de luy qu'il fust Dieu, & disparoissant secretement de la veuë des hommes, il se ietta dedans le trou ardant & fumeux du mont Etne : & que ce faict fut depuis cogneu par l'vn de ses patins, qui estoient d'Erain: lequel fut ietté en hault par la vehemence du feu & du vent.

Anaxagoras gentil homme Clazomenien deuint Philosophe fort excellét, & fut appellé par ceux de son temps Noῦς qui signifie intelligéce: fust ou pour admiration qu'ils auoient de son sçauoir & entendement, lequel s'estoit monstré grand: par especial en la philosophie naturelle, ou bien pour ce qu'il fut le premier qui adiousta l'intelligence à la matiere, & constitua aux choses naturelles pour commencement & premiere cause de leur distinction & ordonnance, l'intelligence. Pline escrit de luy que par la cognoissance des astres, il predit que quelques iours en apres tomberoit vne pierre du ciel: ce qui aduint aux parties de Thrace en plein iour. Il fut le premier qui publia liures escrits de luy, & vescut au mesme temps que Democrite.

Or anciennement en Grece ceux qui escriuirent les premiers des choses diuines, celestes, naturelles, morales, politiques, militaires, furent Poëtes: & estoient communément prestres, Theologiens, Musiciens, Astrologiens, Medecins, comme Line, Musee, Orphee, Amphion. Line fils d'Apollo & de Terpsichore tressçauant en Musique, fut precepteur d'Hercules, de Thamyras, & Orpheus. Lon dict qu'il apporta le sçauoir de Phenicie en Grece: comme feit Atlas l'Astrologie de Lybie. Musee fut reputé comme Prophete ayant baillé aux Grecs plusieurs ceremonies: Duquel Virgile rend treshonorable tesmoignage au sixieme de l'Eneide l'appellant poete insigne en perfaicte grádeur, & le faisant paroistre és champs elysiens le plus eminent entre tous les gens de bien, honneur, & sçauoir estans par delà: qui auoiét nom memorable en toute aage. Orphee & Amphion furent tant excellens musiciés, qu'on les estimoit par leurs doux chants faire mouuoir arbres & rochers, arrester les fleuues, & adoucir les bestes sauuages. Orphee institua le premier en Grece les initiations des dieux, les purgations des pechez, remedes des maladies par charmes & enchantemés, & les moyés d'appaiser l'ire diuine. Lon dit que de luy & de Zoroastre cóme peres & autheurs, proceda toute la sagesse anciéne. Iamblique afferme que Pythagoras suyuit la Theologie Orphique cóme vn patró, sur laquelle il dressa & forma sa Philosophie: & qui plus est les parolles de Pythagoras ne auoir esté estimees sainctes ou sacrees, sinon pour estre deriuees des preceptes d'Orphee. De là estre venuë la doctrine secrette des nombres, & tout ce qu'a eu d'admirable la Philosophie Grecque. Lesquels secrets il enueloppa de fables, & les cacha soubs couuerture poetique. Demosthene en l'oraison contre Aristogiton appelle Orpheus autheur des sacrees ceremonies, dont vsoient les Grecs. Il fut estimé sainct apres son trespas, & par chacun an y auoit feste solennelle à luy dediee, comme au plus sçauant qui fut oncques en Grece tant en la religion & Theologie du temps, qu'en poesie.

Ausquels succederent Homere & Hesiode qui furent de mesme téps ou prochains l'vn de l'autre, & acquirét par diuerses vertus louenge tresgrande & durable. Homere escriuit l'Iliade & Odyssee Hesiode laissa preceptes de l'agriculture & Astrologie entremeslez d'aduertissemens à bien viure, & la genealogie fabuleuse des Dieux. Homere sans controuerse a gaigné le premier lieu entre tous les poëtes de toutes nations & aages, qui furent oncques. Et luy donne Pline la premiere loüenge de l'entendement humain en si grande diuersité de natures, multitude de disciplines, varieté d'actions, d'exercices, & œuures, l'ayant meritee tant par l'excellence de sa poësie, que par l'heur de la matiere heureusement traittee. Premierement ce qu'il escrit ne le semble dire, ains representer deuant les yeux. Telle est en luy la dexterité à exprimer non seulement les corps mais aussi les mouuemés occultes des ames : en sorte que sa poësie paroist estre vne image de la vie humaine. Il est tant cóforme au sens commun, & a tant bien accommodé ses parolles aux affaires, qu'apres si grande mutation aduenue és meurs & coustumes humaines, depuis le temps qu'il vescut iusques à present, il garde tousiours de siecle en siecle, & de païs en païs mesme grace que s'il venoit d'estre faict, retenant non seulement l'authorité d'antiquité, mais aussi le plaisir de nouueauté : comme s'il y auoit en luy vn esprit continuellement r'enieunissant, & vne ame non iamais vieillissante qui l'entretint en celle vigueur. Tant ont de force les escrits faicts aupres du naturel, que iamais n'aneantissent : ains tant plus que vont en auant, plus ils ont de grace, & plus ils acquierent d'authorité. Entre ses loüenges singulieres celle la est tres-veritable, qu'il est seul au monde qui n'a iamais saoulé ou degousté les lecteurs, se monstrant tousiours à eulx tout autre, & florissant tousiours en nouuelle delectation : d'autant qu'il les mene d'vn comte à autre, & par la nouueauté empesche qu'ils ne se lassent, & saoulent iamais d'ouyr : coulans mesmement ses beaux vers sans peine, auec felicité presque diuine, & facilité nayue, laquelle neantmoins il a conduitte de sorte qu'il obserue grauité és matieres hautes, proprieté és basses, decence temperee és moyennes : & partout varieté delectable és narrations, similitudes, oraisons, amplifications, argumens, exemples, digressions, és parolles, sentences, figures, & en la continuation des propos telle disposition, que lon peut dire n'y auoir iamais eu son pareil. Aristote & Ciceron pensent qu'il n'eust peu venir incontinent à telle perfection, & y en auoir eu d'autres deuant, attendu que rien n'est perfaict en son commencement & naissance. Si l'ont eu les Grecs en telle admiration, qu'ils luy attribuoient la cognoissance de toutes choses, & pensoient toutes disciplines, & toutes les sectes qui furent entr'eulx estre yssues de sa source. Les plus illustres capitaines le lisoient trouuans en luy le plus beau de l'art militaire. Les eminés philosophes l'alleguoient prouuans par ses vers leurs raisons. Les autres fondoient en luy l'estat politique & economique, l'agriculture, le mespris des vanitez humaines, & la deuotion deüe à la religion. A ceste cause comme esloigné d'ambition il eust teu son origine, plusieurs peuples le maintenoient estre leur citoyen : comme les Colophoniens, Rhodiens, Chiotins, Salaminiens, Smirniens, qui luy dresserent vn temple en leur ville, & plusieurs autres contendoient pour luy entr'eulx. Mais celuy en iugea mieux lequel considerant en luy tant de vertus & de graces, pensa n'estre possible qu'il eust esté humainement engendré, ains que le ciel estoit son pere, & Calliope principale des muses sa mere.

 Quant à Hesiode qui tient entre les poëtes Grecs le second lieu apres Homere, il donna à entendre qu'il estoit deuenu tel sans estude, & qu'en son premier aage estant enuoyé par son pere garder le bestail, il s'endormit au mont parnasse: Durant lequel sommeil les muses luy apparurent, & inspirerent diuinement la poësie. Apres il fut prestre & curé d'icelles muses en Helicon, & escriuit de l'astrologie & agriculture. Plutarque raconte qu'ayant esté tué à grand tort, puis lancé en la mer, il fut recueilly par vne flote de daulphins, qui le porterent iusques au chef de Rhion pres la ville de Molicrie: où estant recogneu par ce qu'il estoit freschement occis: les Molycriens à cause de son grand renom, l'enterrerent honorablemét: & n'eurent rien en plus-grãde recõmandation, que d'enuoyer incontinent par tout enquerir de ce meurdre, & feirent si prompte diligence, qu'ils trouuerent les meurdriers, lesquels ils ietterent tous viuans au fond de la mer, & raserent leurs maisons.

Si furent blasmees par les gens de bien & religieux de ce temps, les fables impertinentes qu'Homere & Hesiode, & les autres poëtes auoient escrittes des dieux, proposans leurs formes, aages, sexes, transformations, vestemens, ornemens, banquets, risees, conuoitises, plaintes, lamentations, fascheries, choleres, haynes, differens, discordes, combats, guerres, & batailles, non seulement quand diuers dieux defendoient armees contraires de part & d'autre, mais aussi quand ils ont mené leurs propres guerres contre les Titanes & Geans: paillardises, adulteres, incestes, lyens, compaignies auec le genre humain, & les mortels engendrez d'immortels: & plusieurs autres telles choses transferees à la similitude de la fragilité humaine, contraires aux bõnes meurs & à la pieté. Pythagoras disoit estre descendu és enfers, & auoir veu l'ame d'Hesiode lyee estroittement à vne colomne d'erain: & celle d'Homere pendue à vne arbre: portans eulx deulx peines de ce qu'ils auoient feinct follement, & controuué des dieux. Isocrates affermoit que iaçoit qu'ils n'eussét encores esté assez chastiez pour ces impietez: neantmoins qu'ils n'estoient demourez du tout impunis, ayans esté les vns d'eulx vagabons & mendiens, les autres aueuglez, les autres bánis de leurs païs: Et qu'Orpheus principal autheur de telles fables auoir esté occis, & mis en pieces, & ses membres çà & là espandus par les champs. Platon ne leur donnoit lieu en sa Republique à cause de telles impietez absurdes: ains vouloit y estre receus seulement ceux qui faisoient hymnes diuins, ou aduertissemens moraux. Et pourtant ie m'esmerueille des poëtes du iourd'huy, qui pour se rendre plus semblables par imitation aux anciens remettét sus telles fictions Payennes, ne considerans la religion Chrestienne en laquelle ils sont eleuez aliene de toute superstition, & les meurs de leur temps: ausquelles chacun escriuant en vers & en prose se doit principalement accommoder.

OR apres les poëtes susdicts vindrent les philosophes, qui commencerent au regne de Cyrus comme il a esté touché parauant, & escriuirent premierement presque tous en vers: comme les precedens, & se diuiserent en deux sectes, appellez les vns Ioniques, les autres Italiques. Thales natif de Milet en Ionic fut autheur de la secte Ionique. Pythagoras Samien demourant à Crotone, en celle partie d'Italie ditte la grande Grece, institua l'Italique dont les sectateurs furent appellez de luy Pythagoriés: enseignans leurs doctrines par nombres & figures. A Thales succeda Anaximandre, à Anaximandre Anaximene,

DE LA VICISSITVDE DES CHOSES

à Anaximene Anaxagoras, à Anaxagoras Archelas: à Archelas Socrates. D'autre part à Pythagoras succeda Telanges son fils, à Telanges Xenophanes, à Xenophanes Parmenide, à Parmenide Zenon eleatien & Melisse, à Zenon Leucipe, à Leucipe Democrite, à Democrite plusieurs, entre lesquels sont celebrez Nauciphane, & Naucide: Et autres renommez és deux sectes iusques à Platon & Aristote: qui abolirent ces sectes, en introduisans autres nouuelles des Academiques & Peripateliques, & supplantans la renommee de ceux qui les auoient commencees: comme Alexandre Macedonien supplanta la gloire de Cyrus, & de ses successeurs Roys: ruinant la monarchie Persienne.

Mais la plus-grande gloire des Grecs prit commencement au voyage de Xerses Roy de Perse contre la Grece, lequel par la puissance inestimable qu'il amena quant & luy, l'estonna fort & feit la plus-grand frayeur aux Grecs qu'ils eurent iamais, sachans bien que ceste guerre estoit entreprise contre eulx, pour les reduire tous en seruitude. Et voyans que ja toutes les citez Grecques assises en Asie estoient asseruies, ils s'attendoient bien que celles de la Grece n'en auroient pas meilleur marché. Et au contraire la guerre ayant prins toute autre fin que lon n'esperoit, elles se trouuerent non seulement hors de danger de seruitude: mais y acquirent gloire tres-grande, & n'y eut ville ne cité qui n'en deuint si opulente, que tout le monde s'esmerueilloit, comme les choses estoient ainsi aduenues au contraire de ce que chacun attendoit. Car depuis ce temps là iusques à cinquante ans en aual, la Grece alla tousiours merueilleusement croissant en toute felicité, & feit la prosperité & opulence florir les ars. Tellement que lon trouue que les plus excellens ouuriers qui furent iamais au móde vescurent en ce téps là. Aussi les sciences & mesmement la philosophie, allerent adóc merueilleusemét en auant. Pareillemét l'eloquence fut auancee par toute la Grece, mais specialemét en Athenes. Car en ce temps là furent les excellens orateurs Pericle, Gorgias, Thrasimaque, Hippias, Prodique, Protagoras, Isocrate, Lysias, Demosthene, Eschine, Antiphó, Andocide, Hyperide, Dynarque, Isee, Lycurgue, Demade, Demetre Phalerien. Historiés, Herodote, Thucydide, Xenophon, Philiste, Ephore, Theopompe, Timee, Callisthene. Poëtes tragiques Eschyle, Sophocle, Euripide. Comiques Cratine Aristophane, Eupolis, Menandre, Philemon, Diphile. Statuaires, Lysippe, Chares, Phidias, Polyclete, Praxitele, Ctesias, Dinomene, Cymon, Myron. Plastes Lysistrate, & Dibutade. Painctres Apelles, Protogenes, Polygnote, Parrhase, Aristide, Thebain, Parale, Zeusis. Architectes Dynocrate qui bastit Alexandrie d'Egypte, Ctesiphon Gnosien le temple d'Ephese. Philon l'arsenal d'Athenes. Sculpteurs Alcamene, Agoracrite, Scopas, Bryaxis, Timothee, Leochares, Pythis. Musiciens Timothee, Anaxarque, Damon, Aristoxene. Arithmeticien Nicomaque fils d'Aristote, Euclide Geometrien, Eudoxe Astrologien. Philosophes les derniers de la secte Pythagorique ia nommez iusques à Socrates lequel fut le premier entre les philosophes Grecs qui retira la philosophie de la contemplation celeste & naturelle en laquelle s'estoient occupez les precedens, & l'accommoda au gouuernement des maisons, villes, & republiques: estimant la cognoissance des choses celestes & naturelles estre difficile, & que ores estant cogneues elles seruoiët peu à bien viure. Parquoy il vacquoit principalement à raisonner des meurs, des vertus, & des vices, & entierement du bien & du mal. Apres Socrates fleurirét successiuemét Platon, Aristote, Theophraste, Xenocrates, Polemõ, Crantor, & autres tant Academiques que Peripateticiens : Zenon Stoique auquel succeda Cleáthe Epicure, croissans tousiours les esprits des Grecs iusques aux regnes de Philippe & Alexãdre auquel temps vindrent toutes choses à leur excellence & comme perfection : dont elles decheurent incontinent, & beaucoup plustost qu'elles n'y estoient montees.

 Au regard de l'art militaire Philippe & Alexandre de Macedoine ne surpasserent pas seulement tous les grands capitaines de leur temps en sçauoir & experience de guerre, prouësse, magnanimité, heur, & succez de conquestes, encore qu'en leur aage il en y eust plusieurs illustres : comme Epaminõdas & Pelopidas Thebains, Timothee, Conon, Chabrias, Iphicrate Atheniens, & peu auant Pausanias, Lysandre, & Agesilas Lacedemoniens, Timoleon Corinthié: Mais aussi ceux du temps des guerres Medoïses & Persiennes : comme Themistocle, Aristide, Cymon, Milciade, & outre ceulx la Conon, Myronide, Pericles & quelques autres Grecs, & en Sicile Gelon fils de Diomenes. Car qui vouldra comparer les vertus de tous eulx auec les faicts & la gloire de Philippe & Alexandre, il trouuera leur vertu & renommee plus excellente que des autres, & qu'ils les ont laissez derriere de bien long espace. Philippe ayant à son commencement bien peu de moyen, rendit à la fin son Royaume plus puissant & plus redoubté, que nulle autre seigneurie qui fust de son temps en toute l'Europe : Et trouuant à son aduenement la Macedone serue & tributaire aux Illyriens, la rendit auant que mourir dame & maistresse de plusieurs villes, plusieurs païs, & nations voisines. Il se feit elire par sa propre vertu capitaine general de toute la Grece, se soubmettans les villes Grecques volontairement à sa conduitte. Et apres auoir defaict à force d'armes ceux qui auoient pillé & saccagé le temple d'Apollo en la ville de Delphes, & rendu l'accez seur & libre de l'oracle, obtint lieu & voix en l'assemblee des estats de la Grece que lon appelloit le conseil des Amphictyones : Ce que luy fut donné & ottroyé pour loyer de sa vertu, & de la deuotion qu'il monstra auoir enuers les Dieux. Puis ayant rengé à sa volonté les Illyriens, Pannoniens, Traces, & Scythes, il entreprit ruyner l'Empire de Perse. Suyuant laquelle deliberation il enuoya deuant son armee en Asie, où il affranchit les citez Grecques assises en icelle. Mais estant surpris de mort il ne peult mener à fin son entreprise : ains laissa à son fils & successeur Alexandre telle & si grande puissance, qu'il n'eut depuis aucun besoin de chercher ailleurs ayde ne secours pour ruiner l'Empire de Perse. Toutes lesquelles grandes choses il feit non auec la faueur de fortune, mais par sa propre & seule vertu, estant prince fort sage, mesmement au faict de la guerre, vaillant de sa personne, affable & autant liberal que prince sçauroit estre.

 Quant est d'Alexandre son fils il feit en peu de temps beaucoup de grandes choses, & par son bon sens & vaillance surpassa tous les Roys qui furent oncques celebrez par leurs haults faicts, depuis que le monde est monde. Car en l'espace de douze ans qu'il regna seulement, il conquit vne bonne partie de l'Europe, & presque toute l'Asie entierement : Dont il acquit à bon droict tresgrande gloire, & pareille aux grands princes anciens: qui pour la grandeur & hautesse de leurs vertus & de leurs actes, ont esté reuerez de la posterité cóme demy-dieux. Dés son enfance il monstra signes euidens de sa grandeur future. Il ne prenoit plaisir aux Dames, ny aux ieux, ny à autre passetemps quelconque, ains se delectoit seulement aux armes. Et tant plus qu'il veoit le Roy Philippe son pere prosperer il estoit marry, disant que ne luy laisseroit rien à faire. Comme les autres ieunes seigneurs de son aage l'inuitoiét aller aux ieuz olympiques: leur respondit qu'il iroit volontiers, s'il y pensoit trouuer autres Roys auec lesquels il eust à combattre & iouter. Les ambassadeurs du Roy de Perse parlans à luy, dirent y auoir trouué plus de magnanimité que son aage ne portoit. Le Roy Philippe desirant sçauoir qui seroit son successeur, enuoya vers l'oracle d'Apollo en Delphi: où il eut responce, que cestuy là succederoit au Royaume, & iouyroit de l'Empire de tout le monde, que le cheual Bucephale souffriroit monter sur luy. Ce qui aduint en Alexádre: Car ce Bucephale estoit cheual de singuliere beauté, mais fier & indomptable aux autres qui se rendit si traittable enuers Alexandre, qu'il en faisoit ce qu'il vouloit, & le garda longuement, le reseruant aux batailles, ou passages dangereux. Si fut l'heur d'Alexandre tel, qu'il ne donna iamais bataille que ne gaignast, ny assiegea forteresse qu'il ne prist. Encore bien ieune mal fourny d'argent, & n'ayant que XXXV. ou XL. mil hómes de guerre, fut si hardy & auétureux que de passer la mer, & aller en Asie assaillir le Roy de Perse le plus grand, & le plus puissant du monde, fort auant en son Royaume, qu'il defeit par trois fois mettant au auderoute les armees de son aduersaire. Dont la moindre fut de quatre a cinq cens mil combattans. Apres lesquelles defaittes, le Roy de Perse luy offrit deux mil talés, & vne partie de son Royaume pour recouurer sa mere, sa femme, & ses filles. Mais il ne les voulut rendre, donnant response magnanime, que comme le monde ne pouuoit estre regi par deux soleils, qu'il n'y pouuoit aussi auoir deux souuerains Royaumes, demourant la terre habitable en son entier. Conquis tout l'estat de Perse, il marcha auec son armee iusques aux extremitez d'Oriét, par chemins la pluspart si rudes & longs, & entre tant de nations differentes, qu'à grande difficulté pourroit on y aller legerement equippé à pied ou à cheual, osté le hazard de combattre. Puis retournant d'Indie en Babylone, il fut salué comme Roy de tout le monde en l'aage de XXXIII. ans, par ambassadeurs enuoyez de Cartage, & du reste de l'Affrique, mesmement: des Espagnes, & des Gaulles, Sicile, Sardaigne, Italie. Telle estoit la terreur de son nom, & reputation de sa grandeur & felicité. Et l'Orient vaincu, menassoit Cartage: dressant grosses armees par mer & par terre pour conquerir l'Occident: ayant deliberé marcher par Afrique iusques aux coulonnes d'Hercules, & passer au destroict en Espagne, puis de là retourner par Gaulle & Italie en Grece, quand il mourut au mylieu de ses entreprises & victoires. Il estoit si ambitieux qu'entédant le philosophe Democrite affermer y auoir plusieurs mondes, il se plaignoit de demourer tant à acquerir cestuicy,

&

& estoit marry de ne pouuoir plustost enuahir les autres. Il se disoit fils de Dieu, & faisoit adorer comme tel. Et apres qu'il fut mort, son corps demoura par sept iours sans corruption, & sans puanteur. Ce qui confirma l'opinion qu'on auoit de sa diuinité. Voyla quant à l'excellence des armes qui fut lors. Et ne sera mal à propos d'insister aussi quelque peu à celle des lettres: qui ne se trouuera moindre en Platon & Aristote selon leurs qualitez.

Donques ces deux meirent la philosophie au plus hault qu'elle fut iamais, & ont surmonté non seulement les autres philosophes precedens tant Grecs que estrangers: mais oncques puis n'eurent leurs pareils. De sorte que le monde tient d'eulx iusques à present la pluspart de ce qu'il sçait, estant leurs liures qui restent, traduicts en toutes langues, & dispersez en toutes nations. Ils ont sceu tout ce qu'il estoit possible sçauoir en leur temps, & à quoy l'entendement humain pouuoit lors paruenir. Il n'y a doctrine liberale, il n'y a art ou science quelle que soit, dont n'ayent parlé proprement. Il n'y a rien au ciel, en la mer, & en la terre, qu'ils ayent omis. Pour à quoy paruenir ils choisirent vne maniere de viure tranquille & paisible, propre à sçauoir & contempler. Laquelle comme approchant de la vie celeste, leur sembloit digne de l'homme sage. Ils fuyrent les charges publiques pleines d'enuies & de trauails, cherchans repos pour estudier & escrire. Platon apres auoir longuement conuersé auec Socrates, apres auoir esté en Italie, en Sicile & en Egypte, iaçoit qu'il aymast fort sa patrie, & entendist tresbien la politique: Toutefois il ne se voulut entremettre de la republique: par ce qu'il veoit le peuple d'Athenes comme radottát de vieillesse, & pres de sa fin. Mais employa tout le temps de sa vie à apprendre & chercher verité, mostrant de bouche par escrit & par effect, le chemin de vertu à tous ceux qui le vouloiét suyure. Il y a telle maiesté en son parler, que lon a estimé que quád Dieu eust voulu vser du langage des hommes, qu'il n'eut autrement parlé que Platon. Et l'appelle Ciceron pere non seulement de sçauoir: mais aussi de bien dire: ayant style moyen entre la prose & le vers, approchant neantmoins plus pres de l'homerique. Et où les Grecs alloient parauant és païs estranges estudier: les estrangers commencerent en son temps venir à Athenes, pour apprendre les lettres.

Semblablemét Aristote fut appellé honorablemét par le Roy Philippe, qui estimoit beaucoup auoir vn tel personnage natif de son Royaume & en son téps: Et ce pour instruire son fils Alexádre. Où apres auoir demouré huict ans, cóbien qu'il eust grád credit en la court de Macedoine, & peust paruenir à gros estats & biés: il se retira neátmoins en Athenes, pour illec vser le reste de sa vie és lettres. Et cóme en vne sciéce particuliere lon acquiere à grádé peine quelque excelléce, ne faisant toute la vie autre exercice: il excella en tout ce à quoy il se voulut appliquer, & iamais n'étreprit rié traitter, qu'il ne reduict presqu'à sa souueraine perfectió. En quoy luy ayda beaucoup la viuacité de son esprit, inclinatió aux lettres & perseueráce, la doctrine eminéte de Platon son precepteur qu'il ouyt par l'espace de vingt ans, l'heur du siecle auquel il nasquit plein de bons liures & riche de tous ars, & la liberalité de son disciple Alexádre, qui le secourut de biens, pour paruenir à son intétion. Plusieurs debattent qui peut auoir esté le plus grand entendemét entre les hômes. Ce qui est difficile à decider: Toutefois en y prenant bien garde, nous n'en trouueros de plus admirable, que celuy d'Aristote pour l'excelléce des œuures qu'il a cóposees, & la dignité des matieres qu'il a traittees. Platon ne s'est tant arresté à la philosophie naturelle qu'Aristote, & a esté fort curieux de la morale & politique, excellent en la mitaphysique. L'vn a traitté de la creation du monde, des figures, qualitez, & mouuemens des quatre elemens, dont l'vniuers est establi. Il mettoit trois principes, Dieu, l'Idee, & la matiere premiere nourrice de toute generation. L'autre s'efforce prouuer que le monde soit eternel, mettant aussi trois principes mais differens : à sçauoir, matiere, forme & priuation. Il dispute du lieu, du vuide, du temps, du mouuement, de la generation & corruption, des quatre elemens, des mutations aduenans en l'air. Il a monstré les naissances, vies, figures, parties, inclinations, affections, & actions de tous animaux. Theophraste son disciple les natures, causes, & raisons des plantes & autres choses procreées de terre. Tous deux ont escrit de l'ame. Mais Platon parle plus certainement de son immortalité qu'Aristote. Platon a discouru de la parfaitte Republique, des loix, & des vertus amplement. Aristote aussi a composé plusieurs liures en la philosophie morale, deduisant toutes ses parties iusques à l'Economique. Dauantage il recueillit les institutions & disciplines des Republiques & Royaumes de son temps, & qui auoient flory par auant. L'vn & l'autre a monstré les changemens qui y aduiennent, & les moyens d'y remedier. Quant est de la Dialectique, Aristote s'en attribue l'inuention & perfection. Encores a il parlé de la Rhetorique, & poesie tant exactement qu'on ne trouue rien meilleur en telles professions. Au reste Platon a escrit par Dialogues : esquels il introduit communément Socrates n'asseurant rien, disputant beaucoup de choses affirmatiuement & negatiuement: s'enquerant de toutes, demandant l'opinion des assistans, sans dire la sienne, & sans rien resouldre. Laquelle maniere d'escrire a grand' efficace, & rend les disputes plus intelligibles : comme si on les faisoit lors, & n'estoient prises d'ailleurs : gardant mesmement la dignité des personnes introduittes, & accommodant à chacune propos conuenables pour la varieté, qui cause merueilleux plaisir. Quoy faisant il a suyui vne maniere d'escrire elegante, magnifique, pleine de maiesté & de grauité tant en parolles qu'en sentences, enrichié de translations, allegories, & autres couleurs de rhetorique : sans obseruer certaine methode d'enseigner. Mais Aristote entre tous a escrit methodiquement. Il s'explique ainsy que la matiere requiert proprement, & sans ornement exquis de parolles. Ce qu'il entreprent traitter, il le poursuyt depuis le commencement iusques à la fin, n'extrauagant aucunement, & ne laisse rien indecis. Plusieurs l'ont blasmé de ce qu'il s'estoit rendu expressément obscur & ambigu en plusieurs endroicts : & qu'il l'auoit faict par finesse, craignant qu'on ne le traictast de la sorte qu'il auoit traicté les autres. Platon est plus abondant, Aristote plus nerueux. L'vn a entremeslé plusieurs opinions estrages en ses liures : comme de la transmigration des ames d'vn corps en autre, de la communion des femmes & enfans & des biens. L'autre s'est plus cóforme à la vie commune, & aux actions ciuiles. L'vn s'est principalement arresté aux choses intelligibles, l'autre aux sensibles. L'vn a cherché par tout les Idees ou formes, l'autre s'en est mocqué: comme des opinions precedétes qu'il a reprises aigrement. Toutefois plusieurs ont esté d'aduis qu'il n'y auoit difference entr'eux és sentéces: ains és parolles seulement, & se sont efforcez les accorder. Finalemét les Grecs ont estimé l'vn diuin, & a esté la doctrine fort honoree, luy viuant & apres son decez. L'autre tenu pour ardmirable, homme de grand iugement, & incomparable sçauoir, singulierement reueré par ceux qui ont depuis vacqué aux lettres. Bref Aristote aprit tout le bien ce qu'il sçauoit de Platon: & luy fut heur merueilleux d'auoir esté disciple du plus excellent Philosophe que lon sçache, & precepteur du plus grand Roy du monde.

Il ne seroit raisonnable d'omettre icy Demosthene qui ouyt Platon diligément, & fut amy d'Aristote: tant accomply en eloquence, qu'il est estimé estre la loy & reigle d'orer, & bien dire. Il y a telle force en ses parolles, & les a tant bien ordónees, qu'on n'y sçauroit rien adiouster ou diminuer. Il n'est possible és causes qu'il a traittees, & és oraisons qu'il a escrittes rien excogiter finemét, ou expliquer subtilement: qu'il n'ayt tresbien entendu. Ny au contraire trouuer rien plus hault, plus graue, & mieux orné que ce qu'il a dict & escrit. Car il fut tant studieux & laborieux, que iusques au cinquatieme an de son aage, lon ne trouua oncques artisan en Athenes qui fust plus diligent de se leuer matin que luy. Et iaçoit qu'il eust beaucoup d'imperfections de nature: comme d'estre begue, d'auoir l'aleine courte, d'estre craintif: il surmonta par son industrie & diligéce tous ses empeschemés. Et se dressa tellement, qu'il n'y eut orateur de son temps (iaçoit qu'il en y eust à lors beaucoup d'excellens) qui prononçast plus nettement, parlast plus longuemét, & hardiemét que luy. Au surplus il ne fut pas petit personnage: ains eut en son viuant grande authorité par toute la Grece, craint & redoubté du Roy de Macedoine, honoré du grád seigneur de Perse, qui mania longuement les affaires d'Athenes d'où il estoit natif. Au moyen dequoy il entendit tresbien les matieres d'estat, les mutations qui aduiennent és seigneuries, & les causes d'où elles procedent. Et n'y à chose necessaire au gouuernement publique, dont lon ne trouue en luy quelque apparence: Ne tendans ses conseils seulement à l'vtilité, ains à l'honneur & hónesteté. Tellement que Platon & Aristote n'ont point mieux philosophé en leurs escholes, qu'il faisoit és assemblees publiques, & és iugemens.

Mais ainsy que ce siecle fut admirable en puissance & sapience & en tous ars: aussi fut il plein de toute meschancetté & de changemens extraordinaires. Comme s'il falloit que mesme aage produist monstres horribles & merueilles illustres. Car lon void communément où les entendemens des personnes sont plus grands, se rencontrer ensemble hommes tresvertueux & vicieux, autheurs de grandes choses bonnes & mauuaises. Comme si la vertu & le vice qui sont choses si contraires & repugnantes auoient leurs sommitez prochaines: Tellement qu'où l'vne est, l'autre bien tost luy tiéne compagnie, & point ne s'entre delaissent. Car ainsi que les natures genereuses deument instituces deuiennent perfaittement bonnes, & sont causes de grands biens, semblablement les mal nourries se rendent excellemment mauluaises, & font de grands maux: par ce que les exorbitantes meschancetez, & extremes vices ne procedent de lasche ou imbecille nature, mais de la genereuse depravee par nourriture. Comme il apparut en celle saison pleine de tous ars, & riche d'entendemens si excellens, par les mutations extraordinaires qui y aduindrent. Dont l'orateur Eschine se plaignant crioyt, qu'ils ne menoient adonc vie humaine: ains que sembloient estre nais, à celle fin que la posterité racontast d'eux merueilles inopinees & estranges. Et Demosthene luy respondant recognoist la fortune de son temps tresdure & aduerse, & n'y auoir eu Grec ne Barbare qui n'aye beaucoup enduré. Car non seulement chacun en particulier, mais publiquement les Roys, citez, & nations receurent grandes calamitez. En premier lieu quel trouble meit le Roy Philippe par toute la Grece, corrompant par dōs les magistrats & gouuerneurs des villes, & nourrissant entre les Grecs diuisiōs & partialitez. en sorte que luy mesme confessoit auoir beaucoup plus amplifié son Royaume par or & argent, que par armes. Et iaçoit que les Atheniens ayās suspect son accroissement, fussent continuellement exhortez par Demosthene à prendre la protection de la liberté commune, & à punir de mort les citoiens qu'ils cognoistroient vouloir trahir la republique: Toutefois ce grand orateur ne peut par toute sa diligence refrener la mauuaise inclination d'aucuns particuliers, qui ne cherchoient qu'à vendre leur païs. Tant il se trouua grande abondance de trahistres en celle saison. Depuis ainsi que Philippe enorguilly par plusieurs prosperitez, pour la grandeur de sa puissance se mettoit au renc des douze dieux: il fut tué par Pausanias gentil homme Macedonien auquel il denyoit iustice, és nopces de Cleopatre sa fille qu'il solennisoit en grand triomphe, regardant les ieux qui s'y faisoiēt, & estant sans aucunes gens de sa garde, entre les deux Alexandres l'vn fils, l'autre gendre qu'il auoit faict Roy de l'Epire. Duquel meurtre la coulpe pour la pluspart fut dōnee à la Royne Olympias laquelle repudiee par luy incita le ieune homme bouillant de courroux à ce faire. Mais aussi en y eut il quelque suspicion qui toucha à Alexandre, doubtant qu'il ne laissast le Royaume à vn autre. Lequel pareillement apres auoir tout renuersé s'en dessus desoubs en Europe & en Asie: à cause de son insolence fut empoisonné par ses plus intimes amys. Olympias femme de l'vn & mere de l'autre massacree par Cassandre, pour la grande arrogance qui estoit en elle, & les cruautez qu'elle auoit commises. Seneque appelle Alexandre furieux adolescent, ayant pour vertu vne heureuse temerité, & qu'il fut de ieunesse larron, & destruiseur de gens, estant la ruine de ses ennemys & amys: qui mettoit son souuerain bien à estonner & se faire redoubter de tous mortels. La fureur (dit il) incitoit le malheureux à gaster l'autruy, & le faisoit marcher en lieux incogneus. L'estimez vous sage qui commença par les ruines de Grece, en laquelle il auoit esté nourry ostant à chacun ce qui luy estoit propice? Il contraignit Lacedemon seruir, Athenes taire. Non content de la ruine de tant de citez que Philippe auoit vaincues, ou achaptees: il en demollit ailleurs d'autres, & porte les armes par tout le mōde, sans assouuir sa cruauté: à la maniere des bestes feroces qui mordent n'estās pressees par la faim. Il a desia assemblé en vn Royaume plusieurs Royaumes. Desia les Grecs & Perses craignent mesme Roy. Et neantmoins passant outre l'ocean, il est marry de borner la victoire par les traces de Hercules & de Bacchus, & veult forcer nature, ne pouuant arrester, ainsi que les choses pesantes, lesquelles precipitees ne cessent de rouller, iusques à ce que rencontrent empeschement. Et ailleurs il dict que Philippe & Alexandre, & autres semblables illustrez par la ruine des gens, n'ont esté moindres pestes des mortels, que le deluge par lequel fut inondee la terre: que le bruslement qui consomma par ardeur & secheresse grande partie des animaux. Lucain pense qu'il donna exemple pernicieux au monde, monstrant le moyé de reduire tant de païs soubs vn seigneur: le nommant mal fatal de l'vniuers, & fouldre qui frappa toutes gens: duquel l'ambitió insatiable ne peult estre arrestee que par mort. Pour ce les Scythes luy parlerent ainsi. Quel besoin as tu de richesses qui te contraignent tousiours desirer? Tu es le premier qui d'abondance a faict indigence: afin qu'en plus possedant tu desirasses plus asprement ce que tu n'auois point. Qui eust iamais pensé que les Grecs eussent dominé l'Asie? & qu'vn si petit Roy que celuy de Macedoine, eust peu ruiner la monarchie de Perse d'inestimable estendue & puissance par terre & par mer?

Semblablemét la seigneurie de Denis en Sicile fut ruinee par Dió auec peu de moyen, contre l'opinion & esperance de tout le monde: qui estoit la plusgrande & plus puissante qui pour lors fust en Europe. Car qui eust peu croire que luy qui arriua en Sicile auec deux nauires de charge seulement, fust venu au dessus d'vn seigneur qui auoit en sa dispositió quatre cés vaisseaux à rames, de gés de pied iusques au nóbre de cent mil, & de cheual dix mil, auec prouisió & munirion d'armes, de bleds, & d'argét, telle qu'il est besoin d'auoir à l'entretenement d'vne si grosse puissance. Et qui outre toutes les choses susdittes auoit en son obeissance l'vne des plusgrandes & plus puissantes citez, qui pour lors fust en toute la Grece. Qui auoit tant de ports, tant de beaux arsenals, tant de chasteaux imprenables: & qui par dessus tout cela, se trouuoit allié de plusieurs grands & puissans confederez. Mais qui donna à Dion la victoire de ceste entreprise, fut principalement sa magnanimité & grandeur de courage, auec l'amour & bienueillance que luy portoient ceux qu'il estoit venu affranchir. Et qui plus luy valut encore que tout cela, la laschété & couardise du Tyrant, auec la hayne & malueillance que luy portoient ceux qu'il detenoit iniustement en seruitude. Toutes lesquelles causes concurrentes ensemble en mesme temps, feirent sortir à effect les choses qui autrement seroient du tout incroyables.

Ne fut ce pas estrange cas de veoir les Atheniens & Lacedemoniens qui auoient tant de temps guerroié pour la superiorité, venir eulx mesmes en la subiection du Macedonien parauant tributaire des Illyriens? Et la cité de Thebes qui quelquefois auoit aspiré à celle principauté, arse, rasee, & destruitte en vn iour, & les citoyens d'icelle vendus comme esclaues, & reduicts en seruitude? D'autre part il n'y eut lors gueres homme excellent en sçauoir, qui n'endurast beaucoup. Socrates pere de la philosophie morale & politique, faulse-

DE LA VICISSITVDE DES CHOSES

ment accusé de ne croyre aux dieux, & de corrompre la ieunesse, fut condamné à mort, & executé par poison. Mais trouuée sa condemnation iniuste, le peuple s'en repentit tantost apres, consíderant quel grand personnage il auoit faict mourir à tort, & en fut si mutiné à l'encontre de ceux qui l'auoient faict, que finalement il les feit aussi tous mourir, sans les vouloir ouyr en leurs defences. Platon fut vendu par les Pyrates, & en danger de sa vie en la court de Syracuse. Xenophon banny d'Athenes. Aristote contrainct en partir, craignant qu'on ne luy feist son procez, comme à Socrates. Demosthene s'empoisonna luy mesme du venin qu'il portoit en son anneau: ne voulant se rendre à la misericorde d'Antipatre son ennemy. Demetre Phalerien se retira vers le Roy d'Alexandrie, où il mourut par la morsure d'vn aspic. Euripide en Macedoine, où fut deuoré par des matins. Tant y eut de cas estranges en celle saison. Plutarque escrit qu'en son temps la Grece estoit tant aneantie, qu'à grand peine toute ensemble elle eust peu faire trois mil hommes de guerre: que la seule cité de Megares enuoya iadis à la bataille de platees. Tellemét elle diminua par succession de temps, diuisée en plusieurs republiques mal accordantes, appauurie par seditiós & guerres, infectée de sectes en la philosophie curieuse, & la pluspart pernicieuses, comme des Epicuriés, Cyniques, Cyrenaïques, Eretriques, Megariens, Pyrrhoniens: subiette ores aux Roys de Macedoine, ores à ceux de Surie & Asie, ores à Mithridate, ores aux Romains, qui la dominerent longuement: Puis aux Empereurs de Constantinople, & dernierement aux Turcs: soubs lesquels elle est reduitte en seruitude miserable, estant priuée des ars, de son ancienne noblesse, & des belles villes qu'elle souloit auoir.

COMPARAISON DES ANCIENS GRECS AVX
Egyptiens, Assyriens, Perses, Indiens.

PLATON au Menexeme, & au Politique escrit que l'on appelloit en Grece Barbares tous les autres peuples qui n'auoient aucune communion de viure ou de langage auec les Grecs: & qu'on les reputoit tous seruiles. Aristote au premier des politiques allegue les poëtes qui disoiét les Grecs deuoir dominer sur les Barbares: comme si le Barbare estoit mesme par nature que le serf. Et Demosthene en la troisieme Olynthiaque, qu'il estoit conuenable le Barbare obeïr aux Grecs.

Plutarque dit qu'Alexandre ne feit pas comme Aristote son precepteur luy conseilloit, qu'il se portast enuers les Grecs comme pere, & enuers les Barbares comme seigneur: & qu'il eust soin des vns comme de ses amys & parens, & se seruist des autres cóme de plantes, ou d'animaux: en quoy faisant il eust rempli son Empire de bannissemens, qui sont tousiours occultes seméces de guerres & factions, & partialitez fort dangereuses: ains estimant estre enuoyé du ciel comme vn commun reformateur, gouuerneur, & reconciliateur de l'vniuers: ceux qu'il ne peult assembler par remonstrances de la raison, il les cótraignit par force d'armes, & assemblant le tout en vn de tous estats, & meslát ensemble les vies, les meurs, les mariages, & les façons de viure, il commanda à tous hommes viuans d'eſtimer la terre habitable eſtre leur païs, & ſon camp en eſtre le chaſteau & donjon: tous les gens de bien parens les vns des autres, & les meſchans ſeuls eſtre eſtrangers: au demourant que le Grec & le Barbare ne ſeroient point diſtinguez par le manteau, ny à la façon de la targue, ou par le hault chappeau: ains remarquez & diſcernez le Grec à la vertu, & le Barbare au vice: en reputant tous les vertueux Grecs, & tous les vicieux Barbares: en eſtimant au demourant les habillemens communs, les tables communes, les mariages, les façons de viure, eſtans tous vnis par meſlange de ſang, & communion d'enfans. Strabon au premier de la Coſmographie eſt de meſme aduis, qu'on doyue pluſtoſt faire telle difference par vertu & vice: pourtant qu'il y auoit pluſieurs Grecs mauluais, & pluſieurs Barbares bons & ciuils: comme les Romains, & Carthaginois qui gouuernoient treſbien leurs republiques. Platon en l'Epinomide afferme les Grecs habiter region la plus apte de toutes à la vertu, & en ce conſiſter principalement la loüenge d'icelle, qu'elle eſt moyenne entre l'hyemalle & eſtiualle. A quoy Ariſtote s'accorde diſant au ſeptieme des politiques, la nation Grecque eſtre courageuſe & ingenieuſe enſemble: comme habitant en lieu moyen entre le Septentrion & Midy. Ce qui la faiſoit perſeuerer en liberté, & eſtre bien policee, & qu'elle pourroit commander à tout le monde, ſi elle n'auoit qu'vn gouuernement: Nous la comparerons donc aux precedentes, premierement par la puiſſance, puis par le ſçauoir, & autre excellence ſienne en pluſieurs ars, & ouurages.

PVISSANCE ET EMPIRE DE GRECE.

Vi lira ce que les Atheniens, Lacedemoniens, & Thebains feirent, & acquirent depuis la guerre que leur feit le Roy Daire (qui fut le commencement de leur grand gloire & proſperité, iuſques au Roy Philippe fils d'Amyntas) il y a eu aſſez long temps, durát lequel ils ont plus combattu entr'eulx pour ambition de dominer les vns les autres, qu'ils n'ont contre les eſtrangers pour augmenter leur Empire, & pour garder leur liberté: & les vns d'entr'eux pour conuoitiſe d'acquerir nouueau Empire en Sicile, ſe ruinerent: Aucuns autres qui furent en Aſie pour conquerir, n'y feirent pas grand acqueſt, & retournerent bien toſt apres. Et de faict iaçoit que la puiſſance des Grecs ait eſté trauaillee par pluſieurs grandes guerres, elle n'a point toutefois eſtabli fermement ſon Empire outre le païs de Grece. Si furent les Grecs par aucun temps aſſez puiſſans, & monſtrerent leurs forces pour garder leur liberté, & pour eulx monſtrer inuincibles. Mais au temps dudict Philippe & Alexandre ſon fils, leur eſtat & affaire commença à abaiſſer & decliner. Au parauant les faicts des Macedoniens eſtoient petis, & ſi furent ſubiects la pluſpart du temps aux autres nations. Et iaçoit que Philippe par ſes trauaux & labeurs les magnifiaſt grandement, neantmoins ſon authorité ne paſſa iamais le païs de Grece. Quant à l'Empire d'Alexandre, c'eſt choſe certaine, qu'il fut glorieux & excellent tant pour la grandeur d'icelluy, que par la celerité de ſes cõqueſtes. Mais apres qu'il fut venu à vn degré infiny, & impoſſible à imiter,

p iiij

il se diuisa incontinent en plusieurs parties: ainsi qu'vne fouldre, & esclair qui baille soudainemét grande lumiere, & discourt çà & là, puis tantost est esteinte. Que si le grand Dieu(dit Plutarque)qui auoit enuoyé l'ame d'Alexandre cy bas, ne l'eust soudainement r'appellee à soy, à l'aduenture n'y eust il eu qu'vne seule loy qui eust regi tous les viuans, & eust esté tout ce monde gouuerné sous vne mesme iustice:cóme sous vne mesme lumiere. Mais si tost qu'il fut decedé, son armee & sa puissáce erráte s'entrehurtát soymesme, resśēbloit a vn hóme lequel apres auoir perdu la veuë, taste par tout de la main sás sçauoir où il va:ainsi la grandeur de sa puissance, luy mort vagnoit & erroit tantost çà tátost là, bronchant & choppant à tout propos:par ce qu'il n'y auoit plus personne à qui elle obeist, ou plustost ainsi comme le corps mourant quand l'ame en est dehors, les parties ne s'entretiennent plus, ny ne se treuuent plus l'vne auec l'autre, ains s'entrelaissent, & se destachent l'vne d'auec l'autre, & se retirét: ainsi l'armee d'Alexandre depuis qu'elle l'eut perdu, ne feit plus que trembler, & estre en fieure soubs Perdicas, Meleager, Seleuque, Antigone, Eumene, Lysimaque, Ptolemee, Lacomedon, Antipatre, Philotas, Leonate, ses successeurs: qui estoiét comme des esprits encore chaulds, & pouls saillans tantost cy tantost là par boutees & interualles, iusques a ce que finablement venant à se gaster & pourrit en soy mesme, elle groulla toute de vers : qui furent ses principaux capitaines, deuenus Roys par l'vsurpation de ses seigneuries, non pareils à luy en valeur & generosité. Entre lesquels, & descendans d'eulx s'esmeurent grosses guerres ciuiles, longuement continuees : dont ensuyuit la desolation de leurs Royaumes, si que par le menu ils tomberent entre les mains des Parthes, ou des Romains, ou eurent seigneurs particuliers.

COMPARAISON D'ALEXANDRE LE GRAND
à Cyrus, Agesilas, Themistocle, Pericles, Agamennon, Achilles, Vlysses, Diomedes, Bacchus, Hercules, & autres.

SI considerons en Alexádre sa deuotion enuers les dieux, fiáce és amys, suffisance de peu, cótinence, beneficéce, mespris de la mort, magnanimité, humanité, entretié gracieux, facile accez, naturel franc nó simulé ne fainct, constance és cóseils, promptitude és executions, vouloir d'estre le premier des hómes en gloire, & resolution de faire tousiours ce que le vouloir commande:nous trouuerons Dieu qui le composa de plusieurs vertus, luy auoir dóné le courage de Cyrus, la temperance d'Agesilas, l'entendement agu de Themistocle, l'experience de Philippe, la hardiesse de Brasidas, la suffisance de Pericles en matiere d'estat & de gouuernement. Et au regard des plus anciens qu'il fut plus continent que Agamennon, qui prefera vne prisonniere captiue à sa femme legitime : & luy ne voulut onoques toucher vne captiue, que premierement il ne l'eust espousee : plus magnanime que Achilles qui pour vn peu de finance védit le corps mort de Hector, & luy despédit grande somme de deniers à inhumer celuy de Daire: & l'autre afin d'appaiser sa cholere cóme mercenaire prit pour son loyer presés de ses amis, & cestuicy victorieux

rieux enrichit ses ennemis. Il estoit plus religieux q̃ Diomedes, qui estoit prest de cõbattre les dieux mesmes, & luy estimoit que toutes ses victoires & succez heureux luy venoient de la faueur des dieux. Il estoit plus charitable à ses parens qu'vlysses, duquel la mere mourut de douleur, là où la mere de son ennemy pour l'amour & bienueillance qu'elle luy portoit, mourut de regret quant & luy. Solon establit à Athenes abolition de toutes debtes, Alexãdre paya aux creanciers les debtes que ses soldars auoiẽt faittes. Pericles ayãt taillé les Grecs, de l'argent qui prouint de ceste taille, orna la ville d'Athenes de beaux tẽples, mesmement le chasteau: Au contraire Alexandre ayant pris les finances des Barbares, en enuoya en la Grece iusques à la somme de six millions d'or, pour en faire bastir des temples aux dieux, au lieu de ceux qu'ils auoient demolis. Brasidas acquit grande reputation de vaillance parmy les Grecs, par ce qu'il trauersa de bout à autre l'ost des ennemis campez deuant la ville de Methone le long de la marine: là où le sault merueilleux que feit Alexãdre en la ville des Oxydraques, à ceux qui l'oyent raconter est incroyable, & à ceux qui le veirẽt effrayable, quand il se ietta du hault des murailles au milieu des ennemys, qui le receurent à coups de traict, de picques, & d'espees. A quoy pourroit on cõparer ce faict, sinõ au feu de la fouldre, qui sort impetueusement de la nue, & estãt porté par le vent, vient fondre en terre, ne plus ne moins qu'vn fantasme reluysant d'armeures flãmantes? Tellement que ceux qui le veirent sur l'heure, en eurent si grand effroy, qu'ils se retirerent en arriere. Mais quand ils veirent que c'estoit vn hõme seul qui se ruoit sur plusieurs, à lors ils retournerent pour luy faire teste. Ce qui menoit Alexandre à l'encontre de toutes natiõs, n'estoit autre chose qu'vne cupidité de gloire, & enuie de dominer, s'estãt proposé par emulation, & ialousie de surpasser les faicts de Bacchus & de Hercules, en faisant veoir ses armes encore plus auant qu'ils n'auoient fait les leurs.

Dauantage luy fut grand heur, & tel que n'aduint oncques à autre monarque, d'auoir en son temps les plus excellens hõmes en tout sçauoir, & les meilleurs ouuriers qui furent iamais: enuers lesquels il fut fort liberal, cõme aussi ce leur fut grand auantage d'auoir vn tel spectateur, qui sceust tressubtilemẽt iuger de ce qu'ils faisoient bien, & tresliberalement le recõpenser. Car ainsi que l'humanité, l'hõneur, & liberalité du prince est ce qui prouoque & fait venir en auant l'auãcement des ars, & des beaux entendemens: au contraire tout cela languit, & s'esteinct par l'enuie & chicheté de ceux qui dominẽt. Cõme donc Alexandre apres ses cõquestes eust en tresor cõtent cent mil talens, & trẽte mil de reuenu annuel, qui sont dixhuict milliõs d'escus par an, il vsa de ces grãds tresors magnifiquement par liberalité merueilleuse, & bien ordõnee: ayãt esgard aux merites des personnes, & colloquãt ses biẽsfaits és lieux où il pensoit que la memoire ne se pouuoit perdre. Il dõna charge à Aristote de rediger par escrit les natures des animaux, & pour cest effect luy feit deliurer huict cens talens reuenãs à CCCCLXXX. mil escus de nostre mõnoye: cõmandant à plusieurs milliers de hõmes par la Grece, & par l'Asie comme veneurs, faucõniers, pescheurs: à tous ceux qui auoiẽt charge de parcs, estãcs, volieres, luy admener animaux, ou faire fidele rapport de leurs natures. Il dõna à Anaxarque philosophe pour mettre

q

so eschole en ordre ce stales, & à Xenocrates fort estimé cinquate. Il admiroit singulierement la poësie d'Homere, laquelle il auoit tousiours de nuyt soubs son cheuet auec son poignart, & prisoit fort la philosophie en laquelle il auoit esté institué par le mesme Aristote, n'estimāt moins surmonter les autres en la cognoissance des sciēces bōnes & excelletes, qu'en puissance & force d'armes. Parquoy il desiroit sur tout ses faicts estre recomandez à la posterité par escriuains dignes : cōme en semblable il ne vouloit estre peinct q̄ par Appelles, ny moulé en statue, que par Lysippe : lesquels furēt les deux plus excellēs ouuriers q̄ porta iamais la Grece, l'vn painctre, l'autre statuaire. Se void encores auiourd'huy au mylieu de la cité d'Alexādrie en Egypte vne petite maisonnete en façon d'Eglise, & en icelle vne sepulture fort honoree & visitee par les Mahometans : pour ce qu'ils affermēt y reposer les os d'Alexandre le grand, prophete & Roy selō que leur enseigne l'Alcoran, tellemēt que plusieurs estragers s'acheminēt de lointaines regions, pour visiter ceste sepulture, delaissans en ce lieu de grādes offertes.

COMPARAISON DV SCAVOIR DES GRECS A
celuy des Egyptiens, Chaldees, Perses, Indiens, & autres.

Platon au Timee dit la regiō Grecque pour la temperature des saisons de l'annee, porter les hommes sages : & au quatrieme de la republique les Grecs par l'assiete de leur païs estre disposez naturellemēt à l'estude de sapience : attribuant au Menexeme ceste proprieté principalement à l'Attique, qu'il maintiēt estre tres-apte à nourrir les disciplines : cōme à la verité il y a plus eu de Grecs, mesmemēt Atheniēs sçauans & eloquēs, qu'entre tous les autres peuples de l'Europe. Si est ce que le mesme autheur en l'Epinomide recognoit les sciēces estre venues des Barbares aux Grecs : mais auoir rēdu meilleur tout ce qu'ils auoient pris des autres. Et Solon au cōmencement d'icelluy Timee cōfesse que les Grecs n'entēdoient riē en l'antiquité aupres des Egyptiēs, & afferme luy auoir esté reproché par l'vn de leurs prestres, que les Grecs estoient tousiours enfans, & n'y auoit aucun en Grece qui fust vieil, d'autāt que ils estoient tous ieunes d'entēdement, sans auoir aucune opinion prise de l'antiquité, ne science chenue.

Iosephe contre le grāmarien Appion voulāt monstrer qu'il ne fault chercher és Grecs la cognoissance de l'ātiquité, ains és Egyptiés & Chaldees dōt les prestres estoiēt soigneux à escrire histoires : il se dict esmerueiller de ceux qui attribuoyēt tout aux Grecs en cela, estāt chose certaine que les Grecs estoiēt venus au mōde ia non seulement parcreu, mais presque vieillissant, & toutes leurs inuētions, meurs, loix, ars, villes, & citez estre recētes. Herodote afferme la diuination, & la geometrie auoir esté apportee d'Egypte en Grece : Et que les Grecs ont appris des Babyloniēs l'eleuatiō du pole, l'vsage du quadrāt & la diuisiō du iour en heures. Plus que les Egyptiens trouuerēt la diuisiō de l'an, & le partirēt en douze mois, par la cognoissāce qu'ils auoiēt des astres. En quoy luy semble qu'ils se gouuernoiēt mieux que les Grecs : d'autant que les Grecs pour loger le tēps superabōdant, estoiēt contraincts de trois ans en trois ans entreietter ou intercaler vn mois. Et au cōtraire les Egyptiēs donnoient trēte iours à chacun mois, adioutás par chacun an cinq iours hors cõpte, de maniere que la reuolutiõ du tẽps reuenoit tousiours à son poinct, & se trouuoit bõne. Aussi le mesme Herodote escrit au cinquieme liure que les Pheniciés qui vindrẽt auec Cadmus habiter en la Beoce, apporterẽt plusieurs ars & doctrines, y semás les lettres, que les Grecs n'auoiẽt point au parauãt. Et cõfesse que tous les Pheniciés en vsoiẽt auãt les Grecs: mais que depuis par succession de temps auec la parolle le son desdictes lettres fut changé. LES personnages sçauans qui passerent de Grece en Egypte pour entendre leurs loix & sciences, furent Orpheus, Museus, Melampus, Homere, Licurge, & apres eux Solon, Platon, Pythagoras, Eudoxe, Democrite, Inopis: lesquels apriten en Egypte tout ce qui les a faicts dignes d'admiratiõ. Car Orpheus en rapporta les hymnes des dieux, les festes, les peines & loiers des trespassez, l'vsage des statues. Semblablement Lycurgue, Platon, & Solon auoir porté à leurs republiques plusieurs loix & constitutions, qu'ils auoient prises des Egyptiens. Aussi Pythagoras auoir appris és sainctes escritures d'Egypte la Geometrie & Arithmetique, ensemble la transmutation des ames de corps en corps: Et que Democrite en cinq ans qu'il y demoura, entendit plusieurs secrets de l'Astrologie. Semblablement Inopis ayant longuement frequenté auec les prestres & Astrologiens d'Egypte, remporta en Grece la cognoissance du tour que fait le soleil, & des cours des autres estoilles, du Zodiaque, & de plusieurs autres telles choses.

COMPARAISON DES PHILOSOPHES DE
Grece, auec les Caldees, de Babylone & les Prestres d'Egypte.

LES prestres d'Egypte, & les Caldees d'Assyrie dés leur enfance estoiẽt nourris & endoctrinez par leurs peres és sciences: le soin delaissé de tous autres affaires, & se faisoient au moyẽ de cela tressauãs tant pour ce qu'ils estoient de leur ieune aage ainsi endoctrinez: cõme aussi par ce qu'ils y continuoient, & perseueroient longuement. Mais les Grecs faisoient autrement. Car communément ils s'addonnoient à la philosophie, quand ils estoiẽt ia aagez, & n'y estudioyent pas longuement: ains retournoient incontinẽt aux choses de profit: & en y auoit peu d'eux qui voulsissent vacquer à la philosophie, iusques à bien l'entendre, ains se tournoient à aultres exercices pour en tirer gain. Et n'auoient point accoustumé d'ensuyure la science à laquelle s'estoient adonnez leurs peres, ains estudioyent chacun selon son plaisir, & sans contrainete en plusieurs diuerses sciences. Mais les estrangers & Barbares continuoient tousiours leurs premiers exercices: & les Grecs changeans souuent d'opinion pour leur profit, & disputans les vns contre les autres des plusgrandes sciences, rendoient leurs disciples tellement incertains, qu'ils estoient contraincts de faillir, & de demourer tout le tẽps de leur vie en doubte, sans auoir certaine cognoissance d'aucun sçauoir. Qui fut cause de faire naistre entr'eux tant de sectes & opinions contraires, & repugnantes les vnes aux autres.

COMPARAISON DES GRECS, AVEC LES PER-
ses, Indiens, & les Nomades de Surie & Arabie.

q ij

DE LA VICISSITVDE DES CHOSES

Es Perses anciennement contendoient auec les Grecs au faict des armes & des lettres: lesquels surmontoient l'elegance du langage Grec par brieueté subtile de propos, estans tresingenieux à entendre toutes finesses de parler, & prompts à respondre aux argumens qu'on leur proposoit: en discourant conuenablement de grands affaires, dont ils donnoient resolutiõs pertinétes sans difficulté, ou traynerie. Ils vsoiét aussi de prouerbes sages, & d'enygmes profons: Non qu'ils entendissent les subtilitez de Chrysippe ou d'Aristote, ou qu'ils eussent appris ce sçauoir de Socrates, ou Platon, ou Demosthene, n'estudians en philosophie ou rhetorique: ains le faisoient par la bonté de leur naturel agu. En quoy les Indiens estoient tenus plus aduisez que les Perses. Et les nomades de Surie & Arabie tres-habilles à cognoistre la verité, & refuter faulseté. Lesquels iusques à present sans auoir appris les lettres parlent suffisamment de l'astrologie, amenans raisons de leur dire bien apparentes, qu'ils ont entendues par longue obseruation, & les baillent de pere à fils successiuement, qui les augmentent continuellement.

L'ELOQVENCE GRECQVE.

L'Eloquence est nee en Athenes où elle fut nourrie & eleuee en sa perfection, tellement qu'en ceste ville furent veus en mesme temps dix excellens orateurs, desquels le meilleur apparut Demosthene. Quant aux estrangers ils n'vsoient point de rhetorique pour circomuenir les iuges, ou les destourner de la verité: ains decidoient les procez par les escritures du demandeur & defendeur, qui pouuoient repliquer & dupliquer, sans deguiser les faicts de belles parolles, ou pallier la verité d'affections. Et où il estoit besoin deliberer en conseil d'estat sur les affaires publiques, ils disoient leurs opinions courtes, ne retenans ou ennuyans l'assemblee de parolles longues & affectees.

POESIE GRECQVE.

Il ne se trouue nation qui ayt plus eu de sortes de poësie, ne si grand nombre de poëtes & de meilleurs, que la Grece. Car outre les Heroiques lesquels ont escrit diuerses matieres, des guerres, de physique, astrologie, medecine, bucoliques, georgiques: il y a eu grande foison de tragiques, comiques, elegiaques, lyriques, iambiques, dithyrambiques, epigrammatiques: Tels qu'il ne s'en est trouué ailleurs de pareils, fors entre les Romains & Italiens, qui escriuirent à leur imitation, dont sera parlé cy apres en les conferant ensemble.

HISTOIRE GRECQVE.

Il est naturel à tous peuples d'enquerir leurs antiquitez & de garder la memoire des affaires publiques: à raison de quoy se trouuent par tout histoires. Mais ou les autres se sont contentez d'annales nues, descriuans simplement les temps, personnes, lieux, affaires: les Grecs y adiouterent les ornemens de l'eloquence: Singulierement Herodote & Thucydide ayans surpassé tous les autres qui onques se meslerent d'escrire histoires, si d'aduanture on ne leur oppose Salluste & Titeliue latins, qui sont seuls apres eulx qui ayent versé dignement en ce genre d'escrire.

NOBLESSE DE L'ANCIENNE GRECE.

Nciennement tous les Grecs, signamment les Lacedemoniens & Corynthiens estimoient les artisans villains: comme nous auons touché parauant, & nobles ceux qui exerçoient les armes. Herodote doute s'ils auoient appris ceste coustume des Egyptiens, voyant les Thraces, Scythes, Pesses, Lydiens, & presque tous les Barbares en vser ainsi. Les Egyptiens s'efforçoient prouuer que les Atheniens fussent descendus d'vne colonie des Saytes nation du païs d'Egypte: comme il est narré au Timee de Platon, & recité par Diodore Sicilien: par ce qu'és villes de Grece le peuple estoit triparti selon la coustume d'Egypte. Car le premier ordre de la cité estoit des nobles, lesquels adonnez par dessus tous les autres aux sciences, en estoient plus estimez, ressemblans en celà aux prestres d'Egypte. Le secód estoit de ceux ausquels les terres auoient esté desparties & assignees, afin qu'ils peussent mieux vacquer aux armes pour la defense du païs, pareils à ceux d'Egypte qui sont inuestis des fiefs & pour le faict de la guerre stipendient les soldars à leurs despens. Le tiers ordre estoit du menu peuple & des artisans lesquels adonnez totalement aux ars mecaniques, fournissoient plusieurs ouurages necessaires à toute la communité.

ARTISANS ET OVVRAGES DES GRECS.

Es artisans en Grece ne furét moins excellens en leurs ouurages, que les doctes en leurs professiós & plusieurs d'ètr'eux escriuirét de leurs mestiers, dont les plus illustres en diuers ars ont esté parauát recitez. Toutefois Herodote liure deuxieme parlant du labyrinthe d'Egypte & des pyramides, dit que si on vouloit faire comparaison des bastimens, forteresses, & ouurages estans lors en la Grece, il se fust trouué que tous estoiét de moindre labeur & despense, que ce labyrinthe. Et bien que le temple d'Ephese, & celuy de Samos meritassent d'estre estimez: toutefois les pyramides essoroient langue & plume: attendu que de plusieurs l'vne se pouuoit egaller à tous les edifices des Grecs, & neantmoins le labyrinthe surmontoit les pyramides. Mais que l'estang artificiel de Meris pres lequel il estoit basti, donnoit encore plus de merueilles. Dauantage Diodore Sicilien afferme que les meilleurs tailleurs d'images qui furent en Grece, apprirent leurs mesures & dimensions des Egyptiens: lesquels entre toutes nations ne mesuroient pas la composition des statues à l'œil, mais les faisoient par compas: afin que la statue fust composee de plusieurs & diuerses pierres assemblees à vn corps, en bien gardant les mesures & proportions. Chose à la verité digne d'admiratió: sçauoir est que plusieurs artisans estans en diuers lieux s'accordassent si bien à vne mesme mesure, que vne seule image entiere & parfaitte fust composee par eulx separez, aucunefois de vingt aucunefois de quarante pierres.

DE LA PVISSANCE, MILITIE,
SCAVOIR, ELOQVENCE, POESIE, ET AVTRE
EXCELLENCE DES ROMAINS.

LIVRE SIXIEME.

DORESENAVANT nous viendrons aux Romains lesquels obtindrent à leur rang l'excellence és armes, & és lettres, & en tous ouurages. Or comme apres la descente de Xerses en Grece qui feit la plusgrand frayeur aux Grecs qu'ils eurent iamais: la guerre rendant autre fin que lon ne pensoit, ils se trouuerent non seulement hors de danger, mais y acquirent gloire tresgrande: croissans merueilleusemēt depuis ce temps là iusques à cinquante ans en aual (comme escrit Diodore Sicilien) en toute felicité, opulence, & excellence de tous ars. Ainsi les Romains apres la seconde guerre Punique, & voyage d'Hannibal en Italie, qui la troubla grandement y demourant auec puissante armee seze ans entiers, durant lesquels il gaigna sur eulx plusieurs batailles, & approcha iusques aux portes de Romme, où il eust peu entrer s'il eust sceu vser de la victoire: estans adonc les Romains reduicts à la plusgrande extremité qu'ils furent onques, vaincus des Cartaginois & semblans leur auoir quitté la gloire des armes. Neātmoins ceste longue & cruelle guerre prenant autre fin que lon ne pensoit, & tournee la chance à l'auantage & honneur des Romains par leur constance & bon conseil: de là en auant dedans l'espace de cinquante trois ans (comme dit Polybe) ils deuindrent trespuissans par mer & par terre, ne commandans à l'Italie seulement, mais aussi à la meilleure partie du monde, estendans leur Empire au reste de l'Europe, en Asie, & en Afrique: qu'ils rendirent plusgrand que nul autre qui ayt esté parauant ny apres: Croissans en toute felicité & opulence, laquelle auec l'oisiueté feit venir entre eux les ars & sciences en reputation: ainsi qu'il estoit parauant aduenu en la Grece. Car apres auoir vaincu & ruyné les Cartaginois, destruict Numance & Corinthe de fons en comble, reduict en prouinces les Royaumes de Macedoine, Bythinie, Surie, Pont, Cappadoce, Numidie, Mauritanie, Egypte: conquis les Espagnes & les Gaules, entamé la Germanie & la grand Bretaigne, obtenu la domination de la mer & des Isles en icelle: il ne se trouua plus puissance suffisante pour leur resister, que celle des Parthes du costé d'Orient, qui sembloient auoir parti auec eux l'Empire du monde, possedans dix sept Royaumes. Tellement que depuis ce temps la discipline militaire & politique fut meilleure en Italie qu'elle eust esté parauant nulle part. L'eloquence aussi fleurit fort à Rome, & tous ars liberaux & mecaniques paruindrent presqu'à leur perfection. Alors vescurent les capitaines tant renommez deux Scipions Africains, Scipion l'Asiatique. Quinte Fabe le grand, Marc Marcel qui desira sauluer la vie à l'ingenieux Archimede au siege de Syracuse, Paule Emyle, Marius, Sylla, Pompee, Iule Cesar. Orateurs Cethegue, Marc Caton Censoire, Galbe, Lælius, les deux Gracques freres, Carbon, Crasse, Antoine, Hortense, Ciceron, Calue, Pollion, Messale qui perdit le sens & memoire. Corneille Nepos, Fenestella. Historiés Pictor, Pison, Antipatre, Sisenne, Salluste, Titeliue, Pompee Troge. Philosophes & sages Tuberon & Caton Stoiques, Marc Varron, Nigide. Iurisconsultes Quinte Sceuole, Serue Sulpice, Galle Aquile. Lucile Balbe, C. Iuuence, Sexte Papyre, Aule offile, Alphene, Varre, C. Titius, Detius, les deux Aufides, Pacuue, Flaue, Priscus, Cimma, P. Celius, C. Thebace, Antistius Labeo. Poëtes Comiques Liue Andromic premier escriuant entre les Romains, Cecile, Plaute, Neue, Licine, Attile, Terence, Turpille, Trabee, Lusce, Afrane. Tragiques Acce, Pacuue, Ennius. Satyriques Lucile, & Horace, qui a esté aussi Lyrique. Elegiaques Ouide, Tibule, Properce, Catule, Ascoine Pedien, grammarien. Corneille Galle. Varius plocius, Valgius Fuscus, les deux Gisques furnias. Heroiques Lucrece, Macer, Virgile, Manile, Iule Firmic astrologien, Antoine Muse medecin, Victruue Architecte, Arele peinctre. Croissans tousiours les entendemens des Italiens iusques au temps de Iule Cesar, & Auguste : alors que l'Italie monta à la plus grande excellence qu'elle pouuoit attaindre és armes, és lettres, & en tous ouurages: dont elle decheut incontinent. Diodore Sicilien, Strabon de Crete, Denis d'Halicarnasse. Ciceron ne celebre seulement la perfection de son aage, mais en preueoir aussi la decadence prochaine, racontant que l'eloquence conduitte de petit & bas commencement à sa souueraine excellence vieillissoit, & sembloit en brief reuenir à neant: ainsi que par l'ordre de nature il aduient à toutes autres choses. Horace atteste qu'en son temps les Romains estoient venus au sommet de fortune, & qu'ils faisoient tous ouurages meilleurs que les Grecs. Seneque afferme que tout ce que l'Italie peult opposer ou preferer à la Grece a fleury enuiron le temps de Ciceron: & que tous les entendemens qui ont apporté lumiere aux lettres latines, nasquirent alors. Solin parlant d'Auguste, dict que son temps & regne se trouue quasi seul auquel les armes cesserent, & les entendemens fleurirent.

A telle authorité, magnificéce, & hautesse paruint alors l'Empire Romain duquel à la verité le commencement fut petit & difficile, mais miraculeux còme celuy qui promettoit grand accroissement à l'aduenir. Premierement la generation, naissance, & nourriture de Romulus qui par la fondation de Rome donna commencement à cest' estat, fut merueilleuse. Car on dict que sa mere coucha auec le dieu Mars, & còme lon croyoit lors que Hercules auoit esté engendré en vne longue nuyct, le iour ayant esté reculé contre l'ordre de nature, & le soleil arresté ainsi fut creu qu'en la conception de Romulus le soleil eclipſa, & qu'il y eut vne veritable ciononcſtion du ſoleil auec la lune: comme Mars qui eſtoit dieu ſe meſla ſelon la credulité payenne auec Syluie mortelle, & que le meſme aduint encores à Romulus le iour propre qu'il paſſa de ceſte vie, diſparoiſſant cóme le ſoleil eſtoit en eclipſe. Et puis quád luy & Remus ſo frere furét nez, Amulius (qui auoit cótrainct leur mere ſe faire religieuſe & vouer chaſteté perpetuelle l'enfermant au bois de Mars où elle deuint groſſe) voyant qu'ils eſtoient deulx & les voulant faire mourir commáda que ils fuſſent iettez & expoſez, & la mère enferree dont elle mourut: mais la fortune qui regardoit de loin la naiſſance d'vne ſi grande cité, pourueut aux deux enfans par vn ſeruiteur gracieux & humain, lequel ayant charge de les expoſer, ne les voulut point faire mourir: ains les meit à vn endroict du bord de la riuiere ioignant à vne belle prairie verdoiante, & ombragee de petis arbriſſeaux bas auprès d'vn figuier ſauluage: & puis vne louue qui auoit faict nouuellement des petis & les auoit perdus, ayant le pis ſi plein de laict qu'elle en creuoit, elle cherchát à ſe deſcharger, s'abaiſſa à ces enfans & leur bailla ſes tetins, comme acouchant vne ſeconde fois en ſe deliurant de ſon laict: Et puis l'oyſeau conſacré à Mars qu'ils appellent le pyuerd y ſutuenant, & s'en approchát & auec le bout de ſes pieds tout doulcement entre ouurát la bouche à ſes enfans l'vn apres l'autre, leur meit dedans de petites mietes de ſa propre paſture. Laquelle choſe aperceue par le paſteur Fauſtule, il les retira & nourrit entre ces beſtes pauurement, ſans que lon ſçeuſt qui ils eſtoient, ne qu'on entendiſt qu'ils fuſſent enfans de Syluie & nepueux de Numitor & du Roy Amulius. Et eſtans en telle maniere nourris entre les autres bergers, deuindrét fors & hardis tellement qu'ils defendoient ſouuent leurs beſtes d'eſtre priſes des larrons. Si aduint apres que par pluſieurs fois ils eurent ainſi faict, Remus fut pris & accuſé enuers le Roy de larrecin, dont il auoit gardé les autres, & que c'eſtoit luy qui aſſailloit ſouuent les beſtes de Numitor. Si fut par le Roy deliuré à icelluy Numitor pour en prendre vengeance, ou recópenſe des larrecins qu'il luy auoit faicts. Lequel voyát le ieune aage de Remus, & conſiderát les traicts du viſage, enſemble le temps que les enfans de ſa fille auoient eſté expoſez, commencea à ſubſonner que c'eſtoit l'vn d'eulx par ſon aage à ce conuenable. Et eſtant en ce doubte vindrent Romulus & Fauſtulus à luy, par leſquels fut aduerti de la verité du tout. Puis s'eſtans vengez d'Amulius qu'ils occirét, remeirent Numitor au Royaume. Apres fonderent la cité de Rome. Romulus donc premier prince autheur & fondateur d'icelle, l'ayant compoſee d'hommes agreſtes & de bouuiers, eut à ce faire pluſieurs trauaux, & ſe trouua embaraſſé de pluſieurs guerres & pluſieurs dangers eſtant contrainct de combattre ceux qui s'oppoſoiét à la naiſſance & fondatió de ceſte ville & à l'accroiſſemét de ce peuple nouuellement planté. Puis ainſi que la natiuité, preſeruation, & nourriture en auoit eſté merueilleuſe, la fin ne le fut pas moins. Car ainſi qu'il preſchoit au peuple, tout ſoudain le temps ſe changea, & ſe mua l'air horriblemét. Le ſoleil perdit entierement ſa lumiere & y eut des tonnoirres horribles, des vens impetueux orages, & tempeſtes de tous coſtez, qui feirent eſcarter le menu peuple çà & là. Mais les ſenateurs ſe meſlerent enſemble. Puis quand l'orage ge fut passé le iour reuenu clair & le ciel serain côme deuant, le peuple se rassembla & meit à chercher le Roy, & à demãder qu'il estoit deuenu. Mais les seigneurs ne voulurẽt pas souffrir qu'ils en enquissent dauãtage, ains les admonesterẽt de l'honorer & reuerer côme celuy qui auoit esté raui au ciel, & qui desormais au lieu de bõ Roy leur seroit Dieu propice & fauorable. Dauãtage Iule Procule l'vn des Patriciens estimé fort hôme de bien, & qui auoit esté grand amy familier de Romulus, afferma qu'en venãt d'Albe il l'auoit rencõtré en son chemin plus grand & plus beau qu'il ne l'auoit oncques veu, armé à blanc d'armeures claires & luysantes comme feu, & que s'estãt effroyé de le veoir en tel estat, il luy auoit demandé pourquoy il auoit abandonné sa ville orpheline en dueil infiny. A quoy Romulus respondit. Il a pleu aux dieux desquels i'estois venu, que ie demourasse entre les hômes autãt de temps côme i'y ay demouré, & qu'apres y auoir basti vne cité qui en gloire & en grãdeur d'Empire sera vne fois la premiere du monde, ie m'en retournasse demourer comme deuant au ciel. Pourtant fais bonne chere, & dis aux Romains qu'en exerceãt prouësse & temperance ils attaindront à la cyme de puissance humaine : & quant à moy ie vous seray desormais Dieu protecteur & patron, q̃ vous appellerez Quirimus.

Les anciens racontoient plusieurs telles merueilles esquelles n'y a apparẽce quelconque de verité, voulans deifier la nature humaine, & l'associer auec les dieux. Bien est vray (dit Plutarque) que ce seroit laschement & meschamment faict, q̃ de nier la diuinité de la vertu : mais aussi de vouloir mesler la terre auec le ciel, ce seroit grand sotie : estant chose asseuree qu'apres la mort l'ame image de l'eternité demoure seule viue, & retourne au ciel dont elle est venue non auec le corps, mais plustost lors que plus elle est esloignee & separee du corps, quand elle est nette, saincte, & qu'elle ne tient plus rien de la chair. Pourtant ne est il point besoin de vouloir enuoyer contre nature le corps des hommes vertueux quant & leurs ames au ciel : ains fault estimer & croire fermement que leurs vertus & leurs ames selon nature, & selon iustice diuine deuiennent de hommes, saincts : & de saincts demydieux, & de demydieux apres qu'ils sont perfaitement comme és sacrifices de purgation nettoiez & purifiez, estans deliurez de toute passibilité & de toute mortalité, ils deuiennent non par aucune ordonnance ciuile, mais à la verité & selon raison vray semblable dieux entiers & perfaicts, en receuant vne fin tres heureuse & tresglorieuse.

Or Numa second Roy succedãt à Romulus eut tẽps & loisir d'affermir Rome, & asseurer sa croissance par le moyẽ de la lõgue paix qu'il eut auec tous ses ennemys, laquelle fut aux Romains comme vn magasin de toute munition pour les guerres qui suyuirẽt apres : & que le peuple Romain s'estant exercé à loisir & en repos par l'espace de XLIII. ans apres les guerres qu'il auoit eues soubs Romulus, se rendit fort assez & suffisant pour faire teste à ceux qui depuis s'opposerent à luy. Attendu qu'en tout ce temps là n'y eut peste ny famine, ny sterilité de la terre, ny intemperie d'yuer ou d'esté qui le faschast : comme si toutes ces annees eussent esté regies non par prudence humaine, ains par prouidence diuine. Car il donnoit a entendre que la deesse Egerie estoit amoureuse de luy, & que couchant auec luy elle luy enseignoit à establir

r

gouuerner & regir ſa republique. Prenant donc Numa la ville de Rome, cóme en vne tempeſte turbulente, & en vne mer tourmentee en l'inimitié, enuie, & malueillãce de tous les peuples prochains & voiſins: & outre cela trauaillee en elle meſme d'infinis trauaux & partialitez, il eſteignit & aſſopit tous couroux & toutes les enuies cóme mauuais vens & contraires, donnant moyen au peuple nouuellement planté & branſlant encore de prendre racine & pied ferme en croiſſant à loiſir auec toute ſeureté ſans guerres, ſans maladies, ſans peril, ſans crainte, & autre empeſchement quelconque. Car en tout ſon regne n'y eut iamais ne guerre ne ſedition ciuile ny attentat de nouuelleté au gouuernement de la republique & encore moins d'inimitié ou d'enuie particulierement contre luy, ny de coniuration contre ſa perſonne pour conuoitiſe de regner. Et nõ ſeulement à Rome le peuple ſe trouua amolli à l'exemple de la iuſtice, cleméce, & bonté du Roy, mais auſſi és villes d'alenuiron commença merueilleuſe mutation de meurs: ne plus ne moins que ſi ce euſt eſté vne doulce haleine de vn vent ſalubre & gratieux, qui leur euſt ſoufflé du coſté de Rome pour les refraiſchir, & s'eſcoula doucement és cueurs des hómes vn deſir de viure en paix, de labourer la terre, d'eleuer enfans en repos & tranquillité, de ſeruir & honnorer les dieux. APRES ces deux regnerent cinq Roys à Rome, & en Tarquin le dernier par haine de ſon orgueil, non de la royauté, fut changé le gouuernement: eſtãt de là en auant Rome regie par deux conſuls annuels, & par le ſenat ſoubs l'authorité du peuple. Puis des conſuls fut baillé aux dix hommes, deſquels il reuint aux conſuls: Et comme leur euſſent eſté oppoſez deux Tribuns militaires de meſme puiſſance: ils furent dedans l'an depoſez, & autrefois feirent place aux conſuls. Et bien qu'és grands affaires de la republique lon euſt accouſtumé creer vn dictateur auec puiſſance abſoluë à temps, neãtmoins l'adminiſtratiõ cõſulaire dura touſiours, & ſous icelle proſpera le plus Rome, croiſſant merueilleuſement en puiſſance, tant qu'elle paruint à l'Empire du monde. Or ſemble il en diſcourãt par raiſon ſur ſon accroiſſemét qu'il ayt eſté cõduict par guide & eſcorte diuine: Et que le vray Dieu iaçoit que ne fuſt cogneu ny adoré par eux, Toutefois à cauſe de leur iuſtice, prudéce, vaillãce, & bóne diſcipline les ait exaltez: afin de reprimer ou chaſtier les grãds & enormes vices regnans en ce téps là entre pluſieurs natiõs. Ce fut lui qui les fauoriſa cõtinuellemét par terre, par mer, en guerre, en paix, cõtre les Italiens, cõtre les Grecs, contre tous eſtrãgers & barbares, dónant moyen d'adiouter trophees à trophees, triomphes à triõphes, conqueſtes à cõqueſtes des royaumes ſubiuguez, natiõs aſſubiecties, iſles & terres fermes aſſeruies: qui ſe rengerent à l'abri de la grandeur de ceſt empire. Il permeit que par vne ſeule bataille Philippe de Macedoine fuſt chaſſé. Que par vn ſeul coup Antioque leur cedaſt l'Aſie. Que les Carthaginois par vne ſeule defaicte perdiſſent la Lybie. Que Pompee à vne boutee & vn ſeul voyage leur conquiſt l'Armenie, le royaume de pont, la Surie, l'Arabie, les Albaniens, les Iberiens, & iuſques au mont de Caucaſe, & aux Hyrcaniens, & à l'Ocean qu'enuironne le mõde par trois diuerſes fois, & en trois diuers lieux le veiſt victorieux: reprimaſt & rebarraſt les Nomades en Afrique iuſques aux riuages de l'Oceã meridional: qu'il ſubiugaſt l'Eſpagne qui s'eſtoit reuoltee auec Sertoire, iusques à la mer Atlantique, & pourfuiuift les Roys des Albaniés iusques à la mer Caspienne. Que Iule Cesar domtast les Gaullois qui auoient precedé en gloire militaire les Romains, pris & bruflé Rome, occupé l'Italie, & qui par longue espace de temps defendirent constámment leur liberté: telement qu'où les Romains assailloient les autres par gloire, ils faisoient la guerre contre les Gaullois pour leur salut, & conseruation. Dieu (dy ie) feit escouler & consommer Hannibal de Carthage en Italie, comme vn impetueux torrent, en permettant que par l'enuie & malignité de ses enuieux concitoyés, nul secours ne renfort luy fust enuoyé du païs. Il permeit que les armees des Cymbres & des Teutons fussent separees par grands interualles de lieux & de temps, afin que Marius peust fournir à les combattre, & defaire toutes deux, l'vne apres l'autre, & empescher que ccc. mil combatans se ioignás ensemble en mesme temps, ne couurissent toute l'Italie d'hommes inuincibles, & d'armes non souftenables. Il permeit qu'Antioque se tint quoy, ce pendant que lō faisoit la guerre à Philippe: & que Philippe ayant desia esté batu, quand Antioque fut en peril de son estat, mourust. Il permeit que les guerres Bastarniques & Sarmatiques tinsent le Roy Mithridates occupé, ce pendant que la guerre Marsique brusloit, & fourrageoit l'Italie: Que Tigrane ce pendant que Mithridates fut fort & puissant, se defiast de luy, & luy portast enuie, qui le garda de se ioindre auec luy, & puis quand il eut esté defaict s'assemblast auec luy : afin qu'il perist quant & luy. Il permeit que les Romains apres la grande desconfiture qu'ils auoient receue par les Gaullois aupres de la riuiere de Alie, se redressassent, & que tenans iceux Gaullois le Capitole assiegé, & l'ayans surpris de nuict, ils fussent decouuers par les oues : sans lequel aduertissement, & la place, & l'estat estoient perdus. Il permeit qu'Alexandre le grand mourust auant que s'acheminer vers Occidét: lequel esleué par plusieurs grādes victoires & glorieuses conquestes, commençoit desia à lácer les rais flamboyans de ses armes iusques en Italie. Telement que tous ces empeschemens destournez par la permission diuine, les Romains eurent moyen de croistre, & d'establir auec le temps vn Empire de plus grande estendue par terre, & par mer, que nul autre dont y ayt memoire: & duquel Plutarque admirant l'incōparable puissance au regne de Traian, pensoit vertu & fortune, lesquelles ordinairement n'accordent gueres, auoir de commun accord acheué le plus grand & le plus beau chef d'œuure qui fut oncques entre les humains. Car cōme les plus grāds potētats & Empires qui fussent entre les hōmes se remuassent selon les occurrēces, & s'entrehurtassent les vns les autres: d'autant q̃ nul estoit assez grād pour cōmander à tous les autres: & que toutefois chacū le desirāt, il y eust vn estrāge mouuemēt & agitatiō vagabonde, & vne mutation vniuerselle du tout en tout parmy le mōde: iusques à ce que Rome venant à prendre force & accroissemēt, & à lier & attacher à soy d'vn costé autres peuples & natiōs voisines, & d'autre costé seigneuries, Royaumes, & prīcipautez des princes loingtains & estrangers d'outre mer, les choses principales cōmencerent à prendre fondement ferme, & establissement asseuré, par ce que l'Empire finablement se reduisit en ordre pacifique, & en telle grandeur d'estat, que rien n'en

r ij

pouuoit tomber ne decheoir par le moyen de ce que toute vertu regnoit en ceulx qui conduiſoient à chef ce grand ouurage, meſmement en Iule Ceſar & Auguſte qui ſurpaſſerent tous les autres qui ont eſté deuant & apres eulx en felicité, puiſſance, & gloire. Car en premier lieu qui vouldra comparer à Iule Ceſar tous les Fabiés, Scipions, Metelles, & ceux de ſon temps ou vn peu plus anciens comme Sylla, Marius, les deux Luculles, & Pompee meſme que Pline oſe parangonner non ſeulement à Alexandre le grand, mais auſſi à Hercules & Bacchus: racontant les victoires par luy obtenues heureuſement en toutes les parties du monde auec ſes tiltres & triomphes: lon trouuera que les geſtes de Ceſar en toute vertu militaire & preference au faict de la guerre les ſurmontent tous entierement l'vn en mal aiſance des païs où il feit ſes conqueſtes, l'autre en l'eſtendue des regions qu'il adiouta à l'Empire Romain, l'autre en multitude & puiſſance d'ennemys qu'il defeit, l'autre en dureté & aſpreté des hommes auſquels il eut a faire: les meurs deſquels il polit & adoulcit depuis, L'autre en clemence vers ceux qu'il auoit prins, L'autre en liberalité & beneficence grande enuers ceux qui combattoient ſoubs ſa charge, en ſes guerres: Et tous en nombre de iournees qu'il gaigna, & multitude des ennemys qu'il occit en bataille. Car en moins de dix ans que dura la guerre des Gaules il prit d'aſſault ou par force huict cens villes, ſubiugua trois cens nations, & ayant eu deuant ſoy en bataille trois millions d'hommes armez à pluſieurs fois, il en occit vn million, & en print de priſonniers bien autant. Au reſte il ſe feit tant aymer de ſes gens qui furent ſi ardamment affectionnez à luy faire ſeruice, que combien qu'ils n'eſtoient rien plus que les autres quand ils combattoient pour quelque autre: s'il eſtoit queſtion de l'honneur ou de la gloire de Ceſar, alors ils eſtoient inuincibles, & ſe mettoient la teſte baiſſee à tout peril par telle fureur que nul ne les pouuoit ſouſtenir. Et eſtant né pour faire toutes grandes choſes, & ayant de ſa nature le cueur conuoiteux de grand honneur: les proſperitez de ſes conqueſtes & proueſſes paſſees ne le conuierét poinct à vouloir iouyr en paix du fruict de ſes labeurs: ains pluſtoſt l'eſchaufferent, & l'encouragerent à en vouloir entreprendre encores autres pour l'aduenir, luy engendrans touſiours de plus en plus imagination de plus hautes entrepriſes, & deſir de gloire nouuelle, comme ſi la preſente fuſt deſia toute vſee. Laquelle paſſion n'eſtoit autre choſe qu'vne ialouſie & emulation de ſoy meſme, ne plus ne moins que d'vne autre perſonne, & vne obſtination de vouloir touſiours vaincre ſoy meſme, combattant touſiours l'eſperance de l'aduenir auec la gloire du paſſé, & l'ambition de ce qu'il deſiroit faire auec ce qu'il auoit deſia faict. Car il auoit propoſé & faiſoit deſia ſes preparatifs pour aller guerroier les Parthes. Et apres les auoir ſubiuguez, paſſer par Hyrcanie & enuironner la mer Caſpienne, & le mont de Caucaſe, reuenir gaigner le Royaume du Pont, pour puis apres entrer en la Scythie: Et ayant couru tout le païs, & toutes les nations & prouinces voiſines de la grande Germanie, & la Germanie meſme, retourner à la fin par la Gaule en Italie, & eſtendre ainſi l'Empire Romain à la ronde. De ſorte qu'il fuſt de toutes pars borné de la grand mer Oceane. Celle grande fortune & faueur du ciel qui l'auoit acompagné tout le long du cours de sa vie, luy continua encores en la vengeance de sa mort, pourluyuant par mer & par terre tous ceux qui auoient conspiré contre luy: tant qu'il n'en demoura pas vn seul à punir de tous ceux qui de faict ou de conseil auoient participé à la conspiration de sa mort. Mais de toutes les choses qui en aduindrent aux hommes en la terre, la plus esmerueillable fut celle de Cassius lequel apres auoir esté defaict en bataille en la iournee de Philippes, se tua luy mesme de la propre espee dont il auoit frappé Cesar. Et de celles qui aduindrent au ciel, la grande Comete qui apparut fut euidente sept nuicts continuelles apres sa mort. Et quant & quant aussi l'offuscation de la lumiere du soleil: lequel tout le long de cest armee là se leua tousiours palle, & non iamais auec sa clairté estincelante. Dont sa chaleur en fut aussi tousiours fort foible & debile, & l'air consequemmẽt tout le long de l'annee tenebreux & espois, pour l'imbecillité de la chaleur, qui ne le pouuoit resouldre ny subtiliser. Ce qui fut cause que les fruicts de la terre en demeurerent crus & imperfaicts, se flestrissans auant que pouuoir meurir, par la froideur de l'air. Mais sur tout la vision qui s'apparut à Bruttus, monstra euidemmẽt que l'occision n'en auoit point esté agreable aux dieux. Aussi Suetone atteste qu'à Capue fut trouué au sepulchre de Capys, vn tableau d'erain signifiant la mort de Iule, la maniere qu'il mourroit, & seroit occis. Lesquels sepulchre & tableau auoient esté faicts mille ans parauant. Le peuple le regretta fort apres sa mort, d'autant qu'il estoit tresexperimété à dominer, & feit apporter son corps emmy la place, luy edifiãt vn temple pres le buchier où il fut bruslé, & l'adora cõme Dieu.

OCTAVIEN son neueu & successeur eut tel heur que de simple citoyen ou cheualier Romain il obtint l'Empire de tout le monde, qu'il gouuerna enuiron cinquante six ans, estant dés son viuant & apres sa mort honoré comme Dieu: iusques à luy estre bastis temples, dressees statues, & ordonnez prestres, auec grosses fondations pour y faire le seruice. Auant qu'il nasquist fut predit par Iule Marathe au senat & peuple Romain, que nature en brief leur produiroit vn Roy. Et P. Nigide tressçauant astrologien & philosophe, cogneue sa natiuité afferma y auoir vn seigneur du monde né. Ce que Ciceron preueut en songeant: luy estant aduis vn iour que lon feit appeller les enfans des senateurs au capitole: pour ce que Iuppiter auoit ordonné de monstrer celuy qui deuoit vn iour estre chef & prince de Rome. Et que tous les Romains de grand desir qu'ils auoient qui ce seroit, estoiét tous arriuez autour du temple, & que tous les enfans semblablement estoient là attendans auec leurs belles robes de pourpre: Iusques à ce que soudainement les portes du temple se ouurirent, & adonc les enfans se leuerent les vns apres les autres, & allerẽt passer au long de la statue de Iuppiter, qui les regarda tous excepté le ieune Cesar auquel quand il vint à passer deuant luy, il tédit la main & dict. Seigneurs Romains c'est enfant icy est celui qui mettra fin à vos guerres ciuiles, quand il sera vostre chef. Lon dict que Ciceron eut ceste vision en dormant, & qu'il imprima bien fermement en sa memoire la forme du visage de l'enfant: mais qu'il ne le cognoissoit point: Et que le lendemain il s'en alla expressément au camp de Mars où se souloient aller esbatre les ieunes gens. Là où il trouua que les enfans ayans acheué leurs exercices s'en retournoient à leurs maisons. Et que entr'eulx il aperçeut le premier celuy qu'il auoit veu en songeant, & le recogneut fort bien. De quoy estant encore plus esbahy, il luy demanda à qui il estoit, respondit qu'il estoit fils d'vn Octauië homme peu renommé, & d'Actia seur de Iule Cesar. Lequel Iule Cesar n'ayant point d'enfans l'institua par testament son heritier, en luy laissant ses biens & sa maison. Lon racóte de luy que apres qu'il commença à parler, estant pres la ville, en vne maison de son pere, où les grenoilles ne faisoient que crier, & rompre la teste aux gens, il leur commanda se taire. Ce qu'elles feirent, & oncques plus en ce lieu ne crierent. Il fut personnage doulx, gratieux, ciuil, adroict, beau par tout le corps. Mais principalement aux yeux qui reluysoient comme claires estoilles en les remuant. Tellement que ceux qui le regardoient, s'esblouïssoient ainsi qu'aux rayts du soleil. Et cóme quelque soldart se destournoit de sa face, interrogué pourquoy il le faisoit, respondit par ce qu'il ne pouuoit porter la lueur de ses yeux. Et nous doubtons encore naistre diuinement certains personnages destinez à commander au genre humain, & à faire grandes & rares merueilles.

Or ayát Iule Cesar vaincu ses citoyens se feit le premier monarque de l'Empire Romain: auquel succeda Auguste, qui le gouuerna tresheureusemét apres qu'il en fut seigneur absolu: en sorte qu'il ne se trouue point de temps, où il ayt esté si opulét & bien ordóné, & mieux establi en paix & en grande obeïssance qu'il fut de son regne. Et selon la forme de gouuernement qu'il y introduit en l'estat de sa maison, & suytte de court, au senat ou conseil, faict de la iustice, maniement des finances, administration des prouinces, entretenement des forces par mer & par terre, icelluy Empire se maintint longuement, prosperant à merueilles. Estant donc en sa plus-grande gloire & puissance, il tenoit premierement en la mer Oceane Britannique plusieurs parties, & d'autre costé depuis les colonnes d'Hercules toutes les isles, les ports, les peuples, & les nations, qui sont en ceste mer tant qu'elle est nauigable de costé & d'autre. Desquels peuples les premiers à main dextre, sont les Mauritaniens autour de la mer, ensemble le païs de Lybie iusques à Cartage. Apres ceux là plus hault & plus auant les Numidiens & les païs de Numidie. Et outre eulx tout le reste de Lybie qui s'estéd iusques aux Syrtes ensemble la cité de Cyrene. Puis sont les Marmarides, les Ammonidés, & ceux qui tiennent les marais de Marienne, & consequément la grande cité d'Alexádrie, ensemble tout le païs d'Egypte iusques aux Ethiopiens orientaux. Et en descendant le long du Nil par Peluse iusques à la mer. Et apres retournant au long du riuage d'icelle le païs de Surie, Palestine, & encore plus hault vne partie d'Arabie & les Pheniciens, & plus auant encores en terre, les Cilisyriens ioignans à la riuiere d'Eufrates. Plus hault sur la mer, les Palmyriens entre desers areneux qui sont sur ledict fleuue d'Eufrates. Et encores plus auant les Cyliciens voisins des Suriens, & les Capadociens auec vne partie d'Armenie la mineur. Outreplus toutes les nations habitantes pres le pont Euxin au long de la mer. Au regard des regions Mediterranees tirant en Armenie la maieur, les Romains ne les dominoient poinct & ne leur imposoient aucun tribut: mais leur bailloient & confirmoient les Roys. De là en venant de Cappadoce & iusques à la mer ionienne se trouue la grand Chersonesse, en laquelle sont à main dextre les prouinces & nations de Pont, & de Propontide, de l'Hellespont, & la mer Egee. Du costé gauche la mer de Pamphilie & d'Egypte. Et outre ceux la les Pamphylians, Lyciens, Pheniciens, Cariens, iusques en Ionie. D'abondant les Galates, Bythiniés, Phrygiens, Mysiens estans au dessus de la mer Pontique. Et plus auant en terre ferme les Pysides & Lydiens : Toutes lesquelles nations obeïssoient aux Romains, & passant encore plus auant par l'Hellespont dominoient aux Mysiens estans en Europe, & aux Thraciés prochains du pont Euxin. Apres le païs d'Ionie il y a le Golphe de la mer Egee, & celuy de l'Ionienne, puis la mer de Cilicie, & celle de Tyrrhene s'estendant iusques aux colonnes d'Hercules. Dedans laquelle estendue qui est depuis Ionie iusques à la mer Oceane y a plusieurs nations & prouinces qui furent subiettes aux Romains. C'est à sçauoir toute la Grece, Tessale, Macedoine, & tous les autres quartiers apartenans à la prouince de Thrace. Les Illyriens, Peoniens, & aussi l'Italie. Laquelle est pour la pluspart enuironnee de la mer Ionienne & Thyrrene, & s'estend par la terre iusques au païs des Gaulois ayans d'vn costé la mer Mediterranee, de l'autre l'Ocean Septentrional, & de l'autre la riuiere du Rhin. Et encore plus auant est toute l'Espagne s'estendant au long de la mer Athlantique iusques aux colonnes d'Hercules. Au regard de celles qui sont plus auant en terre ils ne passerent en celle partie d'Affrique, qui a d'vn costé l'Ethiopie Occidentale, & de l'autre le païs de Lybie deserte, laquelle est deshabitee par la chaleur, & n'y à que monstres & bestes sauluages iusques à l'Ethiopie Orientale. Telles furent les limites de l'Empire Romain du costé de l'Ethiopie & d'Afrique. Du costé de l'Asie, le fleuue d'Eufrates, le mont de Caucase, le commencemét d'Armenie la maieur & les Colches habitans pres le pont Euxin, & le reste de la mer Euxine. Du costé de l'Europe les riuieres du Rhin & du Danube, dont l'vne à sçauoir le Rhin entre en la mer Oceane, l'autre en l'Euxine. Et neantmoins dominoient encore les Romains à aucunes nations habitantes dessus le Rhin, & aux Gethes demourans dela le Danube, qui s'appelloient Daciens. Quant aux Isles toutes celles qui sont dedans la mer mediterranee que lon appelle Cyclades, Sporades, Hyades, Echinades, Tyrrhenides, ou autrement quelles qu'elles soient autour de Lybie, Ionie, Egypte, ou d'ailleurs sur la mer que les Grecs appellent grádes isles comme Cypre, Crete, Rhodes, Lesbos, Euboé, Sicile, Sardaigne, Corse, Maiorque, Minorque, & toutes autres grandes ou petites obeïssoient à l'Empire Romain. Et du costé de la mer boreale ils tenoient en leur obeïssance la plusgrande & la meilleure partie de l'isle de Bretaigne. Tant ils submirét de nations & de prouinces à leur obeïssance par ordre de police, bon conseil, force, hardiesse, vertu, patience, & tolerance des Italiens qu'ils aguerrissoient par la meilleure discipline militaire du monde. Dont ils vsoient à leuer, à camper, marcher, combatre, bien armez & ordonnez, resolus de vaincre ou mourir. Signammét les pictons esquels ils auoient plus de confiance qu'és gens de cheual, fondás sur iceux leur principale force. Ainsi qu'ils en vserent presqu'en toutes leurs batailles & conquestes trouuans tousiours en eulx vray secours &

confort en leur dangers. Donques pour entretenir l'Empire en estat & seureté ils en auoiēt deux cens mille ordinairemēt entretenus, quarāte mille cheuaux, trois cens elephans duicts à la guerre, deux mille chariots equippez, & outreplus trois cens mille harnois de prouision. C'est quant à leur force par terre. Quant à celle de mer, ils auoient de nauires enuiron deux mille, de galeres à cinq & six rames mille cinq cens auec appareil à l'equipollent: Huict cens naues grandes pour la pompe, & pour porter les Empereurs, dorees & richemēt ouurees és prores & és pouppes. D'or & argent en thresor quantité estimable, ayans reuenu presqu'infiny consistant en vectigales c'est à dire, dommaine & aydes, & és tributs que nommons tailles qu'ils leuoient sur tant de païs, terres, & seigneuries. Duquel reuenu n'est possible faire estat certain, non plus que des autres Empires & Royaumes absolus: Dont les reuenus croissent & diminuent selon la disposition des affaires, & volonté des seigneurs souuerains, imposans & ostans subsides à leur plaisir. Telle fut l'excellence des Romains és armes. Quant à celle des lettres, Ciceron sans cōtrouerse merite d'estre le premier nommé entre eulx: lequel s'adonnant à l'imitation des Grecs, a representé en ses escrits la vehemence de Demosthene, abondance de Platon, grace de Isocrates : il n'a seulement acquis par estude ce qui estoit excellent en chacun, mais a produit de soy mesme plusieurs vertus, ou plustost toutes par la tresheureuse fertilité de son entendemēt immortel: né par quelque don de la prouidence diuine, afin que l'eloquēce monstrast en luy toutes ses forces. Car qui pourroit enseigner plus diligemment, ou esmouuoir plus ardamment? Qui fut iamais plus plaisant ? Tellement qu'on le croiroit impetrer ce qu'il obtient à force. Et comme par sa vehemence il transporte le iuge, toutefois il ne semble estre tiré mais suyure. Dauantage il y a telle authorité en tout ce qu'il dict, que lon a honte de luy contredire: n'apportant la diligence d'aduocat ains la fidelité de tesmoin ou de iuge. Coulans ce pedant non elabourees toutes ces choses, esquelles chacun trauaillant particulierement, à grande difficulté peut exceller. Et neantmoins apparoit en son oraison vne facilité heureuse, tresbelle à ouyr. Parquoy il ne fut sans cause estimé par les hommes de son temps regner és iugemens, & a acquis enuers la posterité l'appellation, nom d'homme, ains d'eloquence. Pline en parlant rend tel tesmoignage de luy. Mais par quel erreur vous omettrois ie (dict il) Marc Tulle, ou quelle loüenge excellente vous donneray ie, sinon celle qui vous a esté attribuee par l'ample suffrage de tout le peuple de ceste gent, en prenant de toute vostre vie les œuures de vostre cōsulat seulement. Vous parlant les tributs reietterent la loy Agraire, c'est à dire leurs alimens. Vous suadant ils pardonnerent à Rosce autheur de la loy theatrale. Vous orant il fut permis aux enfans des proscrits, demander honneurs & magistrats. Catiline fuyt ton entendement. Tu as proscrit Marc Antoine. Ie te salue premier appellé pere de la patrie, premier ayant merité en longue robe, triomphe la couronne de lorier par bien parler: parent de l'elegance & langue latine, & comment Cesar le dictateur souloit dire de toy, ayant obtenu la prerogatiue de tous triomphes, d'autant que c'est plus d'auoir tant auancé les bornes de l'entēdement Romain, que de l'Empire. Le mesme Pline escrit ainsi

de

de Marc Varron. La statue de luy seul viuant fut mise par Asine Pollion en la librairie qu'il dressa le premier du butin gaigné sur les ennemys, que ie n'estime à moindre gloire procedāt d'vn principal orateur & citoien en celle multitude d'entendemens qui fut alors, & donnant à luy seul celle couronne: Que quand Pompee le grand luy donna la nauale pour s'estre bien porté en la guerre contre les coursaires, où il estoit son lieutenāt. Ciceron luy adressant la premiere Academique. Tu as declaré l'aage du païs, descriptions des temps, les droicts des choses sacrees, & des prestres, la discipline de paix & de guerre, l'assiete des regions & des lieux, les noms, genres, offices, causes de tous affaires diuins & humains, apportant grande lumiere à nos poëtes & entierement aux lettres & parolles latines: Et as commencé en plusieurs passages la philosophie assez pour exciter & peu pour enseigner. Et en la seconde philippique. Marc Varron vouloit ce lieu estre le domicile de ses estudes non de voluptez. Quelles matieres y estoient traittees, quelles escrittes. Les droicts du peuple Romain, les monumens des ancestres, la raison & doctrine de toute sapience. Et luy escriuant aux epistres. Ie vous ay tousiours estimé grand personnage, mesmement que par ces troubles estes presque seul en repos, & receuez les fruicts de sçauoir qui sont grands, considerant & traittant les choses desquelles l'vtilité & delectation doit estre preferee à toutes les actions, & voluptez de ceulx cy. Certes i'estime ce seiour que faittes à Tuscule estre vraye vie, & quitterois volontiers à tous toutes richesses: afin que il me soit permis sans aucun empeschement viure en ceste maniere. L'actance ose bien affermer qu'il n'y eut iamais plus sçauant entre les Grecs & Latins. Sainct Augustin l'appelle le plus agu de tous les hommes, & sans doubte le plus docte: Lequel a leu tant de choses que c'est merueille qu'il eut loisir d'escrire quelque cas, a tant escrit qu'il est à peine croiable qu'aucun puisse lire. Car il escriuit cccc xc. liures. Item. Qui a plus curieusement cherché cecy que Marc Varron? ou plus doctement trouué, ou attentiuement consideré, ou distingué subtilement, ou escrit plus diligemment & pleinement? Lequel iaçoit que soit moins doulx en parler, il abonde neantmoins tant en sçauoir & sentences, qu'en toute doctrine que nous appellons seculiere, & eulx liberale: il peut autant enseigner le studieux des choses, que Ciceron delecter le curieux des parolles. Ciceron au liure de l'vniuers rend tel tesmoignage de Puble Nigide. Ce personnage estoit orné de tous ars liberaux, & diligent rechercheur des choses enuelopees en nature. Et i'estime ainsi de luy qu'apres les nobles Pythagoriens desquels la discipline est aucunemēt esteincte, ayāt fleury quelques siecles en Italie & Sicile, il l'a renouuellee. Le mesme Ciceron de Serue, Sulpice iurisconsulte. Ne sera teue son admirable & incredible & presque diuine science en l'exposition des loix, & declaration de l'equité. Si tous ceux qui eurēt onques en ceste cité l'intelligēce du droict estoient assemblez en vn lieu ils ne seroient cōparables à Serue Sulpice. Car il n'estoit tant aduisé au droict qu'en la iustice. Parquoy il referoit tousiours à facilité & equité les faicts procedans des loix & du droict ciuil. Et ne taschoit tant à cōstituer les actions des causes, qu'à oster les differēs des procez. Le mesme Cicerõ de Galle Aquile autre iuriscõsulte ie dy qu'on ne sçauroit trop estimer l'authorité d'vn tel hõme dont le peuple Romain a cogneu la prudence à se garder, non à deceuoir autruy: Qui iamais ne separa de l'equité, la raison du droict ciuil. Qui tant d'annees a promptement employé son entendement, labeur & fidelité pour le bié du peuple Romain. Qui est si iuste & bõ qu'il semble estre iurisconsulte par nature, & non par discipline: Si sçauant & prudent que du droict ciuil semble estre nee non quelque sciéce seulement: mais aussi certaine bõté. Dont l'entendement est si grand, la foy telle que vous sentez tout ce que tirez de là, estre pur & clair.

Auant ce temps la poesie latine estoit rude, laquelle se polit alors & fut cõduitte à sa perfection, principalement par Virgile, que Quintilian atteste entre tous les poetes Heroïques Grecs & Latins auoir plus approché d'Homere, auquel neantmoins il recognoit y auoir plus de nature. Ce sont les personnages plus illustres qui fleurirent lors és armes & és lettres.

Mais Iesus Christ effaça toute leur excellence, lequel au regne d'Auguste descendant du ciel en terre, & vestant l'espece humaine, nasquit de la vierge, & sortit de son ventre, hõme visible & Dieu adorable, promis par la loy & par les Prophetes: maistre de verité, repurgateur d'idolatrie, correcteur de malice, & restaurateur de la nature deprauee: afin de restituer les croyãs en lui en leur purité & innocence anciéne, corrõpue par la forfaiture du premier hõme. Il dõna veuë aux aueugles, parolle aux muets, droicte marcheure aux boiteux, guarit maladies incurables, chassa mauuais esprits, repeut de cinq pains & de deux poissons cinq mille personnes, conuertit l'eau en vin, marcha fermemẽt sur les eaux cõme sur la terre, cõmanda à la mer, aux vens & aux tẽpestes, resuscita les mors, & reuescut luy mesme apres auoir esté crucifié, & occis indignemẽt par les Iuifs. Par lesquels miracles il se mõstra fils de Dieu, establissant son Eglise & religiõ Chrestiéne au lieu de la Mosaïque, & Payéne. Laquelle a ja duré plus de quinze cés ans & iamais n'aura fin, a passé de fraische memoire iusques aux Antipodes, s'est manifestee és Indes Oriétales & Occidẽtales, voire entre les Sauuages nouuellemẽt descouuers du costé de Midy & incogneuz parauãt à toute l'ãtiquité, & entre les peuples derniers du Septẽtrion, par le moyẽ des Suecciés & Moscouites. Tellemẽt qu'auiourd'huy pouuõs affermer sa parolle auoir esté ouye en toutes les parties de la terre habitable, comme il l'auoit ordonné à ses disciples, les ornant de la grace du sainct esprit, du pouuoir de faire miracles pareils aux siens, & du don des langues auec perseuerance, patience, & cõstance cõtre tous tourmẽs & persecutions. Chose vraymẽt admirable, & qui n'aduint iamais semblable à Roy, legislateur, ou Philosophe Grec & Barbare, se contentans tels personnages de proposer & faire receuoir en leur païs & lãgue les institutions & loix qu'ils estimoiẽt bonnes & vtiles. Mais Iesuschrist ne sentant rien mortel ou humain, & se seruant de pauures mariniers pour disciples, qu'il voulut estre de là en auant pescheurs d'hommes, a manifesté par eux son Euangile en tout le monde, & deuant toutes gens, leur enioignant annoncer de par luy la vraye voye de salut, & creãce enuers le vray Dieu Createur de toutes choses. Le progrez & auancement qu'ils feirẽt en leur ministere fut tel qu'é peu de téps ils induirét par predicatiós les peuples à laisser leurs ancienes idolatries, & receuoir Christ cóme Dieu, establirét escholes & auditoires de la doctrine Chrestiéne, puis furét dressez téples aux apostres & Martyrs és plus illustres villes du móde, à Rome, Alexádrie, Antioche, par toute l'Egypte & Lybie, par l'Europe & Asie. Cómençans alors q̃ la puissance Romaine estoit paruenue à sa souueraine grádeur & gloire soubs Auguste dominateur paisible de innumerables natiós quád le royaume d'Egypte fut esteint qui auoit duré par temps immemorial, la nation des Iuifs asseruie, & les seigneuries des Syriens, Cappadociens, Macedoniens, Bythiniens, Grecs, Illyriés, Africains, Espagnols, Gaullois, cederent à la Romaine. Ce qu'il conuient iuger estre aduenu diuinement, afin de rendre plus facile telle œuure. Laquelle autrement eust esté tresdifficile, si les nations fussent demourees en diuision & discorde, moyennant l'vnion desquelles soubs vne grande monarchie, ils acomplirent auec moindre craincte & danger l'entreprise proposee, leur preparant Dieu le chemin, & reprimant les cueurs des superstitieux par la terreur de plus puissant Empire. Corneille Tacite escrit telle auoir esté la persuasion des hommes, qu'il estoit contenu és lettres anciennes des prestres, qu'en ce temps l'Orient deuoit preualoir, & que les venans de Iudee regneroient: comme il se verifia au regne spirituel de Iesus Christ duquel l'euangile, doctrine, & religió a esté preschee par tout le monde.

Dieu donc voyant la malice infiniement accreüe, & la culture des faux dieux semee par tout le monde: Tellement que son nom estoit desia presques osté de la memoire des hommes: & que les Iuifs mesmes ausquels seuls les mysteres diuins auoient esté reuelez, & les promesses faictes de saincte alliáce, addonnez à vaines superstitions, delaissee la vraye religion à laquelle refusoient retourner repris & admonnestez par les Prophetes: en ce temps ordóné pour la redemption, il manda son fils prince des Anges aux hommes, afin de les diuertir des meschantes & vaines cultures, & les induire à cognoistre & reuerer le vray Dieu, reduisant leurs ames de follie à sapience, d'iniquité à iustice, & de impieté à deuë creance. Telle fut en ce temps & tant insigne la mutation en la religion & police. Mais comme les Romains estoient montez à la cyme de puissance & sapience humaine par labeur & industrie ils se corrompirent incontinent par richesse & licence excessiue degenerans de l'integrité, prouesse, doctrine, & eloquence precedente. Dequoy ie ne pourrois rendre meilleure raison & cause plus certaine que par leurs autheurs mesmes, gens de bóne foy & de grãde authorité. Afin (dit Seneque) q̃ vous puissiez estimer cõbien diminuent les entendemens chacun iour, & par ie ne sçay quelle iniquité de nature & procliuité à vice l'eloquence s'est retiree arriere: Tout ce qu'à la faconde Romaine, qu'elle puisse opposer ou preferer à la Grece insolente, il a fleury au temps de Ciceron. Tous les entendemens qui apporterent quelque lumiere à noz estudes nasquirent alors. Depuis l'affaire est allé en empirát: ou par le luxe des temps qui est trespernicieux aux entendemens: ou qu'estant perdu le loier qui estoit proposé à ceste belle chose, tout le trauail a esté transferé en exercices deshónestes: ou par quelque destinee dont la loy maligne est perpe-

ſ ij

tuelle en tous affaires, lesquels paruenus au plus hault, retournent en bas plus legerement que n'estoient montez. Les entendemens de la ieunesse paresseuse languissent, & ne s'employent en aucun labeur honneste. Le sommeil & nonchalloir, & l'habilité en cas pernicieux qui est pire que le sommeil & nonchalloir, a occupé les esprits. Le plaisir de chanter & baller retient les effeminez, & testonner les cheueux & agreslir sa parolle aux caresses feminines, & en delicatesse corporelle s'egaller aux dames, & se parer de mondices immondes, c'est la monstre de nostre ieunesse. Qui est entre les ieunes gens assez ingenieux, & studieux, ou plustost assez homme? Emollis & eneruez ils demourent malgré eulx ainsi qu'ils sont nez, corrompans la chasteté estrangere, negligens de la leur. Les dieux ne vueillent permettre tant de mal, que l'eloquence aduienne à telles gens: laquelle ie n'admirerois, si elle ne choisissoit les ames ausquelles s'appliquast. Corneille Tacite des illustres orateurs. Declarez moy la cause pourquoy nous sommes tant esloignez de l'eloquence precedente, veu qu'il n'y a que six vingts ans depuis la mort de Ciceron iusques à present. Et peu apres. Qui ignore l'eloquence & les autres ars estre decheus de l'ancienne gloire, non à faulte d'hommes: ains par la paresse de la ieunesse, & negligence des parens, & ignorance des enseignans, & oubliance de la coustume ancienne. Lesquels maux premierement commencez en la ville, ont esté incontinent espandus par l'Italie, & par les prouinces. Les disers de ce temps en leurs actions commettent de lourdes & honteuses fautes en chacune parolle du langage ordinaire: referrās l'eloquence en peu de sens, & sentences minces: comme bannie de son regne: là où par le passé estant richement ornee de tous ars, elle emplissoit les poictrines: maintenant accourcie & roignee, elle demoure sans appareil, sans honneur: & comme sans ingenuité, & est apprise comme quelcune des viles disciplines: Telle estimōs nous estre la premiere & principale cause, pourquoy sommes tant reculez de l'eloquence. Le mesme autheur liure XVII. des annales. Parauant les affaires du peuple Romain estoiēt escrits auec pareille eloquence & liberté, mais depuis la bataille d'Actie que le bien de la paix requeroit toutes choses estre reduittes soubs la puissance d'vn, adonc cesserent ces grands entendemens, & fut la verité aneantie, premierement par l'ignorance de la republique comme estrangere, puis par flaterie ou hayne enuers les dominans. Pline liure deuxieme. Ie m'esmerueille plus, que le monde discordant & diuisé en Royaumes, c'est à dire en membres, tant de personnages se soient employez à rechercher choses tāt difficiles à trouuer. Tellement qu'au iourd'huy chacun en son païs cognoit quelques cas plus au vray par les liures de ceux qui n'y furent iamais, que par l'aduertissement des originaires. Et maintenant que nous iouyssons de la paix tant heureuse, & auons vn Empereur prenant si grand plaisir aux sciences & aux inuentions nouuelles, tant s'en fault que lon inuente rien de nouueau, que mesme lon n'apprenne les inuentions des anciens. Les loiers n'estoient point dispersez plus grands par la grandeur de fortune. Et plusieurs s'employoient en telles recherches n'en attendans autre remuneration que d'aider la posterité. Mais les meurs des hommes sont vieillies non les guerdons. Et estant toute la mer ouuerte, & labordee de toutes costes asseuree, plusieurs nauiguent, mais c'est pour gaigner non pour apprendre. Ne pensant l'esprit aueuglé & seulement adonné à l'auarice cela se pouuoir faire plus seurement par sçauoir. Le mesme autheur liure treziéme. Comme le monde soit communiqué par la maiesté de l'Empire Romain, qui n'estimeroit la vie humaine estre accommodee par le commerce des choses, & par la societé de la paix heureuse? Et neantmoins se trouuent peu de gens qui cognoissent ce que les anciens ont laissé. D'autant fut leur estude plus grande, & industrie plus fertile. Auant mil ans sur le commencement des lettres, Hesiode donna preceptes aux laboureurs: lequel a esté suyui de plusieurs. Ce qui nous a augmenté le labeur: pourtant qu'il conuient considerer non seulement ce qui a esté inuenté depuis: mais aussi ce que parauant inuenterent les anciens, en estant la memoire esgaree par paresse. Duquel sommeil ne pouuons rendre autres causes, que les publiques du monde. Certes autres coustumes sont venues depuis, & s'arrestent les entendemens des hommes à autres exercices. L'on vacque seulement aux ars questuaires. Parauant les Empires des nations estoient enclos en elles mesmes, & pour ce falloit par la necessité de fortune, exercer les biens de l'ame. Innumerables Roys estoient honorez par les ars, & s'en preualoient, cuydans par iceux obtenir ayde & immortalité. Parquoy les loyers & ouurages abondoient. L'eslargissement du monde, & amplitude des choses a porté dommage à la posterité. Apres que le senateur a commencé d'estre esleu par le reuenu, le iuge estre faict par le reuenu, & que rien n'a tant recommandé le magistrat & le capitaine que le reuenu: Apres que la brigue corruptible a esté authorisee, & le pourchas des charges rendu fort questueux: & que le seul plaisir a esté au posseder, les pris de la vie se sont escoulez, & tous ars appellez liberaux du grand bien de liberté ont reboursé au côtraire, & a lon commencé profiter par la seule seruitude: l'adorant l'vn en vne sorte, l'autre en autre, & enuers autres, aspirans neantmoins tous au mesme espoir de profiter. Les plus apparens ont voulu respecter plus les vices d'autruy, que leurs biens. Parquoy la volupté a commencé viure, & la vie est faillie. Et liure. x x v. Ie ne puis assez admirer la grande diligence des anciens: lesquels n'ont rien laissé en arriere, que n'ayent recherché & experimenté: ne retenans à eulx ce qu'ils cognoissoient estre profitable à la posterité. Au contraire nous taschons à cacher, & supprimer leurs labeurs, & priuer la vie des biens qui luy sont acquis par autruy: Ainsi certes cachent ceux qui sçauent quelque peu, enuieux des autres. Et n'enseignans personne pésent authoriser leur sçauoir. Tant sont esloignez les meurs d'inuenter quelque cas de nouueau, & d'ayder la vie: estant le souuerain labeur des entendemens reduict en celà, de retenir à soy les faicts des autres, & les laisser perdre.

Ce n'est pas à dire qu'il n'y ayt eu depuis des gens doctes & eloquens, mais fort distans de precedens en proprieté, purité, facilité, & elegance de parler non comparables à eulx en entendement, iugement, & sçauoir. Comme en Italie, Seneque appellé par l'Empereur Claude, sablon sans chaux, & balay delié. Les deux Plines, oncle estimé le plus sçauant de son temps, & nepueu illustre orateur qui furent personnages de grand credit & authorité. Tacite &

DE LA VICISSITVDE DES CHOSES

Suetone hiſtoriens. Lucain, Perſe, Syle Italique qui fut conſul la derniere annee de Neron, Stace, Iuuenal, Marcial, poëtes. Corneille Celſe verſé en toutes ſciences. Quintilien rhetoricien. Aule Gele, Iule Hygine aſtrologien: Polemon & Scaure, grammariens. Aburnius valens, Tuſcianus, Vindius, Verus Vlpius, Marcellus, Arrianus, Tertullianus, Saluius Iulianus. L. Voluſius Mecianus. Papinianus & ſes auditeurs Vlpianus, Taruucius, Palernus, Macer, Terentius, Clementius, Menander, Arcadius, Rufinus, Papyrius fronto, Anthius, Maximus, Hermogenianus, Africanus. Florentinus, Thriphonius, Iuſtus. Calliſtratus, Venuleius, Celſus, Alphenus, Sabinus, Ælius Gordianus, Triphonius, Proculus, Modeſtinus, Pomponius, Africanus, tous iuriſconſultes excellens.

En Grece, Aſie, & Alexádrie d'Egypte, Plutarque & Sexte ſon neueu, Muſone, Apollone de Tyane, & de Calcedoine, Lucien, Gallien medecin, Epictete Stoique, Fauorin. Arrien, Herodien, & Flaue Ioſephe, hiſtoriens. Oppien poëte. Iule pollax & Harpocration, grammairiens. Herode attique & Apollone rhetoriciens. Alexandre d'Aphrodiſe Peripatecien: qui dreſſa le premier commentaires ſur Ariſtote plus loüé parauant des doctes, qu'entendu. De l'eſchole duquel ſortirent Themiſte, Ammone, Simplice, Philopone, Olympiodore tous commétateurs d'Ariſtote. Au meſme temps les mathematiques monterent en ſouueraine excellence par l'induſtrie de Claude Ptolemee Mathematicien d'incomparable ſçauoir, & le plus habille qui fut iamais en celle profeſſion: qui a ſurpaſſé tous les anciens Egyptiens, Chaldees, Perſes, Grecs: & depuis n'a eu ſon pareil, ayant expoſé plus diligemment que nul autre, toute la raiſon du ciel, de la terre, & de la mer, en corrigeant les erreurs des precedens auec leurs inſtrumens, & declarant le tout auec argumens vrayſemblables & demonſtrations euidentes.

Si furent les Romains pour vn temps treſbon en paix & en guerre modeſtes, iuſtes, vaillans, ſignamment depuis la guerre qu'ils eurent auec les Tarentins & le Roy Pirrhe, iuſques à la Punique troiſieme. Il n'y auoit lors entre eulx aucune diſſenſion des nobles, ou emotion du peuple. Tout leur ſoin eſtoit à augmenter & accroiſtre l'Empire, ſans ſe ſoulcier de leur profit particulier: fleuriſſans en la republique Cure, Fabrice, Coruncan, Metelle, Fabe, Scipion, Marcel, Paule, Lepide. Deſquels la magnanimité & prudence en guerre, iuſtice, & moderation en paix fut admirable. Adonc la republique fut treſbonne & ſaincte, d'autant que pauureté & eſpargne y eſtoient en eſtime, & que les trois eſpeces de gouuernemens s'y trouuoient ordonnez & eſtabliſ ſi egallemét & cóuenablement qu'on n'euſt peu dire ſi elle eſtoit toute Ariſtocratique, ou Democratique, ou monarchique. Le pouuoir des conſuls eſtoit euidémment monarchique & Royal, celuy des ſenateurs Ariſtocratique, le populaire entieremét Democratique. Et y auoit telle cóuenance & lyaiſon entre elles contre toute fortune, qu'on n'euſt ſceu trouuer meilleur eſtat de republique. Car ſi quelque frayeur cómune s'offroit de dehors, & les forçoit s'étre ſecourir: adonc la puiſſance de ceſte republique eſtoit ſi grande, & telle qu'il ne luy defailloit rien pour ſa deffenſe, & s'employent tous enſemble en public & en priuá, à xecuter en temps les entrepriſes deliberees. Tellement qu'elle en fut reputee quelquefois comme inuincible. Au contraire si deliurez d'vne crainte publique des estrangers, ils deuenoient par paix domestique & affluence de biens insolens, & s'acoustumoient à oisiueté & delices, & que par ce moyen l'vne des parties vouluſt estre la maistresse, & dominer outre raison: lon y auoit si biē pourueu par le mutuèl frein & empeschement qu'elles s'entrefaisoient, que nulle ne se pouuoit desrenger ny eleuer: ains estoient contrainctes de demourer chacune en sa charge: Mais apres que par labeur & iustice: Ils furēt accreus, & eurent vaincu les fieres nations, & puissans Roys: ils se corrompirent incontinent peruertissans l'ordre auquel ils viuoient parauant, en se rendant tresauaricieux & orgueilleux, desbordez en gourmandise & paillardise, dissolus en toutes superfluitez & delices. Puis se diuiserent en partialitez & factions: à l'occasion desquelles ils porterent les armes és temples & assemblees publiques, tuans maintenant les tribuns, maintenant les consuls, & autres principaux de la ville. Dont aduindrent questions deshonnestes, & sans aucun ordre. Et de là ensuyuit le mespris des loix, & des iugemens. Et renforçant iournellement le mal, se commencerent à faire entreprises manifestes contre la republique, & les grands exercices estre menez par force dedans le païs, qui estoient assemblez de gens fugitifs & condamnez. Et iaçoit qu'à leur dire celà se feist contre leurs aduersaires: toutefois à la verité c'estoit contre la republique, par ce que ils enuahissoient la cité comme ennemis: & cruellement tuoient ceux qu'ils rencontroient, ou les persecutoient par bans & proscriptions abhominables, n'omettans aucun outrage detestable.

Lesquelles seditions commencerent par les deux Gracques, Saturnin, & Druse, tribuns furieux, puis se renouuellerēt à diuerses fois entre Sylla & Marius, Pompee & Cesar, furent continuees par Marc Antoine, Octauien, & Lepide contre Cassius & Brutus: Et finablement suscitees entre iceux Marc Antoine, & Octauien beaux freres, causerent le changement de la republique en monarchie, estans les plus feroces d'entre les Romains occis és batailles, ou par proscriptions: & les autres lassez par guerres ciuiles, ennuyez du gouuernement du senat & du peuple par les dissensions des seigneurs, & l'auarice des magistrats. Car ainsi que cest aage nourrit de tresexcellēs personnages en toute vertu & sçauoir: ainsi en porta il de plus vicieux que iamais au parauant, autheurs de meschancetez execrables.

L'aage Catonien (dit Seneque) porta plusieurs dignes de naistre au siecle de Caton: comme il en eut lors des plus meschans qui furent oncques, entrepreneurs de tresgrandes meschancetez. Il estoit besoin qu'il en y eust d'vns & d'autres: & afin que Caton fust cogneu, il faloit qu'il y eust des bons qui l'approuuassent, & des mauuais contre lesquels il esprouuast sa force & vertu. Le mesme Seneque. Nul aage a esté sans blasme, & si lon considere la licence de chasque siecle, i'ay honte de le dire: mais lon ne pecha iamais plus ouuertement, que deuant Caton. Le mesme autheur. Marc Tule Ciceron, entre les Catilines & Clodes, entre les Pompees & Crasses, ce pendant qu'il est agité auec la republique, & la conduit perissante: il fut emporté auec elle. Ciceron de Pompee & Cesar. L'vn & l'autre a cherché de se faire seigneur, non de rendre la cité heureuse & honneste, & n'a Pompee quitté la ville qu'il ne la peust garder, ny abandonné l'Italie qu'il en fust chassé : mais il a pensé du commencement mouuoir toutes terres & toutes mers, inciter les Roys Barbares, attirer en Italie les nations fieres armees. Cuydez vous qu'il ne se puisse faire quelque accord entr'eulx: Si feroit bien maintenant? mais ny l'vn ne l'autre à ce but, de nous rendre heureux. Tous deulx veulent regner. Le mesme autheur. Cretes l'vn & l'autre est miserable: lesquels ont tousiours eu moins d'egard au salut & dignité de la patrie, qu'à leur domination, & commoditez particulieres. Et au mesme passage, desquels l'alliance & fidelité de meschante concorde, vous voyez en quel malheur elle est sortie. Le mesme Ciceron dit Cesar auoir esté de nature & de volonté cruel, mais auoir simulé clemence, pourtant que celle vertu sembloit populaire. Seneque. Ne vertu ny raison suadoit à Pompee entreprendre les guerres estrangeres & ciuiles. Mais affolé par l'amour vain de sa grandeur faulse, il portoit les armes maintenant en Espagne côtre Sertoire, maintenant contre les Pyrates soubs couleur de pacifier la mer. Il pretexoit ces causes, afin de continuer sa puissance. Qui le menoit en Afrique, & en Septétrion contre Mithridate, & en Armenie, & contre tous les Roys d'Asie: sinó vn desir infiny de croistre, semblant à luy seul qui n'estoit assez grand? Qui a mis si auant Iule en ses maux & és publiques, gloire & ambition? & qu'il vouloit sans mesure exceller par dessus les autres? Il ne pouuoit endurer vn deuant luy, où la republique en enduroit deulx? Quoy? cuydez vous que Marius vne fois vrayment consul ayant rauy par force les six autres consulats, quand il defaisoit les Theutons & Cymbres, quand il poursuyuoit Iugurte par les desers d'Afrique, appetast tels perils par l'instinct de vertu? Marius menoit l'armee, & l'ambition Marius. Ceulx cy esmouuans tout, estoient aussi esmeus à la maniere des tourbillons qui enuelopent ce qu'ils rauissent, & pour ce deuiénent plus impetueux, ne se pouuás arrester. Ayans donc esté mauluais enuers plusieurs, ils sentent finablement en eulx mesmes la meschanceté pernicieuse, par laquelle ils ont porté nuysance à plusieurs. Le mesme Seneque. C'est tout vn si Caton est vaincueur ou vaincu en la bataille de Pharsale. Le bien estant en luy qui ne pouuoit estre vaincu quant & son parti, estoit pareil au bien qu'il eust remporté victorieux en la patrie, & eust pacifié les affaires. Pourquoy ne seroit il pareil? puis que par mesme vertu & la mauuaise fortune est vaincue, & la bonne ordonnee? La vertu ne peult estre plus grande ou plus petite. Elle est tousiours d'vne sorte. Mais Pompee perdra l'exercite, mais l'honneste pretexte de la republique & le senat auec les plus apparens seigneurs de Rome suyuans le party de Pompee, mis au premier rang de l'armee seront en vne seule bataille rompus, & la ruine de si grand Empire saillira en tout le monde. L'vne partie cherra en Egypte, l'autre en Afrique, l'autre en Espagne. Celle miserable republique ne pourra toute tomber à vne fois. Que lon face tout ce qu'il sera possible. La cognoissance des lieux n'ayde au Roy Iuba en son Royaume, ny l'obstinee vertu de ses subiects. Et la fidelité des Vticiens rompue par tant de maux defaille. Et Scipion soit abandonné en Afrique de la fortune de son nom? Il estoit pieça pourueu que Caton ne receust

point

point de dommage. Et toutefois il fut vaincu. Veritablement les calamitez furent tresgrandes en celle conuersion du monde, & y eut d'estranges aduersitez meslees entre les prosperitez. Il n'y eut païs, cité, seigneurie, & personne illustre qui n'endurast beaucoup. La ruine de Cartage se presente la premiere, laquelle ville depuis sept cens ans qu'elle estoit fondee, auoit esté si florissante & excellente en toutes choses, auoit eu domination sur tant de mers & de terres, & d'isles, & de nauires, & de richesses, & d'armes autant que nulle autre, & de hardiesse plus que toutes les autres. Quatorze ans apres les Numantins assiegez par Scipion Emylien, voians qu'à faute de viures ils ne pouuoient plus soustenir le siege, brusterent eulx mesmes la ville de Numance, & se defeirent partie par le feu, partie par l'espee, & partie par poison. Ciceron nomme Cartage & Numance les deux espouuentemens de l'Empire Romain. Reciteray ie comment Syracuse fut pillee, Corynthe rasee, Antioche & Hierusalé prises, Athenes assiegee & saccagee, Marseille portee en triomphe, commét Rome veit son senat fuyât, & ses tresors rauis, Alexandrie sentit Cesar guerroiant dedans elle, & le ieune Ptolemee son Roy mort? Comment Thebes en Egypte fut destruitte? Treze villes en la Peloponesse abismees par tremblement de terre? duquel aussi Carie & Rhodes furent esbranlees? Comment aduindrent inondations extraordinaires de la mer, des riuieres & des pluyes, vens tres impetueux? Monstres hideux en toute nature? Signes en l'air? cometes, eclipses du soleil & de la lune? & autres desreiglemens és mouuemens celestes? dont ensuyuirent famines, pestes, & autres maladies incogneues parauant. Ciceron escrit que lors non seulement apparurent la nuict des flambeaux auec embrasement du ciel, esclairs de fouldre, & mouuemens de terre: Mais dauantage que le tonnoirre tomba sur les hautes tours des temples, plusieurs images des dieux furent rebutees, plusieurs statues des illustres hommes abbatues, les tableaux d'erain où les loix estoient engrauees fondus. L'ymage aussi de Romulus fondateur de Rome, qui estoit comme allaictant & bayant apres les tettes de la louue, attainctte de Tonnoirre: Diray ie quatre vingts mil Romanis & leurs alliez defaits par les Cymbres? & cent quarante mil Cymbres occis par les Romains? les armees des Heluetiens & Germains rompues? Les serfs esleuez & alliez mutinez? Et ne patirent seulement les bonnes villes & puissantes armees, mais aussi les riches seigneuries, & nobles Royaumes furent destruicts, les nations libres trauaillees de guerres, ou asseruies: comme l'Espagnole, Gaulloise, Britannique, Germanique, Pannonienne, Illyrique, Armenienne, Thracienne. L'Italie mesme apres s'estre enuiron cinq cens ans deffendue vaillamment, en fin fut assubiettie. Dauantage il n'y eut gueres de personnages illustres par les armes & par les lettres qui ne receussent iniures atroces, ou souffrissent mort violente. Scipion l'Affricain retourné du senat en sa maison, fut trouué le lendemain estouffé en son lict, ce qu'on pense auoir esté faict par ses prochains parens. Hannibal chassé d'Italie & bány d'Afrique s'en oisonna en la court du Roy Prusias. Le Roy Mithridates assiegé de son fils Pharnaces se tua, & Pharnaces fut en vn moment vaincu par Cesar. Antio-

t

chus le grand priué de la plusgrande partie de l'Asie, dont encores il remercia les Romains. Et le Roy Prusias s'en disoit esclaue. Perseus dernier Roy de Macedoine vaincu, pris, & mené en triomphe mourut captif, & l'vn de ses fils fut scribe des magistrats. Tigranes Roy d'Armenie se prosterna deuant Pompee, & demandant pardon il le leua, & luy remeit sur le chef le Diademe qu'il auoit ietté bas. Ptolemee Roy de Cypre se precipita en la mer, sachant qu'à l'instance du tribun Clodius, Caton estoit enuoyé par delà pour luy enleuer ses tresors. Siphax, Iugurta, & Iuba, grands Roys en Afrique finirent malheureusement.

Sertorius occis en trahison. Marius fuyant de Rome en extreme danger de sa vie se cacha dans les marais autour de Minturnes, & monta sur mer en vn esquif sans viures à la fortune des vens & des vagues: Puis retourné qu'il fut mourut septuagenaire presque insensé: son fils se tua à Preneste, Sylla mourut mangé de vermine & de poulx. Crassus vaincu delà l'Euphrate par les Parthes, fut tué comme il parlementoit en asseurance. Pompee decapité en la greue d'Alexandrie. Cesar meurdri en plein senat. Caton, Brutus, Cassius, & Antoine tuez de leurs mains propres. Cleopatre derniere Royne d'Alexandrie morse d'vn aspic. Ciceron pour la deuxieme fois banny: auquel fut couppee la teste, & la main dont il auoit escrit les Philippiques. Marc Varron proscrit, Nigide exilé. Tant d'horribles cas aduindrent lors, qui me font frayeur en les ramenteuant seulement.

DECADENCE DE LA PVISSANCE, SCAVOIR, & eloquence, des Romains.

Onques les Romains qui s'estoient pour vn temps merueilleusement euertuez viuans en liberté, apres que par les factions esquelles ils estoient tombez, furent reduicts en seruitude soubs la domination de vn monarque, ils empirerent peu à peu amoindrissans en l'exercice des armes, & estude des lettres. Et bien que par la vertu d'aucuns bons princes l'Empire semblast quelque fois se releuer, il estoit en apres tant plus abbaissé & affligé par la lascheté des autres: estant l'honneur & haultesse tant venerable de celle dignité souueraine transferee des anciennes familles Romaines aux estrangers de toutes nations, voire à certains villains & vicieux qui l'occupoient par force & corruption: Dont la pluspart ont esté tuez par les gens d'armes auaricieulx qui les auoient creez, & les autres se sont eulx mesmes desfaicts. Lequel desordre continua iusques a ce que l'Empire approchant fatalement de sa fin, il fut abandonnée en proye aux Barbares. Car ces Empereurs mal aduisez cuydans se fortifier par armes estrangeres mercenaires & auxiliaires qu'ils appelloient à leur seruice & secours, en eneruant les forces propres & naturelles de l'Empire dont s'estoient seruis leurs ancestres à l'acquerir, ils attirerent sans y penser plusieurs peuples Septentrionaux és païs, terres, & seigneuries de leur obeissance. Plus pour auoir transporté les forces & richesses principales de Rome en Byzance, diuisans l'Empire en l'Oriental &

Occidental, ils l'affoiblirēt beaucoup. De sorte que l'Occidental fut premierement destruit, puis l'Oriental à la longue, lesquels demourans vnis eussent peu longuement, & quasi perpetuellement resister à toutes inuasiōs. Alors fut perduc l'elegance & purité de la langue latine: delaissans les Italiens à parler Latin. Ensemble les disciplines qui y estoient escrittes vindrent en mespris & ignorance, & tous ars liberaux & mecaniques furent corrompus: comme il est facile de iuger par les ouurages de diuerses sortes restás de ce temps. Et iaçoit que en ces entrefaictes soient aduenus de grands cas & merueilles estranges: Toutefois ne se sont rencontrez gens qui les recueillissent diligemmēt, ou escriuissent dignement: ains est demouré le tout ou enseuely en tenebres d'ignorāce, ou enuelopé de cōfusion, ou depraué par Barbarie, qui a duré en l'Europe enuiron mil ans. Or combien que les Republiques, Royaumes, & Empires ayent leurs conuersions naturelles, bornes fatales, & temps prefix de duree: il semble neantmoins que la principale cause de la ruine de l'Empire Romain doyue estre attribuee à Constantin surnommé le grand, qui en transporta le siege hors Italie où il auoit esté cōmencé & accreu, changea la forme du gouuernement en laquelle il s'estoit maintenu depuis Auguste, cassa les pretoriés, feit les fiefs hereditaires que possedoient parauant les gensd'armes à temps ou à vie seulement, crea magistrats nouueaux, ordonna loix nouuelles: alterant en peu de temps toute la police ancienne. Car Diocletian mort, Maximien, Maxence, & Licine occis qui auoient esté tous Empereurs en mesme temps auec Constance par eux associé: Quand ce Constantin fils de Constance & son successeur en l'Empire se veit seul paisible monarque, il aduisa pour perpetuer sa memoire, & la rendre plus celebre d'edifier sur le destroict de la mer à l'extremité de l'Europe plus prochaine de l'Asie, au lieu où estoit parauant Byzance vne grande ville pareille en toutes choses à Rome, qu'il orna de mesmes priuileges, libertez, dignitez, honneurs: afin que par la force d'elle l'Empire vers l'orient fust soustenu contre les Perses, dont la puissance estoit alors grāde & formidable, comme en l'Occident il estoit maintenu contre les Germains par le moyen de l'anciēne Rome. Il voulut que ces deux villes fussent reputees pour vne, & que les citoyens de l'vne comme de l'autre seroient pareillemēt esleuz consuls dont l'vn resideroit icy, l'autre là. Ordonna qu'il y auroit quatre prefectures du pretoire de souueraine authorité apres Imperiale: par lesquelles tous les affaires de l'Empire fussent administrez, deux pour l'Occidental d'Italie & de Gaulle, deux pour l'Oriental d'Illyric & d'Orient. Et au lieu de quinze legions ordōnees par Auguste, & entretenues par ses successeurs pour la deffense de l'Empire, sur les riuieres du Rhin & du Danube, il y bastit certains chasteaux & forteresses, mettant en icelles garnisons assez foibles, cuydant neantmoins qu'elles suffiroient pour arrester les courses des Septentrionaux, qu'il pensoit entierement debellez par les grādes victoires qu'il auoit obtenues sur eux. En quoy il fut grandement deceud'au, tant que ces Barbares voyans les frontieres de l'Empire foibles & mal gardees, ne tarderent gueres à les gaigner entrans és prouinces de l'Empire, qu'ils coururent & enuahirent miserablement: à sçauoir les Ostrogots & Lombars l'Italie, les Visigots l'Aquitaine &

t ij

Espagne, les François & Bourguignons la Gaule, les Vandales la Bethique & Afrique. Finablement Rome appellee parauant chef & lumière du monde, dompteresse des terres, fut assiegee, prise, pillee, & destruitte plusieurs fois. Lesquels maux suyuant le dire d'Ezechiel ont procedé du Septentrion, qui a tousiours esté tant fertile d'hommes, que non seulement il a rempli d'habitans les vastes solitudes & grandes forests du quartier, mais dauantage à acoustumé de ietter hors innumerables peuples, qui ont occupé l'Asie & l'Europe, en ruinans les anciens estats pour en establir de nouueaux.

Mais ie retourne à l'Empire que Theodose premier du nom tint dernierement entier en Orient & Occident, puis le diuisa entre Honore & Arcade ses fils: soubs lesquels commencerent lesafflictions susdittes par la desloyauté & ambition aueuglee de Ruffin, & Stilicó leurs gouuerneurs. Theodose second fils d'Arcade fut le dernier, qu'on puisse veritablement appeller Empereur de Occident, iusques à Charle Maigne. Regnans Martien & Valentinien, Genseric Vandale qui auoit intelligence auec Attila Roy des Hunnes, le feit venir de Pannonie en Gaule auec cinq cens mil hommes: où il fut combatu par les Romains, Goths, & François. Ne se lict poinct qu'il y eust oncques deux plus grosses armees opposees l'vne à l'autre, ne qui combatissent plus opiniastrement, en sorte qu'il en y eut de tuez cent quatre vingts mil, & entre autres, Theodoric Roy des Goths. Retourné que fut Attila en Pannonie apres celle defaitte, il leua nouuelle armee, & descendit tout furieux en Italie: où il força, saccagea, & brusla Aquilee, & plusieurs autres places. Et comme il deliberoit aller à Rome, le Pape Leon premier du nom vint par deuers luy, & feit tant par sa priere que non seulement il changea son propos d'aller à Rome, mais aussi laissant l'Italie retourna en son païs. Il fut tirant fatal à l'Europe, & deuint en peu de temps trespuissant, s'appellant arrogamment le fleau de Dieu: Mais sa puissance fut tantost perdue par la discorde de ses enfans. D'autre part Genseric Roy des Vandales passa d'Espagne en Afrique, où il ne feit moindre degast qu'auoit faict Attila en Europe, print Cartage, & Hippone d'où sainct Augustin estoit Euesque, qui y mourut durant le siege deplorant la ruine de l'Empire, & distraction des eglises. De là il feit voile en Italie auec trespuissante armee, & s'achemina vers Rome qu'il print & pilla. Et estant gaigné par les prieres du Pape Leon, lequel auoit appaisé Attila parauát: ne la meit à feu & à sang. Par où il appert que l'Empire vers Occident estoit fort malade: que tindrent consecutiuement plusieurs Empereurs de petit nom, lesquels se depescherent les vns les autres par trahisons & aguets, sans demourer longuement. Entre lesquels y eut certain Augustule, qui volontairement quitta l'Empire, & mena vie priuee. Son nom semble auoir esté fatal, par ce que l'Empire qui auoit commencé en Auguste, finit en luy à Rome. Au mesme temps Odoacer Rugien passa auec grosse armee de Herulois en Italie, dont il obtint la domination. Côtre lequel, Zenon Empereur enuoya Tgeodoric Roy des Ostrogoths, qui le defit en deux batailles & à la parfin le tua, demourant maistre d'Italie. Que luy & ses successeurs posserent enuiron soixante ans, d'où l'Empereur Iustinien les extermina entierement par l'Eunuque Narses, ainsi qu'il chassa d'Afrique les Vandales par Bellisaire. De là en auant les exarques Grecs, & Lombards dechirerent l'Italie, iusques à ce que par les François ils en furent deboutez, & que par la prouesse & felicité de Charle Maigne la paix y fut restituee. OR à cause de ces inuasions que feirent tant de nations diuerses les vnes sur les autres, aduindrent au monde mutations admirables des langues, edifices, habits, coustumes, loix, magistrats, offices, manieres de viure publiques & priuees, de la discipline militaire, des armes, machines, & instrumens auec leurs mots: Ce nonobstant, & combien que le sçauoir & eloquence diminuassent peu à peu, il y eut plusieurs doctes personnages Grecs & Latins, tels que la condition du temps calamiteux pouuoit eleuer. Mesmement ceux qu'on appelle les docteurs de l'Eglise, Grecs à sçauoir Eusebe, Athanase, Cyrille, Gregoire Naziazene, & Basile le grãd, Euesques, tous deux nobles instituez en Athenes & condisciples. Theodoret, Gregoire de Nicene, Epiphane, Nectare, Ieã Chrysostome patriarche de Cõstantinople, Apollinaire Antiochié, Damascene, tous theologiens: auant lesquels furent Clement Alexandrin, Iustin Martir, Aristide, Athenagoras. Plus fleurirent Appion & Didyme grammairiens. Libanius sophiste: Plotin, Iamblique, Maxime, Porphire, Procle philosophes. Oribase, Paule Eginete, Aetius, medecins. Procopee Agathias, Philostrate, historiés. Les Latins furent Cyprien, Tertullien, Arnobe, Lactance, Hilaire, Ambroise, Hierosme, Ruffin, Augustin, & plusieurs autres theologiens. Ausone, Claudien, Iuuence, & Prudence poëtes. Serue, Donat, Priscien, & Diomede grammairiens. Victorin Rhetoricien Sexte, Rufe, Aurelle. Victor, Trebelle, Pollion, Quinte Curse. Vobisque, Lampride, Spartien, Capitolin, Idace, Eutrope, Ammien Marcellin, Paule Orose, Prosper d'Aquitaine, Cassiodore, Sidoine, Apollinaire, Iornande, Paule Diacre, Methode. Gregoire de Tours, Annone moyne. Vegece qui a escrit de l'art militaire. Tribonien iurisconsulte par le commandement de Iustinian recueillit des escrits & disputes des anciens iurisconsultes les Pandectes qui nous restent seulement de l'antiquité. Depuis il feit le pareil aux edicts & ordonnances des Empereurs comprises parauant en trois liures, à sçauoir Gregorien, Hermogenien, Theodosien, & les assembla en vn volume appellé le Code de Iustinian. Symmaque & Boece furent au temps de Theodoric Roy Goth dict Veronois: qui les feit mourir inhumainement. Symmaque estoit orateur, Boece philosophe, Qui s'exercea en toutes les parties de philosophie, & és mathematiques, tant heureux en prose & en vers qu'il est difficile iuger s'il a esté le dernier qui ayt parlé latin, ou le premier qui ayt entrepris restituer la doctrine & eloquence perissante. Lorens Valle l'appelle dernier des sçauans. Car depuis n'auons eu que sainct Gregoire, Bede, & Bernard de Claireuault. Tellement que les lettres sont demourees comme mortes, entrant le monde en vn silence, & ignorance grande.

SI ne furent les troubles & varietez moindres au faict de la religion que de l'empire. Car comme depuis la resurrection de Iesus Christ, ceux qui faisoient profession de l'Euangile, eussent esté par l'espace de trois cens ans cruellemẽt persecutez en diuerses sortes de tourmens horribles, par les Empereurs Neron, Domitien, Traien, Seuere, Maximin, Dece, Valerien, Aurelien, Diocletien, Maximinien: Finablement Constantin embrassant nostre religion, entreprint pour la protection d'icelle contre Licine Cesar son beau frere, grande guerre plus importante, que ne fut celle d'entre Pompee & Cesar, ou entre Octauien & Antoine. En laquelle n'estoit question de l'Empire seulement, comme és autres: mais aussi de la religion, à sçauoir si le monde obeïroit de là en auant aux Empereurs Chrestiens qui ruineroient la religion gentille, ou aux gétils qui extermineroient la Chrestienne. Dont ensuyuit mutation l'vne des principales qui furent iamais: demourant par la grace de Dieu Constantin victorieux. Lequel feit cesser la culture des faux dieux, & fermer leurs temples, asseura les Chrestiens, leur permettant librement & publiquement prier le vray Dieu, & edifier Eglises: ausquelles il assigna reuenus pour l'entretenemét des prescheurs & ministres, & voulut qu'ils fussent receus aux hôneurs & magistrats, nonobstant leur profession. Ceste querelle à grand peine appaisee, s'eleua l'heresie Arriéne la plus pernicieuse qui fut oncques. Pour laquelle extirper Constantin conuoqua le concile tant celebre de Nicene. Mais deux ans auant sa mort, à la suasion de Constance sa seur, rapella Arrius autheur d'icelle, banni parauant. Ce qui fut cause de grands scandales, signamment entre Constant & Constance Empereurs ses fils: dont l'vn fut Arrien, l'autre Orthodoxe. Entre lesquels ainsi discordans y eut conciles tenus contre conciles, & retractez les vns par les autres, confessions contre confessions, symboles contre symboles, deux euesques en chasque ville differens, & double seruice és Eglises, doubles mutineries continuelles, accusations, defenses, bannissemens, martires. Lequel desordre dura longuement, estant au long & au large espandue celle discorde par le monde, voire entre les Gots, Vandales, & Lombars: qui soubs ce pretexte commeirent cruautez execrables, & pilleries innumerables. Sur ce scandale en aduint vn autre encore pire. Car Iulien leur cousin & successeur venant à l'Empire, comme la Chrestienté sembloit estre deliuree du Paganisme, il le remeit sus, reniant la foy de Iesus Christ, dont il a rapporté le surnom d'Apostat. Il osta les reuenus ottroyez par Constantin aux Eglises des Chrestiens, & deffendit à leurs enfans les escholes: priuant d'entretenemét les enseignans & apprenans. Occit plusieurs faisans profession Chrestienne, priua les autres de leurs charges: comme Iouinien, Valentinien, & Valens: osta les biens aux autres, disant par mocquerie qu'en les apauurissant il leur rendoit plus arsee l'entree de Paradis: par ce qu'il estoit escrit en leurs liures, heureux estre le pauures, pourtant que le Royaume des cieux estoit à eulx. Exhorta les Iuifs à restaurer leur police par haine des Chrestiens, & à reedifier le temple. Escriuit liures contre la doctrine Chrestienne, qu'il disoit repugner au sens commun, & tollir les nerfs de la societé humaine : Mais sa furie passa comme vne nuee. Car il ne regna seul que dix neuf mois, mourant par blesseure en la guerre qu'il faisoit aux Perses. Au lieu duquel Iouinien fut esleu par l'armee Empereur qui remeit les affaires en meilleur estat. La destruction des temples Iudaique & Delphique aduenue lors, & signifiât la ruine des deux religions, abaissa fort l'insolence des Iuifs & des Payens, & asseura les bons Chrestiens. Par apres les Goths, Vandales, & Lombars arrianisans (comme dict est) affligerent quaſi par deux cens ans l'Europe & Afrique, & ruinerent l'Empire Occidental. Ce que voians les reputez ſages entre les gentils, diſoient celle deſolation proceder du changement de la religion ancienne, en laquelle l'Empire auoit eſté eleué, accreu, & maintenu longuement, & que les dieux couroucez enuoyoient par vengeance de leur meſpris telles calamitez. Contre leſquels ſe oppoſa ſainct Auguſtin eſcriuant les liures de la cité de Dieu pour les refuter. Dautre part les Neſtoriens, Eutychiens, & Manichiens troublerent tout l'orient. Les Perſes deſtruirent l'Aſie & Afrique, publiant Coſroe leur Roy edict que qui vouldroit ſauluer ſa vie, renonçaſt au Dieu crucifié. Puis les Sarraſins exterminerent entierement les Perſes auec leur langue & religion: Outreplus les Empereurs de Conſtantinople abatans les images & ſtatues des temples, furent excommuniez par les Papes de Rome. Qui deffendirent leur paier tributs par l'Italie, qu'on ne meiſt plus leurs figures és pieces de monnoye, & leur nom fuſt omis és meſſes & prieres publiques: refuſerent leurs edicts, mandemens, & lettres: Leur faiſans perdre ce qu'ils auoient de reſte en Occident. Et pour s'aſſeurer contre eulx, & contre les Lombars qui auoient occupé l'Exharcat de Rauenne, ils appellerent à leur ſecours Charles Martel, & Pepin François auſtraſiens: deſquels la force, authorité, & renommee eſtoit grande. Conſequemment creerent, ſacrerent, & couronnerent Charle Magne Empereur d'Occident: le nommans Auguſte, & Ceſar: trois cens vingt cinq ans apres que les Empereurs eſtoiét ceſſez en Italie. Il deliura l'Italie des Lombars, la Germanie des Hógres, la Gaule des Saraſins: auec les victoires que ſon ayeul & pere gagnerent ſur eulx, paſſa deulx fois en Eſpagne, domta les Saxons. Et comme il fuſt ſçauant en Grec & en Latin, n'eſtant moins fauteur des lettres qu'amateur des armes, il inſtitua l'vniuerſité de Paris, qui a depuis eſté la plus celebre du monde, & plus fleuriſſante en tous ars: ayant ſerui de refuge aux lettres refroidies en Aſie, aneanties en Grece & Italie, chaſſees d'Egypte & Afrique. Ainſi ioignant ce magnanime & victorieux prince les plus grandes prouinces de l'Europe il en fut comme monarque, protecteur de la paix, religion, loix, iugemens, diſciplines. Par telle occaſion fut reſtitué l'Empire en Occident: Qui eut premierement ſon ſiege en France, puis en Allemagne, ou de hereditaire il eſt deuenu electif, & au long cours des ans par mauluais meſnage eſt tant diminué & apauuri, qu'il n'en reſte plus que l'ombre d'vn grand vain nom: Tenans les princes electeurs les terres imperiales auec les tributs, peages, & gabelles hypothequees, & eſtans les principales villes du païs affranchies par les Empereurs: qui leur ont ottroyé priuileges d'adminiſtrer librement leurs republiques. Quant à l'Italie qui eſtoit le premier & ancien patrimoine de l'Empire, elle eſt occupee ou par les Papes qui tiennét Rome propre demeure des Empereurs, & pluſieurs autres places, ou par les Roys de Naples, ou par les Veniciens, ou par les ducs de Milan, Florence, Ferrare, Mantoue, Vrbin, & autres potentats ſequeſtrez de l'Empire. Les iſles de Sicile, Sardaigne, Corſe, Maiorque, Minorque, & auſſi la Sauoye en ſont retranchees. Voila comment l'Empire par ſucceſſion de temps a eſté diſſipé. Apres la ruine duquel le monde n'a point eu ſa vertu tant vnie: ains ſe ſont eleuez pluſieurs Royaumes ſou-

t iiij

DE LA VICISSITVDE DES CHOSES

uerains chacun en leur pais: comme vers Occident de France, Espagne, & portugal. En Septentrion d'Angleterre, Dannemarc, Suecce, Moscouie, Poloigne, Hongrie. En Orient de Perse, Narsingue. Chine, ou Cathay, En Midy du Soudan, Preteian, Tunes, Fez. Et ailleurs maintes seigneuries & communautez qui ne recognoissent qu'elles mesmes.

COMPARAISON DES ROMAINS AVX EGYPTIENS, ASSYRIENS, PERSES, GRECS, PARTHES, EN PVISSANCE, MILITIE, SCAVOIR, LANGAGE, ELOQVENCE, POESIE, ET OVVRAGES DES AVTRES ARS.

LIVRE SEPTIEME.

NATVRE ayant mis l'Italie en assiete moyenne entre le Midy & Septentrion a fauorisé autant ou plus les Italiens que nuls autres peuples de la terre habitable, les rendans non seulement adroicts fors & courageux, mais aussi ingenieux & prudens, & consequemment excellens en meurs, loix, ars, ouurages: au moyen desquelles singularitez & prerogatiues ils acquirent anciennement le plus grand Empire qui ait encores esté, non toutefois de telle estendue qu'il comprist tout le mõde: Ce qui n'aduint iamais, & n'est possible d'aduenir. Car ils ne dominerent oncques du costé de Septentrion toute la Germanie & la grand Bretagne, non la Noruege, Suecce, Moscouie, Lituanie, Scythie. Ne vers le Midy l'Ethiopie & haute Afrique, où habitent les Noirs: N'y en l'Orient l'Indie, la Chine, Catay, Giapan, Taprobane: ayans celle part Orientale, le Tigre pour fatale limite, sans parler des terres nouuellement descouuertes en Occident, tellement qu'en y regardant considerément il se trouuera par vraye raison de cosmographie qu'ils ne possederent iamais la douxieme partie de la terre. Zenó premier autheur de la secte stoïque imaginoit vne forme de gouuernement vniuersel, tendant à ce que tous hommes ne vesquissent point par villes, peuples, & nations, estans separez par loix, droicts, & coustumes particulieres: ains qu'ils s'entr'estimassent concitoiens, & qu'il n'y eust qu'vne sorte de vie, comme il n'y a qu'vn monde, ne plus ne moins que si ce fust vn mesme

troupeau

troupeau paissant soubs mesme berger en pastis communs. Platon aussi souhaittoit qu'il n'y eust en toute la terre qu'vn Roy, comme il n'y a au ciel qu'vn Dieu, afin que le gouuernement humain ressemblast en cela au diuin : lequel seigneur de tout le monde, comme vray pasteur du genre humain aymast tous hommes egallement, comme ses subiects naturels, les entretenant en bonnes meurs, loix, iugemens, commerces asseurez par terre & par mer : ne portant si grand Prince enuie à personne, & n'ayant occasion d'elargir ses frotieres par ambition. Qui seroit cause de faire cesser tant d'inymitiez, guerres, occisiõs pilleries aduenans entre les hommes par la pluralité & dissentions des gouuernemés. Lesquels propos mis par eulx en auant grauement & magnifiquement, sont plus faciles à souhaitter que pratiquer: attẽdu la diuersité des langues, dissimilitude des meurs & coustumes, varieté des sectes, varieté d'opinions qui regnẽt parmy les hõmes, & leur font perdre la dilectiõ desiree entre eux. Empeschãs que ne se dresse vne cõmune republique de tous, & consequémét vne monarchie, de gens tant differens en l'estimation du droict diuin & humain, & en la religion & seruice de Dieu. Vn homme seul ne peult posseder toute la terre noyee pour la plusparts de la mer, & ou elle est decouuerte, inhabitable par excessiue chaleur ou froidure. Et quand ores la possederoit, il l'oubliroit incõtinent en si grande authorité & licence, & enorguilleroit outre mesure, deuenant Tyrãnique & insuportable: comme il aduint à Cambises, à Neron, à Sesostris, à Attila, & Tamberlan, à Alexandre le grand, qui par extreme outrecuidance vouloit estre estimé & appellé fils de Dieu, & pour son insolence fut tué de poison par ses plus intimes amis, à Octauian Auguste qui souffrit de son viuant luy estre faicts temples, & rendus honneurs diuins : Ioinct qu'il y a mesure de grandeur és villes, citez & estats : comme és animaux, plantes, & instrumens, laquelle deuenant excessiue en pert la nature & vsaige : ainsi qu'il aduint à cest Empire Romain, lequel estant monté en vne grandeur incompraable, & richesse inestimable, tomba incontinét en grandes calamitez, & finablement fut ruiné, comme auoient esté les autres plus anciens, que nous luy comparerons, en proposant leurs similitudes & differences.

COMPARAISON DE L'EMPIRE ROMAIN AVEC
l'Assirien, Medien, Persien, Macedonien, Parthique.

CAR entre les grands Royaumes anciens l'Assyrien fut en noblesse tres-eminent, en armes puissant en estendue de terres ample, & en duree admirable, lequel augmenté par Bele, Nine, & Semiramis, & eslargi par les spacieuses regiõs d'Asie fut le premier qui entre tous les autres Empires qu'il surpassa de beaucoup, obtint le nom de Monarchie stable, & par M.CCCLX ans, soubs XXXVIII Roys fleurit grandement. Apres suiuit celuy des Medes, lequel soubs neuf Roys fut cõtinué par CCCLXI ans, bien gouuerné en paix & en guerre. Puis regnerent les Perses lesquels ayans adiousté l'Egypte à leur obeissance, & accreut leur puissance & richesse, cõme ils eussent prosperé par CCXXX ans, soubs Daire leur Roy XIIII ils perdirent leur estat. De là en auant les Macedoniens par l'heur & conduitte d'A-

Alexãdre obtindrẽt la domination de l'Asie, qu'ils perdirẽt CXX ans apres, donnans occasion par leurs dissensions ciuiles aux Parthes en Orient, & aux Romains en Occident de s'accroistre & eslargir. Doncques les Romains vers Occident occupans la Seigneurie Macedonique, grande veritablement, mais foible par la diuision des Princes qui se l'estoient entrepartis, establirent le plus grand & le plus beau Empire qui eust esté parauant. Car si lon compare tous les autres Monarques illustres des estrangers auec les Empereurs Romains, il ne s'en trouuera point qui ayent faict en paix ou en guerre de plus grãdes choses, qui ayent plus eslargi leur Empire & maintenu plus longuement. Les Assyriens ne sortirent point de l'Asie : Les Medes durerent seulement CCLX ans. Les Perses ayans vaincu les Medes obtindrent presque toute l'Asie : mais assaillans l'Europe proufiterent peu. Et ruinez les Perses, l'Empire des Macedoniés fut plus grand que tous les precedens : mais dura peu de temps. Car incontinẽt apres le decez d'Alexandre estant diuisé en plusieurs seigneuries, il fut aisémẽt supplanté par les Romains. Et encore qu'il fust tresample, toutesfois il ne passa en l'Affrique spacieuse, sinõ par ou elle touche l'Egypte : ny occupa toute l'Europe, estant borné du costé de Septẽtrion par la Thrace, & vers Occident de la mer Adriatique. Mais l'Empire Romain s'estẽdit en Europe, Asie, & Affrique, depuis les Orcades & Thule d'vn costé, l'Espaigne & Mauritanie de l'autre, iusau mõt de Cocas, & à la riuiere d'Euphrate : & l'Ethiopie superieure trauersant le païs d'Egypte & l'Arabie, iusques à la mer Oriẽtalle : Estant le premier & seul qui a iusques à present constitué l'Orient & Occident ses limites : & a duré plus longuement que nul autre, excepté l'Assyrien. Au regard du Parthique qui fut quant & le Romain, & à luy opposé, lequel estant creu des ruines du Macedonien en l'Orient, comme le Romain en Occident : jaçoit qu'il ait esté tres-grãd & formidable à tout l'Orient, comprenant xviij royaumes entre la mer rouge & Caspienne, & estendu bien auant vers les Indes, illustré par plusieurs defaittes des Romains, mesmement par la mort de Crasse, & retraitte honteuse d'Antoine : toutesfois il n'obtint qu'vne partie de l'Asie, & receut aucuns Roys de Rome : lequel commencé par Arsaces, dura seulement CCCCLXIII. ans soubs XXVII. Roys. Et le Persien deuxiesme ne fut de plus grande estendue, que remeit sus Artaxerses Perse, ayant desfaict en trois batailles, & finablemẽt occis Artaban dernier roy des Parthes : & finit cccxiij. ans apres qu'il auoit esté restitué, estãt ruiné soubs Hormisdas vingthuictiesme roy, par les Arabes.

NAISSANCE DE ROME ET DVREE D'ICELLE,
comparée aux quatre aages de la vie humaine.

COMME les Astrologiens disent les villes auoir leurs reuolutions & temps prefix de durée, qui se cognoist par la situation des astres au iour de leur naissance : A ceste cause Taruce Romain au temps de Ciceron & de Marc varron, & amy des deux, estant grand Philosophe & Mathematicien à la Caldaique, par l'artifice du calcul d'Astrologie repetoit la natiuité de Rome, du mesme iour que Romulus la commença : qui fut le neufiefme d'Apuril entre deux & trois heures, en vne feſte paſtorale appellée des pallilles: & racontant ſes aduentures paſſées prediſoit les futures.

Le meſme Varron homme treſ-docte & qui auoit autant leu és hiſtoires romaines que Romain qui fut oncques,eſcriuit la durée de Rome auoir eſté preueuë & cogneuë par les douze vautours qui volerent à ſon commencemēt ſur Romulus,à ſçauoir de douze cens ans: ſignifiant chacun vautour vn ſiecle, ou centaine d'ans, & qu'en ſon temps il auoit ouy d'vn Vectius Augur, que Rome paruiēdroit iuſques à douze cens ans, puis qu'elle en auoit eſchappé cent vingt: auquel terme elle fut priſe, pillée, & deſtruitte pluſieurs fois. Les tēps de ſa durée furent partis en aages, à la ſimilitude de la vie humaine: dont la premiere qu'on appelle enfance, fut ſoubs Romulus qui la fonda, & eſleua. La puerilité ſoubs les autres roys, qui l'augmenterent, & inſtruirent en bonnes mœurs, couſtumes, loix, diſciplines. Mais accreuë ſoubs Tarquin elle n'endura plus le ioug de domination orgueilleuſe, & voulut de là en auant obeïr pluſtoſt aux loix qu'aux roys. Puis eſtant ſon adoleſcence terminee en la fin de la guerre punique, adonc aſſeurees ſes forces, elle entra en ieuneſſe. Car deſtruitte Carthage qui auoit eſté longuement ſon enuieuſe, elle eſtendit ſa ſeigneurie par terre & par mer en pluſieurs pays: iuſques à ce que defaillant matiere de guerre eſtrangere, elle vſa mal de ſes forces, les employant à ſa ruine. Alors fut ſa premiere vieilleſſe, quand affligee de guerres ciuiles, & opprimée de maux interieurs, elle rencheut en monarchie, reuenant en autre enfance. Et demoura en vigueur iuſques à Traian, aux Antonins, & à Theodoſe premier, puis vieillit ſoubs Honoré & Arcade, & 471. an apres que la monarchie auoit commencé en Auguſte, elle finit en Auguſtule, eſtant du tout perduë pour l'Italie.

COMPARAISON DE ROME AVEC BA-
bylone & Conſtantinople.

A Ce propos lon trouue que Rome & Babylone eurent preſque ſemblable commencement, progres, duree, ruine: eſtans tels affaires diſpoſez par myſteres ineffables & iugemens profonds de Dieu: non aduenus fortuitement, ou par force humaine. Tellemēt que ſoubs vne meſme conuenance des temps Babylone cheut, Rome ſe leua: l'vne ſouffrit la ſeigneurie des eſtrangers, l'autre meſpriſa celle des ſiens. L'vne quaſi mourant laiſſa l'heritage, l'autre croiſſant ſe recogneut comme heritiere. Qu'alors cheut l'Empire d'Orient, & naſquit celuy d'Occident. Et ainſi que Babylone apres vnze cens ſoixante & quatre ans qu'elle auoit eſté edifiee, elle fut par Arbace Medien deſpouillee du regne, & priuee de ſon Roy: ſemblablement Rome apres auoir duré autant d'ans, fut aſſaillie & pillée par Alaric Roy des Gots. En ceſte maniere auoir eſté l'origine ſemblable de Babylone & de Rome, ſemblable puiſſance, ſemblable grandeur, ſemblable temps, ſemblables biens & maux, ſemblable decadence, ſemblable ruine. Nous en pouuons autant dire de Cōſtantinople heritiere des deux: laquelle enuiron vnze cens ſoixāte quatre ans apres que fut edifiee par Conſtantin, qui la vouloit appeller nouuelle Rome, a eſté priſe, pillee, priuee de l'Empire Grec, & de son Empereur par Mahumed Roy des Turcs. En quoy a esté obseruee vne merueille singuliere, que comm'elle fut edifiée par Constantin fils d'Helene, aussi elle a esté occupee par les Turcs, soubs vn autre Constantin fils d'Helene.

COMPARAISON DE LA REPVBLIQVE ROMAINE
auec la Lacedemonienne & Carthaginoise.

COMME la republique constituee pour durer longuement ne doyue estre simple, ny d'vne seule espece: ains faille que les vertus & proprietez des autres soient assemblees en elle : à fin que rien ny prenne accroissement deproportionné, qui la face abastardir à sa prochaine malice, & consequemment ruiner : à ceste cause Lycurgue ordonnant la republique Lacedemonienne y mesla la monarchie Aristocratie, & Democratie, si conuenablement, qu'elle demeura enuiron sept cens ans en mesme maniere retenant tousiours l'integrité de sa premiere institution. En laquelle les Roys, les Ephores, & le senat auoient leurs preeminences & pouuoirs tellement entremeslez & ballancez ensemble, que l'on ne pouuoit bonnemét discerner, soubs quelle espece de gouuernement elle estoit dressee.

La republique Carthaginoise fut ainsi instituee dés le commencement. Elle auoit Roys, & l'Aristocratique puissance des senateurs, & la commune ayant aussi sa preeminence és choses qui luy apartenoient. De sorte qu'entant que touche l'assemblement des trois estats, elle ressembloit à la Lacedemonienne.

Aussi la Romaine auoit ces trois parties si egallement & conuenablement temperees, qu'on n'eust peu dire si elle estoit toute Aristocratique, ou Democratique, ou Monarchique. En regardant au pouuoir des consuls, on l'eust iugee monarchique & royale: à celuy des senateurs Aristocratique, & à celuy du peuple Democratique. Mais la seigneurie occupee par les Empereurs, ils osterent premieremét au peuple l'authorité de s'entremettre és affaires publiques, & la transporterent au senat, puis reduirent celle du peuple & du senat à leur puissance absolue. Si fut la Lacedemonienne suffisante seulement pour conseruer le sien, & garder sa liberté : mais insuffisante à s'augmenter, & à eslargir son Empire: en quoy la Romaine apparut tres-excellente. Car essayans les Lacedemoniens conquerir la principauté de Grece, ils meirent soudainement leur liberté en danger: ou les Romains apres auoir reduit à leur obeissance l'Italie, ils subiuguerent en peu de temps grande partie du monde, estans abondamment secourus de tous appressts requis à telle entreprise. Au regard de la Carthaginoise, alors qu'elle commença à auoir la guerre auec la Romaine, elle estoit sur sa decadéce, & la Romaine en sa vigueur: veu que toutes republiques ont certaine augmentation naturelle & vigueur, puis diminution. Car Rome florissoit lors, mesmement en ordre de Police. Le peuple en Carthage auoit vsurpé trop grande authorité és conseils. A Rome le senat conduisoit la pluspart des affaires, qui en prosperoiët dauantage pour estre gouuernez par les plus sages: & par telle conduitte conquirent finablement les Carthaginois. Ioint que les

Italiens sont de nature plus excellente que les Lybiens, tant en force de corps, qu'en hardiesse de courage: & que les Romains se seruoient de leur nation, que ils aguerrissoient par la meilleure discipline du monde. Les Carthaginois n'vsoient que d'estrangers & mercenaires, mettans toute leur esperance en eux: dont ils se trouuerent mal.

COMPARAISON DE LA PVISSANCE D'ALEXANDRE
le grand auec celle que les Romains eurent de son temps, & si l'Asie conquise il eust tourné ses forces en Europe, qu'il eust peu aduenir, à l'aduis de Tite Liue.

TITE LIVE au neufiesme liure de la premiere decade parlant de Papire Curseur, dit qu'en celuy temps autant fertile de vertus que nul autre, il ny auoit personnage sur lequel s'asseurast plus l'estat des Romains, & qui plus est, il le destinoient pareil en courage, à Alexandre le grand : si l'Asie subiuguee il eust tourné les armes en l'Europe. Rien moins (dit il) peult sembler auoir esté cherché dés le commencement de cest œuure, que ie m'esloignasse plus qu'il n'appartient de l'ordre des choses, & qu'en distinguant l'œuure des varietez, ie recreasse les lecteurs par digressions plaisantes, & donnasse repos à mon esprit. Toutefois la mention d'vn si grand Roy & capitaine faict, que ie mette icy en auant les pensees tacites qui me sont quelquefois venues en l'entendement : pour sçauoir qu'il fust aduenu aux Romains, s'ils eussent guerroié contre Alexandre le grand.

Souuent en guerre peuuent beaucoup la multitude & vaillance des soldats, les entendemens des capitaines, la fortune puissante en tous affaires humains, mesmement és militaires. Considerant ces choses & separéement & ensemble : ie trouue qu'elles rendoient l'Empire Romain inuincible enuers ce Roy, comm'enuers les autres Roys & nations. Premierement commençant par la comparaison des capitaines, ie ne nye point qu'Alexandre n'ait esté excellent capitaine, mais il est plus illustré, pourtant qu'il a esté seul, & qu'il est mort ieune sur l'accroissement de ses affaires, n'ayant encores esprouué la fortune aduerse : me taisant des autres roys & capitaines illustres, qui ont esté exemples notables des accidens humains. Qui feit tomber Cyrus tant celebré par les Grecs, és aduersitez de fortune contraire, que la longue vie, comme n'agueres Pompee le grand ? Ie ne parleray des capitaines Romains qui furét en autres saisons : ains de ceux auec lesquels ou Consuls ou dictateurs Alexandre eust combatu : à sçauoir Marc Valere Coruin, C. Marcé Rutile, C. Sulpice, Tite Manile Torquate, Quinte Puble Philon, Luce Papire Curseur, Quinte Fabe Maxime, les deux Deces, Luce Volumne, Marc Luce, Puis autres grands personnages ensuiuans : s'il eust preferé la guerre Punique à la Romaine, & ja plus aagé il eust passé en Italie. En chascun desquels y auoit mesme vigueur d'esprit & entendement qu'en Alexandre, & discipline militaire dés le commencement de la ville, baillee successiuement de main en main, & ordónce en forme d'art par ses preceptes principaux. Ainsi auoient guerroyé les Roys, ainsi ceux qui les auoient chassez, assauoir les Iunes & Valeres : ainsi consecutiuemét les Fabes, Quintes,

Corneilles. Ainsi Fure Camille qu'auoient veu vieil les deux ieunes lesquels eussent combatu auec Alexandre. Auquel n'eust cedé Manile Torquate, se rencontrant en bataille à luy pareil, ny Valere Coruin tous deux illustres soldats auant que capitaines, ne luy eussent cedé les deux Deces, lesquels marchans contre l'ennemy déuouerent leurs corps. Papire Curseur ne luy eust cedé auec celle force de corps, & de courage qui estoit en luy. Et à fin que ie ne nomme chacun, ne se fust laissé suppediter par le conseil d'vn ieune homme, ce senat estimé consister de Roys. Et qui ainsi le dict, il cõprit la vraye forme du senat Romain. Parauanture estoit il à craindre, qu'il n'assist mieux son camp, qu'aucun de ceux que i'ay nommez, conduist les viures, se gardast des embusches, choisist le temps au combat, rengeast la bataille, l'asseurast de secours.

Il n'eust plus dict auoir à faire auec le Roy Daire accompaigné de femmes & Eunuques armez, entre la pourpre & l'or, enerué par l'appareil de sa fortune, plustost proye qu'ennemy, qu'il vainquit sans effusion de sang : heureux en ce qu'il osa mespriser à propos telles vanitez.

Il eust trouué l'Italie fort differente de l'Indie, par laquelle il chemina banquetant auec son armée yure, voyant adõc les forests de l'Apouille, & les montaignes de Leucanie, & les traces nouuelles de la ruine des siés : où Alexandre son oncle n'agueres Roy d'Epire auoit esté desfaict.

Nous parlons d'Alexandre non encores plongé en prosperitez : esquelles il se monstra autant insolent, que feit oncques Prince. Lequel s'il est cõsideré par la condition de la nouuelle fortune, & par l'entendement nouueau qu'il auoit pris apres ses victoires, il fust arriué en Italie ressemblant plus à Daire qu'à Alexandre, & y eust admené l'ost ne se souuenant plus de Macedonie, & ja degenerant és mœurs des Perses. Il m'est grief de reciter en si grãd Roy l'orgueilleux changement d'accoustrement, & les desirees flateries de ceux qui se prosternoient en terre vers luy, non seulement molestes aux vaincus, mais aussi aux Macedoniens victorieux, & villains supplices & meurdres de ses amys, entre le vin & les viandes, & la vanité de sa race saincte. Et si de là en auant il fust deuenu plus yurongne, plus cruel, & plus prompt en son courroux : qui sont choses indubitables entre ceux qui en ont escrit : n'eussent ces vices apporté grand dommage aux vertus Imperiales ? Est-il à craindre ce qu'aucuns legers entre les Grecs fauorisans mesmes la gloire des Parthes contre le nom Romain, ont accoustumé dire, que le peuple Romain n'eust soustenu la majesté du nom de Alexandre : lequel i'estime ne leur auoir esté cogneu par renommee seulement. Contre lequel regardant encores la ruine fumante de Thebes, aucuns en la ville d'Athenes supplantee par les armes des Macedoniens, oserent en pleine assemblee parler librement, comm'il appert par les escrits des orateurs, nul entre tant de seigneurs Romains en eust librement parlé. Tant soit estimee la grandeur de luy, toutefois ce ne sera que la grandeur d'vn homme, acquise par la felicité de peu plus de dix ans. Et ceux qui l'extollent, pourtant que le peuple Romain n'ayant esté vaincu en aucune guerre, l'ait esté en plusieurs batailles & qu'Alexandre eut du meilleur en toutes : ils ne considerent pas qu'ils conferent les actes d'vn homme, voire encores ieune, auec ceux d'vn peuple ja guerroyant par l'espace de huict cens ans. Esmerueillons nous si estans de ce costé plus de siecles qu'ains de l'autre, la fortune ait esté plus variable en ce long espace, qu'en l'aage de treize ans. Conferons plustost la fortune auec la fortune, d'homme auec homme, & de capitaine auec capitaine. Combien puis ie nommer de capitaines Romains qui n'eurent iamais fortune contraire en bataille? L'on peut voir és annales des magistrats & és fastes, les batailles des consuls & dictateurs: desquels la vertu & fortune ne porta onques desplaisir au peuple Romain. Et sont plus admirables qu'Alexandre, ou quelque autre Roy: n'ayās esté dictateurs aucuns d'eulx plus que dix ou vingt iours, & nul plus d'vn an. Les leuees de gens ont esté empeschees par les Tribuns. Ils sont allez à la guerre apres la saison: & auant icelle ont esté renuoyez à cause des Comices. Sur les preparatifs des entreprises s'est passee l'annee. La temerité ou malice du college a causé empeschement ou dommage, a esté succedé aux affaires mal conduicts par vn autre. Ils ont pris gensdarmes nouueaux, ou mal disciplinez. Mais certes les Roys ne sont seulement deliurez de tous empeschemens: ains seigneurs des temps, & des affaires tirent auec leurs conseils toutes choses, & ne les suiuent.

Donques Alexandre inuincible eust mené la guerre contre Ducs inuincibles, & eust mis en hazard les mesmes gages de fortune. Mais y eust eu plus de danger de la part des Macedoniens, qui n'auoient qu'vn Alexandre non seulement subiect à plusieurs perils, ains les cherchans. Les Romains en auoient plusieurs pareils à Alexandre en gloire & en grandeur d'exploicts: qui pouuoient viure & mourir à leur destinee, sans l'interest du public. Reste à comparer armees auec armees ou en nōbre, ou en genre de gensdarmes, ou en multitude d'auxiliaires. Alors par le denombrement faict de la ville, se trouuoient deux cens cinquante mil testes. Parquoy en la reuolte des alliez du nō latin furent leuees pres de dix legiōs des citoiēs. Souuēt y auoit quatre & cinq armees par ce tēps en Etrurie, & Vmbrie, adioustez ennemys les Gaullois. Ils faisoiēt la guerre en Samnie, & contre les Lucains. Apres il eust trouué tout le Latie auec les Sabins, Volsces, Eques & toute la Campaigne, & partie de l'Vmbrie, & Etrurie, les Piscentes, Marses, Peligues, Vestins, Appules, & toute la coste des Grecs habitās sur la mer basse, depuis les Thuriēs iusques à Naples & Cannes: & de là iusques à Antie & Hostie, puissans auec les Romains, ou debellez par eux. Il eust passé la mer auec les vieils soldats Macedoniens, n'excedans le nombre de trente mil hommes de pied, & quatre mil à cheual, presque tous Thessaliens: car telle estoit sa force. S'il y eust adiousté les Indiens, & autres gēs, il luy eussent donné plus d'empeschemēt que d'aide. D'auantage les Romains auoiēt en leur pays le supplement aisé: & l'armée d'Alexandre faisant la guerre en estrange pays fust vieillie: comm'il aduint apres à Hanibal. Les armes des Macedoniens estoient le bouclier, & la sarpisse. Du Romain l'escu plus grād pour couurir le corps. Le pile dard vn peu plus aspre au fraper & ruer que la picque. L'vn & l'autre pieton ferme gardant les rangs: mais la phalange Macedonienne immobile estoit d'vne sorte, l'esquadron Romain plus distinct, composé de plusieurs parties, facile à diuiser & ioindre, quād il en estoit besoin. Quāt

v iiij

à la besoigne, il n'en y a point de pareil au Romain, ny de meilleur à porter le trauail. Alexandre vaincu en vne bataille eust mis fin à la guerre. Mais quelles armes eussent rompu le Romain, que Candie & Cannes ne rompirent. Certes s'il eust prosperé és premieres rencontres, il eust cherché les Perses, & Indiens, & l'Asie imbelle: côme le bruict est qu'Alexandre roy d'Epire se sentant blessé à la mort dist, conferant la condition des guerres faictes en Asie par ce ieune prince auec la sienne.

Quand ie reduicts en memoire comment en la premiere guerre Punique lon guerroya vingt & quatre ans contre les Carthaginois par mer auec puissantes flottes: ie pense que l'aage d'Alexâdre n'eust peu suffire à vne guerre. Et par auanture l'estat Carthaginois estant allié auec le Romain par ancienne ligne, & la crainte pareille contre le commun ennemy, eust ioinct deux citez puissantes d'armes & hommes, & eust esté empesché de la guerre Punique & Romaine ensemble. Les Romains ont essayé l'ennemy Macedonien non soubs Alexandre, ny estans les forces entieres de Macedoine: ains contre Antioque, Philippe, Perses, non seulement sans aucune perte, mais aussi sans aucun danger. Que lon ne me sache mauuais gré de ce que ie dy, & cessent les guerres ciuiles: Ayans à faire auec ennemy à cheual, ou à pied, & en guerre ouuerte, nous n'auons iamais defailly en lieux auantageux ou desauantageux. Le soldat chargé d'armes peult craindre le gendarme à cheual, les flesches, les forests espoisses, les lieux destournez, & difficiles à cheminer. Mais il a repoussé & repoussera mille bandes plus pesammét armees que celles des Macedoniens & d'Alexandre: pourueu que l'amour de la paix en laquelle nous viuons, demoure: & le soin de la concorde ciuile.

COMPARAISON DE POMPEE LE GRAND AVEC
Alexandre Hercules & Bacchus selon Pline.

MAis il appartient à l'honneur de l'Empire Romain non à la victoire d'vn seul homme, reciter tous les tiltres & triomphes de Pompee le grand, ayant attaint à la splendeur des gestes tant d'Alexandre le grand, que de Hercules aussi, & quasi du pere Bacchus. Donques la Sicile recouuerte, d'où il commença faire seruice à la republique suiuât le party de Sylla: puis toute l'Affrique assubiettie & reduitte en l'obeissance, & le surnô de grád illec pris, estát cheualier Romain, ce qui n'estoit parauát aduenu à aucun, il fut porté en chariot triôphal, & incôtinent s'acheminant vers occident, esleuez plusieurs trophees és monts pirenees, il remeit en obeissance par sa victoire huict cens soixante & seize villes depuis les Alpes iusques aux extremitez de l'Espaigne vlterieure: ne faisant par magnanimité de courage mention de sertoire. Et esteinte la guerre ciuile qui esmouuoit toutes les estrangeres, il admena de rechef les chariots triomphans encores cheualier Romain, tant de fois Empereur & capitaine, auant que gendarme. Puis enuoyé à toutes les mers, & de là vers l'Orient, il rapporta ses tiltres à la patrie, à la maniere des vaincueurs és combats & ieux sacrez, lesquels ne sont seulement couronnez:

ains cou-

ains couronnent aussi leur pays: attribuant à la ville ces honneurs ou temple de Minerue qu'il dedioit de la proye. Cn. Pompee le grand, Empereur, acheuee la guerre qui auoit duré trente ans, defaicts, mis en fuite, occis, pris à merci deux millions d'hommes quatre vingt trois mil huict cens quarante six: naiuires mises à fonds ou prises huict cens quarante six, villes & chasteaux mil cinq cens trente huict recouuertes: acquises les terres depuis les marais de Meotis iusques à la mer rouge, a fait ce veu au merite de Minerue. Tel est le sommaire de ses faicts vers l'Orient. Quant au triomphe qu'il feit à la fin de Septembre en l'an que furent consuls Marc Messale & Marc Pison, la preface en fut telle. Comm'il eust deliuré toute la coste marine des Pyrates, & eust restitué l'Empire de la mer au peuple Romain, il triompha de l'Asie, Pont, Armenie, Paphlagonie, Cappadoce, Cilicie, Surie, Scythes, Iuifs, Albanois, Iberie, Isle de Crete, Basternes. Plus des roys Mithridate & Tygrane. Le coble de sa gloire fut comm'il dit luy mesme en l'assemblee, parlant de ses affaires: qu'ayant trouué l'Asie derniere des Prouinces, il la rendit moyenne à sa patrie. Si quelcun au contraire vouloit en semblable maniere reciter les faicts de Iule Cesar, qui apparut plus grand que luy, il nombreroit tout le monde, qui seroit certes chose infinie.

COMPARAISON DE IVLE CESAR AVEC
Alexandre le grand selon Appian.

ALEXANDRE & Iule Cesar furent tous deux grandement ambitieux & belliqueux sur tous autres, prompts & diligés à executer toutes entreprises, impetueux aux dangers iusques à contemner leurs propres vies. Et ne leur ayda pas moins la fortune & l'audace à tous deux, que la discipline militaire. Dont l'vn à sçauoir Alexandre alla par temps d'esté & par pays sans eaue au dieu Hammon, & ayant passé le gouphe de la mer de Pamphile, à grād heur & felicité gaigna le pays. Car au passage de la mer il ressembloit que la fortune retint & appaisast l'impetuosité d'icelle. Apres à l'entree de L'yuer estant en chemin il penetra la mer impetueuse iusques aux Indes. Au surplus estant au siege d'vne ville, il monta le premier sur la muraille, puis saillit tout seul dedans entre ses ennemys, & ayant receu treze playes, demoura neātmoins inuincible en toutes choses. Il subiugua plusieurs nations en Europe, & vainquit les Grecs par armes, qui estoit vne nation tres-belliqueuse & conuoiteuse de liberté, & qui n'auoit iamais accoustumé d'obeir à autruy, iusques à ce que soubs couleur de presidence, ils obeirent à Philippe pere d'Alexandre comme à leur protecteur. Il conquit presque toute l'Asie, & par maniere de parler subiugua tout ce qu'il veit. Et finablement ainsi qu'il entreprenoit en son entendemēt de conquerir le demourant du mōde, il mourut en la fleur de son aage. Au regard de Iule Cesar au plus fort de l'Hyuer la mer ionienne luy fut nauigable & tranquille. Il nauigua aussi en la mer Oceane au droict de l'Isle de la grand Bretaigne. Et combien qu'il n'eust encores cognoissance de celle coste, commanda toutefois aux pilotes qui se reculoient, approcher leurs nauires: & la nuict par autre quartier tout seul en vn petit basteau ayāt espié le passage, dict au patron

x

qu'il meit la voile au vent, & eust plus d'espoir en la fortune de Cesar, qu'en la mer. Il entra souuent sur ses ennemys tout seul, là où tous ses gens trembloiët de paour. Il combatit à bataille rangee contre les Gaullois trentefois, & subiugua celle nation : laquelle estoit aux Romains si espouuentable, que par la loy des prestres & des anciens, quand lon donnoit aux gensdarmes immunité de seruir, lon y adioustoit tousiours, si ce n'estoit côtre les Gaulois: auquel cas n'y auoit aucune excuse pour prestre ny vieil homme. Au surplus Cesar combatit pres Alexandrie, & se voyant abandonné sur vn pont de tous ses gens, & enuironné de ses ennemys de tous costez, ietta sa robbe de pourpre à terre, puis saillit dedans la mer. Et pour ce que les ennemys le poursuyuoient en l'eaue, se tint longuement au fonds sans se monstrer, sinon par fois pour reprendre son aleine, iusques à ce qu'il approcha de l'vn de ses nauires, & lors estendant ses mains se feit cognoistre, & par ce moyen fut sauué. Aux guerres ciuiles pour crainte comm'il disoit, ou à la verité par ambition, il eut contre luy plusieurs grands & vaillans capitaines de plusieurs grands exercites, non pas des Barbares tant seulement mais des Romains : & vainquit tous ses ennemys qui auoient surmonté tous autres de vertu & de felicité en vne seule bataille, ou en deux. Mais toutefois ses exercites ne furent tousiours inuincibles comme ceux d'Alexandre. Car contre les Gaulois Cotta & Titurius ses preteurs furent honteusemét defaicts, & en Espaigne Petreus & Afranius enclouirent son armee, tellement qu'ils estoient comm'assiegez. Aussi en Dyrraclie & en Lybie furent en propos d'eux enfuyr apertement, & depuis encores eurent grand paour du ieune Pompee. Mais entant que touche la personne de Cesar, il fut tousiours sans paour, & à la fin victorieux. Il amplifia l'Empire Romain par mer & par terre depuis la mer Oceane, iusques à la riuiere de l'Euphrate, tant par force & vertu que par sa clemence & benignité. Son Empire fut beaucoup plus ferme & mieux fondé que celuy de Sylla. Car il se monstra par effect Roy enuers ceux qui pas ne le vouloient, combien qu'il s'abstint du nom, & ayant entrepris nouuelle guerre, mourut ainsi que feit Alexâdre. Tous deux eurent exercites presque semblables. Car leurs gens furent prompts & hardis, aymans leurs chefs, fiers & aspres au combat, souuent desobeissans & faciles à se mutiner contre leurs Empereurs, pour cause de leur continuel labeur: & nonobstât apres qu'ils furent morts, ils les pleurerent & regretterent grandement, & les iugerent dignes d'estre honorez comme Dieux. Tous deux furent puissans de corps, & excellens de beauté, & estoient tous deux descendus de la lignee de Iuppiter: l'vn d'Eacus & de Hercules, l'autre d'Anchises & de Venus. Tous deux furent contentieux & rudes à ceux qui les irritoiët, mais faciles à recôcilier: piteux & gracieux à leurs prisonniers, & à ceux qu'ils auoiët vaincus: & liberaux enuers toutes gens sans conuoitise d'autre chose que de victoire. Par telles vertus & conditions paruindrent tous deux, combien que par diuers moyens à si grande principauté. Car quand Alexâdre commença à conquerir, il auoit desja vn Royaume que Philippe auoit grandement acreu. Mais Cesar de priué citoyen combien qu'il fust de noble & illustre lignee, sans grand patrimoine & sans argent paruint à ceste grande gloire. Tous deux contemnerent les grands signes qui apparurent de leur mort : & neantmoins aux deuineurs qui predirent leur infelicité, ne monstreret aucun mal talent. Les signes apparurent à tous deux bien souuent presque semblables : & fut leur fin quasi d'vne sorte : par ce que tous deux eurent par deux fois pronosticatiõs infortunees, & à toutes les deux fois furent en grãd danger. Car Alexandre au pays des Oxydraces estant monté sur la muraille des ennemys deuant tous les Macedoniens, se voyant seul & abandonné, pour ce que les eschelles estoient rompues, par grande audace se ietta dedans la ville entre sesdicts ennemys : auquel lieu estant grieuemẽt blessé en l'estomac & au col, ainsi qu'il commençoit des-ja à tomber, fut secouru par ses gens qui auoient pour crainte de le perdre, rompu les portes. Cesar aussi estant en Espagne contre le ieune Pompee, & voyant ses gens espouuétez, tellement qu'ils n'osoient combatre, se rua tout seul au milieu de ses ennemys, & ayant receu sur son escu plus de deux cens coups de traict, soustint l'effort iusques à tant que ses gens par honte & par crainte de luy, le vindrent secourir. Et par ce moyen leur premiere pronostication mauuaise les meit en danger de mort. Mais la deuxiesme les feit tous deux entierement mourir. Car Apollodore craignant la force d'Alexandre & d'Ephestion, Pythagoras qui estoit grand deuineur, (apres qu'Apollodore eut faict sacrifice) ayant regardé les entrailles de la beste immolee, luy dit qu'il n'eust paour d'eux. Car tous deux mourroiẽt dedans peu de temps. Et apres qu'Ephestion fut mort, craignant Apollodore que quelcun ne machinast la mort d'Alexãdre, luy decouurit la pronosticatiõ. dont il ne feit que rire, & demãda à Pythagoras quelle chose signifioit ce qu'il auoit veu : lequel luy respondit, qu'il signifioit la mort : dont en souriant de rechef, loüa Apollodore comme son amy, de ce qu'il l'admonnestoit, & le deuineur de la confidence & asseurance qu'il auoit en son art. Il aduint aussi presque le semblable à Cesar en allant au senat où il fut occis, car quand on luy dit que son sacrifice infortuné signifioit la mort, il respõdit que le semblable luy estoit aduenu en Espagne : repliquant le deuineur qu'il auoit ausi lors esté en grand danger, & que les signes estoient maintenant plus mortels qu'ils n'auoient esté lors : pour monstrer en quelque chose sa confidence enuers le deuineur, se meit à sacrifier de nouueau, iusques à tant qu'il veit que l'heure tardoit en ce faisant, & lors tout courroucé entra au senat où il fut occis. Le semblable estoit aduenu à Alexandre reuenãt auec son armee des Indes en Babylone. Car ainsi qu'il approchoit la Cité, les Caldees l'admonnesterent que pour lors ils se gardast d'entrer en la cité : ausquels il respondit recitant vn vers de telle substance. Qui est le bon deuineur, qui bien pense? Apres estant par les Caldees admonnesté que si en tout euenement il vouloit entrer en la cité auec son armee, il ne tournast point son visage du costé d'Occident : ains enuironn ast la ville se tournant du costé d'Orient : il fut content de leur complaire en cela. Mais trouuant vn marest en son chemin qui l'empeschoit de passer, tout courroucé se mocquant d'eux se tourna deuers Occident, & entra dedans la ville. De laquelle estant depuis sorti, & venu en bateau par le fleuue d'Euphrate, & apres par celuy de Pallacore, dedans lequel entre celuy d'Euphrate iusques à certains grãds lacs qui se congregent à l'issuë de ces deux fleuues : Tellement qu'ils rendent la terre de

x ij

Assyrie quasi toute nauigable: voulant clorre la bouche desdittes riuieres d'vn mur, se mocqua comme l'on dict de la pronostication des Caldees: par ce qu'il estoit sorty de la cité, & auoit nauigué sain & sauue. Mais neantmoins estant depuis rentré, tantost apres fina ses iours. Ainsi aduint il à Cesar, lequel rencontrant le propre iour qu'il fut occis, au matin le deuineur qui auoit predict qu'il n'eschapperoit point le iour des Ides de Mars, luy dit en riãt, que les Ides estoiẽt venues: & toutefois ce iour mesme fut occis. Par ce moyen tous deux ne tindrent compte des pronostiques, & neantmoins enuers les pronostiqueurs ne monstrerent aucun couroux, & moururẽt tous deux selon les pronostications. Au surplus ils furent tous deux moult studieux des vertus & des sciences, tant en langage grec que latin & estranger. Alexandre meit peine d'entendre la science des Brachmanes qui sont reputez les plus sçauans entre les Indiés: ainsi que les Mages entre les Perses. Aussi Cesar en allant parmy le royaume d'Egypte auec Cleopatre meit peine d'entendre & cognoistre les sciences des Egyptiens: dont apres il dressa plusieurs choses sagement à Rome. Car le cours de l'an qui estoit mal ordõné à cause des moys & iours intercalaires, pourtãt qu'ils le prenoient selon le cours de la Lune, il le meit au cours du Soleil: ainsi que faisoient les Egyptiens. Il aduint pareillement à Cesar que nul de ceux qui conspirerent sa mort n'en eschapa, mais en furent par ses successeurs: ainsi qu'Alexandre auoit faict à ceux qui auoient occis Philippe son pere.

COMPARAISON DE IVLE CESAR ET
Auguste auec Romulus & Numa.

COMME Romulus eut plusieurs trauaux à fonder Rome, & se trouua embarassé en maintes guerres, estant contraint de combatre ceux qui s'opposoient à la fondation de sa ville: Puis Numa luy succedant eut loisir d'en asseurer la croissance. Ainsi Iule Cesar estant paruenu auec plusieurs trauaux & dangers à la monarchie qu'il auoit si ardément pourchassee, il la laissa trauaillee de partialitez à Octauien son neueu & heritier: lequel eut moyen de l'affermir en cinquante six ans qu'il regna, & de remettre le pays en grande concorde: faisant fermer le temple de Ianus apres la bataille Actiaque, ainsi qu'il auoit esté au temps de Numa: que toutes occasions de guerre furent esteintes, & amorties.

COMPARAISON DE ROMVLVS AVEC CYRVS,
Theseus, Arsaces, & Semiramis qui fonderent villes & Royaumes ou Monarchies.

COMME Cyrus incontinent apres sa naissance fut exposé aux bestes pour estre tué, & laissé au milieu d'vne forest, & allaicté par vne chieure, puis sauué par vn berger: ainsi fut Romulus ietté, & allaitté par vne louue, & nourry par vn pyuerd, iusques à ce que le berger Faustule l'eust aperceu, & porté en sauueté. Par mesme aduenture Semiramis fut iettee en vn lieu desert & plein de rochers: où elle fut sustentee par les oiseaux quelque temps, puis trouuee par les bergers qui la nourrirét. Theseus & Romulus furent engendrez à la desrobee & hors legitime mariage: & tous deux eurent le bruict d'estre nez de la semence des dieux, fondās les deux plus nobles citez du monmōde l'vne Rome, l'autre Athenes. Semiramis aussi fut engendree hors legitime mariage qui fonda Babylone. Et comme Romulus preschant au peuple disparut soudainement, & donna lon à entendre qu'il auoit esté raui au ciel, & que desormais au lieu de bon Roy, il seroit dieu propice aux Romains. Ainsi Semiramis apres qu'elle eut commandé à tous les gouuerneurs des prouinces du Royaume d'Assyrie, qu'ils obeissent à son fils comme Roy, elle euanouit soudainement: & creut lon qu'elle estoit translatee auec les dieux. Le peuple Romain edifia à Iule Cesar vn temple pres le bucher où il fut bruslé apres son trespas, & l'adora comme Dieu: croyant qu'vne Comette qui apparut lors, fust son ame esleuee au ciel. Et s'il estoit loisible de mesler la verité aux fables, & la diuinité à l'humanité, Moyse qui receut tant de grace & faueur de Dieu que de parler auec luy, & estre esleu pour tirer les enfans d'Israël de la seruitude miserable de Pharaon, & leur bailler la loy & forme de viure: il fut peu apres sa naissance exposé en vne ioncee pres la riue du Nil, puis miraculeusement sauué par la fille du Roy qui le feit nourrir, & l'adopta comme son fils. Et quand il mourut & fut enseuely, oncques depuis nul cogneut sa sepulture. Dieu par la bouche du prophete Esaye appelle Cyrus qui fonda le royaume de Perse, son Roy: deux cens ans au parauant qu'il nasquist, promettant luy tenir la dextre, & luy assister à prendre les fortes villes, assubiettir les puissantes nations, humilier les grands roys de la terre. Et le choisir entre tous les princes gētils pour reedifier le temple de Hierusalem, & remettre le peuple d'Israël en son païs, duquel il auoit esté chassé long temps. Arsaces ayant conquis & estably le Royaume des Parthes, ne fut d'eux moins celebré, que Ninus & Semiramis des Assyriens, Cyrus des Perses, Alexandre des Macedoniens, Romulus, Iule Cesar, & Auguste des Romains, en memoire & honneur duquel les Roys ensuyuās qui regnerent en celuy estat, furēt appellez Arsacides de son nom: comme les Empereurs Romains furent appellez Cesars & Augustes en l'honneur & memoire de Iule Cesar & Auguste.

COMPARAISON DE LA MILITIE ROMAINE
auec la Parthoise, Carthaginoise & Assyrienne.

L'EXERCICE militaire des Carthaginois estoit principalemēt au faict de la marine. Parquoy ils ne se soucioient des pietons, mais bien donnoient ils quelque ordre aux gens de cheual: pourtāt qu'ils se seruoiēt d'estrangers & mercenaires. Les Parthes n'vsoient point de pietons, ne combatoient d'ordre: ains par escarmouches confusémēt & incertainement. Au contraire les Romains auoient leur principale force és pietons, & cōbatoient serrez & rangez par grand ordre, ne laissans iamais le lieu où ils estoient ordōnez, resolus de vaincre ou mourir. Les grandes campagnes & larges pays qu'habitoient les Parthes, esloignez de la mer, & où se trouuent peu de riuieres fort

DE LA VICISSITVDE DES CHOSES

distantes les vnes des autres, estoient trespropres à leur cheualerie: pour y courir en diligence de costé & d'autre. Où au contraire les Romains chargez d'armes ne pouuoient auec leur ordre auancer sans dommage, ne trouuans viures ne eaues. Lesquels par discipline & exercice militaire surmonterent la multitude des Gaulois, la grandeur des Germains, la force des Espagnols, les richesses & cauteles des Africains, la prudence & les ruses des Grecs: jaçoit qu'ils fussent moindres en toutes choses que cesdittes nations, hors mis d'art & exercice de guerroyer. Et ayans acquis la seigneurie d'vne bonne partie du monde, quand leur Empire fut monté au plus haut de la roüe au temps d'Auguste, il print lors son tour, quand les citoyens Romains furent iettez des osts que les Empereurs dresserent, & qu'ils se fonderent sur la force des mercenaires, & de ceux qu'ils auoient autrefois surmontez. Et combien que les grandes vertus qui estoient en Auguste, & le bon sens entretinssent la maiesté de l'Empire tãt qu'il vesquit, si est ce que les successeurs apprindrent de luy à souldoyer autres gens que Romains: comme Goths, Lombars, François, Allemans, Espagnols, & autres d'où proceda la ruine d'iceluy: pourtant que les Empereurs ensuyuans tindrent vn ost d'estrangers appellé Pretorien pres les murs de la cité de Rome. Laquelle mode jaçoit que semblast de prime face estre trouuee à leur aduantage, neantmoins elle les ruina. Car ce nombre de soldats disposoit de la dignité Imperiale à son beau plaisir, estans sur le lieu & en armes contre les gens nuds & desarmez. Aussi les autres armees qui estoient en Gaule, Germanie, Pannonie, Surie, Afrique, ou ailleurs s'en vouloiẽt faire accroire: & qui nommoit l'vn pour estre Empereur, & qui nommoit l'autre, entãt qu'à la fois il y en auoit deux ou trois pretendans: lesquels en pensant consommer l'vn l'autre, consommoient l'Empire qui auoit tant cousté d'acquerir. Mais attendu que presque tous les Empereurs furent d'estrange nation, comme les soldats qui les auoient creez: cela les faisoit se soulcier moins de le conseruer, que s'ils eussent esté natifs de la cité. Donques aussi bien ceux qui estoient declarez Empereurs, comme ceux qui les auoient esleuz marchoient contre la cité de mesme volonté que côtre leurs ennemys, commettans en ces changemens plusieurs pilleries, & meurdres tant des Empereurs mesmes que des Senateurs, & autres grans personnages de Rome. Ou si l'institution que les Romains auoiẽt au temps que leur vertu viuoit, eust esté tousiours entretenue (qui estoit de faire leurs guerres auec leurs gens propres, & non point souldoier les estrangers, ne admette pareillement leurs voisins & alliez dedans leur camp en plus grand nombre qu'ils n'estoient) leur Empire ne se fust pas diuisé, & n'eust esté trãsporté hors de leurs mains, ne leur cité destruitte plusieurs fois, & abandonnee comme elle a esté. Car entretenãs leur premiere façon de guerroyer ils eussent euité tous ses inconueniẽs, & fussent tousiours venus heureusemẽt à bonne fin de toutes leurs entreprises: comme ils feirent tandis qu'ils se seruirent de leurs propres citoyens.

Dauantage les Romains faillirent grandemẽt en l'entretenemẽt des armees ordinaires, & prolongation des charges generales militaires: laquelle faulte ayda bien à muer la republique, & à ruiner l'Empire. Mais les Roys d'Assyrie changeoient par chacun an leur armees & lieutenans generaux: pouruoians sagement par tel changemét, que les soldats & capitaines ne se peussent si promptemét allier les vns auec les autres, ne conspirer contre eux. Car les gens continuellement exercez aux armes, & endurcis à la peine sont plus courageux, & les capitaines tousiours commandans à mesmes armees les rendent à eux partiales, & les retirent souuent de l'obeissance de leur republique, ou du seruice de leur prince : comm'il a esté parauant discouru plus amplement en parlant des Assyriens.

Encores feirent il vne autre faulte non moindre que la precedente, changeans la simplicité Romaine en la ceremonie arrogante des Roys barbares. Car où les premiers Empereurs s'accommodoient à la liberté Romaine, ne differés des autres seigneurs que par l'authorité, & obeissance qu'on leur portoit : alloient à la guerre, conduisoient armees, cōqueroient pays, prenoient forteresses, portans tous trauaux egalement auec les gensdarmes qu'ils appelloiét commilitans : les posterieurs pensans que viure en delices & oisiueté, estoit le souuerain heur & bien, s'enfermerent en leurs palais, & esloignerent le plus qu'ils pouuoiét de la veüe des hommes, voyans peu & oyans : se rendās comme quelques dieux inuisibles, ou veuz rarement, & pour tels vouloient estre adorez : à fin d'estre plus venerables à la mode des Roys d'Assyrie, Perse, Parthie : prirent couronne à raiz ou de lorier, diademe d'or, siege & sceptre d'yuoire, chausseure & ceincture, & autre vesture chargee de pierrerie, & sortans dehors en cest habit pompeux, enuironnez de xxiiij. licteurs auec faisseaux & haches, & de la tourbe de leurs pretoriens, faisoient porter vn brandon de feu deuant eux, & semer sablon d'or apporté de bien loin, par la voye où ils passoient, dedaignans toucher la terre pure sur laquelle marchoient les autres hommes. Tellement que voulans paroistre plus qu'hommes, ils se trouuerent moindres qu'hommes, les rendant odieux l'arrogance d'vn costé, & d'autre la lascheté contemptibles : & par la mauuaise opinion que l'on auoit de leur vie & puissance, ils dónerent occasion de conspirer contr'eux pour les occire ou chasser.

COMPARAISON DE LA LITERATVRE ET AVTRE
science Romaine auec la Grecque, Egyptienne & Caldaique.

APRES auoir comparé la puissance & militie Romaine auec les precedentes plus illustres : par mesme maniere nous comparerons aussi le sçauoir Romain auec le Grec, Egyptien, Caldaiqne. Comme donc le sçauoir soit venu des Barbares aux Grecs, & des Grecs aux Italiens : à cest' occasion les Italiens és haultes sciences ont tousiours vsé des inuentions estrangeres, ou si d'eulx mesmes ont escrit quelque cas, il y a eu moins de solidité. Pline dressant l'histoire naturelle, s'est fié aux autheurs dont il prenoit les matieres, sans les verifier. Corneille Celse de mediocre entendement ayant escrit de toutes sciences, en rapporta ceste seule louenge d'estre reputé tout sçauoir, & en ce qu'il a laissé de la medecine, rien n'y a à estimer que la latinité telle qu'elle estoit de son temps. Le plus qu'on loüe en Seneque, c'est qu'il reprent aigrement les vices, se monstrant au reste peu methodique, & assez negligét és matieres qu'il traitte, s'estant reposé de la verité d'icelles, sur ceux qui les luy recueilloiét. Ciceron qui se glorifie auoir ioinct la Philosophie & eloquéce forése: ce que n'auoit faict parauāt aucun Grec, est estimé meilleur orateur que Philosophe, ayāt traitté quelques lieux de la philosophie plus par ostentation que pour institution & doctrine. Et Marc Varron tenu pour le plus docte des Romains commença la philosophie plus pour inciter les autres, que pour les instruire : comme l'atteste le mesme Ciceron. Virgile aduoüant modestement les Grecs estre meilleurs Orateurs, Poëtes, Peinctres, Statuaires, Athletes : & les Caldees & Egyptiens meilleurs Astrologues, Geometriens, Arithmeticiens : & autres estrangers exceller en autres disciplines, il afferme le vray art du Romain estre d'assubiettir les orgueilleux, & se monstrer pitoyable enuers les humiliez. Ciceron en parle plus brauement ne se consentant d'apparier les Latins aux Grecs & aux autres, ains les prefere en plusieurs choses comme en la preface des Tusculanes où il escrit ainsi.

 Mon iugement a tousiours esté les nostres ou auoir d'eux mesmes mieux inuenté que les Grecs, ou auoir rendu meilleur ce qu'ils leur empruntoient l'estimans dignes d'y trauailler. Car nous auons les meurs & manieres de viure auec les affaires domestiques & familiers mieux ordonnez, & plus honnestement. Et quant à la republique nos ancestres l'ont temperee auec institutions & loix trop meilleures. Que diray-ie de la militie, en laquelle vertu, les nostres ont beaucoup excellé, & encores plus en la discipline? Au regard des autres choses qu'ils ont acquises par nature, non par les lettres, elles ne doiuent estre conferees auec la Grece ny autre gent quelconque. Où fut oncques telle la grauité, telle la constance, grandeur de courage, probité, foy, tant excellente la vertu en toute sorte, qui puisse estre comparee à celle de nos ancestres? La Grece nous surmontoit parauant en doctrine & en tout genre de lettres, en quoy il estoit facile surmonter les non resistens. Car estans les poetes plus anciens en sçauoir entre les Grecs, attendu que Homere & Hesiode furent auant l'edification de Rome, & Archiloque au regne de Romulus : nous auons receu plus tard la poetique. Car quatre cens dix ans apres que Rome fut bastie, Liue publia vne fable: estans consuls C. Claude fils de l'aueugle, & Marc Tuditan, vn an auāt la natiuité d'Ennius. Lequel estoit plus aagé que Plaute & Neue. Donques les poetes furent à tard cogneuz ou receuz des nostres. Iaçoit qu'il soit escrit és origines, comment les gens estans à table auoient accoustumé de chanter sur la flutte les vertus des personnes illustres. Toutefois l'oraison de Caton monstre cest affaire auoir esté peu estimé, en laquelle il reprochoit à Marc le noble qu'il eust mené auec luy des poetes en sa prouince, pourtant que ce consul mena Ennius auec soy en Etolie, comme nous sçauons. Parquoy d'autant qu'on faisoit moins d'honneur aux poetes, leurs estudes furent moindres. Ce nonobstant si aucuns doüez de grāds entendemés ont vacqué en cela, ils n'ont moins respōdu à la gloire des Grecs. Si Fabe hōme tres-noble eust esté loué pour bien peindre, il fault estimer qu'il y eust eu entre nous plusieurs Policletes, & Parrhases. L'honneur nourrit les arts, & tous sont incitez aux estudes par gloire, & tousiours sont laissees les choses qui se trouuent quelque part reprouuees. Les

Grecs estimoient beaucoup sçauoir bien chanter, & ioüer des instrumés. Parquoy l'on dict qu'Epaminondas (à mon aduis) le premier homme de Grece sceut tres-bien ioüer du lut. Et Themistocles quelques ans parauant ayant refusé à table la lyre, fut reputé plus ignorant. Doncques les musiciens fleurirent en Grece, & tous aprenoient la musique, & celuy qui l'ignoroit, estoit reputé moins sçauant. La Geometrie fut entr'eux en grand honneur, & pour ce n'y auoit rien plus illustre que les Mathematiques. Mais nous auons moderé ces arts par l'vtilité de mesurer & compter. Au contraire nous auons incontinent receu l'orateur non sçauant du commencement, apte toutefois à parler, puis sçauant. Car il est escrit que Galbe, Affricain, Læle, furent sçauans, & Caton studieux qui fut deuant eux. Puis Lepule, Carbon, les Gracques. Et finalemét venant à nostre aage, nous en auons eu de si grands, que ne cedons beaucoup ou rien entierement aux Grecs. La philosophie a esté iusques à maintenāt omise, n'ayant encores receu aucune lumiere des lettres latines, qu'il nous conuient illustrer & exciter. En quoy deuons tant plus trauailler, que l'on dict y auoir plusieurs liures latins escrits inconsidereement par gens bien bōs, mais non assez sçauans. Le mesme Ciceron en la quatriesme Tusculane. Comme en plusieurs lieux i'aye accoustumé admirer les entendemens & vertus de nos hommes, ie les admire principalement en ces estudes, lesquelles fort tardiuemét par eux desirees, ont esté transportees de Grece en ceste cité. Car estans dés la premiere naissance de la ville par loix & institutions royales diuinement ordonnez les auspices, ceremonies, comices, appellations, conseils des peres, l'ordre des gés à pied, & à cheual, & toute la militie: certes alors que la republique fut deliuree de la dominatiō royale, se feit vn progrez admirable, & cours incroyable en toute excellence. Consideràt donc les estudes de doctrine, plusieurs raisons me font penser qu'elles ayent esté aussi apportees d'ailleurs, & non seulement desirees, mais aussi conseruees & cultiuees. Combien & quels Poetes ont esté en peu de temps? quels Orateurs? Tellement qu'il appert les nostres estre facilement paruenus à toutes choses, quand ils les ont desirees. L'estude de sapience a esté en eux ancienne. Toutefois ie ne trouue point qu'on puisse nommer sages auant l'aage de Læle & Scipion. Eux estans ieunes, ie voy que Diogene le Stoique, & Carneade l'Academique furent enuoyez ambassadeurs par les Atheniens vers nostre Senat. Et cōme ils n'eussent iamais manié aucun affaire publique, & l'vn fust Cyreneien, l'autre Babylonien: iamais ils n'eussent esté tirez de leurs escholes, & esleuz à ceste charge, si alors en aucuns des principaux de la cité n'y eust eu du sçauoir. Lesquels escriuans en diuerses profession, aucuns traitterent du droict ciuil, les autres dresserent oraisons ou histoires, representans ceste discipline de bien viure la plus venerable de toutes, plus par vie que par lettres. Doncques en celle philosophie vraye & elegante qui a commencé en Socrates, & est demouree entre les Peripateticiens & Stoiques, disans le mesme, mais en diuerse maniere, taschās les Academiques decider leurs differens: ne se trouuent aucuns escrits latins, ou s'il en ya quelques vns, ils sont en petit nombre, tant par la grandeur des matieres que les empeschemens des hommes, ou qu'ils pensoient n'estre approuuez par les ignorans.

y

COMPARAISON DES AVTHEVRS LATINS
auec les Grecs, mesmement de Ciceron auec Demosthene.

VINTILIEN qui est venu depuis Ciceron côparant les autheurs Latins auec les Grecs : premierement quant à la poesie Heroique il en donne la seconde louenge à Virgile, admirant singulierement l'heureuse & facile nature d'Homere, & en Virgile la diligence & imitation curieuse. Il faict cas en l'elegie de Tibulle & Properce qu'il apparie aux Grecs elegiaques. Quand aux Lyriques Horace mesme premier de tous les Latins, & meritant quasi seul d'estre leu, côfesse Pindare inimitable. La Tragedie latine n'a attainct à la grauité de Sophocle, & Euripide. Encore moins la Comedie à la grace & elegance attique. Nul poete latin a faict œuure Iambique ou Dithyrambique. La satire est entierement latine.

Si furent les Latins plus heureux en l'histoire qu'en la poesie, n'estant inferieur Salluste à Thucydide, & Tite Liue à Herodote.

Mais touchant l'eloquence, Ciceron faict tel iugement de Demosthene & de luy. Demosthene acheue plusieurs choses, & ie les entreprens, vous iugerez qu'il peult, & que i'ay la volonté, & qu'il s'explique selon l'exigence de la matiere. Mais il fut excellét, & succeda à personnages excellens : & furent plusieurs grand orateurs en son temps. Nous eussions beaucoup faict de paruenir aucunement à ce que pretendions, au lieu où, comm'estimoit Antoine, iamais homme eloquent n'auoit esté ouy.

Il est certain que ces deux orateurs furét fort semblables en leurs inuentiôs & dispositions, tenans mesme ordre & mesme maniere de diuiser, preparer, & argumêter: mais ils furent differens en l'elocution & és affections. L'vn est plus serré, l'autre plus abondant. L'vn conclud en moins de paroles, l'autre dispute plus au long. L'vn est tousiours agu, l'autre la plus part du temps graue. On ne peult rien oster de l'vn, ny adiouster à l'autre. En somme il y a plus de diligence en Demosthene, plus de nature en Ciceron. Il estoit defendu en Athenes vser de proesmes, & epilogues : & n'estoit permis en orant esmouuoir les affections. A raison de quoy Demosthene en ceste partie est inferieur. Mais la langue grecque dont il vsoit, est plus heureuse & plus plaisante que la latine.

Outreplus quiconque voudra enquerir quels personnages ils furent, & côment ils vescurent, il trouuera leurs vies & fortunes fort semblables. Premierement l'vn & l'autre vint de petit lieu en grande authorité. Ils furent tous deux bannis de leurs citez, puis rappellez en grand honneur. Ils prindrent quereles contre seigneurs puissans, és mains desquels ils tomberent, & morurent auec la liberté de leurs citoyens. Les excellens poetes viuans en repos solitaire, & esloignez des affaires publiques ont finy plus heureusement. Mais outre leurs similitudes & differences susdittes, ie trouue que Demosthene employa entierement tout ce qu'il auoit de sens & science ou naturelle, ou acquise, en l'art de rhethorique, & qu'il surpassa en force & vertu d'eloquence tous ceux qui de son temps se meslerent de haranguer : & en grauité & magnificence de style tous ceux qui escriuent seulement pour monstre & ostentation : & en diligence exquise & artifice tous les sophistes de Grece, & maistres de rhetorique. Et que Ciceron fut autant meslé de plusieurs sciences, que pouuoit estre vn homme politique employé ordinairement és affaires priuez & publiques, ciuils & criminels: comme lon peult cognoistre par plusieurs liures philosophiques qu'il a escrits de son inuention à la maniere des Philosophes Academiques, & voir par ses oraisons esquelles il cherchoit les occasions de monstrer en passant qu'il estoit sçauant. Aussi cognoit lon à trauers leurs styles quelque ombre de leur naturel. Car le style de Demosthene n'a rien de ieu ou de gayeté: ains est par tout serré, & n'y a rien qui ne poigne à bon escient, sentãt vn grand trauail auec aigreur & austerité de nature. Là où Ciceron bien souuent vsoit de mocquer, iusques à approcher du plaisant & du gaudisseur, & tournant en ses plaidoyers choses de consequence en ieu & en risee, pour ce qu'il luy venoit bien à propos, oublioit quelquefois le deuoir bien seãt à vn personnage de grauité, tel qu'il estoit. D'auantage lon voit en leurs compositions que l'vn parle sobrement à sa louenge, de maniere que lon ne s'en sçauroit offenser, & non iamais sinon qu'il en soit besoin, pour le regard de quelque affaire de consequence: au demourant fort reserué, & modeste à parler de soy-mesme. Au contraire les desmesurees repetitions de mesme chose dont vsoit Ciceron à tous propos en ses oraisons, monstroient vne excessiue cupidité de gloire. Plus y a qu'il ne louoit seulement ses actes, mais aussi les harengues qu'il auoit escrites ou prononcees: comme s'il eust à contester auec quelque rhetoricien scholastique, non à manier & redresser le peuple Romain. Car appeter gloire de son beau parler, ou qui pis est la mendier, c'est acte de cœur bas: Et pourtãt en ceste partie fault il confesser que Demosthene est plus graue, & plus magnanime: qui luy-mesme disoit toute son eloquence n'estre qu'vne rotine acquise par long exercice, laquelle auoit encore besoin d'auditeurs qui voulussent ouyr patiemment, & & qu'il reputoit sots & impertinens, comme à la verité ils sont, ceux qui s'en glorifient.

IVRISPRVDENCE ROMAINE.

AV regard de la iurisprudence qui tenoit le second lieu à Rome apres l'eloquence, elle a esté toute Romaine, & Italienne. Car on ne trouue point qu'és autres pays & republiques bien instituees il y ait eu des gens faisans seulement profession du droict ciuil. Les Atheniens & Lacedemoniens desquels furent apportees les loix à Rome, n'en vserent iamais. Non les Egyptiens, Assyriens, Perses, Carthaginois, Macedoniens, Parthes, & autres dont les seigneuries furent puissantes, & bien policees.

Ceulx cy entendans les droicts & coustumes dont vsoiet les particuliers en la cité, & les styles de plaiderie: ils consultoiét sur les menus negoces, & monstroient commét il falloit mener les procés, la maniere d'intenter actions, proposer exceptions, demander delaiz, congez, & defaux, escrire par roolles, deduire griefs, responsifs, contredicts, saluations, aduertissemens, faire enquestes & informations, iuger diffinitiuement, executer iugemens. Dont l'authorité deuint si grande à Rome & par l'Italie, qu'il ne se faisoit testament, stipulation,

y ij

obligation, pacte, transaction, contract, rescission, ou d'autre importance, sans leur en communiquer. Et ne s'addressoit on seulement à eulx pour les cas concernans le droict ciuil, mais aussi pour tous affaires & deuoirs. Ils conseilloient aux Empereurs, au Senat, aux assemblees du peuple, és causes des amys. Ils estoient appellez en paix & en guerre. A raison de quoy furet appellez prudens, & leur art iurisprudence. D'autant que telle profession ne pouuoit estre conduitte sans grande prudence, sans auoir beaucoup veu, leu, ouy, sceu : sans cognoistre l'antiquité, sans entendre la commune disposition du genre humain, la nature du droict & de l'equité, sans obseruer les mœurs de plusieurs nations, specialement de la leur. Ils escriuirent infiniement en leur profession : dont les liures furet abolis par l'Empereur Iustinien, apres qu'il en eut faict recueillir les pandectes que voyons. Qui a esté vne grande perte pour cest art, & pour la langue latine : n'estans demourees des anciens iurisconsultes que certaines rappetasseries mal cousues, & disposees. Leur vray office estoit d'exposer le sens des edicts pretoriens, constitutions du Senat, decrets du peuple, ordonnances des princes, & autres loix : monstrer la raison de chacune, aduertir quelles deuoient estre gardees, ou renouuellees, ou abrogees selon les lieux, temps, personnes, & autres circonstances.

COMPARAISON DE LA LANGVE LATINE
auec la Grecque.

Tovs les autheurs Latins se sont plaincts de la defectuosité de leur langue, la confessans paoure aupres de la Grecque : en laquelle plus de gens auoiét escrit, & de plus de choses. Ciceron és Tusculanes dit la lãgue grecque estre plus riche que la latine : Et au premier des fins tãt s'en falloir que la latine soit paoure, qu'elle se trouue plus riche que la Grecque : jaçoit qu'escriuant de la philosophie il se trouue bien empesché à faire mots nouueaux correspondans aux Grecs propres de chascun art, ou speculation, & affectez aux philosophes, estant le premier ou bien celuy qui plus en a inueté, en tournant aucuns par translations, autres en tels termes qu'il pouuoit. Theodore Gaze grec de nation, mais l'vn des mieux entendus au langage grec & latin ensemble, qui ayét esté depuis la restitution des lettres, aduoue la lãgue latine suffisante à representer chacune diction & sentence grecque, & que ceux qui ne peuuent rendre le grec en latin, essayent couurir leur ignorance par la paoureté de la langue. Toutefois Quintilien ne dissimule point celle paoureté en laquelle estoient tõbez les anciens par la scrupuleuse seuerité dont ils vsoiét en leur parler. Et sans difficulté recognoit le latin plus rude en prononciation, & plus dur à ioindre, ou deriuer les vocables. Enquoy le grec est fort heureux & plaisant. Le grec & le latin ont les syllabes longues & briefues, & versification semblable : ce que n'ont gueres d'autre langues. Le grec a des articles, le latin n'en a point : ains vse de noms sans brodure par maniere de dire, & ne s'en faut esmerueiller, attendu qu'Homere qui en beauté de carmes surpasse tous les autres, prepose articles à peu de noms : comme si c'estoient anses à des vases qui en eussent besoin, ou des pennaches sur des morrions. Ciceron en l'oraison pour le poete Archias dit que les escrits grecs estoient leuz en toutes gens, & les latins estoient reserrez en leurs bornes fort estroittes. Au contraire Plutarque és questions Platoniques afferme qu'en son temps presque tout le monde vsoit du langage Romain. Le Cardinal Hadrien qui a escrit du langage latin, luy donne quatre téps, le tres-ancien, ancien, perfaict, & imperfaict: repetant le tres-ancien du commencement de Rome iusques à Liue Andronice, & l'ancien depuis ce Liue iusques à Ciceron, au temps duquel il fut perfaict. Et l'imperfaict apres Ciceron. Car incontinent soubs Auguste il commença perdre sa purité & elegance naturelle, & se corrompit peu à peu auec la maiesté de l'Empire. Tant qu'on laissa finablemét à le parler, & qu'en son lieu est succedé l'Italien du iourd'huy. Semblablemét le grec fleurit auec le sçauoir & pouuoir de Grece, iusques au téps de Philippe & Alexandre, qu'il decheut de sa naifue proprieté, & vraye elegance: diminuant de là en auant auec la liberté du pays, & engédrant au long cours des ans le vulgaire grec du temps present, meslé du Romain, Turquois, & Arabique: depuis que la contree a esté occupee par les Turcs Mahometistes: dont a esté parlé amplement en traittant des langues.

DE LA RELIGION, PVISSANCE,
SCAVOIR, ET AVTRE EXCELLENCE
DES ARABES, OV SARRASINS ET AVTRES MAHVMETISTES.

LIVRE HVICTIESME.

COMME le progrez qu'ont eu la puissance, pieté, & literature iusques icy, ait esté sommairement deduict en deux liures derniers: doresnauant en sera proposé vn autre en la religion, puissance, sçauoir & autre excelléce Arabique, ou Sarrasine: qui ne sera de moindre deduction que le precedent. Ce pendant que l'Empire estoit affligé de tous costez par les Barbares, & la chrestienté troublee d'heresies: les Sarrasins transporterent à eux l'honneur des armes, & des lettres. Car, comme l'Eglise diuisee par les Arriens, Nestoriens, Manichiens, Donatiés, Pelagiens, eust beaucoup perdu de son integrité: Puis estant l'Empire en Orient vexé par les Perses, vers Occident & Midy par les Goths, Vandales, Alanois, Hunes, Lombars, Consequemment la lumiere du sçauoir esteinte: en telle confusion les gens ennuyez de tant de troubles, entendirent plus facilement à Ma-

DE LA VICISSITVDE DES CHOSES

humed: commençāt publier sa loy. Qui fut si plausible en haine des contentiós precedentes esquelles ne se trouuoit fin, qu'incontinent elle fut receüe en plusieurs regions. De maniere que les sectateurs d'icelle ont occupé par succession de temps l'Asie, & Afrique, & grande partie de l'Europe, s'emparans des meilleurs pays du monde, dont ils exterminerent l'Euāgile pour donner lieu à leur Alcoran: que suit maintenant la plus grande partie du genre humain, parlant Arabic és affaires de la religion & és disciplines: comme par deçà nous vsons du latin. Ainsi acheuees tāt de conquestes, & assubietties innumerables natiós, ils s'appliquerent aux lettres, deuenās par la viuacité & subtilité de leurs esprits tres-sçauans en philosophie, medecine, astrologie, geometrie, & autres disciplines. Au moyen de quoy ils acquirent à leur tour grande reputation en l'exercice des armes, & estude des lettres. Or cōme celle immense puissance s'estendist en diuers pays, ils ont eu plusieurs vaillans capitaines & illustres princes à la conduitte de leurs affaires. Mais n'en y a point de plus renōmé que Mahumed autheur de l'Alcoran, & fondateur de l'Empire Sarrasinois. Lequel estant né de paoure lieu, & ignoble, paruint à grande richesse, puissance, & authorité se constituant legislateur du genre humain, & faisant croire aux gens qu'il estoit prophete, & messager de Dieu. Ses successeurs furent Eubocara, Homar, Odmen, Hali, Alhaten, Moauui, Iesid, & les Caliphes, qui prospererent merueilleusement en peu de temps, auec les commencemens que Mahumed leur auoit baillez, estēdans au long & au large auec la domination la religion, & langue Arabique, en abolissant és pays qu'ils conqueroient la Grecque, Latine, Persienne, & Punique. Qui fut vne merueilleuse & estrange mutation. S'ils furent excellens guerriers, ils n'ont esté moins studieux, & lettrez. Car ils ont eu Auicenne tres-sçauant en leur theologie & en toutes disciplines. Auerrois expositeur de Aristote que ceux de son temps, & qui sont venus apres, ont eu en telle admiration, qu'ils l'ont presqu'egallé à Aristote mesme, luy donnans par excellence le nom de commentateur. Auen pace, Algazel, Ben bitar, Abaten, Siphac, philosophes. Mesue, Rasis qu'ils appellent Almansor, Serapion, Zoar surnommé le sage, medecins. Albumasar, Auenzoar, Gebber, Alpharab, Alphragan, Hali, Rhodoan, Astrologiens. Tous lesquels fleurirent presqu'en mesme temps, & & ont esté suiuis par plusieurs autres, escriuans en Arabic, Perses, Suriens, Egyptiens, Africains, Espagnols: qui nous demourent incogneuz par l'ignorance de la langue, & diuersité de la religon. Ils disent n'estre besoin de rhetorique, pourtant que nature simplement, & en peu de paroles declare ce qu'elle pretend. Iaçoit qu'ils ayent plusieurs hystoriens cōme les autres nations, toutefois ils estiment peu les histoires, mesmemēt les Turcs, disans qu'on n'oseroit escrire la verité des princes viuās, & qu'apres leur decez la memoire s'en pert. D'Architectes en y a peu entr'eulx, d'autant qu'ils ne s'adonnent gueres à bastir: demourans la plus part d'eulx soubs tentes & pauillons. Les autres n'edifiēt maisons qu'à vn estage, & à la haulteur d'vn colōbier, comm'en Turquie, se mocquans des chrestiens tant curieux en leurs maisons: comme s'ils y auoient à demourer perpetuellement. Ou s'ils bastissent ce sont temples, ponts, estuues, hospitaux, & autres edifices semblables publiques: se soulcians peu des priuez, qu'ils sont communément de bois & de terre, & rarement de pierre taillée, estāt telle vanité reprouuee par leur loy. Ils ont encores moins de peintres, statuaires, imaginiers, sculpteurs, & graueurs par crainte de l'idolatrie qu'ils abhorrent, detestans pour ce les pourtraicts & simulachres de tous animaux. Ils ont poetes assez qui chantent leurs passions amoureuses, & autres telles fantasies. L'Alcoran mesme est escrit en mettre, & tout poetique. Sur lequel n'est fondee seulement la religion, mais aussi est reglee la police, iudicature, & militie. Parquoy tous Talismans, Bacis, Subacis, Cadis, & Cadilesquers, sont tenus l'entendre, & y accommonder le plus pres qu'ils peuuent leurs sentences. Les princes mesmes ont Muphtis & Patriarches aupres d'eulx pour prendre garde à leurs decrets & ordonnances, & les retracter s'ils repugnent à la religion. Ils suyuent au reste les loix des Sultans, & coustumes des pays. A raison de quoy ils n'ont autre droict ciuil, ny iurisconsultes. Les chrestiens qui ont escrit contre Mahumed, l'appellent diabolique, magicien, menteur, imposteur, qu'il fut fils d'vn payen & d'vne iuifue, larron, paillard, cauteleux: idolatre de religion, paoure de fortune, presumptueux d'entendement, ignorant des lettres, celebre par meschancetez. Qu'en son commencement il estoit marchand, & conducteur de chameaux, puis enrichy par le mariage d'vne riche vefue, deuint capitaine:& eut charge d'Arabes soubs l'Empereur Heracle. En laquelle militie il trouua moyen d'acquerir principauté, & puissance. Car comme les quatre mil Arabes qui estoiēt au seruice d'Heracle, eussent requis la robe militaire leur estre donnee comm'aux autres gensdarmes, vn Eunuque tresorier en ce malheureux temps leur respondit, que ce qui estoit reserué au gēdarme Romain, ne deuoit estre baillé aux chiens. Dequoy indignez se mutinerent, & par le despit qu'ils en eurent, esmeurent les autres de leur nation. Ausquels Mahumed se ioignāt les irrita d'auantage, & confirma en celle rebellion. Alors il fut esleu chef par l'vne partie d'eulx: ainsi qu'ont accoustumé d'estre esleuz és seditiōs, ceulx qui supportent la multitude en ses mauuais conseils, & blasment les superieurs. Plusieurs mesprisoient en luy la vilité de sa race, & paoureté de la vie precedente. Mais pour se garantir de tel mespris, comm'il est facile enuers le populaire simple & ignorant: il vsa de là en auant du pretexte de diuinité en ses actions, ne s'appellant plus capitaine esleu par faueur militaire: ains prophete, & messager du Dieu tout puissant: à fin que soubs couleur de ceste imposture tous hōmes luy obeissent plus volontiers. Et comm'il tomboit du hault mal souuent, pour s'excuser de celle maladie, il affermoit que l'āge Gabriel luy parloit, & annonçoit la loy: qu'il a publiee comme proferee de la bouche de Dieu, & reuelee diuinement: jaçoit qu'elle soit pleine d'iniquité, & de menterie. Donnoit à entendre que Dieu auoit premierement enuoyé Moyse au genre humain, puis Iesus Christ auec miracles, & pourtāt qu'on ne leur auoit obey, qu'il enuoyoit adōc Mahumed sans miracles auec main forte: à fin que ceulx qui n'estoient esmeuz par miracles, fussent contraincts par armes. Que la loy Mosaique, & chrestienne estans trop rigoureuses, & estoit mandé pour les adoulcir par la publication de preceptes plus aisez. Qu'il ne viendroit d'autre messager, & estoit le dernier, predict par Christ en l'Euangile. Ainsi auoir establi nouuelle secte tres-perni-

y iiij

cieuse, entremeslee du vieil & nouueau testament, dont il a deguisé plusieurs passages, taschant à subuertir la saincte Trinité, & à abolir la diuinité de Iesus Christ, & les mysteres de sa mort, passiō, & resurrection. Mais les siens qui veulent estre appelez Musulmans, en parlent bien autrement, & l'exaltent infiniement: comme le plus excellent personnage du monde, ayans malicieusement inuenté plusieurs mensonges de son excellence pretendue, pour le rendre tres-admirable, & attirer plus de gens à sa creance. Entr'autres ils ont songé vne lumiere prophetique qui apparut premierement en Adam, puis fut continuee de prophete en prophete iusques à Mahumed, reluisant en leurs faces: comme le Soleil en beau temps, & la Lune quand est pleine. Qu'incontinent qu'vn nouueau prophete estoit conceu, elle passoit du mary en la femme, & l'enfant nay, luy demouroit tant que deuenu grand, il en eust engendré vn autre. Si tost dōc (disent il) qu'Adam fut creé, comm'il se dressoit, le cerueau luy trembla, & sonna comme font les fueilles esmeues de vent. Adam s'en esbahissant, Dieu luy dist. Le son que tu as ouy, & duquel t'esmerueilles, est le signe des Prophetes, & des messagers qui prescheront mes commandemens, & pourtant aduiseras, que celle semence de lumiere ne soit mise qu'en vetre net. Quand il eut engendré Seth, qui est le pere des prophetes, & le chef des messagers de Dieu, à l'instant celle lumiere passa de la face d'Adam en la face d'Eue, laquelle ce pendant qu'en fut grosse, reluisoit tant que les animaux de l'air & de la terre s'esmerueilloiēt de la beauté & splēdeur de son visage. Adam mesme en estoit tout esbahi. Par chacun iour les Anges la saluans, luy apportoient odeurs de Paradis, iusques à ce qu'elle enfanta Seth seul, d'autant qu'auparauant elle en auoit tousiours eu deux d'vne ventree, masle & femelle, frere & sœur. Seth naissant emporta en sa face la splendeur de lumiere que portoit parauāt sa mere. Laquelle lumiere demoura droitte entre le ciel & la terre, descendans par icelle les Anges sur Seth, crians tous les iours: Esiouïssez vous terre digne de la lumiere de Mahumed, sur luy soit l'oraison de Dieu, & le salut. Quand son pere Adam approcha de la fin, il luy declara par testament le mystere de la lumiere, & la genealogie des prophetes. Adonc descendit Gabriel accompaigné de LXX. mil' Anges, portant chacun vne page blanche, & vne plume qui en signerent l'escriture, disans que sa voix estoit exaucee, & que le vouloir de Dieu estoit que l'ordre de generation prophetique fust continuee. Ainsi Seth receut l'escrit signé, & fut vestu par le Seigneur d'vne robe double rouge, reluisante comme le Soleil, & deliee comme la fleur de violette. Afferment celle lumiere estre passee en telle maniere d'Adam à Seth, de Seth à Enos, & d'Enos par continuelle succession à Noe, & Sem: puis à Abraham, à la naissance duquel deux lumiere sortans d'Orient & Occident, s'assemblerent au milieu de la terre, en vne esclairant tout le monde, & furent ouys des Anges chantans, que c'estoit la lumiere du prophete Mahumed qui naistroit de sa semēce, duquel la parole seroit en la vertu de Dieu. Celle lumiere passa d'Abraham à Ismael, & d'Ismael à Amofre: auquel il sembla aduis qu'il sortoit de ses reims vn arbre ayant les rameaux luisans, & touchoit aux cieux, & que par les rameaux d'icelle montoiēt & descendoient des hōmes blancs. Il entēdit des deuins ce hault arbre signifier
vne lignee

vne lignee grande, qui illustreroit les terres, & môteroit aux cieux. D'Amosre elle vint à Abdamutalib ayeul de Mahumed, personnage remply de toute vertu: & quand il y auoit seicheresse, incontinent que celle lumiere esclairoit sur terre, il y plouuoit. Vn elephãt se prosterna deuant luy, & parlãt voix humaine dit: Salut soit sur vous, & sur la lumiere qui reluit de vos reims. Soit auec vous dignité, clarté, honneur, victoire, & qu'il sortiroit de luy vn Roy plus grãd que tous les Roys de la terre. Autrefois en dormãt sur la pierre mise par Abraham en son oratoire de la Meche, il sõgea qu'il yssoit de ses reims vne chaisne partie en quatre, tédue d'vn costé vers l'Oriẽt, d'autre vers l'Occidẽt en hault iusques au ciel, & en bas iusques au profond de l'abisme, & que soudainement elle se stoit toute pliee, puis muee en vne grand'herbe verde & fleurie, telle que ne fut iamais veüe entre les hommes. Que cependant luy assisterent deux vieillards, vers lesquels se tournant, il leur demãda qui ils estoienãt : confesserent que l'vn s'appelloit Noe, l'autre Abraham, prophetes du tref-hault Dieu, & luy dirent que de ses reims sortiroit vn homme par lequel le ciel & la terre croiroient, & toutes nations seroient conuerties à iustice, & verité. Les magiciens, sorciers, & deuins conspirerent contre Abdalle fils d'Abdamutalib, & pere de Mahumed pour le tuer: d'autant que tout leur artifice deuoit estre ruiné de sa semence, & pour ce luy fut dõné vn pedagogue comme defenseur, qui sembloit homme & ne l'estoit point, & l'obseruant perpetuellement destournoit tous leurs aguets. Aussi les Iuifs coniurerent, & fut d'eux preserué par soixante & dix sages qui sembloient hommes, & ne l'estoient point. Toutes autres femmes delaissees il espousa Emine. Et venant le temps que Dieu auoit preueu & prescrit, pour mettre finalement au monde la lumiere du prophete Mahumed, fut ouye la voix du seigneur, disant, qu'on ouurist les portes de Paradis, & que tout son interieur fust manifesté. Car il me plaist de transporter ceste nuict la lumiere de mon prophete, des reims d'Abdalle au ventre d'Emine, & qu'elle vienne au monde Ce faict comme Abdalle iuge & seigneur des Arabes alloit à la maison d'oraison, il aperceut vne grande lumiere luire de sa maison à mont le ciel, & incõtinẽt mourut laissant sa femme enceinte. Et douze iours apres nasquit Mahumed. Alors tous idoles trebucherẽt, & furẽt noircis. Tous royaumes destruicts depuis l'Orient iusques en Occident, & n'en demoura pas vn debout. Lucifer fut ietté au fonds de la mer, où il demoura quarante iours, & à grand peine en sortit il, puis appellant tous ses compagnons, leur remonstra que Mahumed estoit nay qui osteroit leur pouuoir, & par ainsi qu'ils deliberassent de gaster le monde par hypocrisie, par luxure, & volupté. En celle mesme heure Dieu feit entendre par le ciel & par la terre, que luy estoit nay vn amy fidele, & bien heureux. Sa mere testifia qu'en le portant & enfantant, elle n'auoit senti douleur quelconque, & que diuinement furent enuoyez pour l'esleuer bãdes d'oiseaux auec becs d'emeraudes, & aisles de hiacynthe, qui estendirent sa veuë du leuant en occident: & regardant vers l'enfant aperceut qu'il estoit quasi flechy, & tendoit les mains au ciel comme pour prier Dieu. Suruint aussi vn homme vestu d'accoustremens blancs, luy presentant trois clefs semblables à des perles, qu'il print: à sçauoir la clef de victoire, clef des loix, & clef de prophetie. Apres arriuerent trois personnages ayans les faces luisantes, dont le premier portoit vn chauderon d'Emeraudes auec quatre anses de perles bien apropriees, & luy offrant, dist, C'est le monde, & ses quatre coings, Orient, Occident, Septentrion, & Midy. Mahumed l'acceptant tout, luy fut predict qu'il commanderoit à tout le monde. Et quand cest homme l'eut laué trois fois, le baisa au front, parlant ainsi: Esiouïssez vous Mahumed. Car ce vous est conserué qui estoit denié aux autres prophetes, que surmonterez tous en sagesse & magnanimité. Et vous estant donnee principalement la clef de victoire, serez sans crainte, & nul restera au monde qui ne presche vostre nom. Adonc s'assemblerent toutes sortes d'oiseaux, les nues, & les vens, & finablement les compagnies des Anges, escriuans pour la nourriture de l'enfant. Les oiseaux disoient qu'ils y seroient plus propres: attendu qu'ils pouuoient assembler fruicts de diuers lieux. Les vens que c'estoient eulx qui le pouuoiët remplir d'odeurs, Les nues qu'elles le nourriroient tref-conuenablement ayans moyen de luy administrer la douceur des eaues. Les anges despitez dirent qu'il ne leur resteroit rien. Mais vne voix diuine appaisa le debat, declarant qu'il ne seroit osté des mains humaines. Et que heureuses seroient les mammeles qu'il tetteroit, heureuses les mains qui le manieroient, heureuse la maison & couche sienne. Vne asne alangourie de faim s'agenouilla pour l'adorer, & l'ayant sur son dos leua la teste, & passa les autres qui auoient gaigné le deuant. Et cóme tous s'en esmerueilloient, l'Asne respondit pour soy parlant voix humaine, Ainsi Dieu m'a refaicte comme ie perissois, & m'a restituee de mort en vie, ô si vous sçauiez que ie porte. C'est le sceau des prophetes, seigneur des messagers: meilleur que tous les precedens amys de Dieu. Trois hómes l'emporterent en vne montagne, & l'euentrerent sans douleur. Le premier l'ouurit de la poictrine au nombril, & laua ses entrailles de neige. Le second luy fendit le cueur par le milieu, & en tira vn grain noir, disant que c'estoit la portion du Diable, le troisiesme nettoyant les lieux le remeit en son entier. Il fut donc ainsi nourry, selon leur dire fabuleux, & creut en telle sorte qu'il ne donna iamais molestie aucune à ceux qui le nourrissoient. Seraphin le garda trois ans, & Gabriel vingt neuf: qui luy donna la loy au quarantiesme de son aage, & le porta au ciel. D'où estant descendu, & associé d'Eubocara, Haly, & Zaid, il se dist prophete de Dieu, preschant publiquemét. Et non seulement se feit accroire de parole mais aussi de force (attendu que l'espee fait plus faire aux gens que la raison) combattant souuét contre ses aduersaires: tát qu'ils nombrent vingt deux expeditions siennes, ayant asisté en personne aux neuf, & donné de son viuant dixhuict batailles esquelles il obtint victoire. Conquise la Meche auec les lieux circonuoisins, il occupa le reste de l'Arabie. Puis se voyant fortifié, escriuit aux princes des autres langues: cóme au Roy de Perse, Empereur des Romains, Roy d'Ethiopie, & autres qu'ils receussent volótairement sa loy. Ils ont forgé plusieurs méteries semblables de luy, que ie tairay expressément craignant prolixite ennuyeuse, & que par le recit de blasphemes faulses & scandaleuses, ie n'offense les oreilles crestiénes. Au regard de son trespas, ils disent qu'il mourut de pleuresie, ou du haut mal l'an soixante troisiesme de son aage, & qu'ayant predict en sa maladie que le tiers iour apres sa mort il seroit porté au ciel, les gens attendans cela, le garderent tant que par puanteur de sa charogne furent cōtraints l'enseuelir à Medine ditte depuis du prophete. Tel donc fut le commencement de l'Algiere de Mahumed : c'est à dire, de son regne qui dura dix ans, sur lequel ses sectateurs content leurs ans, comme nous faisons à la natiuité de Christ. Les parens & successeurs de luy continuans l'entreprise ont persisté iusques à present en la publication de celle loy par predication, & par force, rendans leur puissance tres-grande, & estendans auec l'Empire la religion & langue Arabique presqu'en toutes les parties de la terre habitable. Donques les Mahumetistes feirent au commencement de grandes conquestes soubs le gouuernement d'vn seul seigneur appellé Caliphe : qui estoit Roy & pontife ensemble, ayant l'intendance & conduitte de tous leurs affaires concernans non seulement la pieté & iustice, mais aussi les armes & finances, toutes possessions sacrees ou prophanes, liberté & seruitude, vie & mort. Mais ainsi qu'ils accreurent de païs, ils entrerent en partialitez, & durant ce scisme creerent en Egypte vn autre Caliphe, laissans celuy de Bagdet, cōme trop superstitieux & rigoureux, qui les excommunia & declara heretiques. Le Caliphe de Bagdet commandoit en tout l'orient. Et celuy d'Egypte qui diminua son authorité, eut au commencement peu de terres : mais cōquit par succession de temps toute la Barbarie auec vne grande partie des Espagnes. Car les Sarrasins luy obeissans passerent les vns en Affrique, où ils prindrent Cartage, Maiorque, Minorque, & suyuans leur bonne fortune marcherēt iusques à la Mauritanie. Et taschans tousiours de croistre, ils se transporterent en Europe, à la persuasion d'vn Cōte Visigoth appellé Iulien, qui irrité de l'outrage que faisoit le Roy Roderic à sa femme, les feit passer par le destroict de Sebile, & descendre en Espagne : où de premiere arriuee ils donnerēt plusieurs batailles aux Visigoths : en la derniere desquelles demoura toute la noblesse Visigothe. De sorte que l'Espagne vint en leur possessiō, excepté l'Esture & Biscaie. Les autres Sarrasins nauiguerēt en Thrace, & tindrēt par trois ans assiegee Cōstātinople, qu'ils furent contraincts abandonner, consommez de famine & de peste. Autrefois vindrent en Italie, & saisis de l'Apouille, coururēt le pays iusques au port d'Hostie, & entrans dedans Rome, bruslerent les Eglises des Apostres, occuperent la coste de Toscane, de Prouence, & Languedoc : pillerēt Genes, Auignon, & Narbone, entrerent au golphe de la mer Adriatique, où ils vainquirent la flotte des Venitiens. Apres tant de conquestes ils se promettoient l'entiere monarchie de l'vniuers. Car ayāt vaincu l'Oriēt, subiugué l'Affrique, entamé l'Italie, & domté les Espagnes : ils ne pensoient peuples ny Roys au demourant de la terre qui osassent entreprendre de leur resister, faisans conte par la seule frayeur de leur nom, de bien tost assubiectir le reste de tous les humains. Dix ans apres qu'ils furent en Espagne, ils deliberent passer plus outre, & prenans pour bon presage la priere que leur en faisoit Eudon duc d'Aquitaine, pensans trouuer plus beau pays & meilleur, ils descendirent bien quatre cens mil' hommes en Gascoigne, menans auec eux leurs femmes & enfans : comme s'ils eussent ja tenu la victoire toute seure. Car voyans du premier toutes choses leur succeder heureusement, ils deuindrent tant orgueilleux, qu'ils mesprisoient entierement les chrestiens.

z ij

DE LA VICISSITVDE DES CHOSES

Ils auoient ja couru & pillé tout le pays iusques à Tours, où arriuans auec leur grosse armee, furent rencontrez par Charles Martel, menant les forces de France & d'Allemaigne. Qui leur donna bataille, où il en defeit CCCLXX. mil, n'ayant perdu que quinze cens des siens. Il n'est memoire que les Sarrasins fussent onques mieux chastiez, ny perdissent tant d'hommes & de vaillans capitaines. Tout passa au fil de l'espee iusques aux femmes & enfans. Durant que les Sarrasins couroient & pilloient les Gaules, deux cometes apparurent au ciel l'espace de quatorze iours: dont l'vne se monstroit au matin auant que le Soleil fust leué, l'autre au soir apres qu'il estoit couché, lesquelles toutes flamboyantes regardoient vers le Septentrion. Il estoit demouré de ces Sarrasins en Espagne iusques à nostre temps, y tenans le Royaume de Grenade: duquel ils furent chassez n'y a pas cent ans, & entierement exterminez de l'Europe par le Roy Ferdinand. Les autres restans en Afrique, & ayans perdu domination sont diuisez en plusieurs seigneuries, & en deux sortes de gens: dont les vns habitent és plaines: & és villes, les autres errent continuellement par les montaignes : & sont beaucoup decheuz de leur puissance & precedente reputation militaire, ensemble de l'exellence qu'ils auoient és lettres.

COMPARAISON DE MAHVMED AVEC LYCVRGVE
Minos, Numa, Zoroastre, Zamolsis, Charondas, Zaleuce, Trimegiste, & autres legislateurs payens, ou fondateurs de Citez & Empires.

PRESQVE tous les anciens legislateurs qui baillerent loix & manieres de viure aux peuples en diuers pays & temps, faignirét qu'elles estoient enuoyees par le commandement de Dieu: pensans leur donner par ce moyen plus d'authorité, & les faire plus aiseement receuoir: & icelles attribuerent à la diuinité soubs nous differens, selon les opinions des pays où ils estoiét: comme Zoroastre legislateur des Bactriens & des Perses à Horosmadis, Trimegiste des Egyptiens à Mercure, Zamolsis des Scythes à Veste, Charondas des Calcides à Saturne, Minos des Cretes à Iuppiter, Numa des Romains à Egerie: & autres semblables personnages, lesquels ayans à manier des peuples rudes & farouches, & voulans introduire de grandes nouuelletez és gouuernemens de leurs pays, ils faignirent auoir communication auec les dieux: comme si celle fiction eust esté vtile à ceux mesmes ausquels la faisoient accroire. Ainsi Mahumed voulant donner loix aux Arabes rudes & grossiers, viuans la plus part de briganderies par les montaignes: leur feit accroire qu'il les receuoit de Dieu par l'Ange Gabriel: à fin qu'ils y obeissent plus volontiers.

Et comme Pythagoras appriuoisa vne aigle, qu'il faisoit descendre & venir à luy par certaines voix: ainsi comme elle voloit en l'air dessus sa teste: & en passant à trauers l'assemblee des ieux olympiques, il laissa voir sa cuisse qui estoit d'or: & plusieurs autres telles habilitez que l'on en compte, qui sembloiét estre miracles: Ainsi Mahumed appriuoisa vne colombe qui venoit máger dedans son oreille: laquelle pour abuser le peuple, il disoit estre le sainct esprit qui luy inspiroit ces preceptes. Presque tous les fondateurs ou reformateurs de republiques & Royaumes voulans introduire loix & façons nouuelles, ils se saisirent de la force & authorité souueraine: à fin d'effrayer & contenir ceux qui s'y opposoient, cognoissans tel remuement ne pouuoir estre faict sans violence, & sans crainte: qui n'eussent autrement esté ouys ne suyuis. Ainsi Mahumed se disant prophete & messager de Dieu, enuoyé pour donner loy, ne se feit accroire seulement de parole, mais aussi de force, & combatit souuent contre ses aduersaires. Lycurgue rapportoit toutes ses loix à la guerre, & à la victoire: & Mahumed toute sa discipline à guerroyer, & commander: constituant la felicité humaine en grande puissance, & estendue d'Empire.

Pythagoras estimoit que la premiere cause n'estoit sensible, ny passible: ains inuisible & incorruptible, & seulement intelligible. Et Numa le suyuant defendit aux Romains que Dieu n'eust forme d'homme, ou de beste: de sorte qu'au commencemét il n'y eut à Rome image de Dieu ny peinte ny moulee, & longuement n'eurent en leurs temples statue ou figure quelconque de Dieu: estimant que ce fust sacrilege de vouloir representer les choses diuines par les terrestres (cóme dict Plutarque) attendu qu'il n'est pas possible d'attaindre aucunement à la cognoissance de la diuinité, sinon par le moyen de l'entendement. Pour la mesme occasió Mahumed se dit deffendre toutes images & figures des choses qui portent vie, ne permettant en ses Mesgedes ou temples chose corporelle quelcóque, sinon des lampes ardátes par le hault toutes en vn ordre, & des nattes estendues au bas pour se mettre à genoux, & qu'y entrans à pieds nuds ils ne se morfondent. Solon escriuit en vers grecs les loix qu'il dóna aux Atheniens, & Mahumed en mettre Arabique son Alcoran, qui est tout poetique. Les Assyriens inuenterent plusieurs fictions de la Royne Semiramis qui auoit edifié Babylone, les Perses de Cyrus qui fonda leur Royaume, les Romains de Romulus qui commença Rome & l'Empire Romain: à fin de les rendre plus admirables. Mais les Mahumetistes ont excedé les fables de tous les autres en leur Mahumed, l'exaltans infiniement: comme le plus excellent personnage du monde, & ayans malicieusement inuenté plusieurs mensonges de son excellence pretendue, recitee cy dessus, à fin de le rendre plus admirable & attraire plus de gens à sa creance.

PVISSANCE DES ARABES, OV SARRASINS COMparee à la Romaine, Macedonienne, Persienne, Parthoise, Assyrienne, Egyptienne.

PLINE parlant des Arabes, dict qu'ils n'estoient inferieurs à nul autre peuple du monde. Eux receuans la loy de Mahumed qui estoit de leur nation, ils furent appellez Sarrasins, lesquels en peu de temps apres la reception de celle religion, acheuerent maintes conquestes, assubiettirent plusieurs regions, prirét & ruinerent villes, guasterent pays, ruinerent Royaumes, & mesmement l'Empire Romain oriental. Mais comm'ils accreurent soudainement de seigneuries, ils entrerét en partialitez, & se diuiserét soubs deux Caliphes: dont l'vn fut estably à Bagdet en Assyrie commandát en tout l'Orient:

l'autre en Egypte lequel conquit toute la reste de la Barbarie auec l'Espagne. Estans paruenus à telle & si grande puissance, jaçoit qu'ils fussent tous de mesme religion ou peu differente, pourtant qu'ils s'entr'appelloient Scismatiques: toutefois ils n'eurent mesme Empire respondans à vn monarque souuerain, resident en la ville capitale de l'estat:comm'auoient les Assyriés, Perses, Parthes, Romains:ains diuisez en plusieurs seigneurs mal accordans, guerroient les vns contre les autres. Qui fut cause de les faire diminuer aussi tost qu'ils estoient accreuz. Car les premiers Turcs sortans des parties du North Oriental d'Asie, sur les differens des deux Caliphes, ils leur osterent la Perse, & occuperent le Caliphat de Bagdet auec la meilleure partie de l'Asie mineur: se faisans Mahumetistes. Mais les chrestiens latins soubs Godefroy de Bouillon, & les Corasmiens abaisserent ces Turcs, puis les Latins & Corasmiens defaicts, sortirent les Tartares du mesme quartier d'où estoient yssus parauant les Turcs: lesquels en vn instant coururent grande partie du Septentrion, de l'Orient, & Midy, puis tirans vers Occident, domterent les Rutheniens, Lithuaniens, Polaques, & penetrerent iusques en Hongrie, Austrichie, Germanie, lesquels s'ils eussent esté ou estoient vnis feroient vne puissance incomparable. Mais sont diuisez par hordes des Precopiens, Zanoglans, Nogaciens, Cosaniës, gouuernees les vnes par Roys, les autres par republiques.

COMPARAISON DV SCAVOIR ARABIQVE OV SARrasinois auec le Grec, Egyptien, Caldaique, Persien, Romain, ou Latin.

COMME le sçauoir des Grecs & Romains augmenta auec leur puissance: ainsi feit celuy des Arabes ou Sarrasins. Et lors qu'ils furêt les plus puissans du monde, ils deuindrent tres-sçauans, signamment és sciéces demostratiues:entre lesquels Auicenne, Albumasar, Gebber, Auerrois, acquirent la premiere louange. Auicenne a esté le plus vniuersel de tous eux, eminent en philosophie, és mathematiques, en leur theologie, & en la poesie Arabique:lequel aussi escriuant en medecine, a tres-bien traitté au iugement des plus sçauans en cest art, les signes & causes des maladies, accommodant à icelles plusieurs remedes non entédus, ny pratiquez par les Grecs & Italiens. Auerrois a subtilemét exposé tout Aristote. Albumasar entendit parfaittement les mouuemens celestes & leur effects, ayant inuenté les grandes conionctions, & plusieurs autres belles choses qui estoient demourees incogneues iusques à son temps. Gebber tres-expert mathematicien a trouué des fautes és demonstrations de l'Almagest de Ptolemee. Et autres en diuerses sciences ont inuenté plusieurs cas, ou reformé les inuentez parauant: Perses, Suriens, Egyptiens, Africains, Espagnols escriuans en Arabic: lesquels occupoient les escholes d'occident auant la restitution de la langue grecque & latine. Ce que i'ay bien voulu toucher en passant: à fin que lon sache tout le sçauoir n'estre cópris en ces deux langues, & que l'Arabique ne doit estre mesprisee en contenát vne bonne partie. Ils acquirent telle reputation és mathematiques, qu'Alphonse Roy de Castille entreprenant dresser ses tables Astronomiques, il eut son principal recours à eux: pourtant qu'eux seuls en celle saison pouuoient enseigner & restituer telles disciplines: ausquels ils feit de grands presens reuenans à quatre cens mil escus: imitant en cela la liberalité d'Alexãdre, qui despédit pareille somme pour se faire representes au vray les natures des animaux par Aristote. Mais les Caliphes voyans que les gens trop adonnez à la philosophie & aux mathematiques, se soulcioient peu de leur loy: ils fonderent des colleges pour l'entretenement des enseignans, & apprenans l'Alcoran, & en quelques vniuersitez transmirent la lecture de philosophie en celle de la loy, ordonnans que quiconque de là en auant estudieroit en l'Alcoran, il ne vaccast nullement en la philosophie. Ce qui a fait refroidir l'exercice des autres sciẽces en aucuns lieux, non par tout, attendu qu'en Perse il se trouue auiourd'huy de tref-sçauans philosophes, & Astrologiens.

COMPARAISON DE LA LANGVE ARABIQVE
auec la Grecque, Latine, Hebraique.

QVAND les Grecs & Romains furent en leur plus grande prosperité dominans en plusieurs pays, ils estendirent ces deux langues auec les seigneuries, & s'estudierét beaucoup de gens à les parler: ou pour leur complaire, ou negocier auec eux: puis la religion chrestienne se seruant d'icelles les a conseruees, & espandues en maintes contrees: Mais ne furent iamais entendues en tant de lieux, qu'est l'Arabique maintenant: laquelle est commune à presque tous les habitans de l'Asie, Afrique, & de la tierce partie de l'Europe: estãs en icelle traittez les affaires de l'Alcoran suyui par la moitié du monde & plus, auec toutes disciplines: ainsi que nous vsons de la latine par deçà, separee des langues vulgaires, & non entẽdue sinon par ceux qui l'ont aprise és escholes. Elle ressemble à l'Hebraique, Syriaque, & Caldaique, en ce qu'elle s'escrit cõme elles de dextre à gauche, auec poincts en lieu de voyeles, & a plusieurs vocables communs, & la phrase prochaine: mais a ses lettres propres. En quoy elle est fort differente de la Grecque & Latine, lesquelles aussi s'escriuent de la senestre à la dextre.

z iiij

DE LA VICISSITVDE DES CHOSES

SVITTE DE LA RELIGION ET
PVISSANCE DES MAHVMETISTES, COMME
DES PREMIERS TVRCS, CORASMIENS, TARTARES, DV
SOLDAN, DE L'OTHOMAN, DV SOPHI: OV EST FAIT-
TE MENTION DES ESTATS DV GRAND CHAM, DE
CATHAI, DV ROY DE MARSINGVE, DV MOSCO-
VITE, ET DV PRETEIAN, POVR ESTRE COM-
MENCEZ OV ACCREVZ LORS, IAÇOIT QVE
ILS AYENT AVTRES RELIGIONS.

LIVRE NEVFIESME.

Vr le different qu'eurent les Caliphes entr'eux : sortans les Turcs du Septentrion Oriental de Scytie, ils se ruerent en Asie enuiron le centiesme an de l'Algiere de Mahumed, & apres auoir long temps esté vagabons arresterent en Perse : où ils vindrent appellez par les Persians contre les Arabes, & autres de la nouuelle religion qui les oppressoient. Mais trouuans à leur arriuee le royaume de Perse vaincu tant par les armes que par la religion, & voyans ne leur estre possible de resister contre les vaincueurs, ils se confedererent auec les Arabes, receuans leur religion. Et tantost à l'occasion qu'ils sentirent entre eux, se rebellans occuperent le Caliphat de Bagdet, qu'ils ont tenu longuemét. Leur puissance estoit accreue tellement alors que les François menez par Godefroy de Bouillon, allerent recouurer la terre saincte : qu'ils dominoient desia la meilleure partie de l'Asie : dont ils furent chassez apres plusieurs victoires gaignees sur eux par les chrestiens latins, par les Georgiens, & Armeniens. Apres le partement des Turcs, les Corasmiens voyans le royaume de Perse despourueu de defense, l'enuahirent, & creerent leur seigneur Empereur de l'Asie. Puis entreprenans occuper la Turquie furent repoussez : perdans leur Empereur qui y fut occis, & ne se peurét releuer : ains peu à peu furét defaicts, & eux destruicts, les Tartares commencerent d'estre celebrez en Asie, qui vindrent du mesme quartier d'où estoient sortis parauant les Turcs, comm'il appert par l'affinité de leur langage, & similitude des mœurs : Desquels le commencement, progrez, victoire, conquestes sont plus admirables que de toutes les natiós qui oncques furent deuant & apres, en grandeur d'armees, celerité d'expeditions, succez de batailles, estendue de seigneuries, fondation d'Empires, & maniere de viure tres diuerse des autres. Premierement ils habiterent en celle partie de Scythie qui est outre la grande montaigne de Belgiam vers les Indes : où paruindrent

les arles armes des Macedoniens soubs la conduitte d'Alexandre. Et estans gens bestiaux sans mœurs, sans lettres, sans religion, viuans du bestail qu'ils nourrissoient errans de lieu en lieu, suyuans la commodité du pasturage: ineptes aux armes, mesprisez de tous, tributaires de leurs voisins. Toutefois ils creurent tāt, que se diuiserent en sept peuples principaux, & commencerent à viure soubs Capitaines qui auoient la conduitte d'eux & de leurs affaires, demourās neantmoins en la subiection d'autruy, iusques à ce qu'vn paoure vieillart du mestier de mareschal, qu'ils croient auoir esté engēdré des rais du Soleil, fut diuinemēt constitué leur premier Cham & Empereur. Car il veit en dormāt vn gendarme tout armé à blanc, mōté sur vn cheual blāc, qu'il appella par son nō, & luy dist, Chāguis la volōté de Dieu immortel est que tu sois gouuerneur des Tartares, & dominateur sur les sept peuples: à fin qu'ils soiēt par toy deliurez de la seruitude en laquelle ils ont demouré longuemēt, & reçoiuent les tributs qu'ils ont accoustumé payer. Changuis fut fort esiouy ouyāt la parole de Dieu, & cōta à tous celle vision. Mais les capitaines & principaux d'entr'eux n'y voulurent entendre: ains s'en mocquerēt: mais eux mesmes, la nuict ensuyuāt, veirent le gendarme blāc, & eurent la vision telle qu'il leur auoit declaree. Ausquels fut commādé de par le Dieu immortel d'obeir à Chāguis, & accōplir ses cōmandemēs en toutes choses. Assemblez dōc que furent, luy presterēt obeissance & reueren ce, comme à leur seigneur naturel. Puis estendirent au mylieu d'eux en terre vn feutre noir, & vn siege dessus où meirent Changuis, l'appellans premier Cham, & luy faisans solennelle reuerence auec agenouillemens. Laquelle coustume encore que soit vile, a esté depuis par eux obseruee en la confirmation de leurs Empereurs, jaçoit qu'ils ayent acquis plusieurs royaumes, & richesses infinies: s'estans emparez de l'Asie, & de l'Europe, iusques en Hongrie & Austriche. Changuis ainsi establi Empereur par le consentement de tous, voulut essayer s'il luy obeiroient fidelement, leur faisans plusieurs commandemens. Premierement que tous creussent au Dieu immortel, par la grace duquel il estoit paruenu à la dignité imperiale. Secondement ordonna qu'il se feit vne reueue generale de tous ceux qui pouuoient porter armes, & que la monstre faitte fust baillé à chasque dixaine vn capitaine, à mill' vn, & à dix mill' vn, faisant le regiment de celle assemblee. Dauantage il commanda aux sept capitaines susdicts, qu'ils se demissent les premiers de leurs charges & dignitez. L'autre commandement fut plus estrange, par lequel il leur enioignit que chacun admenast son fils aisné, & luy trenchast la teste de sa main propre. Et encore que cela semblast cruel & inique, n'y eut celuy qui le refusast: d'autant qu'ils l'estimoient leur seigneur ordonné par la prouidence diuine. Quand il eut cogneu & esprouué leur volonté, & qu'ils estoient prests de luy obeir iusques à la mort, leur assigna certain iour pour s'appreter à marcher. Et de là tira contre plusieurs nations qu'il assubiettit incontinent, & occupa toutes les terres qui estoient de çà la montaigne de Belgian, les posseda sans contredit, iusques à ce qu'il eut autre vision aperceuant le mesme gendarme blanc qui luy dist. Changuis Cham la volonté de Dieu est que tu passes le mont Belgian, & chemines vers l'Occidēt: où tu conquerras royaumes, seigneuries, terres, assubiettissant à ton Empire plu-

A

sieurs nations. Et à fin que tu sois asseuré que ce que ie te dy procede de Dieu, leue toy & marche auec tes gens vers celle montaigne à l'endroict où elle est iointe à la mer. Là descendras, & t'agenouillant neuf fois, adoreras neuf fois Dieu, & luy qui est tout puissant te mõstrera le chemin par lequel pourras passer conuenablement. Suyuãt celle vision Changuis tout esiouy s'esleua, & sans faire aucune doubte (attendu que la premiere vision trouuee vraye l'asseuroit des autres) il assembla en diligence tous ses gens, leur commandant qu'ils le suyuissent auec leurs femmes & enfans, & tout leur auoir. Donques ils cheminerent tant, que paruindrent au lieu où la mer grãde & profonde touchoit aux montaignes, & n'y apparoissoit aucune voye ou passage. Changuis ainsi qu'il luy estoit commandé par le Dieu immortel, descendit de son cheual, comme aussi feirent tous les autres, & s'agenouillans vers Orient adorerent Dieu, luy demandans misericorde & grace, & qu'il leur monstrast le passage pour sortir. Demourerent celle nuict en oraisons : & se leuans au matin veirent la mer retiree de neuf pieds, & qu'elle auoit laissé vne voye spacieuse. Tous estonnez de ce miracle rendirent deuotement graces à Dieu, & cheminans vers Occident, passerent personnes, bestes, chariots en grande & terrible multitude. L'an precedent de ceste sortie que nous cõtons de Christ M. CC XI. au moys de May apparut par l'espace de dixhuict iours vne Comete tournoyãt sur les Poleuces, la riuiere du Don ou Tanais, & la Russie, & tendant sa queuë vers Occident : laquelle signifia la descente des Tartares qui aduint l'an ensuyuant. Si celle sortie est vraye, elle approche fort de l'yssue d'Egypte que feirent les Hebrieux soubs la conduitte de Moyse, ausquels la mer rouge s'ouurant donna passage, & noya les Egyptiens courans apres eux. Iosephe escrit que la mer de pamphilie s'ouurit aussi à Alexandre Macedonien marchant auec son armee contre les Perses. Or passez que furent les Tartares leur Cham tomba malade, & tantost mourut, ayant recommandé parauant la concorde à ses douze enfans par la similitude des flesches qu'ils ne pouuoient rompre toutes ensemble, & les rompirent separees, leur disant que tandis qu'ils demoureroient d'accord, leur Empire dureroit, & se ruineroit incontinent que seroient diuisez. Et auant son trespas feit receuoir pour seigneur & successeur de l'estat son fils aisné le meilleur & plus sage de tous, appellé Hocota. Lequel deliberé de marcher outre, gaigna les portes Caspiennes illec mises & continuellement gardees, & fermees à fin d'empescher le passage en Asie à peuples infinis habitans au dela, comme en vn autre monde. Apres il depescha trois armees, & les bailla à trois de ses fils : commandant à Iacchis le plus aisné aller vers Occident, à Batho vers Septentrion, à Tagladais au Midy. Luy abondant d'hommes marcha auec puissante armee en Orient conquerant tout le pays iusques au Cathay : où il establit le tres-puissant & riche Empire qui y dure encores à present, tenu par les descẽdus de luy. Il entama aussi le royaume de Perse : auquel voyage les Tartares apprindrẽt les lettres dont ils ignoroient parauant l'vsage. Cestuicy fauorisant les Chrestiens latins regnans en Hierusalem vint pour les secourir. Mais de ce destourbé par leur ruine, tira vers Bagdet, où il print le Caliphe Turc de natiõ qu'il feit mourir de faim & de soif, l'ayant reserré en la chambre de ses tresors : comme homme indigne de posseder la richesse, de laquelle ne se pouuoit aider. Tagladais allant au Midy porta les armes iusques en Ethiopie, où il fut malheureux. Car estant vaincu en bataille par les Ethiopes, & poussé en pays desers, il y perdit la plus part de ses gens. Puis reboursa chemin en Occident, & se ioignit à son frere Iacchis qui auoit beaucoup affligé l'estat des Turcs en Perse, Assyrie, & Mesopotamie. Le voyage de Bathon fut plus heureux & plus celebre, lequel ayant vaincu en vne grosse bataille Gonata Roy des Turcs, en brief il supplanta par armes tout le regne de celle gent. Domta les Rosullanois, Iapiges, Polaques, Lithuaniens, penetra iusques en Hongrie, Austriche, Germanie : mettrāt tout par où il passoit au feu & à l'espee. Telles furent en peu de temps les espouuétables expeditions des Tartares en Septentrion, Midy, Orient, & Occident par grande emotion & mutation des choses humaines. Parquoy les princes chrestiens & signamment le Pape craignans que ne retournassent, enuoyerent ambassadeurs vers leur Empereur : à fin de le prier qu'il recognéust & adorast le Dieu de tous, & Iesus Christ qu'il a enuoyé, & n'vsast plus de telle cruauté contre les chrestiens comm'il auoit faict en Poloigne, Hongrie, & Morauie. Respondit que de cinq ans ne les molesteroit. Apres le partement des ambassadeurs chrestiens, suruindrent ceux des Sarrasins pour persuader aux Tartares de receuoir la loy Mahumetique : comme plus facile, & conuenable à gens militaires. Disans la chrestienne estre d'oisifs, imbelles, & idolatres adorans les images : la leur pleine de maintes commoditez & voluptez, domteresse des autres religiōs par force & par armes, & debellant les superbes imposer tribut aux humiliez. Cela pleut aux Barbares de leur naturel courageux, & sensuels. Et ainsi receurent la loy Mahumetique, qu'ils obseruent iusques à present. Tiennent beaucoup de pays en Europe ioignant la Russie, Lithuanie & Poloigne. En Asie tout ce qui est depuis la riuiere du Tanais, & les mers de pont & de Bacchu, iusques au Cathai & à la Chyne. Les Zagathains confinans aux Perses sont plus ciuils, semās, plantans, bastissans, marchandans, gouuernez en Royaume, & ont pour siege de leur Roy dict Cusilbas ennemy du Sophi, la ville de Smarcand grande, belle & riche à merueilles, située sur le fleuue d'Iaxarte à quatre iournees de la mer Caspienne, où nasquit le grand Tamberlan duquel sera parlé cy apres. Pareillement le grand Cham du Cathay est Tartare, descendu de la race de Changuis, duquel puis qu'il vient à propos sera icy parlé, iaçoit qu'il ne soit Mahumetiste : ains ait religion separee, & fort esloignee de la Mosaique, chrestienne, & Sarrasine. Ce n'est sans cause qu'on l'appelle grand : car il surpasse en police, puissance, sapience, reuenu, magnificence, tous les prince d'Europe, Asie, & Afrique, voire le Turc mesme. Et quand ores toutes les seigneuries chrestiennes & sarrasines seroient reduittes soubs vne obeissance, ne pourroient estre cōparees à sienne. Il commande à plus de sept cens lieües de pays bien habité & peuplé, plein de beaux edifices à nostre mode, villages, bourgs, chasteaux, villes riches & fortes, affluence de viures, & de toutes sortes d'artisans exquis. Les Cathains ou Chinois ont telle opinion d'eux mesmes qu'ils pensent estre les premiers du monde, estimans les autres hommes borgnes, & eux veoir clairement des deux yeux : à cause de leur subtilité & habilité, faisans ouurages tant propres que ne

A ij

semblent estre faicts de main d'homme, ains par la nature mesme. Ils ont les lettres & disciplines en singuliere recommandation, estime & honneur, ne receuans à la souueraine dignité, & autres charges publiques, sinon les doctes. Attendu qu'en la distribution des magistrats ils ne regardent à la noblesse ou richesse: ains seulemēt au sçauoir, & à la vertu. L'othoman premier autheur de la famille Othomanne, & fondateur de l'Empire Turquois auiourd'huy trespuissant, ayant remis sus le nom des Turcs parauant aboly, milita au commencemēt soubs le grand Cham. Il estoit sorty de petit lieu & paoure de biens: mais fort de corps, & audacieux de courage. Pensant donc qu'on luy eust faict quelque tort, se despartit des Tartares, & accompaigné de quarante cheuaux seulement occupa quelque destroict és montagnes de Cappadoce. Puis aydé de la commodité du lieu & opportunité du temps, cōmença faire courses en la plaine prochaine, rapportant grand butin. Auquel se ioignirent plusieurs brigans, multiplians de iour en iour. Adonc se voyant renforcé de gens feit manifestement & à guerre ouuerte ce qu'il faisoit parauāt à cachettes & par aguets, conquerant villes, pays, peuples sans grande resistence. Tellement qu'incontinent il acquit grande seigneurie en Asie: laquelle a esté vaillamment & heureusemēt maintenue par ses successeurs descendans de luy, & portans son nom: qui l'ont tousiours accreue iusques au treziesme à present regnant, ayans l'vn apres l'autre de pere à fils assemblé deux Empires, plus de vingt royaumes, & grād nombre de citez en Asie & Europe, tant sur les Mahumetistes que Chrestiens, sans iamais rien perdre qu'ils eussent prins. Tiennent tout ce que lon appelloit anciennement Arabie, Egypte, Surie, Mesopotamie, Chaldee, partie de la Perse & de la Medie, Assyrie, Adiabene, partie de la grand Armenie, toute la petite, & partie des Colches qu'ils appellēt Mengrelles. Toute l'Asie mineur côtenāt Cilicie, Cappadoce, Paphilie, Galatie, Carie, Phrygie. Et en Europe partie des Sarmates ou Gethes, les Daces, Mysiens, Traces, Macedoniens, Grecs, Albanois, Dalmates, Pannoniens, Hongres, Iazyges, Metanastes. En Afrique Arger, Tripoli, Tunes. Ceste immense puissance auiourd'huy tant renommee & formidable à tout le monde, est montee de si petit cōmencement, que dict a esté, à telle gloire & reputation, en l'espace de deux cens soixante ans par leur sage cōduitte en paix & en guerre, par sobrieté, patience, obeissance, concorde, diligence, ordre, vaillance, abondance d'hommes, cheuaux, armes, & moyennant la bonne discipline militaire & politique qu'ils obseruent soigneusement, qui les a ainsi faict prosperer au dommage de leurs voisins lasches & corrompus, ou infectez de seditions: Parauāture ne sont ils entierement tels qu'ils ont esté, ainsi que toutes choses auec le temps empirent, & enrichis des expeditions Persiennes & Egyptiennes sont deuenuz plus pompeux en habillemens & harnois qu'ils n'estoient parauāt: comme les prosperitez & richesses deprauent les gēs. Mais ainsi qu'ils mueront leur maniere de viure, ils mueront de fortune, & au lieu qu'ils battent les autres seront battus: comm'ils ont commencé d'estre n'agueres en la bataille de mer qu'ils ont perdue à Lepanté contre les Venitiens: qui est la plus grande aduersité qu'ils receurent oncques depuis qu'ils sont passez en Europe. Pareillement Vsun Cassan milita soubs Tamberlan, qui restablit le royaume moderne de Perse. Or estant aduerty qu'il y auoit en son pays vn seigneur appellé Harduel de la race du prophete, & du bruict qui couroit entre les Persiens de sa sainteté & sçauoir, signamment en la loy dont il estoit docteur, & en Astrologie où il excelloit merueilleusement, luy donna sa fille à femme: duquel mariage sortit le Sophi Ismail. Harduel donc plus asseuré & enhardi par celle alliance royale s'ingera auec l'aide de Techel Caselbas introduire en l'Alcoran nouuelles expositions & ceremonies: suyuant Haly preferé par eux à Mahumed. Dequoy indigné Iacub fils, & successeur d'Vsun Cassan le bannit auec son fils, & pourtant qu'il craignoit que par la faueur de ses adherans soubs couleur de reformer la religion il n'aspirast à l'estat.

Quand le Sophi qui au temps du bannissemét de son pere estoit encores enfant, deuint plus grand, il retourna par force en Perse, remettant sus la secte commencee par son pere, & delaissee par crainte. Et soubs ce pretexte attira plusieurs gens à son party, conquit en peu d'ans la seigneurie non seulement de Perse, mais aussi de Medie, Armenie, Assyrie: trouuant à son retour Aleuant & Morat cham fils de Iacub ses cousins en guerre, dont il tua l'vn en bataille, & contraignit l'autre fuyr en Arabie. Parquoy il demoura paisible possesseur de l'estat. Mais pourtant que le Roy Iacub son oncle estoit decedé auant qu'il se peust venger de luy, il en feit brusler le corps. Duquel acte inhumain l'ayāt reprins sa mere, il la feit mourir, ou tua luy mesme. Et neantmoins fut appellé Sophi qui vaut autant à dire que Sainct, ayant acquis non par merite que fust en luy, ains par la bonté de son pere ce nom qui est demouré à ses heritiers reputez heretiques par les Turcs. Ce Sophi par le soudain succez de ses conquestes effroya l'Orient, espandant sa renommee en toute la terre habitable: Auquel s'opposa le Tartare Zagathain guerroyant continuellement contre luy, & Selim Othomā qui l'assaillit auec puissāte armee bien auāt en son royaume, print & pilla Tauris ville prīcipale d'iceluy, & gaigna la memorable bataille de Chalderā: où demourerēt beaucoup de gens d'vne part & d'autre, & furét les deux chiefs blessez, n'estans demourez les Turcs vainqueurs que par l'auantage de l'artillerie incogneue pour lors aux Perses. Puis Selim defeit en vne autre bataille le Soudan qui vouloit aider au Sophi. Qui furent les deux plus grandes victoires aduenues depuis cinq cens ans. Sultan Soliman suyuant les erres de son pere est retourné par delà, & a gaigné sur le Sophi Tahmas l'Assyrie, & la ville imperiale de Bagdet, siege ancien du Caliphat de Chaldee, ruiné par les Tartares, comme celuy du Caire a esté destruict par les Soudans. Car ceux qui en portent maintenant le nom és deux citez, ne sont que Titulaires, mettans en possession les Sultans, sans s'entremettre aucunement de l'estat, lesquels en ce faisant reçoiuent à cause de leur droict pretendu trois mille Seraphs, à fin de retenir en celle maniere quelque forme de la premiere religion, dont la souuerainneté ne se gouuerne plus par eux, ains par Muphtis, comme dict a esté, qui sont comme patriarches intendans és choses diuines, & iugeans és matieres de conscience, que tiennent les Sultans pres leurs personnes ou és principales villes de leurs estats. Donques par la ruine du royaume Latin Françoys en Hierusalem & du Caliphat Egyptien, commēça l'estat du Soudan en Egypte & Surie, institué par

A iij

Syrracon & Saladin qui fut hereditaire iusques à Melescala qui ordonna les Mammelucs, entre lesquels est demouré longuement electif. Onques ne fut veuë ny ouye plus estrãge & detestable sorte de gouuernement qu'estoit celuy des Mammelucs estans tous chrestiens reniez & de seruile cõdition qui commandoient tyranniquement aux Egyptiens & Suriens libres, vsans de miserables indignitez & cruautez enuers eux. De maniere que telle puissance meritoit mieux d'estre appellee seruitute que domination. Les Mammelucs dõc estoiẽt enleuez petis garsons du pays des Circasses prochain de la Temerinde ou Mer noire, puis admenez & vedus pour esclaues en Egypte. Où l'on nourrissoit paourement par plusieurs ans les choisis, & endurcissoit l'on à la peine & au trauail en les exerceant continuellement aux armes. Ceux qui se trouuoient plus adroicts estoient enroolez en l'ordre des Mammelucs, & leur succedoient de main en main non point les fils des Mammelucs decedez: mais d'autres esleuez, nourriz & choisiz de mesme sorte, ausquels apartenoient les honneurs & proufits de l'estat qu'ils departoient entr'eux, ne baillans les gouuernemens des prouinces & conduittes des armees sinon à gens experimentez, desquels la vertu estoit cogneue, & qui auoiẽt passé par tous les degrez militaires, & estoit d'entreux & par eux esleu le Soudan. Tenoiẽt en subiection tres-estroitte tous les peuples d'Egypte & Surie, leur deffendans auoir aucunes armes ny de monter à cheual. Ils n'estoient plus de seize mille, mais entretenoient plusieurs seruiteurs soubs eux, & estans hommes de grande force & hardiesse, non seulemẽt ils auoiẽt domté plusieurs nations voisines & battu les Arabes, mais aussi faict plusieurs guerres contre les Turcs, portans enuie à leur prosperité desquels ils estoient demourez souuent victorieux, & rarement ou possible iamais vaincus par eux. Mais comm'ils se fussent corrompus & bandez en partialitez, Selim Turc les defeit en deux batailles, tuant en la premiere le Soudan Campson qui estoit passé en Surie auec armee pour aider au Sophi, puis poursuyuant sa victoire descendit en Egypte contre le Soudan esleu au lieu du mort qu'il print, & le feit ignominieusement mener sur vn vile chameau le visage deuant derriere au long de la plus grande rue du Caire, & pendre à la porte d'icelle ville: dou blant sa puissance par la conqueste d'vn tel estat fort reueré par ceux de la religion Mahumetaine, & redoubté par la vaillance des Mammelucs, qui y furent tellement massacrez que leur nom en est demouré presqu'esteint.

Restẽt autres grands royaumes en ce temps comme de Narsingue és Indes, & du Preteian en Afrique appellé l'Acegue & Negus des Abyssins chrestiens battisez & circoncis, & du Moscouite en Septentrion aussi chrestien mais à la grecque. Car le Roy de Narsingue qui est de religion bramine tres-ancienne, ne cede à autre Roy du monde en richesse, puissance, magnificence, entretenãt quatre cens mill' hommes de cheual ordinaires, & quatre cens Elephans duits à la guerre, auec infinis dromadaires. Quant au Preteian il commande à peuples innumerables differens en couleurs, & a soubs luy quarante Roys tributaires. Ses terres & seigneuries s'estendent vers Occident plus de trẽte iournees, & a d'or serré en vne cauerne assez pour achapter la moitié du mõde, auec ce la quantité en est par chacun iour accreue & multipliee, sans en oster aucunement. Au Royaume d'Ethiopie tant spacieux iamais les fils ou freres des Roys n'esmeurent seditions pour l'estat, ny souillerent leurs mains au sang les vns des autres: ains est tousiours conseruee la lignee du sang royal par heur rare & non encore communiqué à autre royaume quelconque, chrestien, Hebrieu, Sarrasin, Payen. Disent qu'il fut reuelé quelquefois à l'vn de leurs Roys en songeāt que s'il desiroit son royaume estre maintenu longuemēt en paix & vnion, falloit qu'il feit enserrer tous ses enfans dont le nombre estoit grand, sur vne montaigne, & qu'il ne retint sinon celuy qu'il vouloit succeder à son domaine, & que ceste coustume demourast eternellement à sa posterité, comme chose ordonnee aux cieux. Autrement vne partie de l'Ethiopie qui est si ample viendroit à se reuolter contre l'heritier, & le mettroit en danger de sa vie & de son estat. Le Roy esueillé se trouua merueilleusement estonné de ceste nouueauté, ne sachant où il pourroit trouuer celle montagne. Dont il eut autre vision luy reuelant, qu'il feist prendre garde en tous ses pays où lon verroit les cheures sur pointes de rochers si hautes que semblassent prestes à trebucher: ce seroit le lieu auquel il deuoit enserrer ses enfans. Ce que le Roy ayant mis en execution, ceste montaigne fut trouuee de merueilleuse hauteur & grandeur, en laquelle sont enserrez les enfans du Preteian & soigneusemēt gardez: car n'y a moindre peine à ceux qui en sortent, ou qui retirent aucun des enfermez que la mort, demourant libre celuy seul qui doit regner par droict de primogeniture, ou qui semble plus capable de succeder à celle dignité. Iamais les enfermez ne sortēt si le cas n'aduient que le Preteian decede sans hoirs de son corps pour paruenir à la courōne. Car alors on en tire le plus prochain d'icelle qu'on cognoit en estre le mieux digne. Aussi est le grand Knes ou duc de Moscouie trespuissant terrien en Septentrion, duquel la domination est estendue enuiron trois moys de pays: & possede peuples innumerables, nations, prouinces, duchez, principautez, que les Empereurs de Moscouie ont acquises l'vne apres l'autre par armes, ou autres moyens qui se sont presentez de temps en temps: comme Vvolodimerie, Nouuigorod, Plescouie, Smolenk, Tuner, Iugarie, Permie, Viakie, Belgarie, Nouogrodie, l'inferieure Ceruigenie, Rozar, Volokde, Rezomie, Rostomi, Cazan, Ostrakan, & autres qui seroient ennuyeuses à reciter par la rudesse des noms. Lon dict que de toutes ses seigneuries en y a sept principales, dont il peult tirer au besoin sept cens mil' hōmes de guerre tous à cheual, à sçauoir de Plescouie cent mil', Nouuigorod cent mil', Tuner cent mil', qui sont les trois plus grandes seigneuries qu'il aye. De Smolenk, duché vsurpee sur le Roy de Poloigne, autres cent mil', & cent mil' du duché de Moscouie, où est situee la grand ville de Mosce demeure du prince. Les limites de son Empire vont bien auant en Asie iusques à la mer Caspienne pres les terres du Sophi. Et ayāt gagné vne bataille contre le Roy de Suece il est entré au pays de Lyuonie, où commence l'Allemagne de ce costé, & y a conquis Rige & Riuallie deux grandes citez appartenantes au maistre duc & cheualiers Theutoniens. Il surpasse en seuerité & rigueur de commander tous les Monarques du monde, ayāt gaigné telle authorité sur ses subiects ecclesiastiques & seculiers, qu'il peult disposer à sa volonté de leurs vies & biens sans que personne luy ose contredire

A iiij

DE LA VICISSITVDE DES CHOSES

en aucune chose. Ils confessent publiquement la volonté du prince estre la volonté de Dieu, & tout ce qu'il faict, le faire par la prouidence diuine. Pourtant le nõment porteclef de paradis, & chambellan de Dieu, executeur de sa volonté. Par ce moyen il est deuenu si puissant puis quelque temps, que tous ses voisins qui sont les Tartares, Sueriens, Polonois, Lyuoniens, voire les Turcs mesmes le redoubtent. Ce seroit labeur infiny de proposer icy tous Royaumes & Empires qui ont esté ou sont en reputation. Mais il suffira d'auoir touché les plus cogneuz: mesmement ceux qui ont ioinct sapience, auec puissance, où tend principalement tout le present discours.

DE LA PVISSANCE, SCAVOIR, ET AVTRE EXCELLENCE DE CE SIECLE.

LIVRE DIXIESME.

OR comme les Tartares, Turcs, Mammelucs, & Sophiens ont attiré vers l'Orient par leur vaillance la gloire des armes: ainsi auons nous par deçà en Occident recouuré depuis deux cens ans l'excellence des bonnes lettres, & remis sus l'estude des disciplines: apres qu'elles estoient longuement demourees comm'esteintes. En quoy perseuerant l'industrie de plusieurs hommes sçauans, l'affaire a eu tel succez, qu'auiourd'huy celuy nostre aage se peut parangõner aux plus doctes temps qui furent oncques. Car nous voyons maintenant les langues restituees, & non seulement les faicts & escrits des anciens remis en cuidece, mais aussi plusieurs belles choses trouuees de nouueau. Depuis ce temps, la Grammaire, Poesie, Histoire, Rhetorique, Dialectique ont esté eclarcies de expositions, adnotations, corrections, & traductions innumerables. Iamais les Mathematiques ne furent plus cogneues, ny l'Astrologie, Cosmographie, & Nautique mieux entendues. La physique & medecine n'estoient en plus grãde perfection entre les anciens Grecs & Arabes, qu'elles sont maintenant. Les armes & instrumens militaires ne furent oncques tant aspres & impetueux, ne l'habilité pareille à les manier. La painctuer, statuaire, graueure, architecture sont presque remises à leur entier. Et a lon tant trauaillé en l'eloquence & iurisprudence, qu'il n'est possible de plus. La politique mesme les comprenant & reiglãt toutes, qui paroissoit comme laissee en arriere, a n'agueres receu beaucoup de lumiere. D'auantage la theologie plus digne de toutes qui sembloit aneantie par les Sophistes, a esté grandement illustree par la cognoissance de
l'Hebrieu

l'Hebrieu & du Grec, & les anciens docteurs de l'Eglise qui perissoient és librairies, mis en euidence. En laquelle œuure l'Imprimerie a porté grand ayde, & rendu l'accroissement plus facile. Puis donc que par la suitte des propos, & succession des temps nous sommes paruenus à cest'aage: nous la considererons doresenauant, regardâs non aux excellèces particulieres des pays: ains entierement aux choses memorables faictes ou aduenues durant cest espace de temps par l'Europe, Asie, Afrique, Terres neuues, en Orient, Occident, Septentrion, Midy: & aux graces telles qu'il a pleu à Dieu despartir aux personnes signalees en mesme saison par les contrees diuerses de la terre habitable.

Or ainsi qu'auōs remerqué les autres aages par quelque illustre guerrier, & grande puissance qui a esté en chacune mutation: ainsi semble il que les merles de cest' aage doiuēt commencer au grand & inuincible Tamberlan, qui effroya le mōde par la terreur de son nō l'an de Christ enuiron 1400. & par l'incroyable armee qu'il menoit de douze cēs mil' cōbatans aguerris & obeissans, acquit l'Empire de l'Asie, deliberé sans la peste qui se meit en son ost, passer en Europe pour la subiuguer entieremēt iusques en Espagne. D'où il eust trauersé en Afrique, & fust par icelle retourné en Asie. Estant donc destiné à grandes choses, par ce qu'en sa premiere paoureté apparoissoit en luy quelque generosité par dessus les autres, il fut de ses compagnons par ieu esleu Roy. Mais prenant cela à bon escient, comme celuy qui proiettoit des-ja hautes entreprinses en son entendement, il receut les sermens d'eux. Ayans donc iuré faire ce qu'il voudroit, & ne l'abandonner point, il se constitua leur capitaine, & commanda qu'ils eussent à laisser leur bergerie comme chose vile & peu seruant à acquerir gloire & richesse, ains s'armassent & le suyuissent. Que par ce moyen ils pourroient de la petite & basse fortune en laquelle ils viuoient contemptibles, paruenir à grande & inopinee felicité. Auec ceste compagnie descendāt peu à peu des montaignes à la pleine, & prosperant de iour en iour, ainsi qu'il accreut de seigneurie, il augmenta de puissance. Premieremēt il acquit le royaume de son pays, puis occupa la Parthie & la Perse. Du costé de Septentrion se rendirent à luy les Hircaniens, Bactriens, Sogdiens, Saces, & autres peuples innumerables habitans deçà le mont d'Imaus, qu'on appelle tous Tartares. Il assubiectit les Seres, Ariens, Drangianois, Aracosiés, Gedrosiens, Paramises qui sont outre le mont d'Ismaus. Tous les Messagethes luy cederent. Consequemment entrant plus auant en Asie, vers l'Orient, il se feit seigneur de la Bythinie, du Pont, & de tout le pays appellé auiourd'huy Anatolie, auec le prochain de la mer Euxine, Propontide, Marais, Meotide, & le Bosphore Cimmerien. Outreplus marchāt à dextre il conquit infinies villes & prouinces, surmontant les Roys & tyrans qu'il y rencōtroit. Et trauersee la riuiere du Tygre auec toutes ses forces à pied & à cheual, il enuahit les Vxiens qu'il subiugua auec les Susiens, ensemble toute la côtree iusques à la mer Persienne. De là passant le mont du Taur il se ietta en la Mesopotanie, puis en la Medie qu'il cōquit, rendant à luy obeissans les Cadusiens, Amardes, Tapirdes, Circitiens. Et tournāt vers Midy il passa le mōt Amane, & descendit en la Surie, & Comagene voisine assise sur l'Euphrates, qu'il courut iusques en l'Arabie, & pres de Hierusalem. Assubiectit les Lydiés,

B

Phrygiens, Cappadoces, Paphlagones, Myſiens, Ioniens, Doriens, Eoliens. Ne laiſſant finablemẽt gent ou nation entre le mont Imaus, les mers rouge, & Caſpienne, & l'ocean qu'il ne domtaſt, ou oppriment par ſes armes. Apres il defeit en bataille Baiazeth Roy des Turs, qui ſ'eſtoit oppoſé à luy auec deux cens mil combattãs, & l'ayant prins luy feit lier les mains derriere le dos, & le monſtrer à à ſes gens vaincus en eſtat ſi piteux : à fin qu'on le receuſt de là en auant pour Roy abſolu de l'Aſie. Se ſeruoit de ſon dos courbé au lieu de ſcabeau pour monter à cheual , & quand il eſtoit à table, le faiſoit demourer aupres comme vn chien, luy iettant des miettes & morſeaux par mocquerie. Le tenant au reſte du temps enchaiſné & enfermé en vne chage de fer, comme lon a accouſtumé tenir les beſtes. Ceſte grande victoire effroya merueilleuſement non ſeulement tous les habitans de l'Aſie, mais auſſi les autres peuples que Tamberlan n'auoit oncques moleſtez, ny vouloit moleſter par guerre. En ſorte que les Moſcouites ſeparez des Tartares par le fleuue du Rha luy payerent tribut, & donnerent gens frais: les Moſſinois, Cerceteures, Leucoſyriens, & tous les peuples qui ſont entre la mer Caſpienne & le Tanais ſe rendirent à luy de leur franche volonté. Les Coraſmiens, Daces, Saces demourans outre le Tanais. Receut en ſon obeiſſance les Nogains, & Sciabeniens belliqueuſes nations, voiſines des Moſcouites. Il print par force Smirne, Sebaſte, Tripoli, Antioche, & Seleucie. Puis paſſant de Surie en l'interieure partie, il aſſaillit Galate & Rabate, où il tua tous les habitans. De là il deſcendit en Egypte contraignant le Soudan ſe ſauuer à la fuytte. Et fut empeſché d'aller plus outre, à cauſe des deſers ſablonneux, & à faute d'eaues. Car il ne deſiroit rien plus ſe ſentant puiſſant & heureux en guerre, que d'entreprendre choſes grandes & difficiles, en trauerſant par lieux mal aiſez, & aſſaillant fortereſſes qui ſembloient inexpugnables: à fin d'eſtre reputé vaillant prince & hardy capitaine. Il commandoit ès ſieges des places tendre le premier iour pauillons blancs, au ſecond rouges, le troiſieme noirs: voulant ſignifier par le blanc qu'il prendroit les aſſiegez à merci, par le noir qu'il bruſleroit, par le rouge qu'il mettroit tout au trenchant de l'eſpee. Et comme quelque Italien qu'il auoit faict pour la dexterité qu'il trouuoit en luy, de mediocre marchant intendant de ſes finances, l'aduertiſt d'adiouſter clemence à ſon immenſe puiſſance & felicité: il luy reſpondit auec mauuais viſage, & yeux flamboyans, qu'il eſtoit l'ire de Dieu, & la ruine funeſte du ſiecle depraué. A vn autre priant qu'il euſt pitié de Baiazeth n'agueres ſi grand Roy, parla rudement diſant qu'il ne chaſtioit vn Roy celebre par pluſieurs victoires: ains vn tyrant cruel & vicieux, qui auoit mis à mort Soliman ſon frere aiſné, & priué du royaume. Et à l'Empereur de Conſtantinople luy offrant ſa perſonne, ſeigneurie & ville, comm'à celuy à qui Dieu auoit adiugé l'Empire de tout l'Orient, & par le benefice duquel tous hommes recognoiſſoiẽt la Grece deliuree de Baiazeth cruel tyrant, dit qu'il ne vouloit aſſeruir la plus belle ville, plus celebre & riche de toutes, nagueres ſauuee des mains des Turcs. Adiouſtãt qu'il n'eſtoit entré en ceſte guerre par orgueil execrable, ou par inſatiable conuoitiſe de conquerir païs, ou d'eſtendre ſa ſeigneurie: mais à fin de ſecourir l'Empereur & ſeigneurs grecs, & maintenir la Grece en liberté, cõm'il entendoit qu'elle demeuraſt. Que le tyrant prins & lié portoit les peines de ſes meſchácetez, receuant le meſme ſupplice duquel il propoſoit vous affliger. D'auantage ruïnāt & brulāt tout ce qui eſtoit entre Midy & Occident, ne permettoit qu'on touchaſt aux temples qu'il laiſſa entiers. Et pour la reuerence de leur prophete, n'entra en Arabie, meu par quelque crainte de Dieu, & reuerence de la religion. Fortune l'ayant touſiours fauoriſé, ſans iamais luy eſtre contraire, ſemble entre tant de ſuccez admirables qui excedent l'ordinaire de conquerans, luy auoir denié vn hiſtorien excellent de doctrine, & eloquence pareille à ſes vertus : à fin de les celebrer dignement.

Durant le regne de Tamberlan, commença la reſtitution des langues, & de toutes diſciplines. Le premier qui s'appliqua à celle œuure fut Franciſque Petrarque ouurant les librairies pieça fermees, & oſtant la pouldre & ordure de deſſus les bons liures des autheurs anciens. Car eſtant homme de grand entendement & excellente doctrine, il n'a embelli ſeulement la langue Italienne, dōt il eſt reueré auec Bocace ſon diſciple pour illuſtrateur & principal autheur, mais auſſi a excité louablemēt la poeſie & proſe latine. Apres Iean de Rauenne grammarien, qui encore fort ieune auoit cogneu Petrarque ja ancien, a beaucoup auancé la promotion de la langue latine, inſtituant & exhortant à l'amour des bonnes lettres pluſieurs qui deuindrent treſçauans. Entre leſquels furent Leonard Aretin, Franciſque Philelphe, Lorens valle, Guarin veronois, Poge, Omnibone accuſe, Nicollas Perrot, Victorin Feltre, Francique Barbare, Petre Paule Vergere, Maſe Vege, Leonard Iuſtinien, Gregoire & Lile de Tripherne, Antoine de Panorme, Iean Auriſpe, Pierre Candide, Blonde Flaue. Alors Emanuel Chryſoloras gentilhomme Conſtantinopolitain, perſonnage illuſtre en ſçauoir & en toute vertu enuoyé par l'Empereur Iean Paleologue vers les Roys de l'Europe, à fin d'implorer deux ſecours pour ſubuenir à la Grece periſſante, Apres s'eſtre acquitté de celle charge laborieuſe, il s'arreſta à Veniſe voiāt ſa patrie deliuree de la crainte de Baiazeth que Tamberlan tenoit ſon priſonnier. Où il enſeigna premierement la langue grecque delaiſſee & ignoree plus de ſept cens ans en Italie, Puis à Florence, Rome, & Pauie, inſtituant la pluſpart des diſciples ſuſdicts de Iean Rauennois. Ce qui luy ſucceda tant bien, que par ſon inſtitution continuee peu d'annees, il aduint que les ignorās la langue grecque furent de là en auant reputez moins ſçauans entre les latins. Mais autres Grecs venans depuis en Italie, ont auancé merueilleuſement l'œuure par luy heureuſement commencee: à ſçauoir Beſſarion Cardinal, grand Philoſophe & Theologien, qui a laiſſé à Veniſe la belle bibliotheque grecque: George Gemiſte, George Trapezonce, docte peripateticien qui oublia entieremēt les lettres en ſon extreme vieilleſſe, Theodore Gaze treſ-excellēt trāſlateur, Andronic de Theſſalonique, Iean Argyropyle, Cōſtantin & Iean Laſcari, Demetre Calcondile, Sophien, Marulle poete, Marc Muſure. Leſquels Dieu a ſuſcitez pour conſeruer par deçà la langue & doctrine grecque, opprimee en Grece par les armes Turquoiſes, ayans inuité à la congnoiſſance de leurs lettres non ſeulement les Italiens, mais auſſi les François, Allemans, Flamans, Anglois, Eſcoſſois, Polaques, Hongres, Eſpagnols: qui s'y ſont tous adonnez de grande ardeur & affection. Les Italiens plus renommez en cela ont esté Pompoine Lete, Platine, Callimaque, Enee Sylue depuis Pape Pie, Campane, André d'Alcre, Domice Calderin, Ange politien, Hermolas Barbare. Iean picus appellé phenix de son temps comme vnique en sçauoir exquis, & eminent en la cognoissance de plusieurs langues, & de toutes disciplines. Lequel eust faict grand fruict s'il eust vescu longuement, & meritoit d'estre comparé à toute l'antiquité. Iean Francisque son neueu, Ficine Platonique, George Merule, George Valle, Baptiste Pie, Christophle Landin, Philippe Beroal oncle & neueu, Antoine Codre, Michel Palmere, Petre Crinite, Sabellique, Iouien Pontan, nay & duict à toute maniere d'escrire, aurāt heureux en prose comme en vers de plusieurs sortes, bon Philosophe, & Astrologien. Baptiste mantoan, Les deux Strozes, pere & fils, Syncere Sannazare, Vida, Fracastoire, Palaiare, Scipion Capice, Octaue Cleophile, les deux Celes Rhodogyn & Calcagnin. Leonicene & Leonice. Manard, Iucunde Veronois, Paule Emyle, Polydore Virgile, Egnace, Bembe, Sadoet, Contarin, Nymphe, Eugubin, Romule Amasee, Marc Antoine Flamin, Molsa, André Nauagere, Hadrien Cardinal, André Alciat, Emylle Ferret, Petre Victoire, Mancinel, Sulpice, Charles Sigoine, Robertel, Paule Manuce, Nizole, Lazare Bonamy, Lampride. F R A N Ç O Y S, Iacques Fabri philosophe & theologien, Guillaume Bude le plus docte de son téps en grec & en latin, & tres-diligent obseruateur de l'antiquité. Lazare Baif, Germain de Brie, Nicolle Berault, Michel de l'hospital, Françoys de Connan. Les deux Sylues Françoys & Iacques, Iean Frenel medecin, Oronce Fine mathematicien, Textor, Pierre Danes, Iacques Tusan, Iacques Amiot, Estienne Dolet, Adrien Turnebus, Ioachim Perion, Nicolle de Gruchi, Pierre Bunel, Ponthus de Tiard, Marc anthoine Muret, Pierre Ramus, Guy du Faur, Antoine Fumee, Duarin, Baro, Balduin, Cuias. Othoman iurisconsultes, Arnoul du Ferron, Iacques Loys Strebeus, Macrin, Borbone, & Beze poetes. F L A M A N S Erasme Longueil, Gaguin, Vesalle. A L L E M A N S, le Cardinal Cuse, Purbache, Iean de Montroyal premier mathematicien de ce siecle. Raoul Agricole, Reuclin Capnion, Melancthon, Zase, Beat Rhenane, Vadien, Glarean, Guillaume Cope, Leonard Fuscius, George Agricole tres-expert en la metallique, Saxon grammairien, Oldendorpe, Brune, Eoban d'Hess, Sleidan, Simon Grinee, Erasme, Renolité, Huttene, Bilibalde Pyrkmer, Cornaire, Ioachin Cameraire, Omphalle, Latome, Starme, Volphang, Laze, Crantius, Foncius. A N G L O I S, Morus, Linacer, Tunstalle, Paceus, Roffensis. E S C O S S O I S, Hector Boete, & Buccanam. P O L A C Q V E S, Osius, Frixius, Cromerus, Iean de Zamoscie. E S P A G N O L S, Nebrissense, Viues, Poblacion, Amate, Antoine du pin, Goucan. Mais il vault mieux que discernions les celebres personnages de cest aage par leur exercices & professions: ainsi qu'auons faict és autres reuolutions. Donques les plus renommez capitaines & guerriers ont esté Tamberlan appellé des siens Temir cutlu, ou Demir benc, ou Demirly. Amurat & Mahumed son fils, Selim & Soliman Othomans, Charles Roy de France huictiesme du nom. Le Roy Ferdinand d'Espagne dict Catholique, Gonsalue le grand, l'Empereur Charles cinquiesme, Charles de Bourbon, le Sophi Ismail, le Scirif de Fez, François duc de

Guise. Par mer André d'Orie, Ariaden Bassa, dict Barberousse, Dragut & Sa-Rez, Strosse prieur de Capue. Philosophes Platoniques Bessarion, Gemiste, Ficine : Peripatetiques Trapezonce, Argyropyle, Faber, Nimphe, Pomponace, Contarin, Simon Grinée. Iean picus proposoit accorder ses deux sectes, & concilier Platon à Aristote : comme Boece l'auoit entreprins parauant. Mais l'vn & l'autre est demouré soubs le fais, auāt qu'accomplir celle promesse. Eloquens imitateurs des anciens & obseruateurs de Ciceron. Lorens Valle est mis le premier en ce rang, qui a reduict l'oraison latine à la maniere de parler ancienne, grand admirateur de Quintilien : comme le Cardinal Hadrien de Ciceron, puis Nizole & Dolet. Les escriuans plus Ciceronianement sont Bembe, Sadolet, Longueil, Perion, Flamine. Poetes Latins, Italiens, Francisque Petrarque, Antoine de Panorme, Pontan, Marulle Syncere, Vida, Fracastoire, Molsa, Nauager, Flamine, Capice, Palearius, Morus, Borbonius, Macrin, Eoban d'hess, Sabin, Buccanā, l'Ariofte, Ronsard, Ioachin du Bellay, Ponthus de Tiard, Marc Antoine de Baif, René belleau, Marot, Mellin de Sangelais, Estienne, Iodelle, Pierre des portes. Historiens Callimaque, Platine, Lorens Valle, Iean Saxon, Pape Pie, Blonde, Sabellique, Pontan, Pierre Martir Millannois, Michel Ricius, Paule Emyle, Polydore Virgile, Paule Ioue, Sleidan, Staphile, Pandulphe, Galeace Capelle, Coccine, Bembe, Triteme, Gaguin, Cuspinien, Paradin, Bonfinis, Sorter, & Turoce Hongres, Cromer Polonois, Crance Saxon, Olaus Goth, Iean Leon Africain, Francisque Aluares, Damien Goes, Iean de Baros Portugallois, Francisque Taraphe, Antoine Nebrissense, Pierre Medimne, Roderic Pallentin, Ferdinand Gouzale Ouiede, Espagnols. Machiauel & Guicciardin Italiens. Iean Froissard, Enguerran de Monstrelet, Philippe de Comines François. Stomphe Suysse. Munster Allemant. Iurisconsultes Zase, Alciat, Oldendorp, Baro, Duarin, Connan, Balduin, Cuias, Othoman, Tiraqueau. Medecins Leonicene, Manard, Cope, Linacer, Iean Ruel, Cornarius, Guinterius, Fuscius, Fernel, Rondelet, Iacques Syluius, Amatus Lusitanus, Vesalle, Martin Acakia, Tagauelt, Iacques Houlier. Mathematiciens Bonate, Pierre d'Ailly, Iean de Montroyal, le Cardinal de Cuse, Purbache, Collimice, Pierre Appien, Gemme Phrysien, Vadien, Copernic, Leouice, Oronce, Turrien, Gauric, Hierosme Cardan. Peintres Zotte florentin, qui a restitué la peinture pieça delaissee, la rendant tres-illustre. Belim qui fut enuoyé pour son excellence à Sultan Mahumed Empereur de Constantinople, par la seigneurie de Venise. Pierre du Bourg, Raphael d'Vrbin, Albert durer, qui a escrit en Allemāt de la peincture : comme Iean Cousin en François, Leon Baptiste Albert en latin. Statuaires & graueurs Donatel, Michel Ange, André de Cremonne, Christofle Mantoan, Lorens qui demoura cinquante ans à faire les portes du battistere de Florence, esquelles par ouurage merueilleux sont grauees en erain les histoires du vieil & nouueau testament. Architectes Leon Bastite Albert, qui a cōposé vn œuure tres-docte de l'Architecture, Iean Iucunde Veronois qui a basty le grand pont de Paris, & premieremēt publié le Victruue corrrect auec figures, & pareillement les commentaires de Cesar. Philippe qui a faict la grande Eglise de florence : dont la voute par art singulier n'est soustenue d'aucuns pilliers. Aristote Boulognois remua d'vn lieu en autre aucunes tours de pierre entieres sans froisseure, en mettant subtilement des roües coulantes soubs les fondemens. Baptiste Serglie de la mesme cité a escrit en Italien liures d'Architecture. Pierre l'Escot dit Claigny conducteur de l'œuure & reparation du Louure commencee soubs le Roy Françoys premier, Philbert de l'Orme intendant des battimés des tuilleries, d'Annet & Sainct Mor: il a laissé liures de son art, & inuenté nouuelle charpenterie pour couurir les maisons. Philologues & rechercheurs d'Antiquité, & proprietez des langues, correcteurs des liures, translateurs, & commentateurs Lorens Valle, Perrot, Gaze, Trapezonce, Pompoine Lete, Domice Calderin, George Merule, George Valle, Politien, Hermolas Barbare, Raphael Volaterran, Galeote Narnien, Christofle Landin, Egnace, Nebrissense, Bude, Erasme, Sigoine, Grouchy, Mancinelle, Sulpice Verulan, Beroalde & Berault, Textor, Baptiste Pic, Robertel, Victoire, Egnace, Turnebus, Cele Calcagnin & Rhodogyn. Antoine du Noiroy a traduict l'histoire naturelle entiere de Pline en Fraçois. Iean Martin l'Architecture de Victruue, & de Leon Albert. Iacques Amiot les vies & opuscules de Plutarque auec vne partie de Diodore Sicilien. Claude Syessel Appien Alexandrin, & le voyage du ieune Cyrus. Hugues Salel l'Iliade d'Homere. Loys le roy la politic de Platon, le Timee, phedon, & Symposc illustrez d'adnotations, les politiqs d'Aristote esclarcies de cõmentaires. Les oraisons poliques de Demosthene auec quelques liures d'Isocrates & Xenophon. Et autres innumerables en plusieurs lãgues & nations, Voyageurs illustres, pilotes, nauiuigateurs, decouureurs, & conquerans de terres neuues Christofle Colombe Geneuois, Americ Vespuce Florentin, Don Henry infant de Portugal, Magellan, Cortese, Pizaire, Alphonse Alburquequen, Chabot. Les Princes qui ont plus aidé à redresser les arts sont le Pape Nicolas cinquiesme, & Alphonse Roy de Naples, ayant honorablement receu, & liberallement remuneré ceux qui leur presentoient traductions des liures grecs en latin. Le Roy de France François premier du nom a salarié les professeurs publiques à Paris, & dressé vne somptueuse librairie à Fontainebleau, pleine de tous bons liures. Sans la faueur & liberalité des Roys de Castille & de Portugal lon ne fust venu à bout du decouurement des terres neuues, & du voyage des Indes. Les seigneurs de Medicis Florentins Cosme & Lorens y ont beaucoup aidé, receuans les doctes qui se retireroient vers eux de toutes pars, qu'ils entretindrent honorablement, & enuoyans à leurs despens rechercher par la Grece les bons & anciens liures qui se perdoient, ils bastirent à l'vtilité commune bibliotheques magnifiques.

 Outre la restitution presqu'accomplie du sçauoir ancien, l'inuention de plusieurs belles choses nouuelles seruantes non seulement à la necessité: mais aussi au plaisir & ornement de la vie, a esté reseruee à cest aage. Entre lesquelles l'Imprimerie merite d'estre mise la premiere par sõ excellence, vtilité & subtilité. d'artifice duquel elle est conduitte en la graueure des matrices, fonte, distribution & assemblee de lettres, façon d'encre & des ballons pour le mettre sur la forme, assiete des presses, & maniere de les gouuerner, de mouiller le papier, asseoir, tirer, & seicher les fueilles, puis les rediger en volumes, de reuoir & corriger l'impression, dont a esté parlé parauant. Enquoy s'auance plus de besoigne en un iour que n'en pourroiẽt faire en vn an plusieurs diligẽs escriuains. A ceste cause les liures parauant rares & chers, sont deuenus plus communs, & aisez à recouurer. Ce qui a beaucoup aydé à la promotion de toutes disciplines. Car elle semble miraculeusement auoir esté trouuee pour faire reuiure plus facilement les lettres qui sembloient mortes. L'inuention en est attribuee aux Allemans, & commença à Magence, puis fut exercee à Venise, & consequemment espandue en toute la chrestienté latine : conduitte à sa perfection par Nicolas Genson Alde, les Iuntes, Froben, Bade, Robert estienne & autres. Toutefois les Portugallois qui ont nauigué par tout le monde, traffiquans sur les extremitez d'Orient & du North en la Chyne & au Cathay, en ont rapporté liures imprimez en la langue & escriture du pays, disans y auoir long temps que lon en vse par delà. Ce qui a meu aucuns de croire que l'inuention en ait esté apportee par la Tartarie, & Moscouie en Allemaigne, puis communiquee aux autres chrestiens : ausquels par la prouidence de Dieu a esté specialement reseruee la consommation de la sapience diuine & humaine. Priuez de ceste grace les Mahumetistes ont reietté entierement l'Imprimerie, n'en vsans aucunement entr'eux, ny permettans qu'on leur porte liures de leurs affaires en Arabic imprimez ailleurs. La seconde louenge doit estre donnee à l'inuention de la boete marine, rose, & eguille dacier, laquelle touchee ou frottee sur la pierre d'aymant, monstre tousiours le point respondant au lieu où lon imagine le pole arctique. Aristote n'entendit point ceste proprieté, ne Gallien, ny Alexandre Aphrodisien, ny Auicenne tres-curieux obseruateurs des choses naturelles. Car ayãs cogneu tel miracle de nature, & moyen de nauiguer tant vtile, ne l'eussent teu en leurs liures, s'estans arrestez à d'autres beaucoup moindres. Aussi fut il ignoré par les Romains qui souffrirent tant de naufrages, guerroyãs par mer contre les Carthaginois : & soubs Octauien perdirent vne grosse flotte de vaisseaux contre Sexte Pompee. Par cest'adresse tout l'Ocean a esté nauigué, isles innumerables trouuees, & decouuerte grande partie de la terre ferme vers Occidẽt & Midy, incogneue aux anciens, qu'on a pour ce appellee le monde nouueau, qui a esté non seulemẽt vaincu, mais aussi conuerti à la religiõ Chrestiẽne soubs la puissãce d'Espagne. Entreprise commencee par Christofle Colombe Geneuois, & par Americ Vespuce Florentin, personnages d'excellent entendemẽt, & exquis iugement, ne meritans moindre louenge que l'Hercules de Grece tant fameux, puis cõtinuee par les Castillãs emulateurs de mesme hõneur, & desireux de gaigner : Qui de grand courage, & tolerãce incõparable ont perseueré faire autres recherches. Dõt les vns ont esté absorbez en la mer vaste nõ encores exploree, les autres mangez par les Canibales, laissans memoire piteuse de leur audace miserable. Mais en y a eu trois, lesquels ayans la fortune plus fauorable ont faict decouuremens tres-illustres : à sçauoir Cortese du Royaume de Mexice & de la grãde ville de Themistiten semblable à Venise en Assiete, structure & frequence d'habitans : Pizaire du Perou & Cuscu riches en or : Magellan des Mouluques, où croissent les espiceries. Au mesme temps les Portugalois partissans le monde auec les Castillans soubs l'adueu du Pape Alexandre sixiesme, par le

B iiij

DE LA VICISSITVDE DES CHOSES

mesme sçauoir de nauigüer ont passé la mer Atlantique, & les Canaries, conquerans en l'exterieure Barbarie plusieurs villes sur les Sarrasins. Puis trauersans la Zone iadis appellee Torride, & faussement estimee deserte, ont cheminé outre le Capricorne, conquerans le Bresil, & autres terres. Apres tirâs vers l'Orient ont costoyé toute l'Afrique & la riue d'Ethiopie, surmonté les Golphes de la mer Arabique & Persienne, & paruenus à l'Indie, vaincu par armes les Roys de Cambaye, Canonor, & Calecut: edifians en leurs terres forteresses, à fin d'asseurer le commerce de leuant: duquel ils se sont faits maistres. Outreplus passans les riuieres du Gange & de l'Inde, ont voyagé iusques à la Taprobane, & à la Chersonesse doree, rendans le Roy de Malache tributaire. D'où faisans voile au North sont allez à la Chyne & au Cathay: où ils ont mis fin de ce costé à leur nauigation, prenans amytié & côfederation auec le grâd Cham: à fin d'auoir liberté de traffiquer seurement en son pays parauant nô accessible qu'auec peril imminêt de mort aux estrangers. En sorte que par l'Industrie Espagnolle tout le monde est auiourd'huy cogneu: dont vne grande partie estoit demouree incogneue si long temps: & communiquent ensemble les extremitez d'Orient, Occident, Septentrion, Midy s'entreuisitans les hommes separez par tant de mers, si distans & differens les vns des autres, moyennant le nauigage rendu plus seur & plus facile principalement par cest' inuention. Ie donnerois volontiers le troisiesme lieu à la Bombarde ou Canonerie: qui a faict cesser tous autres instrumens militaires anciens, qu'elle surpasse en impetuosité, violence, vistesse: n'estoit qu'elle semble inuentee plustost à la ruine qu'vtilité du genre humain, ennemye de la vertu genereuse qu'elle defaict indifferemment, rompant & brisant tout ce que rencontre. Premierement fut inuentee en Allemagne par vn souffleur d'Alchimie: d'où elle a esté trâsportee par tout le monde, & semble qu'auiourd'huy soit reduitte presqu'à sa perfection, apres que lon a trouué moyen d'en tirer par volees de plusieurs pieces ensemble, qui abatent toutes places tât fortes qu'elles soiêt en assiete, hauteur ou largeur de murailles & rempars. Si fut le Canon appellé premierement Bombarde par le bruit que faict, & mortier qui estoit de fer lié de plusieurs pieces, lourd & mal aisé, iettant gros boulets de pierre auec grande quantité de pouldre composee de salpetre, soulfre, & charbon de saulx proportionné: dont l'inuention n'a esté moins admirable que du canon mesme. Puis au lieu de fer succeda la bronze: dont premierement ont esté faictes grosses pieces mises sur roues plus maniables que n'estoit le mortier, en leur baillant boulets de fer: ausquelles ont esté donnez noms d'oiseaux, & autres animaux monstrans apparence de frayeur: comme couleuurines, serpentines, basilics, sacres, faulcons, & autres appellations imposees selon la diuersité de leurs mesures, formes & portees au plaisir des ouuriers, ou des princes qui les commandent. Côsequemment en ont esté faittes de plus petites & legeres: pour en tirer auec boulets de plomb, comme arquebuses, pistolles, & pistolets. Mais par ce que le bruit & violence du canon a esté proprement exprimee par le poete Fracastoire i'en insereray icy ses vers.

Continuò caua terrificis horrentia bombis
Aera & flammiferum tormenta imitantia fulmen,

Corripiunt,

Corripiunt, vulcane tuum dum Theutonas armas.
Inuentum: dum tela Iouis mortalibus affers.
Nec mora, signantes certam sibi quisque volucrem:
Inclusam, salicum cineres sulphúrque nitrumque
Materiam accendunt, seruata in veste fauilla.
Fomite correpto diffusa repente furit vis
Ignea circum septa: simulque cita obice rupto
Intrusam impellit glandem: volat illa per auras
Stridula: & examines passim per prata iacebant
Deiecta volucres. magno micat ignibus aer,
Cum tonitru: quo sylua omnis ripæque recuruæ,
Et percussa imo sonuerunt æquora fundo.

Ceste aage a produit plusieurs grandes & illustres inuentions: ausquelles toutefois ie n'insisteray, d'autant qu'elles sont plustost accessoires des choses anciennes, qu'elles n'excedent l'entendement de nos deuanciers: n'ayāt toute l'antiquité rien qu'elle puisse comparer à ces trois. Or parmy les merueilles de nostre siecle s'est manifestee vne nouuelle & estrange maladie incogneue aux anciens, & nullement traittee par aucun medecin Grec, Arabe, ou Romain: comme s'il ny en eust desia assez de semees par le mōde, iusques au nombre de trois cens & plus, sans parler des inconueniens suruenans chacun iour par les excés que font les hommes. Certes qui bien la cōsiderera, il iugera qu'elle soit vraye punition de Dieu, enuoyee pour chastier la lubricité humaine trop exorbitante, d'autant qu'elle se gaigne par attouchement impudique, & commence aux parties honteuses montant incontinent à la face, qu'elle souille de taches laides, & couurant le corps de pustules premierement dures, puis sanieuses: en mengeant l'endroict où s'adresse iusques aux os qu'elle penetre de sa venenosité, auec intolerables douleurs de teste, des espaules, & autres membres continuees nuict & iour, qui empeschent le repos & sommeil. Elle estoit plus cruelle au commencement qu'elle n'est maintenant, sans qu'il fust possible d'y trouuer remede propice. Mais adoulcist de iour en iour apres auoir trouué les remedes de la guarir plus conuenables par diete, ou par frictions: ioint que les influences du ciel qui semblent l'auoir causee, semblent aussi estre affoiblies. Tellemēt qu'il y a apparēce qu'auec le tēps elle se perde: cōme feit la Métagre luy ressemblant, qui affligea beaucoup Rome au regne de l'Empereur Tibere, & la lichene qui soubs Claude son successeur molesta non seulement l'Italie, ains toute l'Europe. Aucuns ont estimé qu'elle soit venue du Bresil où elle est commune, & se guarit par la decoction du Guaiac, & que de là elle ait esté apportee en Espagne, & en Italie, où elle apparut alors que le Roy de France Charles huictiesme alla conquerir le Royaume de Naples, estant pour ce appellee par les François, maladie de Naples, & par les Italiens maladie Françoise, les autres la nōment grosse verolle commune de toutes nations. Fracastoire poete Veronois tres-excellent, a versifié de son origine en telle maniere.

Principio quæque in terris quæque æthere in alto
Atque mari in magno natura educit in auras.

Cuncta quidem nec sorte vna nec legibus iisdem
Proueniunt: sed enim quorum primordia constant
E paucis, crebro ac passim pars magna creantur.
Rarius est alia apparent, & non nisi certis
Temporibus locisue, quibus violentior ortus,
Et longè sita principia. Ac nonnulla priusquam
Erumpant tenebris, & opaco carcere noctis,
Mille trahunt annos, speciosaque secula poscunt.
Tanta vi coeunt genitalia semina in vnum.
 Ergo & morborum quoniam non omnibus vna
Nascendi est ratio: facilis pars maxima visu est,
Et faciles ortus habet, & primordia præsto.
Rarius emergunt alij, & post tempora longa
Difficiles causas, & inextricabile fatum,
Et sero potuere altas superare tenebras.
Sic Elephas sacer Ausoniis incognitus oris.
Sic Lichen latuere, diu quibus accola Nili
Gens tantum regioque omnis vicina laborat.
 De genere hoc est dira lues, quæ nuper in auras
Exiit, & tandem sese caligine ab atra
Exemit, durosque ortus & vincula rupit.
Quam tamen (æternum quoniam delabitur æuum)
Non semel in terris visam sed sepe fuisse
Dicendum est: quanquam nobis nec nomine nota.
Hactenus illa fuit. Quoniam longæua vetustas
Cuncta situ inuoluens, & res & nomina delet.
Nec monimenta patrum seri videre nepotes.

 Outre plus se sont eleuees sectes en tous pays, qui ont beaucoup troublé le repos publicque, & refroidi la charité mutuelle des personnes. Dont aucuns plus curieux veulent attribuer la cause aux mouuemens celestes: attédu qu'enuiron mesme téps Luther en Saxe, Techel Cuselbas & le Sophi en Perse, & autres ailleurs se sont ingerez reformer les ceremonies acoustumees des religiós, & en changer les doctrines receues. Car ainsi qu'auons obserué par le passé és plus insignes mutatiós du genre humain ou nature a faict ses plus gráds efforts: que l'extreme malice se soit rencontree auec l'exellente vertu, & extraordinaires calamitez aient accompaigné grande felicité: aussi ne pourroit on imaginer sorte de malheur ou de vice, qui ne se trouue en ce siecle auec l'heur des bonnes lettres resuscitees, & des ars restituez. N'y a celuy entre tous les hommes chrestiens & barbares, qui n'aye beaucoup souffert. Nulle partie de la terre habitable, nulle personne est exempte d'afflictions: qui croissent de iour en iour, & sont trop cogneues à nostre dommage & confusion.

 Par tout les estats publiques ont esté affligez, muez, ou ruinez, par tout les religions troublees d'heresies. Non seulement l'Europe entiere, mais aussi les dernieres regions de l'Asie & Afrique, les habitans des terres neuues & des Indes Orientales & Occidentales innumerables en multitude, & espars en lieux infinis ont esté trauaillez de guerres foraines & ciuiles, longuement cõtinuees. Dont est ensuiuy le prix excessif de toutes choses, auec famines & pestes frequentes. Il faut croire que Dieu estant courroucé contre les mortels, enuoye telles calamitez generalement & particulierement pour corriger nos vices, & nous reduire à plus grande cognoissance & reuerence de luy. Car il n'y eut pieça plus de malice au monde, plus d'impieté, & de desloyauté. Deuotion est esteinte, simplicité & innocence mocquees, ne reste que l'ombre de Iustice. Tout est pesle mesle, confondu, rien ne va comm'il appartiẽt. Mais les aduersitez & prosperitez plus notables de ce siecle, sont elegamment representees par Fracastoire en ces beaux vers:

Credo equidem & quædam nobis diuinitus esse
Inuenta, ignaros fatis ducentibus ipsis.
Nam quanquam fera tempestas, & iniqua fuerunt
Sydera: non tamen omnino præsentia diuûm
Abfuit à nobis, placidi & clementia cœli.
Si morbum insolitum, si dura & tristia bella
Vidimus, & sparsos dominorum cæde penates:
Oppidaque, incensasque vrbes, subuersáque regna,
Et templa, & captis temerata altaria sacris:
Flumina deiectas si perrumpentia ripas
Euertere sata, & mediis nemora eruta in vndis,
Et pecora, & domini correptáque rura natarunt:
Obsedítque inimica ipsas penuria terras.
Hæc eadem tamen hæc etas quod fata negarunt
Antiquis, totum potuit sulcare carinnis
Id pelagi immensum quod circuit Amphitrite.
Nec visum satis, extremo ex Atlante repostos
Hesperidum penetrare sinus, praxúmque sub Arcto
Inspectare alia, præruptaque littora rapti.
Atque Arabo aduehere, & carmano ex æquore merces.
Auroræ sed itum in populos Titanidis vsque est,
Supra indum Gangémque, supra qua terminas olim
Catygare noti orbis erat: superata Cyambe
Et dites Ebeno, & fœlices macere syluæ.
Denique & à nostro diuersum gentibus orbem,
Diuersum cœlo, & clarum maioribus astris
Remigio audaci attigimus, ducentibus & diis.

C ij

DE LA VICISSITVDE DES CHOSES

COMPARAISON DE CE SIECLE
AVEC LES PRECEDENS PLVS ILLVSTRES,
POVR SCAVOIR EN QVOY IL LEVR EST SVPERIEVR
INFERIEVR OV EGAL, ET PREMIEREMENT TOV-
CHANT LA MILITIE MODERNE AVEC L'ANCIEN-
NE, GRECQVE ET ROMAINE.

LIVRE VNZIESME.

DECLAREE succinctement l'excellence de ce siecle, nous le comparerons doresenauant auec les precedens plus illustres au faict des armes, artillerie, capitaines, armees, batailles, sieges, Empires & autres estats, voyages par mer & par terre, decouuremés de pays, richesses, mœurs, disciplines: pour sçauoir en quoy il leur est superieur ou inferieur ou egal, commençans par la comparaison de la militie moderne auec l'ancienne, Grecque & Romaine. Donques lon dict que Cyaxare Roy des Medes fut le premier qui distribua par bandes, esquadres, & compagnies les gens de guerre de l'Asie, & ordonna que ceux à cheual & à pied auroient leurs quartiers à part, & ne marcheroient plus confusément comm'ils faisoient. Les Romains estimans plus l'infanterie que la cheualerie, & fondās sur icelle tous les desseins de leur puissance, diuisoient leurs pietons en armez pesamment, & armez legerement qu'ils appelloient velites: soubs lequel vocable estoient entendus tous ceux qui s'aydoient de la fonde, des dards, & des arcs: la plus part desquels (comme dict Polybe) estoient armez de cabasset, & pour se couurir ils auoient vne rondelle au bras, & combattoient sans tenir rang ny ordre, assez loin de l'armee pesante. Les hommes armez pesamment auoiēt vne salade qui leur couuroit la teste, & leur descendoit iusques aux espaules. Ils auoiēt le corps armé d'vne cuirasse, laquelle auec ses fauldes couuroit les cuisses, iusques sur les genoils. Ils auoient d'auantage les iambes & les bras couuerts de greues & d'auantbras, & si portoient vn escu de quatre pieds de long, & large deux & demy : lequel auoit vn cercle de fer par le hault pour soustenir mieux les coups, & le garder de fendre : & vn autre cercle de fer dessoubs qui gardoit que l'escu en l'appuyant contre terre ne se consommoit legerement: qu'on pourroit cōparer à vn pauois: pourueu que que le pauois eust sur le fin mitan vne couppe ou vne bosse de fer bien serree & ioincte, cōme cesdicts escus auoient pour soustenir tant mieux les coups qu'on rueoit à l'encontre. Oultreplus ils auoient ceinte vne espee sur le costé gauche, & sur le costé droict vne courte dague: ils auoient vn dard en la main lequel ils appelloient pilum, & le lançoiét lors qu'ils commençoient le combat. Aucuns escriuent qu'outre le pauois ils portoient encores vne picque, mesmement les soldats Grecs: mais cela semble impossible, d'autant qu'ils eussent esté assez empeschez de s'ayder de l'vne de ses armes à part: & que de s'ayder bien de toutes deux ensemble, seroit mal aisé. Car la picque toute seule requiert les deux mains: & d'autre part le pauois sert tant seulemét à se couurir, à cause qu'il n'est point fort maniable. Et mesmes la rondelle ne pourroit estre maniee bonnement: ains seroit quasi inutile, sinon qu'au commencemét de la bataille on s'aydast de la picque ayant la rondelle sur le dos, & que venant à s'entraprocher de si prez que laditte picque ne seruist plus de rien: qu'on l'abandonnast à donc pour prendre la rondelle, de laquelle les soldats s'aydassent apres & de l'espee parmy la presse.

Les Grecs ne se chargoiét pas de si pesant harnois que les Romains, mais ils s'adónoiét aussi beaucoup plus à porter la picque principalemét les phalanges madoniques lesquelles portoient des picques appellees Sarisses longues dix couldees à tout lesquels ils s'efforçoiét ouurir les rangs de leurs ennemys sans sortir pour cela hors des leurs. Mais puis que les Romains conquesterent tout le monde, nous pouuons croire qu'ils estoient les mieux armez de tous.

La façon du temps present est d'armer l'homme de pied d'vn hallecret couplet, ou d'vne chemise & gorgerin couplet & de cabasset. Ce que semble assez suffisant pour la deffense de la personne, & vault mieux que la cuirasse des anciens. Quant aux armes pour offendre, nous portós l'espee comme eux, vn peu plus longue. Les autres armes sont la picque, hallebarde, pertuzane, harquebuse, & plusieurs autres moins accoustumees parmy soldats, & la rondelle, jaçoit que lon faict peu de conte de cellecy, si ce n'est pour quelque assault, encore ne s'en charge gueres personne, si ce ne sont les capitaines. La harquebuse a esté trouuee de peu d'ans ença, & est tresbóne, mais qu'elle soit gouuernee par gens adroicts. Toutefois au temps present chacun veult estre harquebusier ou pour leuer plus de gages, ou pour estre moins chargé, ou pour combatre de plus loin. Les hallebardes sont armes nouuelles inuentees par les Suisses: lesquelles sont tresbonnes, mais qu'elles soient fortes, & bien trenchantes: & non pas legeres comme sont celles que les Italiens portent. Autát est il de leurs pertuzanes, lesquelles estans plus fermes & mieux acerees qu'elles ne sont, seruiroient contre gens nuds: mais contre les armez ne peuuent faire grand seruice. Entre les autres armes moins accoustumees sont l'arc & l'arbaleste: qui sont deux bastons qui peuuent faire tres-grád dommage sur les gés nuds ou mal armez, mesmement en temps de pluye que l'arquebusier pert sa saison, tant par la promptitude de tirer qui est soudaine, que pour la seureté de leurs coups qui ne sont gueres iamais vains. Et jaçoit que l'harquebusier puisse tirer de plus loin: neátmoins l'archer & l'arbalestrier tuera aussi bien vn hóme nud de c. ou c c. pas loin, que le meilleur harquebusier, & tellesfois que le harnois ny pourra resister s'il n'est des plus fors. Quant à la picque si les Suisses n'en ont esté les in-

DE LA VICISSITVDE DES CHOSES

uenteurs, si l'ont ils pour le moins remise en vsage, pour ce qu'eux estans paoures du commencement, & voulans viure en liberté, ils ont esté contraincts de combatre contre l'ambition des princes d'Allemaigne: lesquels à cause de leur richesse & puissance pouuoiët entretenir plusieurs gens à cheual, ce que lesdits Suisses n'eussent peu faire, & à ceste cause ils faisoient leurs guerres à pied. Ils furent donc contraincts pour se deffendre de la cheualerie de leurs ennemys, recourir à la maniere ancienne, & d'icelle choisir quelques armes qui les peussent garder des gens de cheual. Laquelle necessité leur a faict maintenir ou retrouuer les ordres du temps passé, sans lesquelles les gens de pied sont du tout inutiles. Parquoy ils prindrent les picques comme bastons tres-vtiles non seulement pour soustenir l'assault des gensdarmes, mais encore pour les vaincre. Au moyen desquelles armes & à la fiance qu'ils ont en leur bon ordre, ils ont prins telle audace que quinze ou vingt mil hommes des leurs oseroiët bien entreprendre sur tout vn monde de gens de cheual. Les exemples de la vertu que ces gens ont monstree auoir au faict des armes à pied, sont cause que depuis le voyage du Roy Charles VIII. les autres nations les ont imitez: mesmement les Espagnols & Allemans, puis les Italiens, & Françoys ensuyuans l'ordre que lesdicts Suisses gardent, & la mode des armes qu'ils portent: mais quant à l'ordre peu en y a qui soient leurs pareils. Il fault donc trauailler à acquerir cest ordre icy, & s'il est possible en trouuer ou en former vn plus seur, moyennant lequel nous nous puissions deffendre de chacun, & nous preferer à tous. Pour ce faire semble aux plus experts en ce mestier qu'il faille tresbien armer le corps de nos soldars: à celle fin qu'ils soiët de tãt moins exposez aux coups, & de tãt plus mal aisez à defaire, principalement ceux qui doiuent seruir d'auantmur, & tous auec s'il est possible, chacun selon le baston qu'il porte. Les armes que nous prendrons pour le corps seront celles cy. Premierement le halecret couplet, & tassetes iusques au dessoubs du genoil, & les bas de chausses de maille, & la braye de fer, & de bons auantbras & gantelets ou gants de maille, & vn bon cabasset qui ait la veue presque couuerte. Les autres harnois du corps seront la chemise ou gorgerin, manches & gãts de maille, & cabassets descouuerts, les bastons seront premierement l'espee de moyenne longueur, laquelle doit estre portee assez hault, ne du tout à la Françoise, ne du tout à l'Allemande. Car la façon de la porter si basse comme nous la portons auiourd'huy, empesche grandement vn soldat, la courte dague sera aussi entre les bastons plus necessaires, de laquelle l'on se peult mieux aider en vne grande presse, que nõ pas de l'espee. La picque, la hallebarde, & parmy vn nombre de hallebardes quelque pertuzane, sont les autres bastons. La rondelle ne peult estre ditte baston, neãtmoins est vne tresbonne piece, la harquebuse sera pareillement contee entre les bastons, & l'arc & l'arbaleste: pourueu qu'on les laisse aux gens du pays où ils ont le plus de cours, & qu'ils soient en certain nombre. Ceux qui porteront la picque seront ordinaires & extraordinaires: les ordinaires armez de hallecret couplet, portans rondelles sur le dos pour s'en aider apres qu'ils seront venus de si pres que la picque ne serue plus de rien, & pour se couurir contre archers & arbalestriers, & aux assaults où la picque est quasi inutile. Et ne faut trouuer estrange qu'on charge ces gens de tant de sortes de harnois: car c'est pour les armer seurement en la forme que ceux qui veulent tenir bon, doiuent estre equippez: & non point en la sorte de ceux qui s'arment legerement, lesquels estans mal couuerts & armez pensent plustost à fuyr, qu'à vaincre: prenant exemple sur les Romains, lesquels armoient les soldats qu'ils ordonnoient par bataillons, le plus pesamment qui leur estoit possible, pour les rendre tant plus fermes contre les ennemys, & que sentans leurs personnes ainsi chargees de harnois, ils ne s'attendissent à se pouuoir sauuer par fuytte, ains de mourir sur la place, ou gaigner la victoire. Vegece se plainct des soldats de son temps qui alloient armez trop legerement, & qu'ils n'ensuyuent les anciens: lesquels souloient surmonter tous leurs ennemys, par ce qu'ils estoient tousiours bien armez, & que les desarmez estoient ordinairemét vaincus en toutes leurs batailles. Les picquiers extraordinaires seront armez de hallecret & de manches de maille, & d'vn bon cabasset, & s'appellét extraordinaires: pourautát qu'ils cóbatent hors l'ordre & sans leur rang. Les hallebardiers de mesme sorte que sont les picquiers ordinaires: les harquebusiers, archiers & arbalestriers de chemise & manche de maille & de cabasset, ou en default de chemises de maille ils auront des pourpoincts d'escaille, & de bonnes brigantines: jaçoit que cecy sente vn peu son temps jadis: ce que ne peult chaloir, mais qu'on y cognoisse quelque aduantage, Les enfans perdus sont ceux qui commencent la bataille. Il fault endurcir les corps des soldats à la peine, s'ayder bien des armes qu'ils porteront, de garder l'ordre en marchát par pays, & lors qu'il fauldra cóbatre, & la maniere de loger ensemble en vn camp: qui sont les principaux poincts qu'vne armee doit sçauoir.

 Les nations qui ont eu autrefois ordonnances de pietons, ont faict vn nombre principal des gens qu'ils leuoient, lequel jaçoit qu'ait esté nommé diuersement, si a il esté presque pareil en nombre: pour ce que tous l'ont ordonné de six ou huict mil hommes: lequel nombre estoit appellé legion par les Romains, d'autant qu'ils leuoient leurs gens par election, par les Grecs Phalange, par les Gaulois Caterue, par les Suysses & Allemans hourt, c'est à dire bataillon: dont vsent aussi les Italiens, & Espagnols. Mais nagueres ont commencé à l'appeller regiment. Le plus grand desordre que puissent faire ceux qui ordonnent vn bataillon, c'est de ce qu'ils ne prennent garde qu'à faire la teste bonne, en laquelle ils mettent les capitaines & tous les plus vaillans & mieux armez des bandes, ne faisans estime de pouruoir aux dos, aux flancs, & aux rangs qui sont en dedás: comme si les premiers rangs estoient toute l'esperance de la victoire, & que les autres ne seruissent que de faire nombre. Car par ce moyen ils submettent tout le hazard du combat à deux à trois rágs aussi bien que s'ils estoient immortels, ou suffisans pour resister tous seuls, sans auoir que faire de l'ayde de ceux qui leur sont derriere: qui est venir droictement contre l'ordre que les ancies obseruoient. C'est de faire receuoir l'vn rang dedans l'autre, & l'vne bataille dedans l'autre, & combatre obstinément iusques aux derniers. Car sans ceste mode il n'est possible secourir les premiers, ne les deffendre: ne aussi en les retirant dedans leurs rangs, venir au combat en leur place. De laquelle mode les Romains se sceurent ayder souuent, & à ces fins auoient ils parties leurs legions en trois manieres de gens qui estoient appellez hastaires, princes, & triaires. Les hastaires faisoient le front, & auoient leurs rangs fournis de beaucoup d'hommes. Les princes faisoient la seconde bataille, & estoiét rangez auec leurs rangs plus clairs que les premiers. Les triaires faisoient la tierce & derniere auec leurs rãgs si clairs qu'au besoin ils peussent receuoir parmy eux les deux premieres batailles. Outreplus ils auoient les Velites qui estoient armez legerement, & qui faisoient tel office que les harquebusiers font de nostre temps, & les mettoit on sur les ailes entre le bataillon & les gens de cheual. Les gens armez legerement commençoient la bataille, & si tant estoit qu'ils surmontassent les ennemys, ils poursuyuoient la victoire, & sils estoient repoussez, ils se retiroient aux flancs du bataillon. Apres la retraitte desquels les hastaires venoient à combatre auec les ennemys, & sils se sentoient trop foibles pour resister, & que les ennemys les surmontassent, ils se retiroient adonc peu à peu au dedans des rangs clairs semez des princes, auec lesquels ils renouuelloiét la bataille. Et sils estoient enfoncez de rechef, alors les vns & les autres se retiroiét vers les Triaires, auec lesquels tout de nouueau ils commençoient à combatre. Et si ces trois sortes de soldars estoient renuersees, il n'y auoit plus aucun remede pour se refaire. Laquelle façon de redresser trois fois semble estre inuincible, pour ce qu'il faut que la fortune nous abandonne par trois fois, & auec ce il est force que nostre ennemy nous combate & surmonte autres trois fois.

 Les Grecs à tout leurs Phalanges n'auoient pas ceste mode d'eux refaire, & jaçoit qu'il y eust plusieurs chefs, & plusieurs rangs en icelle : neantmoins de tous ensemble, n'en estoit faitte qu'vne seule teste & vn corps. Et la maniere qu'ils auoient pour secourir l'vn l'autre, estoit non pas de se retirer les vns rangs dedans les autres comme faisoient les Romains, mais d'entrer vn soldat en la place de l'autre, & cecy faisoient ils ainsi & en la maniere qui s'ensuit.

 Leur Phalange estoit rangee par rangs comme nos bataillons se rangent. Tant y a que ce n'estoit pas si confusément, car chasque bande sçauoit son lieu. Et les decuries, c'est à dire les chambres ou esquadres estoient tellement rangees, que les soldats suyuoient l'vn l'autre, & estoient à files, & non point de front, comme nous mettons les nostres. Dont le premier s'appelloit doyen ou decurion que nous pouuons nommer chef de chambre, & le dernier se nommoit guide du dos. Le second auoit nom Substes, & l'autre Prestes, & consequemment les autres s'appelloient Substes & Prestes iusques audict guyde qui faisoit la fin. De ces rangs icy en y auoit tant & plus, de sorte qu'vne phalange auoit deux cens cinquante six hommes de front, & LXIIII. rangs en long, vray est qu'ils estoient despartis en quatre colonnels lesquels marchoient tous d'vn front auec quelques espaces entr'eux. Or mettons le cas qu'en chacun rang y eust CCLVI. hommes, & faisons qu'ils viennent à rencontrer les ennemys. S'il aduenoit qu'en allant ou en combatant, quelcun d'eux fust occis ou abatu : celuy qui estoit du second rang & en droict de la place de l'homme abatu à sçauoir les Substes, s'aduançoit promptement & se mettoit au lieu du premier. Et par ce moyen les hommes d'iceluy rang demouroient tousiours debout, & complets. Et pour emplir le second rang, il failloit que ceux du tiers,
à sçauoir

à sçauoir les Preſtes s'auançaſſent, & ſe meiſſent és places vuydes, & que ceux du quart fourniſſent le tiers: & ainſi succeſſiuement, & tout à vn coup les derniers rangs fourniſſoiẽt les premiers: en telle ſorte que les premiers rãgs eſtoiẽt touſiours entiers, & n'y auoit lieu qui demouraſt vuyde, excepté au dernier rang, lequel ſe conſommoit n'ayant perſonne ſur le derriere qui le refeiſt, tellement que le dommage que les premiers rangs ſouffroient eſtoit cauſe de conſommer les derniers. Ainſi ces phalanges moyennant leur ordre pouuoient pluſtoſt eſtre conſommees que rompues. Car de les renuerſer eſtoit trop difficile pour raiſon de leur gros nombre.

Les Romains vſerent de phalanges au commencement, & ſi auoient inſtruit leurs legiõs à la mode gregoiſe: mais depuis ença ceſt ordre leur deſpleut. Parquoy ils diuiſerent leurs gens en pluſieurs corps: à ſçauoir en Cohortes & manipules, eſtimans que le corps qui auroit plus d'ames deuſt auoir auſſi plus de vie, & lequel corps ſeroit compoſé de plus de parties.

Les bataillons des Suyſſes, Allemãs, Françoys, & autres imitẽt en ce tẽps icy vne partie des façons des phalãges, auſſi bien en ce q̃ nous rangeõs vn grãd nombre de gens enſemble: comme auſſi de ce que nous les mettõs en tel eſtat qu'ils peuuent entrer l'vn en la place de l'autre. Mais que ceſte maniere ne ſoit point ſi bonne qu'eſtoit celle de Romains, pluſieurs exemples des legions Romaines le demonſtrent, pource que toutes les fois que les Romains combatirent contre les Grecs: leurs phalanges furent deffaictes & conſommees par les legions. Car la difference des armes que chacune de ces nations portoient en fut cauſe: & la mode de ſe refaire ainſi par trois fois eut auſſi plus de force que le grand nombre, & la ſolidité des phalanges n'auoit.

En dreſſant donc vn bataillon à tout ces exemples ſeroit bon de retenir les armes & façons en partie des phalanges Grecques, & en partie des legions Romaines, & des gens de guerre modernes.

Parquoy il fauldroit qu'en vne legion du iourd'huy y euſt trois mil cinq cens picquiers ordinaires pour le corps du bataillon, & quatre cens vingt pour les flãcs, cẽt ſeptãte d'extraordinaires pour les enfans perduz, qui ſont les armes des phalanges, outre les picquiers ſeroient requis v c. hallebardiers qui ſont armes trouuees de noſtre temps, & d'auantage c c c x x. harquebuſiers pour les flancs, d c l x x x. pour les enfans perdus, Le corps du bataillon eſt diuiſé en dix bandes, comme les Romains dreſſoient leurs legions en dix cohortes. Les harquebuſiers ſont ordonnez pour commencer la bataille & pour les eſcarmouches, comme les Romains auoient leurs velites. Et comme les armes ſont prinſes de diuerſes nations, il fault auſſi que ces bandes participent à l'ordre de pluſieurs gens. Les hommes de toutes ces bandes ſont ſix mil ſeptante: outre leſquels il faut qu'en chacune legion y ait vn chef general par deſſus les capitaines qu'on nomme Collonel, ayant pour ſes officiers ceux qui s'enſuyuent, à ſçauoir vn Maiſtre de camp, vn ſergẽt major, vn preuoſt, & ſoubs le preuoſt quelques hommes ſçauans pour aſſiſter en ſes iugemens, & pour le conſeiller touchant le faict de iuſtice. Fault encores qu'il aye vn greffier, & quelques ſergens ou archers, & vn maiſtre des haultes iuſtices. D'auantage il eſt neceſſaire que

D

ledict colonel aye vn ou deux gēs de religion, pour faire le seruice diuin, & administrer les sacremens à ceux de sa legion. Il y fault encores vn medecin, apothicaire, chyrurgien, quelque faiseur de feux artificiels & de pouldre, & vn armurier. Le surplus iusques au complemēt de trente doyuēt estre reseruez pour sa garde.

Les enseignes en ce tēps seruent plus pour faire grand monstre de gens, que pour autre vsage militaire, & les anciens s'en seruoient pour guyde, & pour se sçauoir remettre en ordre. Car chacun apres que l'enseigne estoit arrestee, sçauoit le lieu qu'il deuoit tenir aupres d'elle, & s'y remettre incontinent. Ils sçauoient pareillement que si elle se mouuoit, ou s'arrestoit, qu'ils se deuoient aussi mouuoir, ou se deuoyent arrester. Pourtant il est besoin qu'en vn camp y aye plusieurs corps, c'est à dire bandes, & que chacun corps ayt son enseigne, pour guider ceux qui sont d'iceluy corps: en ayant cecy, le camp aura plusieurs armes & par consequent plus de vie. Les soldats se doyuent donc gouuerner selon les enseignes, & les enseignes selon le son, lequel estant ordonné comm'il fault, commande à toute vne legion: laquelle mais qu'elle marche en telle guyse que les pas respondent à la batterie des tabourins, gardera facilemēt l'ordonnāce. Et à ces fins auoient les anciens des fluttes & des fiffres, & des sons accordez parfaictement. Car comme celuy qui danse selon les cadences de la musique, n'erre point: aussi vn bataillon qui en son alleure obeit au' son du tabourin, ne se peut aussi mettre en desarroy. Pource quand ils vouloient changer d'alleure, ou selon ce qu'ils vouloient eschauffer, appaiser, & asseurer leurs soldats, ils changeoient pareillement de sonneure, & cōme les sons estoient variables, leurs noms aussi estoient diuers. Nous auōs en nostre temps les tabourins pour les pietons, & les trompettes pour les gens à cheual: chacun desquels instrumens a des batteries, & des sons pour eschauffer les soldats, quand il est requis, & à ceste fin sont ils inuentez pour commander, & pour se faire entendre de loin: mais ie croy bien que les tabourins ont esté trouuez pour seruir de mesure aux soldats en marchant. Car tous les temps de leur batterie sont vrayes cadences & mesures pour auancer ou retarder l'alleure des gens de guerre. Donques il conuient apprendre tous les sons, tous les signes, & tous les cris par lesquels l'on commande en vne bataille, & que chacun cognoisse leur signifiance, ne plus ne moins que les forceres des galeres entendēt ce qu'il leur faut faire par le seul sifflet du Côte. En quoy le soldat doit estre prōpt & auisé pour obeir incontinent & à propos à la baterie des tabourins: soit pour marcher auant ou pour s'arrester, ou pour reculer, ou bien pour tourner le visage & les armes deuers quelque part. Et à ces fins le collonel doit ordōner que tous ses tabourins ayent vne mesme & semblable batterie, & que tous vsent d'vne mesme forme de sonner vne alarme, & pour faire vne criee, pour se mettre en bataille, pour se auancer, pour reculer, pour se tourner d'vne part ou d'autre, pour la retraitte. Et en somme pour signifier tous les autres poincts que la voix d'vn seul ne peut faire si bien entendre que faict le son de plusieurs tabourins: lesquels se font ouyr en plus grand tumulte, & és plus grandes presses. Les soldats aussi doiuent estre si attentifs à escouter ce qu'on leur dict & commāde, qu'ils n'y puissent iamais faillir. Les tabourins semblablement doiuent estre prompts à battre leurs cay sses selon le cry des trompetes du colonel, par lesquels se gouuernēt en toutes leurs bateries, le Trompete du colonel doit estre expert en toutes sonneries, & qu'il les sache faire si clairement qu'il ne face entendre vne chose pour autre : ains que sache exprimer comm'il appartient le commandement du colonel, auprès duquel doit tousiours estre & ne l'abandonner point. La cause qui faict ordonner les trompettes pour les gens de pied, c'est qu'ils sont beaucoup mieux entenduz que les tabourins : s'il n'y auoit vn grād tumulte, & qu'il falluft varier de son. Car c'est par les trompetes qu'ils se gouuernent : la sonnerie desquels est plus hautaine que n'est la baterie des taborins. Ce que les Suysses qui sont inuenteurs du tabourin ont cogneu, & à ces fins ont des trompetes au deuant de leurs bataillons : par lesquels leurs chefs signifient ce que le bataillon doit faire, & n'a pas trop de temps qu'ils auoient de grands cornets.

Et pourautant que l'artillerie est conduitte & gardee par gens de pied, nous en parlerons en tant qu'il apartient à la conference des choses anciennes & modernes, auant que venir à la gendarmerie. Le nom d'artillerie estoit deuant que lon eust cogneu la canonnerie, comprenant tous engins de baterie & defense, lequel est demouré par excellence aux canons, defaillans tous autres instrumens militaires anciens : comme estoient ballistes, catapultes, beliers, & autres. Diodore Sicilien escrit vn engin de baterie appellé helipolis, dont vsa Demetre surnommé poliocirte contre la ville de Salamis en Cypre. Cest engin auoit xl. coudees de largeur de tous les costez, & lxxx. de hauteur. Et si auoit neuf estages distincts l'vn de l'autre à planchers de bois : & neantmoins estoit tout soustenu sur quatre grandes roues haultes d'vne couldee. Il auoit au surplus plusieurs engins que lon appelloit beliers ou moutons, grāds pour batre la muraille, & deux taudis puissans pour les secourir. Il meit au bas & premier estage force engins qui tiroient pierres grosses & pesantes : en ceux du milieu y auoit autres engins tirans traicts longs & agus, & aux estages plus haultes, autres iettans autres traicts encore plus legers, & pierres plus menues. Et par tout y auoit nōbre suffisant d'hommes pour faire tirer lesdicts engins iusques à deux cens en tout. Polybe monstre la façon d'vne autre machine de guerre nommee Sambuque, dont les Romains vserent contre la cité de Syracuse, & estoit de ceste sorte. Ils eurent promptement dedans la nauire vne eschelle de quatre pieds de large, à fin qu'à la descente elle vint à la hauteur de la muraille. Sur les costez de laquelle ils feirent des retenues, & l'armerent d'vne couuerture de defense, faisans sur les trauers des clostures qui tenoient en estat les nauires ioinctes ensemble, de sorte qu'elle outrepassoit beaucoup les proues. Au hault des mats estoient attachees polies auec cordes, & là où la necessité le requeroit, on tiroit ceux qui estoient à la poupe par les polies auec cordes attachees à la cime de l'eschelle. Les autres aussi qui estoient à la proue, asseuroient l'engin auec estages & subsequemment ils approchoient à la muraille, en abordant la terre par la nauigation des nauires, qui se faisoit au moyen de deux patemens assis au dehors. Au hault de l'eschelle auoit vn plancher qui couuroit trois superficies auec escus persans : auquel quatre soldats montoient & combattoient contre

D ij

ceux qui des forteresses vouloient empescher l'approche de la Sambuque. Et là où par l'approche de l'eschelle ils auroient gagné la muraille, en desarmant les costez de leurs escus, ils montoient aux forteresses ou tours : les autres les suyuoyent par la Sambuque, au moyen du transport de l'eschelle de vaisseau en vaisseau par les cordes, lequel engin n'auoit esté sans propos appellé Sãbuque. Car quand elle estoit ainsi parfaicte & dressee: la figure du nauire & de l'eschelle reduitte en vn ressembloit à vne Sambuque, instrument de musique. Dõques les Romains pensoient de ioindre la muraille auec cest engin ainsi dressé. Mais Archimedes auec autres engins ietta de dessus la muraille vne grosse pierre du poix de dix quintaux, puis vne seconde, apres vne troisiesme, coup sur coup, lesquelles venans à donner dedans celle machine auec tonnoire & tempeste merueilleuse, en froisserent toute la base, demembrans & despeçans la lyaison des galeres qui la soustenoient. Et voulans approcher plus pres de la muraille pour euiter les coups de pierres & de traicts qu'ils cuydoient deuoir aller par dessus leurs testes, & de pres ne leur pouuoir nuire, furẽt repoussez par aultres engins: dont la portee estoit proportionnee à toutes distances, les traicts cours, les coches non gueres longues, force trous & archers prez l'vne de l'autre en la muraille, où il y auoit force arbalestes de courte chasse pour acener de prez assises en lieux que les ennemys ne les pouuoient veoir de dehors, parquoy quand ils se cuyderent approcher, pensans estre à couuert, & qu'on ne les veist point, ils furent tous esbahis que se trouuerẽt de rechef acueillis d'infinis coups de traict & acablez de pierres qui leur tõboient à plomb dessus les testes. Car il n'y auoit endroict de la muraille dont on ne leur en tirast. A raison dequoy il leur fut forse de se retirer autrefois arriere de la muraille: mais quand encores ils en furent esloignez, les flesches, pierres, & traicts qui uolloient de tous costez, les alloiẽt trouuer & acener iusques là où ils estoient, de maniere qu'il y en eut beaucoup d'affollez, & beaucoup de leurs vaisseaux quassez & froissez, sans qu'ils peussent en reuenche endommager leurs ennemys, à cause qu'Archimedes auoit dressé la plus part de ses engins à couuert & derriere, non par dessus la muraille. Toutes lesquelles inuentions furent ingenieuses & subtiles, mais non cõparables à la canonerie du iourd'huy brisant & foudroyant tout ce qu'elle rencontre.

Ie viens à la cheualerie qui est prattiquee diuersement en diuerses regions. Aucuns vsent de la cataphracte, & de cheuaux bardez auec lances & coutelasses. Les autres de legere auec espieux & pistolets : les autres de nuee auec lances moyennes, ou arcs & flesches, ou arquebuses. La cheualerie cataphracte de France à tousiours esté fort estimee emportant le bruict par dessus toute autre, tant d'adresse que d'equippage, & encores plus depuis le Roy Charles septiesme: qui la reduisit à certain nõbre de lances, & gens de guerre d'ordonnance, ordinairement souldoyez & continuellement exercez és armes, despartis en garnisons par les places de frõtiere. Il les diuisa par bandes & compagnies fournies de capitaines, lieutenans, enseignes, guidons, hommes d'armes, archers, coustillers, mareschaux des logis, & fourriers, tresoriers des guerres, & payeurs des compagnies, commissaires, & controlleurs: en baillãt la charge à seigneurs esleuz en prudence, & magnanimité: comme au connestable, mareschaux de France, & autres gens de qualité. Les Mammelucs tirez la plus part du pays de Circasse, estoient instruicts par maistres escrimeurs, & exercez continuellement aux armes, les endurcissans à la peine & à la faim, & à coucher sur la dure, ou sur de meschans tapis. Ceux qui se trouuoient plus vaillans estoient enroollez en cest ordre equestre, receuans de là en auant bon traittement & salaire, Parquoy n'ayans autre soin que des armes, & estans de leur naturel robustes, & dés l'enfance accoustumez à la peine, ils s'attribuoient le premier los de guerre entre toutes gens: cuidans n'y auoir aucun au monde que ne peussent surmonter par armes.

Les Perses sont cataphractes ayans cheuaux robustes bardez, & sont cheualiers tres-vaillans: en sorte que vingt cinq mil d'eux ne craignent pas cent mil Turcs non armez, & montez sur cheuaux legers. Les nobles du pays sont obligez d'aller à la guerre par les fiefs & arrierefiefs qu'ils possedent: côme en France, Espagne, Lombardie, Naples, Angleterre, Allemaigne, Poloigne: & faire nombre de gens armez selon le reuenu des terres qu'ils tiennent, ou par succession de leurs parens, ou par bienf-faicts du prince. Les plus riches sont communement tresbien armez, les autres se contentent de salades & mailles, & estans couuers d'escus combatét auec la lance, & l'arc alternatiuement. Ceux de Scyras sont reputez les meilleurs, puis les Assyriens: ausquels sont meslez les Mediens & Parthes les meilleurs archers de l'Asie apres les Tartares: Les Armeniés ayment mieux combatre à pied, & sont ordonnez par bataillons, se remparans de grands pauois fichez en terre, contre les ennemys, vsans de courtes picques & haches & de fondes. Leurs alliez sont les Georgiens & Mengrelles chrestiens à la Grecque, reputez tres-belliqueux.

Lon faict cas des Albanois de Grece, des Housserons de Hongrie, & des reitres d'Allemaigne. Mais les Turcs semblent auiourd'huy estre les premiers en guerre, ayans vaincu les Frâçoys en la iournee de Nicopoli, ruyné les Mammelucs, assailly & surmonté les Perses en leur pays mesme, subiugué les Albanois, & les Hongres, entré & couru l'Allemaigne. Dont nul se doibt esmerueiller considerant leur discipline, en laquelle ils ont plusieurs choses tres-recommandables, obseruees auec telle iustice & seuerité, que facilement ils surmontent en cela les anciens Grecs & Romains. La premiere est sobrieté: car en necessité de viures ils se soustiennét en guerre auec peu de pain demy cuit au brasier, & du ris auec pouldre de chair seichee au soleil. Leur bruuage est d'eau pure: estant deffendu boire vin au camp. Telle loy auoient anciennement les Carthaginois en guerre, comme dict Platon. Mais les Turcs outre la police ont la religion qui les rend en cela plus craintifs de faillir. Il n'y eut iamais semblable obeissance ailleurs, par ce que ne se trouue compagnie passant dix hommes qui n'aye son chef, & tousiours obeissent les inferieurs aux superieurs. Le silece en telle multitude est merueilleux: estans retenus tant de soldats par signes des mains & du visage, sans mot dire. Tellement que souuent pour ne faire bruit de nuict ils laissent eschapper les captifs. Si hardy de mener femme en exercite, ny d'en auoir compagnie, ne iouent aux dez & aux cartes, ny à autres ieux de

D iij

DE LA VICISSITVDE DES CHOSES

hazard pour argent, ne blasphemēt Dieu en aucune maniere : ains le nomment tousiours en grande reuerence. Les deux cas que plus grieuement ils punissent sont les querelles & larrecins. Marchans par pays en Esté n'oseroient sur la vie entrer és bleds & les gaster. Mesprisent la mort, croyans qu'elle est predestinee à chacun, & le iour de mourir escrit en son front, qu'il n'est possible euiter, ce qui les rend plus hardis & hazsadeux, ioinct que la peine ou recompense y est presente à ceux qui font bien ou mal. Car comme le supplice & loyer cōtienne toute republique ainsi que disoit Solon : & honte & honneur soient les deux aisles de vertu : incontinent apres le combat qui a faict son deuoir est guerdonné, ayant creüe de soulde, & qui mal, a la teste trenchee, ou demoure deshonnoré perpetuellement. Iamais ne campent és villes, ny en approchans, permettent que personne y aille coucher par crainte des iniures & seditions, obseruās estroittement la discipline militaire: à fin que pendāt qu'on est en camp, delices n'y entrent qui ont iadis ruiné les plus puissantes armees, & corrompu les nations belliqueuses. D'auantage pour euiter oisiueté les princes Othomans ont accoustumé de deux ans en deux ans mener la guerre quelque part: à fin d'exercer leurs gensdarmes, qui anciennement n'arresteroiēt gueres à s'aneātir despartis par les prouinces. Il n'y a nation auec laquelle les Turcs ayent eu different, qu'ils n'ayent vaincue, exceptez les Tartares. Neantmoins combien que le grād seigneur abonde en hommes, & en toutes choses requises à la guerre plus que tout autre monarque de nostre temps & cognoissance : toutefois il ne hazarde rien temerairement, & obtient plus de victoires par habilité & occasion que par force. Il cognoit les meurs de ceux auec lesquels il a affaire, leur suscite d'autres ennemys : à fin de distraire leurs forces, & les affoiblir, se faisant paindre & pourtraire les assietes des païs par où il fault marcher, ordōner son armee, cōbatre ou se retirer, n'entrāt gueres en autre cōtree qui ne soit diuisee, & ne reçoiue faueur par l'vne des parties. Il a de coustume quād il va en lōgue & difficile expedition, & ou le pays est mal aisé pour tirer artillerie, la faire porter en pieces: puis vers les limites de l'ēnemy, ou apres auoir passé le mauuais chemin, la faire fondre. Quād il acquiert par armes quelque nouueau pays, il ruine incontinēt toutes les forteresses non necessaires, destruit les citez & les reduit en paoures bourgades, esteint totalement les plus grāds & les nobles, permettant au populaire viure en la religion qu'ils auoient parauant. Toute celle force consiste en gens de cheual appellez communement Spachis, & en gens de pied qui sont les Ianirzates. Les Spachis ont autant de solde en paix qu'en guerre : & sont enuiron deux cens mille, cōprins tāt les ordinaires de la court & maison du prince, que les subiects aux bellerbeys. Plus y a soixante mil auanturiers à cheual nommez achangis: ausquels se ioignēt les Curs & Tartares comme auxiliaires, quād ils sont appellez. Mais n'y a force entre les Turcs plus asseuree & plus gaillarde que celle de Ianirzaires: qui peuuent à la façon des Argyraspides Macecedoniens anciennement ordonnez en phalange, soustenir & rompre tous efforts des ennemys, & iamais ensemble n'ont esté vaincuz. Amurat deuxiesme du nom les institua premierement, & par leur ayde gaigna la grande bataille à Varne: où fut occis Lancelot Roy de Hongrie & de Poloigne. Mahumed son fils print d'assault Costantinople, Baiazet Methon. Selim vainquit le Sophi & les deux soudans. Solimam a obtenu plusieurs victoires en Asie, Affrique, & Europe. Leurs armes sont arcs ou lógues arquebuses: dót la pluspart vsent tres-bien, picques plus courtes que celles des lansquenets & Suysses, la cymeterre & vne petite hache d'armes. Combatent par mer & par terre tres-hardiment. Se prennent des fils de tous chrestiens subiects au seigneur, qu'il commande leuer de trois ans en trois ans, ou de quatre en quatre: & les faict nourrir fort paourement, dormir sur la dure, à fin de les endurcir au trauail, & accoustumer à viure en cáp. Tous les Turcs vont de tel courage, ardeur & celerité à la guerre: mesmement où il est question de deffendre leur religion, que quand ils s'assemblent pour y aller, vous les diriez estre inuitez aux nopces, non au camp. A grand peine attendent ils le temps prefix pour marcher: ains le preuiennent, il leur desplaist beaucoup de demourer en repos sans guerre, se reputans heureux de ne mourir en leurs maisons parmy les pleurs des femmes: ains au conflit entre les lances & flesches des ennemys, ne regrettans ceux qui meurét ainsi, ains les reputás saincts, & prians pour eux en toutes leurs assemblees. Pour obuier aux homicides qu'ils ont en grand horreur, ne portent armes en court, ny par ville, ne au camp, sinon quand il fault combatre: ains les mettent sur chameaux, ou mulets, ou gardét dedans les tentes. Ne se souciét du froid de l'Hyuer, ny du chaud d'Esté, ny d'autre incommodité de l'air ou du temps. Ne craignent l'aspreté des lieux, ou longueur des chemins, se contentent de peu, & ne chargent de bagage inutile, faisans grandes courses sans succomber au trauail. Monstrent grande maturité en leurs meurs euitans legereté en leurs actes, gestes, vestemens, paroles. Il n'y a point de curiosité, vanité, ou superfluité entre eux: ains au contraire grande simplicité, & modestie. Quand Amurat deuxiesme qu'ils reputent sainct, & qui fut tres-vaillant & heureux en armes, alloit au temple, à l'oraison, il sortoit de son palais sans pompe aucune, accompaigné de deux seruiteurs: ne voulant estre salué, ny caressé par acclamations, & estant au temple n'auoit ciel tendu, ny autre magnificéce, & auant que mourir se demist de l'Empire sur son fils, & se retira en solitude religieuse. Il estoit affable en propos, meur és iugemens, liberal en aumosnes. Mahumed son fils a eu fortune tres-fauorable ressemblant à Alexandre le grand en cœur, entendemét, & conuoitise de gloire. Il print d'assault Cóstantinople en l'aage de vingt ans. Et neátmoins se plaignoit qu'Alexandre en mesme aage auec si peu de forces eust conquis l'Empire du monde, & luy qui n'auoit moins de cœur, & estoit si puissant de gens, de cheuaux, armes & finances, n'en pouuoit venir à bout d'vne portió, jaçoit que par ses haults faicts il ait acquis le tiltre de grand à sa famille. Selim preferoit Alexandre le grand & Iule Cesar, à tous les anciens capitaines, lisant incessamment leurs faicts translatez en langue Turquoise: & se conformant à leur imitation a gaigné les plus grandes victoires de nostre temps. Solimain apres auoir gouuerné heureusement & sagement ce grand Empire par l'espace de XLVII. ans, reueré & obey des siens, craint des voisins, requis de tous, est decedé guerroyant en l'age de LXXVIII ans, & mort qu'il estoit par la terreur de son nom, & reputation de sa magnanimité, a prins Signet en Hongrie, laisD iiij sant celle immense puissance paisible à Selim son successeur. Iamais ne furent à bon escient battus que par Tamberlan qui en sçauoir & experience d'armes, pouuoir, authorité, felicité, viuacité d'esprit, diligence, hardiesse, tolerance a surpassé non seulemēt les Othomans, mais aussi tous les grands capitaines anciens Assyriens, Egyptiens, Medes, Perses, Parthes, Grecs, Romains, Chrestiens, Sarrasins.

COMPARAISON DE TAMBERLAN AVEC NINVS, *Sesostris, Cyrus, Darius, Alexandre, Arsaces, Hannibal, Iule Cesar, Constantin, Attila, Charle Magne.*

IAÇOIT que Tamberlan ne fust fils de Roy comme Ninus, neātmoins par certaine faueur du ciel paruint à l'Empire de toute l'Asie comm'il auoit faict, & ne mena guere moindre armee que luy. Et comme il deffeit en bataille Zoroastre Roy des Bactriens, cestuicy vainquit Baiazeth Roy des Turcs. Il domta tous les Scythes ou Tartares deçà & delà le mont Imaus iusques à la riuiere de Volge, qui tuerent Cyrus: lesquels Daire auec tāt de milliers d'hommes, ne peult renger à son obeissance, ny Alexādre la terreur d'Orien: ny furēt assaillis par les Romains. Comme Sesostris faisoit mener son chariot triomphal par quatre Roys, couplez au lieu de cheuaux quand il alloit au temple, ou se pourmenoit par la ville: Ainsi Tamberlan voulant monter à cheual s'aidoit du dos de Baiazeth captif Roy des Turcs, ainsi qu'en auoit vsé Sapores Roy de Perse enuers Valerien Empereurs des Romains. Il a commun auec Cyrus qu'ils furēt eux deux nourris entre bergers & esleuz Roys par leurs compagnons, d'où commença leur grandeur. Il fut en heur semblable à Alexandre, lequel ne donna iamais bataille que ne gaignast, ne assiega forteresse qu'il ne print: ayans eux deux receu perpetuelle faueur de fortune, sans aucune aduersité. Comme Alexandre l'Orient vaincu dressoit grosses armees par terre & par mer pour cōquerir l'Occidēt, deliberāt marcher par Afrique iusques en Mauritanie, & passer au destroict de Gibaltar en Espaigne, puis de là retourner par Gaule & Italie en Grece. Iule Cesar alloit guerroyer les Parthes, proposant apres les auoir subiuguez, passer par Hircanie, & enuironner la mer Caspienne, & le mont de Cocas, reuenir gaigner le Royaume de Pont, pour puis apres entrer en la Scythie, & ayāt couru le païs & toutes les natiōs & prouinces voisines de la grāde Germanie & la Germanie mesme: retourner à la fin par la Gaule en Italie, & estēdre ainsi l'Empire Romain à la rōde, de sorte qu'il fust de toutes pars enuirōné de l'ocean. Sesostris apres auoir cōquis la meilleure partie de l'Afrique, l'Ethiopie, & l'Arabie: aspirant à l'Empire du monde, dressa grosse armee sur la mer Arabique: auec laquelle il costoya & assubiectit toutes les regions maritimes iusques en l'Indie, qu'il courut vniuersellemēt outre le fleuue de Gāge: & de la chemina auec celle de terre par l'Asie, & Scythie qu'il vainquit iusques au Tanais. D'où passa en Europe, en intention de la domter entierement. Mais la bonne fortune qui auoit accompagné longuement ces grāds capitaines leur defaillant, ils ne peurent acheuer si grandes entreprises. Car le premier

premier fut empoisonné, le second tué : les deux autres contraincts retourner en leurs pays : L'vn par pestilence, l'autre à faulte de viures, & par l'aspreté de la Thrace. Astyage Roy des Medes vaincu par Cyrus fut lyé de chaisnes d'or. Daire Roy de Perse surmonté d'Alexandre mis par Bessus en vn sep doré. Desidere Roy des Lombars prins par Charlemaigne à Pauie, priué du Royaume, & retenu prisonnier le reste de sa vie. Ainsi Baiazeth vaincu par Tamberlan demoura iusques à la mort captif, & fut enchaisné. Attila nasquit & mourut en semblable iour que Iule Cesar. Il se disoit estre le fleau de Dieu. Tamberlan l'ire & la ruine du siecle depraué. Neantmoins Attila meu par reuerēce de la religion, à la priere du Pape Leon ne changea seulemēt son propos d'aller à Rome, mais aussi laissant l'Italie retourna en son pays. Tamberlan par où il passoit, ne permettoit qu'on violast les temples, & ne toucha à l'Arabie par ce que leur Prophete en estoit natif. Sesostris retourné que fut en Egypte s'adonna totalement à la religion & à bastir temples. Charlemaigne fonda monasteres, & commença l'vniuersité de Paris. Constantin feit cesser la culture payenne, & asseura la Chrestienté, assignant reuenus aux Eglises des Chrestiens : il edifia Constantinople, Tamberlan restitua Smarcand : ayans eux deux embelly & orné leurs deux villes des despouilles de tout le monde. Alexandre, Hannibal, Iule Cesar, Auguste, Constantin, Attila, Charlemagne, Tāberlan ne furent heureux en lignee, s'entre ressemblans en ce qu'ils menerent grosses armees, donnerent grandes batailles, conquirent plusieurs seigneuries : qui furent tātost perdues, ou allienees par la diuision, ou lascheté de leurs successeurs. Attila fut fatal à l'Europe & à l'Occident, Alexandre & Tamberlan à l'Asie & à l'Orient. Iule Cesar à la republique Romaine. Hānibal à l'Italie & à la Lybie. Tāberlan reduict les Turcs en piteux estat : duquel tantost se releuerent, & deuindrēt plus puissans que deuāt : Comme les Grecs & Romains oppressez de Xerses & d'Hannibal : alors que pensoient estre ruinez, ils paruindrent à plus grande gloire.

COMPARAISON DES ROYAVMES, EMPIRES OV
Monarchies, & Republiques modernes auec anciennes.

IL EST recité en la saincte escriture comment Nabuchodonosor veit vne statue d'enorme grandeur dont la teste estoit d'or, l'estomac & les bras d'argent, le ventre & les cuysses d'erain, les iambes de fer, vne partie des pieds estoit de fer & l'autre de poterie. Reueillé qu'il fut pour ce qu'il n'auoit memoire de son songe & neantmoins se trouuoit fort effrayé, il conuoqua ses deuins ausquels il feit commandemēt de luy exposer quel auoit esté son songe : s'ils y failloient il menaçoit de les faire mourir. Ayant cela entendu Daniel ieune fils qui auoit esté là amené de Hierusalem pour esclaue, feit à sçauoir qu'il pourroit fournir au desir du Roy, & presenté mōstra en premier lieu ce que le Roy auoit songé puis interpreta que vouloit dire le songe, disant que la statue signifioit les quatre Empires souuerains du monde qui deuoient succeder par ordre l'vn à l'autre, à sçauoir le Babylonien, Persien, Grec & Romain. Sur cela il adressa son propos au Roy en tels termes. Tu es certes le chef d'or de

E

ceste statue: toy di-ie que Dieu a orné de puissance & gloire supreme, auquel il a donné domination sur tous hommes, sur les bestes des champs, & les oiseaux du ciel. Apres toy viendra vn autre regne d'argent, c'est à dire pire que le tien present. Le troisiesme sera d'erain, qui s'estendra au long & au large, le quatriesme de fer, car ny plus ny moins que le fer brise, & vient à bout de tout, semblablement ce quatriesme & dernier brisera tous les autres, & les assubiettira à luy. La puissance de Nabuchodonosor est appariee à vn arbre attaignant iusques au ciel, couurant de son ombre tout le monde vniuersel, duquel les fueilles sont belles par singularité, & le fruict si abõdãt que toutes bestes en sont repeues & engraissees. Es rameaux & brãches duquel toute sorte d'oiseaux faict son nid & repaire, signifiãt l'escriture par cela la monarchie Assyrienne, laquelle fut soubs ce Roy augmẽtee & haulsee au souuerain degré. Itẽ Daniel veit en songe quatre animaux sortir de la mer Oceane, le lyon, l'ours, la panthere, & le quatriesme terrible & horrible à veoir. Le lyon signifie le Royaume des Assyriens, les deux ailes qu'il luy baille sont comme les deux membres de cest Empire Babylonie & Assyrie. Par l'ours est signifié le royaume de Perse, par lequel celuy de Babilone fut destruict, les trois costes qu'il dict auoir esté entre ces autres deux sont les principaux Roys de ceste monarchie, Cyrus, Daire, Artaxerse excellens par dessus les autres, qui ont mangé force chair, c'est à dire ont conioinct plusieurs peuples à leur domaine. La panthere est l'empire d'Alexandre le grand, ou des Grecs. Les quatre aisles & testes d'icelle sont les quatre royaumes yssus de ceste monarchie apres le trespas d'Alexandre. Le quatriesme & dernier animal est l'Empire Romain, les dix cornes sont ses membres ou parties, Syrie, Egypte, Asie la mineur, Grece, Afrique, Espagne, France, Italie, Allemaigne, Angleterre: car les Romains ont tenu toutes ces nations. Entre ces dix cornes naist & surcroist vne petite corne qui en arrache trois des dix autres, par où est entendu le regne Mahumetique ou des Turcs, lequel estant esleué de petit commencement en la monarchie Romaine a occupé les trois principales parties d'icelle, l'Egypte, Asie, Grece. D'auantage ceste petite corne a des yeux & est iniurieuse contre Dieu. Car Mahumed proposa vne nouuelle doctrine : ayant apparence de sagesse signifiee par les yeux, & neantmoins blaspheme contre Dieu, abolissant la doctrine chrestienne & outrageant les saincts iusques à ce que l'ancien qui n'a commencement ny fin, viendra faire son iugement. Dont on doit entendre apertement que le cours de ce monde prẽdra fin en cest Empire, & n'en suyura point d'autre. Mais que toutes principautez du monde abolies, ce Royaume perpetuel viẽdra, duquel Christ sera l'autheur & cõducteur. Voila comment aucuns Theologiens ont exposé Daniel. Les autres l'accommodent seulement à Babylone qui est tombee soubs la domination des Medes, Perses, Grecs, & Parthes: laquelle a esté souuẽt desolee, & finablement ruinee: ne trouuans bon de reduire tous Empires à quatre, attendu qu'il en y a eu plusieurs autres tres-puissans, & de grande estendue. Comme des Medes qui supplantert̃ les Assyriens: Des Parthes qui chasserent les Macedoniens, vainquirent souuent les Romains : & comme ayans faict partage du monde auec eux obtindrent l'Orient, & dominerent toute l'Asie entre la mer rouge & Caspienne, & bien auant vers les Indes. Des Egyptiens dont les Roys passerent en los de vaillance & faicts d'armes, toutes autres nations, qui effaceroient les hautes & excellentes victoires des Perses, Macedoniens, Romains: si le long cours des ans permettoit que leur bruit durast encore, ne surpassans les autres que par l'heur de leurs historiens plus leuz, & par plus fraische memoire de leur antiquité. Des Arabes ou Sarrasins qui occuperent la Perse & Babylone, destruisans l'Empire Romain Oriental, & occuperent grande partie de l'Asie, Affrique, & l'Europe: y plantans non seulement leurs armes & seigneuries, mais aussi leur religion, & leur langue. Des Goths qui n'enuahirent seulement les prouinces de l'Empire Romain Occidental, ains prindrent & pillerent Rome siege de l'Empire, regnans en Italie LXX ans: jaçoit qu'Alexandre qui ruina le Royaume des Perses ne regnast que douze ans: lequel comme vn tonnoirre esclairant tressaillit en diuerses parties, laissant son estat à plusieurs successeurs discordans, qui le perdirent incontinent. Finablement des Tartares qui peuuét estre egalez à tous les precedens: qui gaignerét la Bactrienne & Sigodienne, les prouinces des Empires Babylonien, Persien, Parthique, & destruisirent Babylone mesme soubs la conduitte de Halao leur seigneur.

Auiourd'huy il y a de grands estats à sçauoir vers Orient, Du Cathay ou de la Chyne en l'Indie Septentrionale, & de Narsingue en la meridionale, auquel est prochain le Persien. Le Moscouitique en Septentrion, & l'Abissin ou Ethiopien au Midy, En Occident le Françoys & Espagnol. Le Turquois est comme au milieu de tous tres-grand & tres-riche: lequel toutefois ne doit estre comparé à celuy des Romains: qui dominerent depuis les Orcades & Thule d'vn costé, l'Espaigne & Mauritanie de l'autre, iusques aux mons de Cocas, & au fleuue de l'Euphrate & l'Ethiopie superieure trauersans le pays d'Egypte & l'Arabie, iusquesà la mer du leuant, estant leur Empire le premier & seul qui a iusques à present constitué l'Orient & Occident, le North & Midy ses limites: ayant duré douze cens ans plus longuemét que nul autre Royaume, excepté l'Assyrien, & republique qui ait esté deuant & apres, car les Turcs tiennét peu en Afrique, & rien en Italie, Espagne, Fráce, Allemaigne, Angleterre, ne passans vers Oriét, & Midy les anciennes bornes des Romains.

La republique de Venise Aristocratique principalement par le Senat & college des sages, à ses parties tant bien temperees ensemble & proportionnees, qu'elle a esté tres-longuement preseruee au dedans de seditions, & mutations qui ayent au moins esté d'importance, & par dehors s'est entretenue contre les effors de plusieurs puissans princes: ayant ja duré prez de douze cens ans sans violence de guerre intestine, & sans tomber soubs le ioug de puissance estrangere, ou changer la religion premiere en laquelle a esté fondee. Maintes republiques anciennes l'ont passee en grandeur d'Empire, en discipline militaire, & en renómee de haults faicts. Mais n'en y a point qu'on luy puisse côparer en bôté de police, & de loix pour bien & heureusement viure, ny s'en trouuera aucune qui ayt regné si longuement, non entre les anciennes la Romaine, Carthaginoise, Rhodienne, Athenienne, Lacedonienne, Marsilienne: Et entre les recentes la Florentine, Senoise, Lucoise, Genéuoise: estant veritablement l'eſtat gouuerné en communauté le plus accomply qu'on ait iamais leu ny veu. Pareillement la Democratie des Suyſſes eſt bien temperee par ſes conſeils eſtablis en chacun canton qui la preſeruent des vices & inconueniens auſquels ſont ordinairement ſubiettes les cōmunes populaires, & l'ont faitte proſperer iuſques à preſent. Et entant qu'il y a entre eux treze citez confederees, ils repreſentent les anciennes ligues des Toſcans, Ioniens, Eoliens, Acheins : qui n'ont gueres paſſé le nombre de douze ou treize villes. Car eſtans paruenues à tel nombre qu'elles puiſſent auoir moyen de ſe deffendre, elles ne pourchaſſent plus s'augmenter : tant pour ce que neceſſité ne les aſtraint à chercher plus de puiſſance : que pour eſtre communes en leurs conqueſtes, elles n'en ſont plus tant d'eſtime, & qu'autrement augmentans en ſocietez & confederatiōs, la multitude en reuiendroit à quelque confuſion.

COMPARAISON DES NATIONS MILITAIRES,
armees, batailles, ſieges & aſſaults de forrereſſes.

AVcvns peuples ſont meilleurs par terre, les autres par mer. Polybe eſcrit des Cartaginois, qu'ils eſtoient plus habiles ſur mer, & y dreſſoient mieux vn equippage : d'autant que ceſt exercice leur eſtoit hereditaire & ancien, & qu'ils traffiquoient ſur mer plus que nuls autres. Mais que les Romains s'aidoient mieux de pietons, & pourtant y entendoiēt de tout leur pouuoir. Les Pheniciens, Ciliciens, Egyptiens, Rhodiens, Marſiliens furent iadis fort eſtimez au faict de la marine. L'aſſiete de Veniſe eſt plus propre à la guerre de mer, que de terre : veu qu'en aucune maniere lon n'y ſçauroit accommoder compagnies de gens à cheual, ne bandes & eſquadrons de pietons. D'auantage les nations plus ſimples & courageuſes ne cherchent que combattre par vertu, blaſmans fort les ruſes & ſurpriſes : tels qu'eſtoient anciennemēt les Gaulois & Heluetiens. Les autres cōme les Grecs, Eſpagnols, Perſes, Egyptiés, Africains, qui ſont naturellement fins & cauteleux, ne ſe ſoucient pas commēt ils puiſſent auoir l'auantage ſur leurs aduerſaires : n'eſtimans honteuſes tromperies quelconques contre les ennemys : pourueu qu'ils les ſurmontent. Et pour ce ils vſent ordinairement d'embuſches à les ſurprendre, ou volent d'emblee leurs villes, eſſayans les vaincre par eſcarmouches & rencontres ſoudaines au deſpourueu, pluſtoſt que par batailles termees à iour prefix, ou preparees. Polybe dict que les Cretois ou Candiots ſont les plus habiles du monde tant par terre q̄ par mer a embuſches, pilleries, & rapines, à ſurpriſes de nuict, & à toutes manieres de tromperies, mais en bataille rengee ils ſont laſches, couars, & ſans ſeruice. Auſquels les Acheins & Macedoniens ſont totalement contraires. Iuſtin recite que les Parthes en fuyant deceuoient leurs ennemys, & qu'alors qu'on les penſoit auoir vaincus, ils eſtoient plus dangereux. Les Turcs qui ſont ſi puiſſans obtiennent plus de victoires par art & occaſion, que par force : ne hazardans iamais bataille qu'à leur aduantage.

Quant eſt des armees l'Aſie de tout temps à cauſe de ſon immenſe eſtendue a eſté treſ-populeuſe, & pour ce a mis ſus armees d'incroyable grādeur & puiſsance: comme nous auons dict de Ninus qui mena exercite de dix sept cens mil pietons, deux cens mil hommes de cheual, dix mil six cens chariots garnis de faux trenchans : De Semiramis sa femme qui entra en Indie auec treze cens mil pietons cinq cens mil cheuaux, cent mil chariots, & feit vn pont sur la riuiere d'Inde de deux mil bateaux. De Cyrus qui amassa six cens mil pietons & six vingt mil hommes de cheual, deux mil chariots armez de faux. De Daire le premier qui assaillit les Scythes auec huict cens mil combatans, De Xerses descendant en Grece, qui eut par mer cinq cens dixsept mil hommes, par terrre vn million sept cens mil pietós, quatre vingts mil gens de cheual, Arabes & Africains vingt mil, ausquels se ioignirent d'Europe trois cens mil: reuenant toute la multitude à deux millions trois cens dix sept mil combattans: Attila en Europe assembla cinq cens mil hommes de guerre à pied & à cheual. Nous leur comparerons Tamberlan qui a mis ensemble & entretenu longuement douze cens mil hommes de guerre, ceux qui diminuent de ce nóbre, ne luy donnēt moins de six cens mil pietons, & quatre cens mil cheuaux. Les deux plus grandes armees qui ayent esté veues en Occident par terre depuis mil ans ont esté celle de Sultan Soliman retournant pour la deuxiesme fois à Vienne, Et de l'Empereur Charles cinquiesme, allant au deuant pour la deffendre. Où s'ils eussent combatu, n'alloit seulemēt de Vienne, ains de l'Empire presque de tout le mode: à fin de le rendre en son ancien estat. Mais suruenant l'Hyuer, se despartirent sans rien faire memorable, craignans l'vn l'autre. En l'armee du Turc y auoit cinq cens mil combatans, & d'artillerie trois cens pieces de campaigne. En celle de l'Empereur XC. mil pietons, & trente mil hommes à cheual, Allemans, Flamens, Bohemiens, Polaques, Hongres, Espagnols, Italiens, Bourguignons, Naumurois, Hannoiers, auec incroiable appareil de toute sorte d'artillerie, reuenāt le nombre de tous ceux qui furent en l'exercite, lors qu'il fut accomply à CCLXXX mil personnes. Les autres assemblees militaires qu'on a veues en Occident long temps ya ressemblent plustost à ieux de barres ou voleries, qu'à vrayes guerres: si croyons à l'historien Blonde Flaue, estāt par deçà perdue, ou mal obseruee la discipline militaire, & les hommes accouardis par delices, & aueuglez par leurs mutuelles & friuoles dissensions, diminuant de iour en iour leur vaillance & reputation.

 Au regard bes batailles Herodote afferme que de toutes celles que donnerent oncques les Barbares, la plus aspre & la plus furieuse auoir esté entre Thomyris Royne des Messagethes, & Cyrus: où fut defaitte grande partie de l'armee des Perses, & Cyrus luy mesme occis. Xenophon raconte pour grandes batailles les deux que gaigna iceluy Cyrus contre les Assyriens & Lydiens: esquelles l'vn Roy fut occis, l'autre prins. Nous pouuons mettre entre les principales batailles les trois que gaigna aussi Alexandre contre Daire dernier Roy de Perse. Celles qui furent entre Scipion & Hannibal, entre Pompee & Cesar à Pharsale. Entre Attila Roy des Hunnes d'vne part, & les Romains, Françoys, & Gots d'autre en la cāpaigne de Chaalons, où demourerent cent quatre vingt mil personnes. Celle qu'eut Charles Martel pres de Tours, contre les Sarrasins, où en furent occis trois cens soixante mil. Ausquelles pouuons comparer celle

DE LA VICISSITVDE DES CHOSES

que donna Tamberlan à Baiazeth Othoman, où furent occis deux cens mil Turcs. Amurat à Lancelot Roy de Poloigne & de Hongrie à Varne, qui y fut occis. Les deux qu'a gaignees Selim sur le Sophi à Calderan, & sur le Soudan en Surie: les plus celebres qui ayent esté donnees depuis mil ans.

Les anciens sieges plus memorables des places fortes sont de Troye par les Grecs: où ils demourerent dix ans, & la surprindrent de nuict par finesse, De Babylone par Cyrus, & par Daire: De Messene par les Lacedemoniens, où ils demourerent semblablement dix ans: s'estans astraints par serment de n'en partir iamais, qu'ils ne l'eussent prinse. Herodote escrit que Psammetique Roy d'Egypte tint assiegee Azote grande ville de Surie, par l'espace de vingt neuf ans, & s'y opiniastra tellement, qu'il n'en voulut iamais partir, qu'il ne l'eust prinse. Disant ledict autheur que de toutes les villes qu'il auoit cogneues c'estoit celle qui auoit soustenu plus long siege: Outreplus Alexandre assiega Tyre, Marcel Syracuse, Hannibal Sagonte, Scipio Carthage & Numance, Numantius Corinthe, Iule Cesar Vxellodun, Alexie, Auaric, Gergobie, & Marseille. Vespasien & Tite son fils Hierusalem. Alaric, Totile, & Genseric Rome.

Nous pouuons mettre entre les sieges nouueaux que comparons auec les anciens, celuy de Constantinople faict par Mahumed accompagné de deux cens mil Turcs, qui la print d'assault en l'aage de vingt deux ans: De Grenade par le Roy Ferdinand & la Royne Elizabet: où ils s'opiniastrerent par sept ans, auant que la pouuoir prendre sur les Mores: de Rhodes par Sultan Soliman l'enuironnant auec trois cens mil combatans, qui finablement l'obtint par composition: de Belgrade à l'entree de Hongrie ville tres-forte, & de Malte par luy mesme qu'il ne peult prendre, iaçoit que ses gens y feissent tout effort, mais mourant conquit Siguet en Hongrie. N'y a gueres que Florence soustint vn an entier le siege, auant que la republique fust reduitte en duché. Calais estimee imprenable fut prinse d'assault en cueur d'Hyuer par les François, sur les Anglois qui l'auoient gardee auec grand soin plus de deux cens ans. Mais les sieges de Rhodes & de Malte ont esté plus maritimes que terrestres, & peuuent estre comparez aux sieges de Tyr, Syracuse, Carthage, Numance, Marseille, qui furēt pareillement plus Maritimes que terrestres. La bataille par mer qu'ont n'agueres gaignee les Venitiens sur les Turcs, ne cede aux plus celebres anciennes: comme des Romains contre les Armoriciens, entre Demetre fils d'Antigone Roy de Surie, & Ptolemee Roy d'Egypte. Entre Philippe Roy de Macedoine, & Attale Roy de Pergame, entre Octauien & Marc Antoine ditte Actiaque: Bien est vray que les anciens estoient plus puissans en la marine que nous: mais à faulte d'entēdre encore la nauigatiō, ils feirēt infinis nauffrages, & receurēt pertes inestimables. La seule cité d'Athenes entretint quelquesfois trois cens galeres. Et maintenant le Turc tant riche & puissant n'en sçauroit autant mettre sus, equipper, & entretenir. Xerses descedant en Grece auoit trois mil vaisseaux. Alexandre quand il mourut en faisoit armer mil pour passer en Afrique, & assaillir Cartage. Les Romains & Carthaginois és guerres qu'ils menerēt longuement ensemble perdirent innumerables nauires. Denys tyrant de Syracule auoit quatre cens vaisseaux à rame. D'auantage les anciens faisoient galeres de cinq, six, sept, huict, neuf, dix rames, voire iusques à trente, Celles du iourd'huy ne sont qu'à trois, & à Venise a esté trouué difficile de bastir vne quiquereme. Depuis cinq cens ans les Venitiens & Geneuois ont esté maistres de la mer mediterranee, & y ont guerroyé asprement les vns côtre les autres, à qui en demoureroit l'intendance principale. Les Venititiés à la longue ont eu du meilleur, & y sont encore tres-puissans. En l'Ocean les Portugallois & Castillans par adresse, science, & seureté de nauiguer, tiennent le premier los en cest exercice, ayans surpassé les Tyriens, Egyptiens, Pheniciens, Rhodiens, Romains, Cartaginois, Marsiliens, Armoriciens, & autres qui s'en meslerent oncques en longueur de voyages, decouuremens de terres parauant incogneues, ayans enuironné toute la ronde par leurs nauigations. Ce que iamais ne feirent, ny sceurent faire, ou oserent entreprendre les anciens.

COMPARAISON DES NAVIGATIONS ET DECOVuremens de pays, peregrinations & voyages par terre.

HOMERE & Orphee ont chanté en leurs vers que toute la terre habitable estoit enuironée de l'Ocean comme vne Isle. Et les Cosmographes afferment la terre & l'eaue ne faire qu'vn globe, lequel a esté entierement enuironné de nostre téps en trois ans par la nauigation de Magellan & de ses compaignons. Anciennement le Septétrion fut nauigué par le commandement d'Auguste iusques à la mer Balthique, & à la Borussie où croist l'ambre. Maintenãt les Anglois & Normans vont facilement en Moscouie: passans la mer appellee glaciale au temps qu'elle est desgelee.

Quant à l'interieur & plus reculé pays du North, les anciés ny cognoissoient outre la riuiere du Tanais, separant l'Asie de l'Europe. Auiourd'huy tout est cogneu iusques au Pole, & la pluspart reduit à la religion chrestiéne par les Suessiens & Moscouites. Lequel d'autre part fut cogneu depuis la mer Indiéne iusques à la Caspienne par les armes des Macedoniens, durant les regnes de Seleuce & Antioque. Et autour de la mer Caspienne furent descouuerts plusieurs riuages, comme vers l'Orient fut visitee grãde portion de la mer Meridionale par les victoires d'Alexandre le grand. Item Hanno seigneur Carthaginois riche nauigua de Gibaltar en la mer Arabique par derriere l'Affrique, ayant redigé par escrit son voyage. En nostre temps les Castillans ont nauigué outre les Canaries, & tirans vers l'Occident passé iusques à nos Perieces qu'ils ont assubiectis à la Couronne d'Espaigne, auec plusieurs villes, & grandes terres pleines d'or & autres biens par eux descouuertes. Et les Portugallois cheminans vers le Midy outre le Capricorne: sont paruenus à nos anteces, monstrans toute la Zone moyenne estre habitee, c'est à dire tout l'espace de terre qui est soubs le Zodiaque entre les deux Tropiques, contre l'opinion d'Aristote & des anciens poetes, Depuis ont traversé aux Indes & attaint nos Antipodes acquerans sur eux domination. Outreplus Paule Venitien, Loys Romain, Francisque Aluares, Iean Leon & autres voyageãs par terre de tous les costez d'icelle, nous ont donné la cognoissance d'infinis pays mediterranees incogneuz parauãt. Tellement que pouuons veritablement affermer le monde estre auiourd'huy entierement manifesté & tout le genre humain cogneu, pouuans maintenant tous mortels s'entrecommuniquer leurs commoditez & subuenir à leur indigence mutuelle: comme habitans en vne mesme cité & republique mondaine.

COMPARAISON DE LA RICHESSE DV
temps present auec celle du temps passé.

IL EST certain que ce siecle a esté beaucoup enrichy & accommodé en plusieurs choses nouuelles seruantes non seulement à la necessité, mais aussi au plaisir, ornement & magnificence, par les nauigatiõs & descouuremens susdicts. Car outre les sucres, espiceries, perles, herbes, arbres & fruicts estrãges duisans à la medecine, ont esté trouuees plusieurs mines de tres-bõ or vers le Midy, signámant au pays du Perou, ou tous les vaisseaux & vtensiles de mesnage estoiẽt d'or, lequel a esté apporté en Espagne, puis dispersé au reste de l'Europe. Mais n'y a peu de difficulté à iuger si la richesse de ce tẽps est cõparable à celle du passé. Car il semble que les anciẽs estoiẽt plus riches, reduisant en memoire l'immense quátité d'or qu'emporta Sardanapale dernier Roy des Assyriens partant de ce monde, l'opulence de Midas & Cresus Roys, De Pythias Bythinien qui festoya à ses despés toute l'armee de Xerses, & luy presenta vne grande vigne d'or: les grands tresors trouuez par Alexandre en la conqueste de Perse. L'abondance d'or qui fut en Iudee au regne de Salomon, les excessiues despenses d'Antoine & Cleopatre, l'auoir de Crasse citoyen Romain, n'estimãt aucun riche s'il ne pouuoit entretenir de son bien vne armee, les pillages de Iule Cesar és Gaules, & dons à plusieurs pour les attirer à son party. Les prodigalitez de Claude Caligule, & Neron Empereurs, les possessiõs de Pallas, Calliste, & Narcisse libertins: & de Seneque philosophe qui en priuee condition ont surmõté le reuenu publiq de plusieurs Roys du iourd'huy estimez tres-riches. Toutefois nous entẽdõs le grãd Chã du Cathay & le Preteian vser de mesnage non iamais prattiqué anciennement à recouurer l'or & l'argẽt par deuers eux, & à le garder, qu'ils ont assemblé & continuent assembler en si grande quantité qu'elle suffiroit à achapter le reste du monde. Car l'vn n'vsant de monnoye d'aucun metal, ains de pieces de papier, ou escorces de meurier merquees de son signe imperial, l'autre de brins de sel ou grains de poiure: qu'ils font valoir autant que monnoye, ils tirent à eux tout l'or & l'argent du pays, & le font fondre, puis l'enserrent en lieux seurs sans en oster aucunemẽt. Tellemẽt qu'ils semblent passer en richesse tous les autres princes tant anciens que modernes, & autres qui furent iamais renommez pour leur auoir. Les Roys de Perse n'estoient si bons masnagers: qui donnoient cours à la monnoye d'or & d'argent en leurs pays, & ce qu'ils en retiroient par deuers eux le faisoient fondre & entonner en barils de terre cuitte, puis quand les vaisseaux estoient pleins ils les ordonnoient charier çà & là à la suitte de leur court, & s'ils en auoient besoin en rompoient autant qu'il leur en falloit. L'on dict que le reuenu du grand seigneur mõte à douze ou quinze millions d'or: duquel il entretient tant de gens à pied &

à pied & à cheual, par terre & par mer, en sa court & ses frontieres, sans que iamais la solde leur defaille: & neantmoins par bon mesnage met en reserue par chacun an beaucoup d'or & d'argent en son serrail, & és sept tours de Constantinople. Il y a long temps que ne fut seigneur plus riche, sans estre Roy ou Empereur que Cosme de Medicis premier du nom, Florentin.

COMPARAISON DES ARTISANS
& des ouurages.

Es excellens artisans & exquis ouurages se trouuent communement entre les gens riches curieux de beaux edifices, meubles, accoustremens, armes, harnois, de voluptez & delites. Mais il suffit aux paoures de fournir à leur indigence seulement. Parquoy és pays ésquels abondent toutes richesses, mesmement és grandes villes frequentent toutes sortes d'ouuriers qui sont auiourd'huy tres-bons, approchans en aucuns artifices des anciens, & les surmontans és autres. Les Grecs en tous mestiers excelleret pour vn temps, puis les Italiens qui sont ordinairement absolus en ce à quoy ils s'adonnent entierement. Les Allemans besoignent admirablement en tous ouurages de metaux. Les Flamens en peincture & tapisserie, Les François tres-industrieux à imiter ce qu'ils veoient ailleurs faict exactement, & aptes à le representer. Les Egyptiens du Caire fort subtils, honorans & estimans sur tous autres les inuenteurs de quelque braue nouueauté. Mais les Cathayns ou Chinois ont ceste persuasion de surmóter tous hómes en habilité, besoignans tant propreimét que leurs ouurages ne semblent estre faicts de main humaine, ains par la nature mesme.

COMPARAISON DES MOEVRS DV SIECLE
present auec les precedens.

La plainte est vieille que les mœurs empirent de iour en iour. Si ainsi estoit, les hómes seroient pieça paruenus au comble de toute meschanceté, & n'y auroit plus d'integrité en eux, ce qui n'est vray. Mais conuiét estimer y auoir certaine vicissitude entre la vertu & le vice qui montent & dechoient par tour, & souuent sont opposez l'vn à l'autre comme contraires: à fin d'estre mieux cogneuz & plus facilemét discernez. *Inest enim rebus omnibus quidam velut orbis, ut quemadmodum temporum vices ita morum vertantur. Nec omnia apud priores meliora (inquit Tacitus) sed nostra quoque ætas multa laudis & artium laudanda posteris tulit.* Il est croyable telle plainte estre procedee premierement des vieillars: lesquels passee la fleur de l'aage pleine de lyesse, quand ils entrent en extreme vieillesse où n'y a que tristesse, ils regrettent les plaisirs de ieunesse se voyans affoiblis des sens, & debilitez de tous membres. Quelquefois aussi estás mesprisez de ceux qui les honoroient parauant, & deceuz par la fausse opinion qu'ils ont des choses, pensent n'y auoir plus de foy, ne d'amitié, ou honnesteté entre les hommes: racontans aux plus ieunes merueilles de leur premier aage. Ausquels il aduient ne plus ny moins qu'à ceux qui s'embarquent sur mer, &

F

commençans flotter, à la mesure qu'ils s'esloignent de terre, il leur semble que le riuage, les motaignes, arbres, & maisons les laissent: estimans qu'en vieillesse le plaisir, humanité, iustice, les abandonnent, & euanouissent en l'air. D'auantage les extremement vicieux ne pouuans passer outre, ou persister longuement en ce poinct, sont côtraincts retourner peu à peu ou par honte qui est naturelle aux hommes, ou par necessité d'autant qu'en prauité si manifeste ils sont fuis de tous, ou par la prouidence diuine les reduisant. Car il se trouue és histoires anciennes des vices tant execrables qu'il n'est possible de plus, qui ont regné pour vn temps: & depuis ont esté detestez, ausquels succederét vertus tres-louables. Surquoy nous resouldrons auec Senecque parlant ainsi à ce propos. *Hoc maiores nostri questi sunt* (ait) *hoc nos querimur, hoc posteri nostri querentur euersos esse mores, regnare nequitiam, in deterius res humanas, & in omne nefas labi. At ista stans loco eodem, stabit unique paululum duntaxat ultro aut citro mota: ut fluctus quos æstus accedens longius extulit, recedens maiore littorum vestigio tenuit. Nunc in adulterio magis quam in alio peccabitur, abrumpetque frenos pudicitia, nunc conuiuiorum vigebit furor, & fœdissimum patrimoniorum exitium culina, nunc cultus corporum nimius, & formæ cura præ se ferens animi deformitatem. Nunc in petulantiam & audaciam erumpet male dispensata libertas, Nunc in credulitatem priuatam ac publicam ibitur, bellorúmque ciuilium insaniam qua omne sanctum ac sacrum prophanetur. Habebitur aliquando ebrietati honor, & plurimum meri cepisse virtus erit. Non expectant uno loco vicia, sed mobilia & inter se dissentientia tumultuantur, pellunt inuicem fugantúrque. Cæterum idem semper de nobis pronunciari debebimus malos esse nos, malos fuisse, inuitus adiiciam & futuros esse.*

COMPARAISON DE LA LITERATVRE MODERNE
auec l'ancienne en Philosophie, Eloquence, iurisprudence, Politique, Medecine, Poesie, Astrologie, Cosmographie, & autres Mathematiques,

TOVSIOVRS ont esté rares les grands entendemés propres aux lettres, voire és siecles plus doctes, & entre les nations plus ingenieuses. Consequemment l'excellence de sçauoir a esté pareillement rare, & tant plus admirable. Pour à laquelle paruenir est besoin de nature heureuse, diligence laborieuse, & perseuerance constante: qui soient auancees, honorees & remunerees par les princes, lesquels toutefois communément peu se soucient des lettres & les fauorisent maigrement. Les estudiás fils sont paoures s'appliquent aux ars questuaires, pour auoir moyen de viure, apres qu'ils y auront mediocrement profité. Les riches demandent le plaisir cherchans l'apparence facile, & non la profondité penible du sçauoir. La plufpart des enseignans vsent de routines & redites, s'acquittans legerement de leurs charges. Ceux qui escriuent ne font la plufpart que repetasser ou radouber grammaires, rhetoriques, dialectiques, institutions, introductions, epitomes, annotations, corrections, translations, epistres, oraisons, eloges, dialogues, lieux communs, elegies, odes, rythmes vulgaires, & autres semblables versifications. D'auantage il côuiét apprédre des liures és escholes le Latin, Grec, Hebrieu, Chaldaic,

Arabic: qui eſtoient langues maternelles aux anciens, & les apprenoient dés le berceau en commençant parler. Eſquelles faut cõſommer beaucoup de temps & le meilleur de l'aage, qui ſeroit mieux employé en la cognoiſſance des choſes, & intelligence des diſciplines. Encores y a il vn inconuenient qui n'eſt petit és lettres, qu'ils ſont toute leur vie nourris en l'ombre ſcholaſtique ſans ſçauoir leur entregent, & auoir experience des affaires, combien que le ſçauoir ſoit imperfaict ſans l'vſage. C'eſt pourquoy nous n'auons auiourd'huy de ſi eminens perſonnages en philoſophie cóme Pythagoras, Thales, Platon, Ariſtote, Theophraſte: En eloquence comme Demoſthene & Ciceron: en medecine qu'Hippocrates, Gallien, Auicenne, en droict que Serue, Sulpice, Papinien, Vlpien. En hiſtoire qu'Herodote, Thucydide, Polybe, Salluſte, Tite Liue, Tacite. Es mathematiques comm'Euclyde, Eudoxe, Archimede, Ptolemee: jaçoit qu'il y ait eu en icelles pluſieurs hommes de ceſt aage treſ-excellens. Car depuis qu'elles furẽt eſteinctes en Egypte, & delaiſſees par les Grecs & Arabes, ne furent plus illuſtres qu'elles ſont maintenant: ſingulierement l'Aſtrologie, & Coſmographie. Car les anciés à peine ont entédu la moitié du ciel, de la terre, & de la mer, ne cognoiſſans rien en Occidẽt outre les Canaries, & en Orient au dela de Catigare. Auiourd'huy tout ce qu'il y a de terre & de mer eſt cogneu & nauigué.

Thales, Pythagoras, Ariſtote, Hipparque, Artemidore, Eratoſthene, Strabon, Pline, Macrobe, Capelle, Virgile, & generalemẽt tous les anciens autheurs fors Ptolemee, Auicenne, & Albert le grand ont penſé des cinq Zones du ciel, ny en auoir que deux habitees, & que les trois autres par exceſſiue chaleur, ou extremes froidures demouroient deſertes. Auiourd'huy rien n'y a plus certain qu'elles ſont toutes habitees. Pline, Lactance & S. Auguſtin cuidoient n'y auoir Antipodes, maintenant nous leur commandons, & traffiquons ordinairement auec eux. Ceux qui jadis contemplerent le ciel trouuerent peu de mouuemens, & à peine en peurent comprendre dix. Maintenant comme ſi la cognoiſſance de l'vn & l'autre monde eſtoit par quelque deſtin reſeruee à noſtre aage, ils ont eſté obſeruez en plus grand nõbre & plus admirable, & deux autres principaux adjoutez pour ſeruir à demonſtrer certainement pluſieurs choſes apparoiſſantes és eſtoilles, & decouurir les myſteres occultes de nature. Tant eſt illuſtree l'entiere Coſmographie auec l'Aſtrologie, que ſi Ptolemee pere des deux retournoit en vie, il les meſcognoiſtroit ſi augmentees par les obſeruations & nauigations recentes. Iean de montroyal eſt reputé le meilleur mathematicien de ce temps, & iugé n'eſtre gueres moindre qu'Anaximandre Mileſien, ou Archimede Syracuſain, Pubarche ſon precepteur, le Cardinal Cuſe & Copernic tous Allemans ont excellé en ces diſciplines. Item Iouien Pontan a fort trauaillé en l'Aſtrologie non moins heureux en proſe qu'en Carme, & habille à toute maniere d'eſcrire. Volaterran dict qu'il faiſoit vers auec plus d'art que d'eſprit, tant elabourez neantmoins à l'imitations des anciens, qu'il n'a eu pareil en ceſt aage. Crinite parlant de luy & de Marulle ſon diſciple afferme que l'vn & l'autre eſt abſolu en ſon genre, & qu'eux deux ſe peuuent apparier aux anciens, meritans d'eſtre prins pour exemples treſbons, & admirez cóm'illuſtres reliques de l'antiquité, Fracaſtoire rend tel teſmoignage du Ponthan.

Vidimus & vatem egregium cui pulchra canenti
Parthenope, placidúsque cano Sebethias ab antro
Plauserunt, umbræque, sacri manesque Naronis.
Qui magnos stellarum ortus, cantauit & hortos
Hesperidum, cælique omnes variabilis oras.

Syncere, Vida, Fracastoire ont pareillement merité beaucoup en la poesie latine. Petrarque & l'Arioste en l'Italienne. Pierre Ronsard & Ioachin du Bellay en la Françoise. George Agricole Allemand s'est tãt bien acquitté de la recherche des metaux qu'Aristote, Theophraste, Pline & autres anciens semblent n'y auoir rien entendu cõparez à luy. Le Comte Iean de la Mirandule estoit l'honneur de ce siecle, & pouuoit estre egallé à toute l'antiquité Egyptiẽne, Chaldaique, Persienne, Grecque, Romaine, Arabique, s'il eust vescu.

Mais il est doresenauant temps de mettre fin à ce discours par lequel est euidemment monstree la vicissitude en tous affaires humains, armes, lettres, langues, arts estats, loix, mœurs : & comment ne cessent de hausser & abaisser, amendans ou empirans alternatiuement.

Que si la memoire & cognoissance du passé est l'instruction du present, & aduertissement de l'aduenir, il est à craindre qu'estans paruenues à si grande excellence, la puissance, sapience, disciplines, liures, industrie, ouurages, cognoissance du monde: ne dechoient autrefois comme ont faict par le passé, & aneantissent : succedant à l'ordre & perfection du iourd'huy confusion, à la ciuilité rudesse, au sçauoir ignorance, à l'elegance barbarie. Ie preuoy des-ja en l'esprit plusieurs nations estrãges en formes, couleurs, habits se ruer sur l'Europe: comme feirent anciennement les Goths, Hunnes, Lombars, Vandales, Sarrasins qui destruiront nos villes, citez, chasteaux, palais, temples: changerõt mœurs, loix, langues, religion : brusleront bibliotheques, gastans tout ce qu'ils trouueront de beau en ces pais par eux occupez: à fin d'en abolir l'honneur & vertu. Ie preuoy guerres de toute pars sourdre intestines & foraines: factiõs & heresies sesmouuoir qui prophaneront tout ce que trouueront de diuin & humain, famines & pestes menasser les mortels: l'ordre de nature, reiglement des mouuemẽs celestes, & conuenance des elemens se rompant d'vn costé aduenir deluges, de l'autre ardeurs excessiues, & tremblemens tres-violens. Et l'vniuers approchãt de la fin par l'vn ou l'autre desreiglement, emportant auec soy la confusion de toutes choses, & les reduisant à leur ancien chaos.

Parainsi combien que ces choses procedent, à l'aduis des Phisiciens, selon la loy fatale du monde, & ayent leurs causes naturelles: Toutefois les euenemens d'icelles dependent principalement de la prouidence diuine qui est par dessus toute nature, & sçait seule les temps prefix ésquels doiuent eschoir. Parquoy ne s'en doiuent esbahir les gens de bonne volonté: ains plustost prendre courage, trauaillant soigneusement chacun en la vaccation où il est appellé : à fin de conseruer à leur pouuoir tant de belles choses restituees ou inuentees nouuellement, dont la perte seroit presqu'irreparable, & les transmettre à ceux qui viendront apres nous: comme les auons receues de nos ancestres, mesmement les bonnes lettres, tant qu'il plaira à Dieu que durent. Lequel nous prierõs preseruer d'indignitez ceux qui en font dignement profession: à fin qu'ils puissent perseuerer en cest' honneste estude, amendans les ars & eclarcissans la verité à sa louenge, honneur & gloire.

A ceste occasion & pour mieux les encourager, sera adioutee vne inquisition sur le propos commun des hommes, par lequel ils ont tousiours maintenu, & maintiennent ne se dire rien qui n'ait esté dict parauant: à fin que par icelle ils entendent la verité n'estre entierement decouuerte, ny tout le sçauoir occupé par nos deuanciers.

S'IL EST VRAY NE SE DIRE RIEN QVI N'AIT ESTE DICT PARAVANT, ET QV'IL CONVIENT AVGMENTER PAR PROPRES INVENTIONS LA DOCTRINE DES ANCIENS, SANS S'ARRESTER SEVLEMENT AVX VERSIONS, EXPOSITIONS, CORRECTIONS, ET ABREGEZ DE LEVRS ESCRITS.

LIVRE DOVZIESME.

Les commencemens des disciplines ont esté petis, & la plus grande difficulté a esté à les inuenter premierement, puis par l'industrie des sçauans ont esté peu à peu augmentees, en corrigeant les choses mal obseruees & suppliant les omises: sans toutefois qu'il en y ait encore d'absolue entierement, à laquelle lon ne puisse faire addition. Rien n'est commencé & acheué ensemble, mais par succession de temps croist & amende, ou deuiēt plus poly. Si ont esté trouuez presque tous les ars par l'vsage & experience, puis dressez par obseruation & raison. Cōsequemment reduicts en meilleure forme & plus certaine par diuisions, definitions, argumentations, demonstrations, par preceptes & reigles vniuerselles tirees de nature, esloignees d'opinion, & tendantes à mesme fin. Non en s'arrestant à ce que les premiers auoient faict, dict, escrit: ou en les imitant seulement, à la maniere des paresseux & lasches de cœur: Mais en y adioutant par les suruenans du leur, ainsi que les matieres de temps en temps se decouuroient, & eclarcissoient, demourant ordinairemēt l'honneur aux derniers comme plus exquis & accomplis. A l'exemple desquels deuons prendre courage de trauailler, auec esperance de nous rendre meilleurs qu'eux: aspirans

toufiours à la perfection qui n'apparoift encores nulle part, reftans plus de cho
fes à chercher qu'il n'en y a de trouuees. Et ne foyons fi fimples d'attribuer tant
aux anciens, que les croyons auoir tout fceu & tout dict, fans rien laiffer à dire
à ceux qui viendroient apres eux. Ils n'ont efté fi arrogans de vouloir qu'on ne
touchaft aux matieres qu'ils auoient traittees. Mais au contraire confiderans la
difficulté du fçauoir, & l'imbecillité humaine, ils ont exhorté les autres à y trauailler, en parlans pluftoft pour les exciter, que retarder d'efcrire. Ne penfons
pas que nature leur ait ottroyé toutes fes graces, à fin de demourer fterile à l'aduenir: ains que comm'elle a par le paffé produict certains illuftres perfonnages:
qui ont manifefté beaucoup de fes fecrets: auffi qu'elle en peut encore produire, qui par influence du ciel & inclination finguliere, par viuacité d'entendement, & perfeuerance de labeur, paruiendrót où l'experience longue, obferua-
tion foigneufe, & raifon fubtile n'ont penetré iufques à prefent. Elle eft mefme
qu'elle eftoit és faifons plus illuftres. Le monde eft tel que parauant. Le ciel &
le temps gardent l'ordre que faifoient. Le foleil & autres planettes n'ont changé leurs cours, & n'y a eftoille muee, les elemens ont mefme puiffance, les hommes font faicts de mefme matiere, & mefmement difpofez qu'ils eftoient anciennement. Et n'eftoit la maniere de viure corrompue de laquelle vfons, pre-
ferans l'oifiueté à diligence, le plaifir à l'vtilité, les richeffes à vertu: rien n'em-
pefche que ceft aage n'eleuaft en philofophie d'aufsi eminens perfonnages que
furent Platon & Ariftote, ou en medecine qu'Hippocrates & Gallien, ou és ma
thematiques qu'Euclide, Archimede & Ptolemee. Apres l'aide que nous receuons de leurs liures, apres tant d'exemples dont nous a inftruicts l'antiquité, a-
pres tant d'obferuations & inuentions faittes depuis eux, apres fi longue experience de toutes chofes. Tellement qu'à bien confiderer, il n'y eut iamais fiecle
plus heureux pour l'auancement des lettres que le prefent: fi cófiderans la brieueté de la vie humaine, nous deliberions employer l'eftude & induftrie entiere
au vray fçauoir: delaiffees toutes curiofitez & fubtilitez inutiles, qu'il eft plus
expedient ignorer qu'entendre. Sapience n'a accompli fon œuure, beaucoup en
refte & reftera, & iamais l'occafion ne fe perdra d'y adiouter. Verité fe prefente
à tous ceux qui la veulent chercher, & font capables de la receuoir: jaçoit que
Democrite fe plaignift qu'elle eft cachee en vn lieu fi profond comme vn puis,
d'où à fon aduis n'eft pofsible la tirer. Quiconque y vacquera à bon efcient, il
trouuera toufiours à befoigner. Tous les myfteres de Dieu, & fecrets de nature
ne font decouuers à vne fois. Les grandes chofes font difficiles, & tardiues à venir. Combien en y a il non encores reduittes en art? Combien en auons nous
premierement cogneues en ce temps? Ie dy nouuelles terres, nouuelles mœurs,
nouuelles formes d'hommes, mœurs, loix, couftumes: nouuelles herbes, arbres, racines, gommes, liqueurs, fruicts: nouuelles maladies & nouueaux remedes: nouueaux chemins du ciel & de l'Ocean non effayez parauant, nouuelles
eftoiles veues? Combien en refteront d'autres à cognoiftre à la pofterité? Ce
qui eft maintenant caché, viendra auec le temps en euidence, & f'emerueillerót
nos fucceffeurs que l'ayons ignoré. Marc Varron attefte qu'en l'efpace de mil
ans les ars furent inuentez & augmétez, qui iufques à prefent n'ont efté accom-

plis. Mais si la perfection n'a esté encore trouuee, ce n'est pas à dire qu'elle ne se puisse trouuer. Car les choses tenues auiourd'huy les plus grandes & plus admirables, ont commencé en quelque saison. Et ce qui est tresbon n'estoit point parauant, mais est creu peu à peu, amendant de temps en temps. Certainement l'excellence en toutes choses est tardiue, difficile & rare: se trouuant à grand peine en plusieurs centaines & millaines d'ans, entre infinis estudians, vn personnage digne d'admiration, vrayement sçauant & eloquent: qui auec le bon naturel, viuacité & subtilité d'entendement, experience & vsage d'affaires, aye la constance & patience de perseuerer requise à l'execution de telle entreprise. Ce nonobstant il ne faut perdre courage & desesperer. Car ores qu'il y ait peu d'espoir de preceder les meilleurs: c'est honneur de les suyure, & s'il n'y a moyen de les attaindre, il est louable de les seconder ou tiercer. Il est donc raisonnable d'appliquer l'industrie à la recherche de verité, comm'ils ont faict, & essayer d'augmenter la doctrine des precedens: sans s'asseruir tant à l'antiquité qu'on ne face rien pour son aage, & qu'on n'aye soin de la posterité. D'auantage beaucoup de choses inuentees par les anciens sont perdues. La sapiece Egyptienne, Persienne, Indienne, Bactrienne n'est venue iusques à nous. Plusieurs bons autheurs grecs & latins ne se trouuent. Et entre les restans peu en y a de conuenables aux mœurs & affaires presens. L'on ne bastit auiourd'huy à la mode de Vitruue, laboure ou plante selon Varron ou Columelle, repaist ou prend medecine à l'ordonnance d'Hippocrates & Gallien. Ne iugeons selon le droict ciuil Romain, plaidons comme Demosthene & Ciceron: gouuernons les republiques par les loix de Solon & Lycurgue, ou suyuant les obseruations politiques de Platon & Aristote. Ne chantons comme les anciens, guerroyons com'escrit Vegece: estant l'art militaire changé & muees les armes offensiues & defensiues. Ptolemee en la Cosmographie aduertit de croire aux plus recés voiageurs, touchant la longitude & latitude des lieux. Aristote dict que la quadrature du cercle se peult sçauoir, mais qu'elle n'est encores inuentee. Platon afferme la geometrie imperfaitte en son temps, & que la stereometrie & Cubique luy defailloient. Les calculations celestes ne se trouuent toutes iustes. Vesalle obseruant curieusement l'Antomie, y a trouué plusieurs poincts omis par Aristote & Gallien. Pline se glorifie d'auoir adiousté en l'histoire des animaux, ce qu'Aristote auoit ignoré. Leonicene argue Pline de mensonge & erreur en plusieurs passages. Auen Reis a escrit contre Gallien. Gallien contre Aristote. Aristote contre Platon. Il n'y a autheur si accopli, auquel lon ne desire ou puisse reprendre quelque cas. Qui pis est, il en y a de si addonnez & affectionnez à l'antiquité, qu'ils ignorent le temps & pays où ils viuent. Ils sçauent comment se gouuernoient entierement Athenes, Lacedemon, Cartage, Perse, Egypte, ignorans les affaires de leur pays auquel sont estrangers. Comme s'en trouue assez par deçà qui discourent de l'Areopage, ou des comices Romains: n'entendans rien au conseil de France, maniement des finances, & ordre des parlemens. N'est-ce dont abuser de l'estude & des lettres? que de s'amuser seulement aux anciens, & n'essayer à produire nouuelles inuentions conuenables aux mœurs & affaires de son temps? Quand cesserons nous de prendre l'herbe pour le bled, la fleur

F iiij

pour le fruict, l'escorce pour le bois? ne faisans que traduire, corriger, commenter, annoter, ou abreger les liures des anciens? Lesquels s'ils en eussent ainsi vsé: se proposans de n'escrire ou dire, sinon ce qui auoit esté escrit ou dit autrefois, nul art eust esté inuenté, ou tous fussent demourez en leurs commencemens, sans receuoir accroissement. Les imitateurs perpetuels, & tousiours translateurs ou comentateurs cachez soubs l'ombre de l'autruy sont vrayemét esclaues, n'ayans rien de genereux, & n'osans quelquefois faire ce qu'ils ont appris longuement. Ils ne se fient iamais d'eux mesmes, & suyuent les premiers és choses où les posterieurs n'ont accordé auec les precedens: mesmément en celles qui ne sont encores cherchees, & ne ferót iamais trouuees, si l'on se contente de ce qui des-ja inuenté sans rien y adiouter. A ceste occasion ie respondray doresenauant à ceux qui obiectent y auoir trop de liures.

Certainement si tout ce qui a esté escrit par les anciens philosophes, historiens, orateurs, poetes, medecins, theologiens, iurisconsultes estoit paruenu iusques à nous: tout seroit plein de liures, & ne fauldroit auoir par les maisons autres meubles que liures. L'on seroit contrainct marcher, coucher, & s'asseoir sur liures. Encores en reste il tant, & s'en faict de iour en iour, que l'aage humain ne pourroit suffire à lire non seulemét les escrits en plusieurs disciplines, mais en vne particuliere: & rarement en voit lon entiers les inuentaires. La pluralité est plustost a charge qu'instructió, & est trop meilleur s'arrester à peu qui soient bons, que vaguer par plusieurs mauuais. Lucien blasme vn ignorant qui se glorifioit d'auoir beaucoup de liures, & Marcial se mocque d'vn autre qui pensoit pour cela d'estre reputé sçauant. Sept cens mil volumes se trouuoient en la bibliotheque d'Alexandrie, qui furent par inconuenient de feu tous bruslez ensemble. Les sçauans y portoient leurs liures de toutes pars: comme au Theatre de doctrine; & les recitoient au Musee illec estant, és ieux ordonnez à l'honneur d'Apollon & des muses: receuás les vaincueurs grands presens au sceu & bruit de tout le monde. Tellement que nul estoit estimé sçauant, qui n'y eust gaigné quelque prix. Tite Liue appelle celle grande librairie œuure belle de la magnificence & sollicitude royale. Mais Seneque dict que ce ne fut magnificence, ou sollicitude, ains vn Luxe studieux, & encore non studieux: par ce que les Roys Ptolemees ne l'auoient dressee pour seruir d'estude, ains de spectacle. Comme l'on void assez de particuliers qui en assemblent beaucoup de bien imprimez relliez & dorez: pour seruir de parade seulemét, esquels ne regardét iamais, ny permettent aux autres d'y regarder, craignans de les souiller. Aussi le Roy Attale assembla à Pergame, à l'emulation des Ptolemees, deux cens mil volumes: qui furent donnez par Antoine à Cleopatre, & euanouyrent. Il en y auoit en la librairie des Gordiens quarante mil: & grand nombre d'exquis en celle de Luculle & Auguste. L'on en trouue encores à present de bien garnies entre les Chrestiés & Mahumetistes. Mais discourant par les professiós i'ay leu que Didyme grammarien cóposa quatre mil liures, Appion six mil, qui estoit tant arrogant de dire, qu'il rendoit immortels ceux ausquels il dedioit ses œuures. Ciceron disoit que si l'aage luy doubloit, elle ne suffiroit à lire tous les poetes Lyriques. Seneque en pensoit autant des Dialecticiens. Il n'y a peuple, nation, gent, tion, gent, cité, republique, seigneurie, Royaume, Empire qui n'ait ses Annales & Histoires. En Grece vne seule guerre de Marathon recouura trois cens historiens, & Plutarque és vies en allegue plus de deux cens qui ne se trouuent. Salluste & Tite Liue les deux meilleurs entre les Latins sont venus iusques à nous imperfaicts & incorrects: cóme plusieurs autres de moindre estofe Grecs & Romains. Il n'est possible de raconter les liures faicts en Physique, & Medecine qui a esté changee par plusieur fois, & diuisee en diuerses sectes. Le Philosophe Aristote composa quatre cens volumes, Varron le plus docte des Romains autant. L'Empereur Iustinien par la multitude excessiue des liures qui se trouuoient en droict ciuil, fut contrainct de faire dresser les Pandectes: sur lesquelles (contre son edict) ont esté radoubez cómentaires innumerables. Sainct Iean l'Euágeliste atteste que le monde n'est capable pour receuoir les liures qui seront faicts de Iesus Christ: comme il est apparu au temps ensuyuant, auquel en ont esté escrits infinis en plusieurs langues, cócernans la religion Chrestienne, & les expositions du vieil & nouueau testament. Origene seul a escrit six mil liures. Les Goths, Vandales, Alains, Hunnos, Lombars, Sarrasins, Turcs & Tartares apporterent inestimable perte aux bibliotheques, & corruption aux langues. Si sont differens les liures selon la disposition des temps, & naturel des pays esquels ils sont faicts, & les opinions des autheurs qui les escriuent. Ne plus ny moins que les vins changent selon le terroir, qualité de l'air, & disposition de l'annee, nature de la vigne, & industrie du vignerō. Chasque aage à son genre peculier de parler. Chasque nation & aage sa phrase, escriuans les Grecs & Latins d'vne sorte, les Hebrieux, Chaldees & Arabes de l'autre. Tous ne sont de duree: & comme s'en faict beaucoup legerement, ainsi se perdent ils incontinent. Aucuns sont laissez pour l'obscurité ou subtilité trop affectee, & barbarie qui est en eux. Les autres mesprisez comme inutiles, ou cósommez à la longue, ou perdus par guerres, changemens de langues, & de religions, ou mal trāscrits, ou corrompus, ou faulsement supposez. Es autres n'y a que redittes ennuyeuses en changeant l'ordre & les termes. Pline seigneur de grāde lecture dict qu'en conferant les autheurs, il a trouué les vieils transcrits de mot à mot par les prochains d'eux, taisans leurs noms, & aymans mieux estre surprins en larrecin que de recognoistre la debte. Les respectez icy comme sacrez, sont bruslez ailleurs par abhominatiō. Les affectez à certaine secte, religion, ou profession, sont leuz par gens de la mesme secte, religion & profession seulement. Les poesies, oraisons, epistres, annales & histoires, comedies, tragedies ne se voient que par les entendans la langue en laquelle sont escrittes, & hors icelle perdent communement leur grace. Il n'en y a point qui plaisent & satisfacent à toutes gēs, ou qui soient receuz en tous lieux, s'ils ne sont faicts meurement, auec grand iugement & profond sçauoir, par singuliere grace de Dieu, & rare bonté de nature: resistans à la vieillesse enuieuse, & se garantissans du silence de longue oubliance. Tels que semblent estre ceux de Platon, Aristote, Hippocrates, Ptolemee. Lesquels ne s'arrestans aux images des choses, & ombres des opinions, ont philosophé droittemēt, & partant ont eschappé l'iniure du temps, du feu, de l'eaue, des guerres, entre tāt de nations & sectes contraires, traduicts en plusieurs lāgues,

G

gardans touſiours meſme grace, que s'ils venoiēt d'eſtre faicts. Car ainſi que le tēps abolit les opiniōs mal fondees, ainſi cōfirme il les iugemés infallibles de la nature intelligente & ſage, augmentant touſiours la reputation des eſcriuans, qui l'ont mieux obſeruee & entendue. Le iugement du temps decouure à la fin les occultes fautes de toutes choſes, & qui pour eſtre pere de verité & iuge ſans paſſion, a touſiours accouſtumé de donner iuſte ſentéce de la vie ou de la mort des eſcritures.

 OR puis que les arts & ſciences commencent, croiſſent, muent, ſont conſeruees par ſoin, diligence, ſouuenance, meditation : & perdues par nonchalance, pareſſe, oubliance, ignorance : eſtant treſ-requis que verité demoure entre les hommes, Neceſſairement il faut que les premieres abolies, autres ſe mettent en leur place, & les vieils liures perdus où elles ſont contenues, s'en facent de noueaux. Cōme les autres choſes ſubiettes à mutatiō ont beſoin de cōtinuelle generatiō, pour ſe renouueller, & maintenir chacune en ſon eſpece. Ainſi cōuiēt il pouruoir aux lettres, en cherchāt nouuelles inuētiōs au lieu des perdues, chāgeāt ce qui n'eſt bien, ou adiouſtāt ce qui defaut : à fin que ne ſe perdēt, ains aillēt touſiours en amendant. Car eſtant l'vniuers conſtitué de deux choſes, dont les vnes ſont perpetuelles, les autres muables & corruptibles : il eſt certain que les perpetuelles, comme le ciel, le ſoleil, la Lune, & autres aſtres, demourent conſtamment en meſme eſtat. Mais les muables commencent & finiſſent, naiſſent & meurent, croiſſent & diminuent inceſſamment, taſchans neantmoins tāt que peuuent approcher, & participer de l'eternité : non perſeuerans touſiours meſmes comme les ſuperieures & diuines, mais en continuant leurs eſpeces par le moyen de generation : qui eſt œuure immortelle en la mortalité. Ainſi les plantes & tous animaux qui ne peuuent durer longuemēt, par la neceſſité de la matiere dont ils ſont compoſez, ſe renouuellent continuellement, en procreant par germes & ſemences leur ſemblables. Tellement que par l'ordre de Nature, touſiours les ieunes ſuccedent aux vieils, & les viuans aux decedez. Sans ce que leurs genres defaillent : qui demourent par ce moyen comme immortels. Mais les hommes douez d'ame diuine & immortelle, aſpirent plus à telle perpetuité & immortalité, eſſayans remedier à l'infirmité qu'ils cognoiſſent en eux. A ſçauoir ceux qui ont le corps plus fertile, en engendrant enfans, par leſquels ils eſperent perpetuer leur nom & lignee. Les autres qui ont l'ame mieux apprinſe, en produiſant ce qui eſt propre d'elle : comme vertus, ſciences, eſcrits doctes & elegans, & autres tels fruicts plus nobles, plus admirables, & plus durables que ceux du corps : qu'ils preferent à leurs enfans, & pour leſquels ils s'expoſent volontairement à tous labeurs & dangers, n'eſpargnans perſonnes ny biens. De là vient és bons entendemens l'inſatiable conuoitiſe d'honneur, les incitāt iour & nuict ne s'arreſter és choſes baſſes & caſuelles : ains chercher par actes vertueux, à compēſer la brieueté de ceſte vie par la memoire de toute la poſterité. De là procede le deſir merueilleux de ſe faire cognoiſtre, de laiſſer bonne opinion, & acquerir renommee immortelle. Et tant meilleurs qu'ils ſont, plus s'efforcent de paruenir à ce poinct d'immortalité que tant ils ſoubhaittent. Car les plus excellens perſonnages n'euſſent trauaillé par le paſſé, ſans l'eſperance qu'ils auoient d'estre louez, & celebrez comm'ils sont maintenant. Tels ont esté les anciens poetes, orateurs, historiens, medecins, philosophes, theologiens. Qui ont enfanté tant de beaux liures, qui leur apportent gloire immortelle, comme immortels qu'ils sont, monstrent aux autres pieté, iustice, equité, declarent les secrets de nature tant au ciel qu'en la terre, enseignét les disciplines, contiennét histoires pleines d'exemples, donnent remedes contre les maladies, & autres innumerables moyens. Sans lesquels viurions pirement que bestes, n'ayans religion, doctrine, ciuilité. Tels ont esté les legislateurs, qui engendrerent loix & polices, donnans aux peuples manieres de viure honnestes & durables. Tels les Iurisconsultes, qui ont dressé les negoces, contracts & procés des particuliers, exposé les edicts & ordonnances, mostrans la raison de chacune, & aduertissans quelles doiuent estre gardees, ou renouuelles, ou abrogees. Tels les vaillans capitaines, qui feirét actes heroiques pour la deffense & liberté de leurs pays, fonderent Empires & Monarchies, edifierent Citez, oublians tous autres plaisirs, à fin de laisser memoire immortelle à tout le temps aduenir. Tels plusieurs illustres personnages qui pour auoir monstré inuentions excellentes, & exercé toute vertu, ont esté grandement admirez iusques à en auoir deifié aucuns d'eux, pour tels enfans non pour les humains. Que si nous blasmons la sterilité au corps, à plus forte raison la deuons nous detester en l'ame, & aspirer à semblable immortalité, & renommee: dont le desir est naturellement donné à toutes personnes, pour seruir d'eguillon à entreprendre actions honnestes. Le laboureur hayt la terre sterile, le mary la femme. Et tous louent plus le mesnager augmentant son bien, que le maintenant seulement en l'estat qui luy est escheu de succession. Ainsi ne suffit sçauoir par liure, sans rien produire de soy, qui ayde à la verité. Platon dict que les Grecs ont rendu meilleur ce qu'ils auoient pris des Barbares. Ciceron est d'aduis que les Italiens ont deux mesmes mieux inuenté que les Grecs, ou faict meilleur ce qu'ils leur empruntoiét. Pourquoy n'essayerons nous faire le semblable? amendans ce que les Barbares, Grecs & Romains ont laissé? Il n'y a faute de bons entendemés, pourueu que soiét bien instruicts. Parauenture en y a il plus en vn lieu qu'en l'autre, mais par tout s'en trouue quelques vns. Comme en France, ou nature s'est monstree autant fauorable qu'ailleurs, ne creant les François inferieurs aux autres, en assiete, fertilité & commodité de pays, bonté d'esprits, ciuilité de mœurs, equité de loix, police, & duree de Monarchie, habilité és ars liberaux & mecaniques, varieté de toutes choses croissantes au pays ou apportees d'ailleurs, abondance de termes propres vsitez en leur langue, pour les signifier & experimenter, multitude d'escholes publiques biens priuilegiees & richemét fondees pour l'institution de la ieunesse, & entretenement de professeurs.

Parquoy si tous estiment le futur leur appartenir, & taschent laisser memoire d'eux: les sçauans ne doiuent estre paresseux à acquerir par les monumés durables de lettres, ce que les autres pretendent par œuures en brief perissables. Ains conuient que trauaillent à leur pouuoir, sinon pour le regard des hommes qui se monstrent souuent ingrats enuers leurs bienfaicteurs, & enuieux de la vertu presente: au moins que ce soit pour l'honneur de Dieu. Qui veut que

DE LA VICISSIT. DES CHOS. LIVRE XII.
conseruions soigneusement les arts & sciences, comme les autres choses necessaires à la vie, & les transmettions de temps en temps à la posterité par doctes & elegans escrits en belles matieres: donnans clarté aux obscures, foy aux douteuses, ordre aux confuses, elegance aux impolies, grace aux delaissees, nouueauté aux vieilles, authorité aux nouuelles.

FIN.

AVCVNES ERREVRS PLVS NOTABLES
QVI SONT ESCHAPPEES EN L'IMPRESSION DE CEST
œuure remerquees & amendees.

Fol. 1. page 1. ligne 22. dixiememe, lisez dixiesme. en la mesme page ligne 28. la huictiesme, lisez l'huictiesme. page 2. ligne 9. representés, lisez representans. Fol. 2. page 1. ligne 1. rayons, lisez rais, ligne 7. distemperez, lisez distemperees. page 2. ligne 37. n'iront, lisez iront, ligne 42. (la diuine prouidence dominant) en parenthese Fol. 4. pag. 1. ligne 39. saut, lisez sait. fol. 6. pag. 1. ligne 15. Calecut lisez calecut. fol. 14. pag. 2. ligne 1. phoriens, lisez photiens, & ligne 6. Innuenses, lisez Immenses. fol. 15. pag. 1. lign. 13. Guapan, lisez Gyapan, & ligne 22. l'Ochlomirie, lisez l'Ochlocratie, ligne 39. consommans, lisez reformant, Liure 3. fol. 25. page 1. ligne 25. des regions lisez religions. pag. 2. ligne 17. Malez, lisez Mahyz, ligne 40. produisant, lisez produisois. 41. se trouue bien empeschee, lisez empesche. Liure 4. fol. 36. ligne 39. correspondants, lisez correspondans. fol. 43. ligne 4. Ariuan, lisez Ariman. fol. 49. ligne 31. Auspires, lisez Auspices, pag. 2. ligne 9. Zarologues, lisez Zauologues, Liure 5. fol. 6. pag. 2. ligne 41 mort d'Hector, lisez de Hector mort. Liure 7. fol. 86. pag. 1. sixiesme, lisez septiesme iusques au fol. 84. ligne 12. varieté, vanité, ligne 39. CCCLXI. lisez CCLXI. ligne 42. accreut, lisez accreu, Liure 8. fol. 89. pag. 2. ligne 10. & 11. escrimans, lisez estrimans. fol. 90. ligne 36. ayant, lisez ayans. Liure 10. fol. 99. ligne 1. Sa Rez, lisez Salee Rez, ligne 13. Francisque, lisez François.

www.ingramcontent.com/pod-product-compliance
Lightning Source LLC
Chambersburg PA
CBHW060131170426
43198CB00010B/1120